中国管理传播年鉴

Zhongguo
Guanli Chuanbo
Nianjian

（2023—2024卷）

吕 力 / 主编
汪 鹏 / 副主编

企业管理出版社
EMPH ENTERPRISE MANAGEMENT PUBLISHING HOUSE

图书在版编目（CIP）数据

中国管理传播年鉴. 2023—2024 卷 / 吕力主编；汪鹏副主编. -- 北京：企业管理出版社，2024.10.
ISBN 978-7-5164-3142-9

Ⅰ. C93-54；G206-54

中国国家版本馆 CIP 数据核字第 2024C95W49 号

书　　名	中国管理传播年鉴（2023—2024 卷）
书　　号	ISBN 978-7-5164-3142-9
主　　编	吕　力
副 主 编	汪　鹏
责任编辑	陈　戈　田　天
出版发行	企业管理出版社
经　　销	新华书店
地　　址	北京市海淀区紫竹院南路 17 号　　邮　　编：100048
网　　址	http://www.emph.cn　　电子信箱：emph001@163.com
电　　话	编辑部（010）68701638　　发行部（010）68414644　68417763
印　　刷	北京厚诚则铭印刷科技有限公司
版　　次	2024 年 10 月第 1 版
印　　次	2024 年 10 月第 1 次印刷
开　　本	787mm×1092mm　1/16
印　　张	25.5
字　　数	441 千字
定　　价	98.00 元

版权所有　翻印必究　·　印装有误　负责调换

《中国管理传播年鉴（2023—2024卷）》
编写人员

顾问（以姓氏拼音排序）：

陈德智（上海交通大学安泰经济管理学院教授）

陈　劲（清华大学经济管理学院教授）

王凤彬（中国人民大学教授）

王明夫（和君管理咨询公司创始人、董事长）

王　璞（北大纵横管理咨询公司创始人、董事长）

王全喜（南开大学教授）

王雪野（中国传媒大学商学院教授、国际传媒教育学院党委书记）

吴照云（江西财经大学教授、前副校长，中国管理思想研究院院长）

谢清果（厦门大学新闻传播学院教授、副院长）

编委（以姓氏拼音排序）：

晁　罡（华南理工大学工商管理学院教授）

陈宏辉（中山大学岭南学院教授）

费显政（中南财经政法大学工商管理学院教授、副院长）

贺三宝（江西财经大学工商管理学院教授、党委书记）

胡国栋（东北财经大学中国管理思想研究院教授、院长）

胡海波（江西财经大学工商管理学院教授、院长）

贾利军（华东师范大学管理学院教授）

贾旭东（兰州大学管理学院教授）

连远强（扬州大学商学院教授、副院长，中国管理现代化研究会管理思想与商业伦理专委会秘书长）

林君秀（北京大学出版社经管分社编审、社长）

刘志彬（清华大学出版社经管分社编审、社长）

任　兵（南开大学商学院教授）

王建宝（长江商学院教授）

吴亚军（机械工业出版社华章分社编审）

谢佩洪（上海对外经贸大学工商管理学院教授、副院长）

辛　杰（山东大学管理学院教授）

姚小涛（西安交通大学管理学院教授）

于天罡（吉林大学教授）

执行编委、主编：吕　力

副主编：　汪　鹏

编辑说明

早在 2001 年，管理学术界就提出了管理理论与实践脱节的问题，迄今已过去 20 多年，理论与实践脱节的问题没有任何改观，甚至愈演愈烈。理论与实践脱节的表现之一是大量学术类文章无法反映管理实务领域新的思想与突破，而管理学术界本应引领或至少及时总结实务界的经验、做法和思想。

本书主编在中国管理学界最早提出管理学技术化的思想，指出管理技术不同于管理科学，管理技术的目的是"致用"，它经常表现为一套操作手段、一些关键性实施要点甚至是一些深刻的感悟，而非体系化的定律、公式。[①] 因此，相当多的管理实务创新并不适合于学术期刊发表，它们主要依靠管理实务类书籍、实务类期刊、管理新媒体等途径传播。

然而，迄今为止，还没有对这些在管理实务界广泛传播的管理技术类知识进行系统性回顾、总结及向读者推介的指南。《中国管理传播年鉴（2023—2024 卷）》正是基于这一思路的首次尝试。我们组建了强大的编委会阵容，包括国内知名的学者、出版人、咨询公司创始人等，共同编纂，遴选年度优秀、影响力大的管理实务思想类文章，以技术化、可操作、可借鉴的方式加以呈现。由于本书是首次编辑出版，内容还包括了 2023 年之前的部分优秀管理实务思想内容。

本书最初的书名是《中国管理实务年度书单》，但编委会意识到，在当今信息社会，新媒体的传播力量日益增强，因此"书单"肯定不能涵盖"年度管理实务思想"。经过慎重考虑，我们将书名调整为《中国管理传播年鉴》，该书名大大延伸了管理实务思想的领域范围——事实上，我们在编纂本书的过程中确实发现除书籍

---

① 吕力：《管理学如何才能"致用"——管理学技术化及其方法论》，《管理学报》，2011 年第 6 期。

之外，实务类期刊、财经新闻、公众号、新媒体中也有大量的精彩文章。当然，限于本书的容量和呈现手段，收录范围仍然有局限，如短视频传播的管理知识就未纳入，以后我们将进一步考虑延伸"管理知识空间"的范围。

编纂过程中，编者一再感受到管理实务类知识不同于发表在学术类刊物的管理科学知识的精彩之处，具体如下。

（1）优秀的管理实务类文章、著作的水平绝不亚于权威的学术类期刊如 *AMJ*（《美国管理学会会刊》）、*AMR*（《美国管理学会评论》）、*ASQ*（《管理科学季刊》），不仅如此，其社会效益可能更大。

（2）如果不对上述精彩的文章、著作及时总结回顾，将是管理实务界、学术界的共同损失，对此损失加以补救是编纂本书的初心所系。

（3）"中国式现代化"及由此引申的"中国式企业管理现代化"命题，仅仅依靠管理理论的创新是不够的，必须充分重视中国式现代化实践进程中产生的实践思想、实践知识、实务创新，对其进行总结和归纳是编纂本书的使命所在。

（4）本书主编曾提出"管理技术共同体"的概念。与自然科学领域中"科学"与"技术"紧密结合的情况不同，管理科学圈与管理技术圈适应的规则完全不同，相互交流非常有限，这阻碍了管理知识的创新。管理科学工作者目前的研究方式与实践结合并不紧密，对企业的了解远不及管理技术圈。加强管理科学共同体与管理技术共同体的了解与合作，以及促进中国自主管理知识体系的建设是编纂本书的愿景所向。

本书认为，中国式企业管理可以分为被动引进与主动构建两种类型。因为任何海外经验在引进的过程中必然会被本土文化部分同化，部分同化之后的经验肯定不同于其起源地，这种"中国式"可以称为被动的"中国式"；而主动的"中国式"则是指一种主动地将中华优秀传统文化与中国特色社会主义实践相结合的思想融合原有模式并创造性发展的过程。在主动的"中国式"过程中，应该非常重视本土实践的作用，因为实践既是真理的真正来源，又是检验真理的唯一标准。任何歧视感性认识的做法，认为没有"一些专有理论名词"及"一套数理模型"的知识算不得"高级知识"的想法都是错误的——它们虽然不是"精致的理论"，却是"精致理论"的源泉。就此而言，本书作为二次文献具有重要的理论意义，对管理科学工作者具有重要的参考借鉴价值，并可能借此架设"管理科学领域"与"管理实务领域"相互沟通的桥梁。

作为二次文献，本书所收录的文章、著作全部标明了来源、作者，为充分尊重作者的知识产权，文章、著作的作者在全书目录与正文内容中同时标明。对绝大多数文章、著作，编委会都取得了作者、出版社、媒体组织的书面或电子认可，极少数由于各种原因未能联系上的，采用评论的方式或摘录内容严格限制在原作内容的 0.5% 以下。

作为一项开创性工作，本书的编写难免存在疏漏之处。限于篇幅与首次发行，在管理传播的每一个领域，如图书、期刊、公众号、财经媒体中，都可能存在许多精彩的原创性思想未收入本书，恳请各位原作者和读者指正，我们将持续改进。

《中国管理传播年鉴（2023—2024 卷）》编委会

2024 年 3 月

目录 —— CONTENTS

壹 管理类图书著作 — 001

第一章 员工、部门与人力资源管理 — 003

华为工作法　　　　　　　　　　　　　　　　　　　　　黄继伟　004

华为团队工作法　　　　　　　　　　　　　　　　　　　吴建国　005

绩效管理实践与考核工具　　　　　　　　　　　　　　　韦祎　007

高绩效的 HR：未来的 HR 转型　　　　　　　　　戴维·尤里奇　等著　010

人效管理体系　　　　　　　　　　　　　　　　　　　　应秋月　011

行动学习使用手册：一本书讲透行动学习如何落地　　　刘永中　012

IPD：华为研发之道　　　　　　　　　　　　　　　　　刘选鹏　012

专业服务公司的管理　　　　　　　　　　　　　　大卫·梅斯特　014

阿米巴经营　　　　　　　　　　　　　　　　　　　　稻盛和夫　016

领导力 21 法则：追随这些法则，人们就会追随你　约翰·马克斯韦尔　018

第二章 组织、流程与企业文化管理 — 021

管理架构师：如何构建企业管理体系　　　　　　　　　　施炜　022

企业顶层设计：战略转型与商业模式创新　　　　　　　　吴越舟　023

敏捷组织：如何建立一个创新、可持续、柔性的组织　琳达·霍尔比契　024

指数型组织：打造独角兽公司的 11 个最强属性　萨利姆·伊斯梅尔　等著　026

流程密码　　　　　　　　　　　　　　　　　　　　　　章义伍　027

华为流程变革：责权利梳理与流程体系建设	胡伟　郑超　韩茹	029
流程管理标准指南	深圳市格物流程研究院	031
降本增效3板斧7要务：重新打造企业竞争力	白睿	033
中国商业伦理学：全球视野与本土重构	吕力　黄海啸　等	036
方太文化	周永亮　孙虹钢　庞金玲	042
企业文化落地：路径、方法与标杆实践	王旭东　孙科柳	043

第三章　战略与经营管理　　　　　　　　　　　　　　　　　　046

智能商业	曾鸣	047
好战略，坏战略	理查德·鲁梅尔特	049
商业模式基因工程：巨变时代的企业生存之本	戴天宇	050
复盘+：把经验转化为能力	邱昭良	052
第二曲线：跨越"S型曲线"的二次增长	查尔斯·汉迪	053
AI时代重新定义精益管理：企业如何实现 　爆发式增长	李科　王润五　肖明涛　张林	055
精益管理极简落地工作笔记	程亚辉	057
孙子兵法商业战略	陈德智	059

第四章　数字化转型　　　　　　　　　　　　　　　　　　　　061

华为数字化转型之道	华为企业架构与变革管理部	062
组织的数字化转型	陈春花	064
从1到X：数字化转型实践	喻建华	067
平台转型：企业再创巅峰的自我革命	陈威如　王诗一	069
平台化管理	忻熔　陈威如　侯正宇	070

第五章　营销与销售管理　　　　　　　　　　　　　　　　　　071

营销革命3.0	菲利普·科特勒　等著	072
运营之光：我的互联网运营方法论与自白3.0	黄有璨	073
运营思维：全方位构建运营人员能力体系	张沐	075
新零售：低价高效的数据赋能之路	刘润	076

新零售 3.0：BC 一体数字化转型	刘春雄	077
活动运营：技巧、方法、案例实战一册通	王靖飞	079
私域流量池运营：高转化、高复购的深度粉销	谭贤	080
私域社群运营从入门到精通	赵纤青 戚泰	081
高效签单	乔中阳	083
卖货真相	小马宋	084

第六章　财税管理　　086

企业经营分析：揭秘商业本质，提升管理效益	龚莉 黄怡琴	087
公司控制权：用小股权控制公司的九种模式	卢庆华	088
合伙人制度：以控制权为核心的顶层股权设计	郑指梁	090
小公司财税管控全案	顾瑞鹏	090

贰　管理类期刊　　093

第一章　《清华管理评论》　　095

大模型驱动的组织管理创新	李宁	096
持续以新技术、新产业增强中国经济增长活力	陈劲	098
BANI 领导力	林光明	100
数字战略的基础性问题	魏江	101
数智时代企业文化重塑路径	李海舰 包丽娟	101
企业家的心性修炼	茅忠群	103
工作的未来：情感劳动、生态管理与人的全面发展	唐鑛 张莹莹	104

第二章　《企业管理》　　106

从政府工作报告解读国有企业 2024 年五大任务	李锦	107
供应链管理六大模式	葛立国	111
华为为何良将如云：哪些人能用？哪些人不能用	冉涛	116
用友组织变革启示：行业化经营创造更大客户价值	杨帆	120

企业战略转型四步走　　　　　　　　　　　　　　　　沈小滨　122

第三章 《中欧商业评论》　　　　　　　　　　　　　　　　127

管理学就像中医，是一种"有用的伪科学"　　　　　　　　杨斌　128
来之即战，战之能胜：vivo 如何练就穿越周期的"即战力"　　施杨　129
杰出雇主，如何淬炼穿越周期焕新成长的力量　　　　　　彭海燕　132
转折点上的 ESG："基础设施"已经齐备，商业实践正待登场　孙行之　135

第四章 《商业评论》　　　　　　　　　　　　　　　　　138

2024，年轻人消费三大新趋势　　　　　　　　　　　　　　王丽　139
乐高独门秘诀：从顾客创意中赚钱　　　　　　　　米凯拉·贝雷塔　143

第五章 《中国企业家》　　　　　　　　　　　　　　　　147

政府工作报告出炉、企业家关心的内容在这里　　《中国企业家》杂志　148
头部民营企业的目标，是建设世界一流企业　　　　　　　王怡洁　154

叁　管理新媒体传播　　　　　　　　　　　　　　　　　　157

第一章 "华夏基石 e 洞察"　　　　　　　　　　　　　　159

三流管理者会干，一流管理者会让　　　　　　　　　　　杨杜　160
2024，正确理解经营　　　　　　　　　　　　　　　　陈春花　162

第二章 "泽平宏观"　　　　　　　　　　　　　　　　　165

2024 中国经济展望　　　　　　　　　　　　　　　　　任泽平　166
中国民营企业百强榜 2024：大洗牌　　　　　　　　　　任泽平　168
为什么市场追捧高股息资产　　　　　　　　　　　　　任泽平　170
美联储推迟降息的五大原因　　　　　　　　　　　　　任泽平　171
人口结构变动带来六大机遇　　　　　　　　　　　　　任泽平　174

第三章 《销售与市场》 176

2023 年度销售红榜 Top30　　　　　　　　　　《销售与市场》编辑部　177

第四章 《商界评论》 184

郑翔洲跨年演讲：新模式　新趋势　　　　　　　　　　　　　郑翔洲　185
第六届全球社会企业家生态论坛开幕！企业家演讲干货速览　《商界评论》　191
连锁企业最顶级的 8.0 版本的商业模式　　　　　　　　　　　郑翔洲　195

肆　财经评论和新闻传播 201

第一章　凤凰网财经 203

凤凰网财经综述　　　　　　　　　　　　　　　　　　　　年鉴编辑部　204

第二章　新浪网财经 209

新浪网财经综述　　　　　　　　　　　　　　　　　　　　年鉴编辑部　210

第三章　第一财经 215

第一财经综述　　　　　　　　　　　　　　　　　　　　　年鉴编辑部　216

伍　年度管理传播热点综述 221

第一章　战略管理热点综述 223

全球化　　　　　　　　　　　　　　　　　　　　　　　　　　　　224
聚焦主业　　　　　　　　　　　　　　　　　　　　　　　　　　　227
ESG 战略理念的持续深入　　　　　　　　　　　　　　　　　　　　231
战略即兴　　　　　　　　　　　　　　　　　　　　　　　　　　　237
非市场战略　　　　　　　　　　　　　　　　　　　　　　　　　　240

制造业供应链保持战略韧性　　　　　　　　　　　244
强化风控　　　　　　　　　　　　　　　　　　247

第二章　人力资源管理热点综述　　　　　　　　　252

新时期的领导力　　　　　　　　　　　　　　　253
人效管理　　　　　　　　　　　　　　　　　　257
核心人才管理　　　　　　　　　　　　　　　　262
雇主品牌建设　　　　　　　　　　　　　　　　266
员工体验管理　　　　　　　　　　　　　　　　272
裁员管理　　　　　　　　　　　　　　　　　　279

第三章　营销管理热点综述　　　　　　　　　　　287

白牌崛起　　　　　　　　　　　　　　　　　　288
治愈营销　　　　　　　　　　　　　　　　　　290
元宇宙营销　　　　　　　　　　　　　　　　　292
私域运营　　　　　　　　　　　　　　　　　　297
新型直播电商　　　　　　　　　　　　　　　　301
老龄化市场　　　　　　　　　　　　　　　　　304

第四章　数字化转型热点综述　　　　　　　　　　309

数字化业务增长　　　　　　　　　　　　　　　310
数字化产品开发　　　　　　　　　　　　　　　312
数字化采购　　　　　　　　　　　　　　　　　315
数字化供应链　　　　　　　　　　　　　　　　321
人机协作　　　　　　　　　　　　　　　　　　324
前中后台流程数字化　　　　　　　　　　　　　327
大模型驱动数字化转型升级　　　　　　　　　　330

第五章　生产运营热点综述　　　　　　　　　　　335

未来工厂　　　　　　　　　　　　　　　　　　336

产业大脑	339
人形机器人	344
黑灯工厂	347
工业互联网	351

第六章　科技创新管理热点综述　　354

科技协同创新	355
科技融通创新	357
绿色创新	359
新型研发机构	363
规范研发管理、选择合适的研发模式与科技创新体系转型	367

第七章　企业文化管理热点综述　　372

中华优秀传统文化与管理	373
员工帮助计划（EAP）管理	377
职场 PUA 与积极乐观的企业文化	379
企业亚文化管理	382
企业文化与企业战略相互促进	387

管理类图书著作

第一章

员工、部门与人力资源管理

华为工作法

黄继伟

摘自：黄继伟，《华为工作法》，浙江人民出版社，2019年版，2024年重印。

一、内容精华

（1）我们要造就一批业精于勤，行成于思，有真正动手能力、管理能力的干部。机遇偏爱于踏踏实实的工作者。

（2）时刻做好艰苦工作的准备：任何员工，无论您来自哪个国家，无论新老，只要坚持奋斗，绩效贡献大于成本，我们都将视为宝贵财富，不断激励您成长。

（3）在工作中倾尽全力：公司在研发、市场系统必须建立一个适应华为人生存发展的组织和机制，吸引、培养大量具有强烈求生欲的竞争型、扩张型干部，激励他们团结作战，不顾一切地捕捉机会。

（4）世界上只有不过分顾及面子的人才会成功。

（5）先是华为人，然后是自己：任何时候都要以公司利益和效益为重，个人要服从集体。任何个人的利益都必须服从集体利益，将个人努力融入集体的奋斗中。

（6）先僵化，后优化，再固化：华为人还不习惯于职业化、表格化、模板化、规范化的管理。重复劳动、重叠的管理还十分多，这就是效率不高的根源。在引进新管理体系时，要先僵化，后优化，再固化。

二、精彩书摘

（1）华为公司的员工都有明确而可执行的工作目标，都明白自己要做什么。在执行目标时，他们通常根据具体的工作过程，按照基本的流程设定相对独立的工作步骤或工作单元，制定三个量化指标：时量、数量、质量。

（2）对钱感兴趣，才能挣钱。华为公司对员工实行分级制度，级别越高的人工资越高。通过这种薪酬分级制度，员工们就能明确自己的级别和薪酬，也能够对薪酬产生更多的兴趣和动力。正是因为保持了对金钱的渴望，华为员工才能始终为更高目标而辛苦奋斗。

（3）目标与决策必须是在科学合理地讨论、分析、研究基础上形成的，必须具有比较完善、可靠的理论基础。所以，华为务虚会的存在一直都很有必要，而且作用深远。华为在实施发展计划之前，一定要通过务虚会来明确工作目标，明确指导方针，明确好的工作方法，因为好的方向、好的方案、好的方法才是成功的重要保障，才是确保完成工作目标的前提。

（4）华为有务虚和务实两套领导班子，只有少数高层才是务虚的班子，基层都是务实的，不能务虚。

（5）组织纪律性是完成任务的重要前提条件。

华为团队工作法

吴建国

摘自：吴建国，《华为团队工作法》，中信出版社，2019年版。

一、内容精华

（1）从长期来看，价值观的重要性要远远超过能力素质。随着工作的逐渐深入，价值观的差异会让员工与企业之间的嫌隙逐渐放大，而且能力越突出，对企业的负面影响越大，因为能力强的员工大多会在工作中积累很多资源和影响力。与其在价值观不符的人身上耗费时间和精力，还不如选择那些虽然能力有限，但既具有成长空间，又对企业的核心价值观持认同态度的人。

（2）企业中所有的职位原则上都采取任期制管理，最长任期不超过三年。任期内每年都要进行"九宫格"评估，以此决定留任或调整。任期届满，绝大多数岗位要做出调整。这样，既可以保证人岗匹配的动态化最优，又可以防止出现人才板结所造成的本位主义或山头主义。任期制管理的贯彻执行让管理者以公司整体利益为己任，并拥有很强的大局观和横向协作意识。另外，在不断提升人岗匹配度的同时，岗位的动态化管理也提升了人才能力成长的速度。

（3）促进人才流动的其他方法：①人才离职率过高是企业遇到的一大难题，人才离职率过低同样是企业必须关注的另外一大难题；②辅业分流，就是一个员工原来在主业担任重要岗位，在已经无法胜任的情况下，可以调配到辅业的重要岗位上去工作；③角色转换是指从执行层职位转换为非执行层岗位，例如，顾问委员会在为公司发展做出应有贡献的同时，也解决了元老的妥善安置问题；④提前退休，并支付一笔提前退休的补偿费；⑤在互联网企业或新兴企业中，最常见的退出机制就是内部创业。

（4）选拔干部的"三优先"法则：①优先选拔有成功实践经验团队中的佼佼者；②优先在艰苦地区选拔干部；③优先选拔责任感强、有自我批判精神、有领导风范的员工。

（5）华为对干部使命的定义：以企业文化为核心，管理价值创造、价值评价和价值分配，带领团队持续为客户创造价值，实现公司的商业成功和长期生存。

（6）华为的干部任用流程：①直接管辖领导具有干部任用的建议权；②干部管理部门具有评议权，间接管辖领导具有审核批准权；③公司最高管理机构具有否决权和弹劾权。

二、精彩书摘

（1）在《华为基本法》的起草过程中，起草小组的一位教授提出：人才是不是华为的核心竞争力？得到的回答是：人才不是华为的核心竞争力；对人才进行有效管理的能力，才是企业的核心竞争力。

（2）对一个企业来说，最重要的资产永远都不是钱，而是客户和团队，尤其是那些通过享受你的产品和服务获取到价值，信任你的客户，以及拥有共同使命、愿景、核心价值观，并相互信任一起努力向前的团队。通常，我们用"战略决策"来解决与客户相关的问题，用"组织管理"来解决与团队相关的问题。

（3）组织管理有很多方面，关于人的事情往往既复杂又简单，底层一致的组织可以很自然地解决随机问题。所以，组织管理的关键其实是人本身，是使命感和价值观，而这往往又是些很"虚"的东西，看不见摸不着。想要做好组织管理，必须先把问题变得很"实"，"实"到可考核、可激励、可批评、可执行、可复制、可言说。这需要很强的虚实结合能力。

（4）当你用一个人的时候，先别管这个人强还是不强，你要告诉我你究竟让他做什么，也就是说他的能力是否与你想让他做的事情匹配。

（5）企业长期成长的两大法宝就是：战略要大致正确，组织要充满活力。

（6）华为从三个维度建立干部的评价标准：文化＋绩效＋能力。①践行核心价值观（企业文化）是衡量干部的基础，品德与作风是干部的资格底线。②绩效是必要条件和分水岭。③能力是持续取得绩效的关键成功要素，经验是对能力的验证。

绩效管理实践与考核工具

韦祎

摘自： 韦祎，《绩效管理实践与考核工具》，人民邮电出版社，2021年版，2023年重印。

一、内容精华

（1）目标管理的主旨在于用"自我控制的管理"代替"压制性的管理"，使管理者能够控制自己的绩效。①惠普目标管理。如果超出预期目标，或者达成了当初看上去难以完成的目标，则要分析成功的原因，并与团队分享经验。目标管理是惠普多年来实施的非常有效的一种管理实践。②海尔OEC日清表。海尔张瑞敏始创的OEC管理方法，其中"O"表示全方位；"E"表示每个人、每天、每件事；"C"表示控制和清理。OEC管理方法由目标体系、日清体系和激励机制三个体系构成。其中，先确立目标，日清是完成目标的基础工作，日清的结果必须与正负激励挂钩。OEC管理方法的核心思想是"解决问题在现场""抓反复、反复抓""事前计划，事中控制，事后检查，事完评价""责任到人"等。

（2）标杆管理是不断寻找和研究一流企业的最佳实践，并以此为基准与本企业进行比较、分析、判断，从而使企业不断改进，进入创造优秀业绩的良性循环过程。标杆管理不能简单等同于榜样学习，它是一种战略管理工具和绩效管理工具，有助于企业建立学习型组织，有助于企业的可持续发展。管理就是不断地解决问题，卓越管理是不让问题发生，而标杆管理就是要求不断地从细节着手解决问题，做到处处立标杆、时时对标杆、人人创标杆。

（3）BSC（平衡计分卡）是一个战略管理和战略部署工具，其最突出的特点是将企业的愿景、使命和战略与企业的绩效评价系统联系起来，把企业的使命和战略转变为具体的目标，以实现战略和绩效的有机结合。BSC既包含了财务指标，又通过客户、内部流程、学习与成长等维度的业务指标来补充说明财务指标。通过纵向、横向沟通机制进行 BSC 的编制，可以使所有员工识别和理解企业的愿景与战略规划，并及时地给予有价值的反馈，也使员工明白团队前进的方向及自己在这个过程中所做的贡献，由"旁观者"变成了"参与者"，使各个部门和各个岗位的目标同企业的战略目标达成一致，共同为企业战略目标的实现而努力。BSC 强调运用少量的指标来反映战略实现的进程。这种聚焦使管理层将创造价值这类广泛的目标转化成特定的行动方案，也帮助其了解组织中谁对绩效提升负有什么责任。

仅为了绩效考核而采用 BSC 是本末倒置的做法，BSC 本身并不能改善企业业绩。如果 BSC 的考核结果只是为了建立相应的激励制度，员工行为会变成以下模式：企业考核什么员工就努力做什么，企业不考核什么员工就不做什么。任何考核内容都不可能包含所有的工作，如果 BSC 只强调 KPI（关键绩效指标），有些事无人问津的现象就势必会经常发生，从而造成混乱的局面。

一定要注意 BSC 衡量指标的筛选标准：①驱动性；②有效性；③动态性；④可靠性；⑤责任性。

（4）OKR（目标与关键结果）是目标管理工具，OKR 更重要的意义是激发员工的工作热情、团队合作意识和对组织的责任感，让组织的每一位成员为企业整体绩效目标的实现贡献力量，这些行为虽然很难被量化，但却是保证组织顺利运转和长足发展的关键因素。

OKR 的核心内容包括以下几点。①目标要有野心、较激进，需要有挑战性；关键结果要支撑目标的实现。②目标刚性，设定的目标简单明了，并且在组织内公开透明。OKR 最多有五个目标（行动、挑战目标），每个目标最多有四个关键结果。关键结果是具体的、详细的成果，不是任务；关键结果必须是能直接实现的，是和时间相联系的，必须具有进取心、敢创新，可以不是常规的；关键结果需要做到明确且定量，易于跟踪。③企业、部门、团队、个人都有自己的 OKR，目标必须上下级互相认可，而且必须达成一致，不能采用命令的形式，大多数 KR（关键结果）都应该来源于 KR 所有者，即 60% 的目标来源于基层。④ OKR 每个周期都要打分并且公示，所有人都必须对 OKR 进行协同；原则上一个周期制定一次 OKR，周期结束后需对 OKR 进行评审；每周做一次 OKR 回顾，每月做一次 OKR 调整。⑤ OKR 要有挑战性，争取做到 0.6～0.7 分，满分 1 分并不意味着成功，反而说明目标不具有挑战性，目标过高或过低都不好。⑥ KR 是可以调整的，目标不能调整。⑦谁有利于目标的实现，就由谁负责；谁提出目标，就由谁负责。⑧ OKR 结果不直接与绩效、薪酬和晋升挂钩，OKR不是绩效管理工具，而是目标管理工具。

二、精彩书摘

（1）目前，有关绩效管理的理论、工具和方案都比较成熟，决定绩效管理成败的关键在于落地执行。不要一味地追求最新、最好的技术；在导入绩效管理系统初期需要投入大量的时间和精力来熟悉、适应新的流程与标准，短期内绩效可能不升反降，如果不预先说明，可能到时会引起管理层及员工的惊讶和不解；同时，不可低估出现反对声音、抵触心理，甚至是形式主义的影响，一个优秀的绩效管理方案应该能预见变革冲突并通过有效措施进行控制。

（2）绩效管理的方式有很多。无论采取什么样的管理方式、引进什么样的思想、建立什么样的制度，企业的一切活动最终都应体现在财务数据上。凡是无法知道投入产出比的活动，不论看起来多么吸引人，对企业而言都是无意义的。

（3）360度反馈也称全视角反馈、360度胜任力考核、360度评估反馈、360度考核法或全方位考核法，是由被考核者的上级、同级、下级和客户（内外部客户）及被考核者本人担任考核人，全方位、多角度地对被考核人进行考核，再通过反馈程序知晓各方面的考核意见，达到改变被考核人的行为、提高被考核人能力的目的的评价方法。

（4）如果积分制设计得当，就可以用来评价员工的综合表现：积分越多，说明员工对企业的贡献越大，表现越好。企业可以根据积分的排名来评定专业类和综合类优秀员工。累计的积分可以鼓励员工长期为企业服务，类似工龄工资的激励性，但比工龄工资更能客观地评价员工的价值贡献。年度的积分排名还可以充分激励员工的工作热情和工作积极性。

（5）PBC（个人绩效承诺或个人事业承诺）是以战略与经营目标为基础而层层分解目标和工作的考核方式，旨在激励每位员工不断制订更有挑战性的目标。其核心是"承诺"，反映了IBM公司绩效管理的真正目的——"为业务而承诺"。

（6）关键成功因素指的是对企业成功起关键作用的因素，是通过分析找出使企业获得成功的关键因素，然后再围绕这些关键因素确定系统的需求并进行规划。

高绩效的HR：未来的HR转型

戴维·尤里奇　等著

摘自：戴维·尤里奇等著，朱翔、吴齐元、游金等译，《高绩效的HR：未来的HR转型》，机械工业出版社，2020年版。

一、内容精华

（1）HR的演变阶段：第一阶段，HR的角色主要由优秀的行政人员担当；第二阶段，强调HR在人才搜寻、报酬与奖励、学习、沟通等方面的创新实践设计；第三阶段，关注通过战略性人力资源管理，使单项的HR实践活动与整合的HR体系均能促进企业经营成功，其效能体现为在企业战略与HR行动之间建立清晰的关联路径；第四阶段，利用HR政策流程等实践活动来促成某些外部经营条件的变化，以及对外部变化及时做出回应，在本阶段，HR的效能将会体现在客户占有率、投资者信息和社会名声等方面，而HR的信誉也来自内部要求及外部意见两个方面。

（2）HR胜任力的六个大类：①可信任的活动家；②战略定位的参与者；③组织能力的构建者；④成功变革的助推者；⑤HR创新与整合者；⑥信息技术的支持者。

二、精彩书摘

（1）由外而内的招募及晋升。客户的期望将决定企业雇用新人和内部晋升的标准。最新的准则：我们要做"最佳雇主"，并且是那些真正被客户认可的员工所认为的"最佳雇主"。

（2）由外而内的培训。企业应当邀请客户、供应商、投资者和监管机构帮助设计培训内容，以确保这些内容符合外部期望。这些外部人员也应与企业员工一起参与培训课程，并以实际案例或现场讲授的形式提供培训素材。

（3）由外而内的激励。客户参与决定员工应得的回报。

（4）由外而内的绩效管理。让外部利益相关者参与对企业内绩效考核标准的有效性进行评价，领导力的360度评估实际上就变成了包括客户和其他外部利益相关者在内的720度评估了。

（5）由外而内的领导力。HR需要帮助企业全力打造"领导力"的品牌，要能够使外部客户的期望转变成内部领导力行为。

（6）由外而内的沟通。HR需要确保信息在传递给员工的同时，也能够与客户和投资者分享，反之亦然。

（7）由外而内的文化。"由外而内"的文化与"由内而外"的文化大不相同，前者是以客户为中心而形成的企业文化，后者是以企业自身为中心进行思考和行动，而这种从自身出发的导向又会通过规章制度、价值观、期望值和员工的行为方式反映出来。

人效管理体系

应秋月

摘自：应秋月，《人效管理体系》，机械工业出版社，2021年版。

内容精华具体如下。

（1）人效管理体系意识形态的四个概念。①人效管理体系的运作理念是，"企业总销售收入高，不算强大；人均销售收入高，才算真正的强大"。②人效管理体系的运作宗旨是，"人人懂人效，才是解决人员管理难题的有效办法"。③人效管理体系的运作方向是，"持续追求人均销售收入最大化、人力使用效率最大化"。④人效管理体系的运作目的是，"用最低成本的人力，达成最终的经营目标"。

（2）人效管理分为四个系统：①人效核算系统，包括企业经营目标计划的制订、细分、预算、决算和评估；②人效分析系统，包括企业经营过程和结果的人效现状分析、原因分析和结果评估；③人效导示系统，包括人效分析报告的员工终端、管理者终端和决策者终端共享的人效数据可视化看板；④人效改善系统，包括人效管理问题的改善方案和改善管理工具。

行动学习使用手册：一本书讲透行动学习如何落地

刘永中

摘自：刘永中，《行动学习使用手册：一本书讲透行动学习如何落地》，北京联合出版公司，2015年版，2023年重印。

内容精华具体如下。
（1）将工作变成游戏的四大法则：①目标；②规则；③反馈系统；④自愿参与。
（2）行动学习经典技术：①"群策群力"工作坊；②"欣赏式探寻"工作坊；③"未来探索"工作坊；④"世界咖啡"工作坊；⑤"鱼缸会议"工作坊；⑥"开放空间"工作坊。

IPD：华为研发之道

刘选鹏

摘自：刘选鹏，《IPD：华为研发之道》，深圳出版社，2018年版，2024年重印。

一、内容精华

（1）从顶层设计到流程体系的TVP（顶层设计—价值模型—流程体系）模型：企业顶层设计决定企业价值选择，企业价值选择决定企业价值模型，企业战略和企业价值模型决定企业流程体系。
TVP模型的精髓：①企业管理层是TVP架构设计的责任人；②TVP的顶层决定下层实现；③TVP三层必须保持一致，上下贯通。
（2）基于流程体系的企业战略SPS（战略—流程—战略）模型：企业战略规划应先从挖掘具体业务的长期价值驱动因素着手，选取对企业长期价值敏感度最高而又切实可行的业务作为主要驱动力，即发现战略价值空间，然后制订明确的行动目标、行动计划和相应的业绩衡量指标，以保证战略的贯彻执行。

SPS模型的精髓：①企业战略要通过商业实现过程和产品开发过程来实现；②企业战略要分解为商业战略和产品实现战略；③企业战略要基于商业实现和产品实现的能力现状；④企业要建立基于流程体系的战略规划过程。通俗地说，没有商业战略的产品战略是孤独的，没有产品战略的商业战略是空虚的。

（3）企业价值模型的精髓：①每个价值创造流程的端到端都必须打通，建立多层次的价值实现流程层次，主要以客户场景进行划分或综合；②各业务流程可以协同使用或者互相调用。

（4）流程体系的基本观点：①没有流程体系的流程组织是散乱的；②不合适的流程体系是低效的；③不清晰的流程体系是失控的。

（5）流程体系的管理原则：①流程体系取决于企业价值模型和企业战略；②流程体系必须支持业务体系的灵活发展；③流程体系必须主干清晰、末端灵活、全局统一；④流程体系必须进行例行梳理，以保持体系的灵活性和高效性。

（6）企业流程的基本要求：①流程必须以客户为中心，业务是从客户中来的，也会回到客户中去，因此，价值实现流程必须实现端到端与客户连接；②流程要完整地反映业务本质，业务中的各要素及其管理不能在流程体系外，即业务的质量、运营、内控、授权等要素都要在流程中；③流程要落地，要与组织匹配，即组织要培养、提供与流程匹配的岗位、决策体系、考核体系。

二、精彩书摘

（1）IPD（集成产品研发）的本质是从机会到商业变现，整个IPD流程都是为了商业实现。不管是成熟的产品，还是新产品、新平台、新技术、外部合作等领域，均要对应整个商业实现过程。

（2）对于客户和市场，企业有三个与它们相关的价值创造和实现业务流程：①LTC（从线索到现金）流程；②基于客户和市场需求，开发新产品满足新需求，或开拓新市场获取新价值；③ITR（从问题到解决）流程，主要用于解决售后问题，也可以理解为按IPD流程做出新产品并上市盈利，按LTC流程完成商业交付增加运营利润，用ITR流程解决售后问题。IPD、LTC流程和ITR流程是企业面向客户和市场的三大执行类流程。

（3）微观IPD：俗称"小IPD"或"PDP"（产品开发流程），指新产品集成开发流程。中观IPD：包括PDP、市场管理和产品规划，以及需求管理过程三个基本流程的产品创新管理体系。宏观IPD：俗称"大IPD""企业IPD"，指端到端的产品管理体系，是企业为进行IPD流程变革而实施的措施，包括中观IPD、战略规划、产品生命周期管理（PLM）、技术规划流程（TPP）、技术和平台开发流程（TPD）及支撑体系（如绩效管理体系）建设。IPD体系：基于IPD流程的整个体系。

专业服务公司的管理

大卫·梅斯特

摘自：大卫·梅斯特著，吴卫军、郭蓉译，《专业服务公司的管理（经典重译版）》，机械工业出版社，2018年版。

一、内容精华

（1）专业性服务公司的一般理念：为员工提供一份富有成就感和满足感的职业；让公司获得良好的经济效益，实现员工回报和公司业务的双重增长。

（2）客户服务一般分为三种类型：专家型服务、经验型服务和程序型服务。①在专家型服务项目中，客户遇到的往往是专业或技术知识领域中最前沿的问题，或者至少可以说是极其复杂的商业难题。提供这类专业服务的三个关键要素是，创造力、创新意识，以及能在探寻新方案、新概念及新技术的过程中发挥先驱引领作用。专家型服务项目所配备的人员通常是具备极其出色的专业技能，但同时也要求获得极高报酬的专业人士。提供专家型服务的公司向目标客户打出的宣传语："聘请我们吧，因为我们的专业智慧无与伦比。"②在经验型服务项目中，虽然客户会强烈要求按照其各种特殊需求"量身定做"解决方案，但在项目执行过程中，相对于专家型服务项目，经验型服务项目对创新意识及创造能力的要求比较低。在为这类项目提供服务时，对所需解决问题的本质，专业服务公司并不会感到陌生，并且可以借鉴其他类似项目采取的解决方案。当客户遇到这类问题时，会习惯性地寻找对解决自身问题具备丰富实践经验的专业服务公司，而专业服务公司则向客户出售知识、经验和专业判断力。因此，提供经验型服务的公司会以这样的方式来推销自己："聘请我们吧，因为我们拥有丰富的实践经验，在这类问题的处理上游刃有余。"③程序型服务项目通常涉及人们常见又比较熟悉的问题。客户可能本身就有能力和资源来承担这项工作，但还是会聘请专业服务公司，原因有很多，比如，为了提高效率，或者是出于旁观者清的考虑，又或者是因为缺乏人手，自己的员工还要承担其他更重要的工作。因此，专业服务公司向这类客户出售的是程序、效率和时间。提供程序型服务的公司的广告语："聘请我们吧，因为我们知道该怎样做，可以高效地帮助你实现预期效果。"程序型服务项目一般可以由初级员工承担大部分的工作任务，这也就意味着，以程序型服务为主营业务的公司，其组织架构与其他公司会有很大不同。

（3）在专业服务公司中，三个层级的专业人士在分工方面各有不同：资深人士（合伙人或副总裁级别）负责市场营销和客户关系维护，经理负责项目的日常管理、监督和协调，初级员工负责项目中技术性工作的具体操作。这三个层级的专业人士通常也被称为"找项目的人""管项目的人""做项目的人"。公司所需要的人员结构（即资深人士与初级人员的比例）主要取决于客户项目对专业人员的配备要求，而反过来看，它也在很大程度上决定了公司能为员工提供什么样的职业发展路径和前景。

（4）专业服务公司必须执行业务开发活动中的一揽子安排，具体包括：①广而告之；②展开追求；③超越客户的预期；④培育客户关系；⑤倾听顾客需求。

二、精彩书摘

（1）若要符合专业服务行业中精英实务工作者的传统形象，这类以"专家服务"为基础的公司对员工的需求就是从最好的学校中发现和吸引最优秀的毕业生，从而找到能满足前沿实务工作质量要求的顶尖"学徒"。对"学徒"的培训最好通过非正式的学徒体制来完成，并且因为标准很高，所以"不晋升就出局"的严酷晋升机制将保证只有最优秀、最有天分的"学徒"能够留在公司。

专家型服务公司的理想营销模式与专业服务行业传统的业务开发模式很接近。由于客户愿意为这类重大项目聘请最优秀的专业人才，所以知名度和口碑就成为赢得客户的关键。最佳的业务开发方式是写文章、写书、发表演讲或者通过合适的媒体发表自己的观点，从而累积自己作为"专家"身份的凭据和口碑。这种业务开发更倾向于围绕树立个人口碑而不是公司口碑来进行，这就如同客户的普遍认知："我聘请的是律师，不是律师事务所。"个人在行业中的声望对专家型服务公司开发业务起着至关重要的作用。

（2）如何实现良好的客户服务：①跟踪反馈；②管理；③方法和工具；④培训；⑤奖励。

阿米巴经营

稻盛和夫

摘自：稻盛和夫著，曹岫云译，《阿米巴经营》，中国大百科全书出版社，2016年版。

一、内容精华

（1）阿米巴经营的三个目的：①确立与市场直接联系的分部门核算制度；②培养具有经营者意识的人才；③实现全员参与的经营。

（2）把"作为人，何谓正确"这一基准作为企业经营的原理、原则，据此对所有问题做出判断。这一判断基准，也就是用公平、公正、正义、勇气、诚实、忍耐、努力、亲切、体谅、谦虚、博爱这样一些词汇表达的全世界通用的普适价值观。

（3）为了在整个公司实践"销售最大化、费用最小化"这项原则，把组织细分成一个个独立核算的单位，就是"阿米巴"。每个阿米巴安排一位负责人，即阿米巴长，负责阿米巴的经营。阿米巴长在重要问题上虽然需要获得上司的认可，但他们全面负责各自阿米巴的经营，包括经营计划、实绩管理、劳务管理、资材采购等。

即使是阿米巴这么一个小小的组织，要经营它也必须进行收支计算，这就需要最低限度的财务知识。但是，要求所有的阿米巴长都具备财务知识是不现实的。因此，需要有一个办法，让缺乏财务知识的人也能够明白阿米巴的核算，可采用的方法是"单位时间核算表"。

（4）公司规模扩大，经营者和各部门负责人管理整个公司感觉力不能及时，就可以把组织细分成几个小的作业单元，让它们独立核算，小单元的领导人能正确地把握自己单元的情况。另外，这些小单元的领导人因为所管的人数少，就比较容易开展日常的工作和工序管理等组织运营活动。即使没有特别强的管理能力和丰富的专业知识，他们也能够把自己的部门管理得井然有序。

不仅如此，虽然只是小单元，但既然被托付经营，小单元的领导人就会产生"自己也是一个经营者"的意识。有了这种意识，就会萌生作为经营者的责任感，就会尽力去提升自己部门的业绩。就是说，从员工的"要我干"的立场，转变成了领导人"我要干"的立场。这种从被动到主动的立场转变，就是产生经营者意识的开始。

（5）怎么做才能解决劳资对立的问题？公司有个体经营、有限公司、股份公司等多种形态，其中如果有"全体员工都是经营者"这种形态的公司，那么劳资对立就不会产生，全体员工都会朝着公司发展的方向团结奋斗，成为最强大的集体。

（6）不管怎样标榜大家族主义，要消除经营者与劳动者之间的对立，要营造劳资协力的企业风气，仍然很困难。为了超越经营者、劳动者各自的立场，让全体员工团结一致，首先必须有全体员工都能认同的企业目的，或者叫经营理念。

京瓷已经把公司的经营理念确定为"在追求全体员工物质和精神两方面幸福的同时，为人类社会的进步发展做出贡献"。因为是把追求员工的幸福作为公司的目的，所以劳资团结一致共同为企业发展而尽力的要求毫无矛盾。确立全体员工都能接受、都能共有的、普遍正确的经营理念，就是培育了一种土壤，让京瓷产生了超越劳资对立、团结奋斗的企业风气。同时，因为确立了这样的经营理念，经营者就敢于严格要求员工。而全体员工也会产生伙伴意识，大家都是为了同一个目的共同奋斗的同志。

（7）制定阿米巴经营正常运行的制度：①要符合公司的基本思想和价值观；②要从经营的角度出发；③要如实反映经营的实际状况；④具备一贯性；⑤对整个公司都要公平。

二、精彩书摘

（1）全体员工积极参与经营，在各自的岗位上发挥各自的作用，尽到各自的责任，那么，员工已经不再是单纯的劳动者，而是具备了经营者意识、与经营者共同工作的伙伴。这样的话，因为履行了自己的责任，他们就会品尝到工作的喜悦和成就感。互相之间都抱着为公司做贡献的目的投入工作，就能实际感受到人生的价值，就会积极主动地投身于工作。

（2）我们的事业面对的是急剧变化的市场，如果组织体制不能按照市场的动向和变化，灵活柔性地改变，就难免被市场淘汰。不能建立现在就能战斗的体制，就会在竞争中落败。

（3）因为（阿米巴）组织的自由度很高，所以经营理念特别重要。

领导力 21 法则：追随这些法则，人们就会追随你

约翰·马克斯韦尔

摘自：约翰·马克斯韦尔著，路本福译，《领导力 21 法则：追随这些法则，人们就会追随你》，文汇出版社，2017 年版。

一、内容精华

（1）衡量领导力的真正尺度是影响力。真正的领导地位是无法被授予、指派或委任的，因为真正的领导力来自一个人的影响力，而影响力是无法被委任的，必须靠自己去赢得。

（2）领导力的提升是日积月累的结果。领导者都是善于学习的人，自我发展和不断提升自身的技能水平是领导者与其追随者最本质的区别。

（3）导航法则：谁都可以掌舵，唯有领导者才能设定航线。领导者就是看得比别人多、看得比别人远，在别人看到之前看到的人。设定航线的领导者会广泛收集信息。他们会听从领导团队中其他人的意见，会与自己的组成成员交谈，了解基层的情况，还会与组织之外的其他领导进行交流，获得一些启迪。他们思考问题的时候会依赖整个团队，而不仅仅是特立独行。

（4）增值法则：领导者为他人提升价值。光想给自己邀功是不行的，因为一个组织的成功来自众人的共同努力。领导力的底线不在于我们自己能够走多远，而在于领导者能够让别人走多远。没有经验的领导者往往在了解他们将要领导的人之前就急于开始工作，而成熟的领导者会去倾听、了解，然后再开展工作。

（5）根基法则：信任是领导力的根基所在。要赢得信任，领导者必须表现出工作能力、亲和力和性格优势。品格是信任的根基，而信任是领导力的根基，这就是信任法则。领导者如何赢得尊重呢？通过做出英明决策，承认自己的错误，把追随

者和组织的利益放在自己的个人利益之前。先有信任，再有支持。

（6）亲和力法则：领导者深知，得人之前必先得其心。除非人们被打动，否则人们不会行动……感情先于理智。与追随者的关系和感情越牢固，他们就越可能去帮助领导者。主动与别人建立亲善关系，这是领导者的职责。

（7）核心圈法则：一个领导者的潜力，由最接近他的人决定。领导者的潜力是否发挥，取决于核心成员的素质。当你的直属工作人员超过7个人时，当你不能直接领导每个人时，当在志愿者工作领域里除了领薪员工之外还有其他人也应该是核心圈成员时，你应当开始考虑运用以下的培养战略，创建一个范围更小的核心圈。有意识地花费额外时间和成员相处，以此指导他们，并增进关系；赋予成员更多的责任，寄予更高的期望；当工作进展顺利时，给予成员更多的功劳，而当工作发展不顺利时，让成员承担责任。

（8）授权法则：有安全感的领导者才会授权予人。伟大的领导者通过授予权力来获得权力。

（9）镜像法则：把镜像变成现实。伟大的领导者好像一直都表现出两种似乎截然不同的特质，他们很有思想但都非常实际。下属们可能会怀疑领导者的语言，但通常相信他们的行为。教正确的事总比做正确的事容易。

（10）接纳法则：人们先接纳领导者，然后接纳他描绘的愿景。作为一位领导者，成功是以你是否有能力带领下属达到他们认同的目标来衡量的。但在此之前，你必须先让他们接纳你成为领导者。领导者先找到目标，然后才找到一群追随者，而普通人却是先找到了领导者，然后才认同领导者的目标。人们乐意追随那些他们能够认同的人。

（11）士气法则。很多时候，成功与失败的差别就在于有没有士气。士气就像是放大器，它使事物看起来比真实的要大。在一个具有士气的组织内，即使是普通人也能超水平表现自我。除非火焰已在自己心里燃烧，不然你不要指望它在别人心里点燃。

（12）优先次序法则。领导者就是攀上最高的树梢，仔细勘察全景，然后敢大声宣布"我们走错树林了"的那个人。领导者应该走出那些他们感到舒适的领域，而去那些可以发挥他们优势的领域。

（13）时机法则。在错误的时机采取错误的行动，结果是酿成灾难；在错误的时机采取正确的行动，结果是抵制。领导者如果一再表现出他缺乏良好的判断力，哪怕犯的不过是些小错误，人们还是会觉得如果继续接受这个人的领导，那才是真正的错误。

（14）传承法则：一个领导者的长久价值由其继承者决定。如果一位领导者能够使机构在没有他的情况下仍然能取得成功，那么他就是创造出了传承的典范。

二、精彩书摘

（1）如果你想要爬得更高，你就需要提升自己的领导力。如果你想对外界施加更大的影响，你就必须具备更大的影响力。

（2）领导力只能在追随者那里得到证明。那些自以为是领导但却没有追随者的人，只不过是在说大话罢了。

（3）冠军并不是在拳击场上称为冠军的——他们只是在那里得到了认可。

（4）在乐观主义与现实主义、直觉与计划、信念与事实之间找到平衡是非常困难的，但是要成为优秀的导航者就必须做到这一点。如果一个领导者不能带领人们冲过激流险滩，那么他很可能会让船沉入海底。

（5）在人群中建立亲和力的秘诀就是把他们当作不同的个体来对待。向别人传达信息是一回事，与别人沟通是另一回事。前者是因为你相信自己会说一些有价值的话，后者是因为你相信他们有价值。

（6）高处不胜寒，所以你最好与人为伴。

第二章

组织、流程与企业文化管理

管理架构师：如何构建企业管理体系

施炜

摘自：施炜，《管理架构师：如何构建企业管理体系》，中国人民大学出版社，2019年版。

内容精华具体如下。

（1）企业管理体系构建分解为三个步骤。第一，梳理价值创造活动，完善流程体系。这一环节遵循战略导向和顾客导向原则。换言之，所有的价值创造活动及相关流程都包含战略思想和"端对端"理念。第二，依据流程体系设计组织结构，安排组织分工，实现活动（流程）与组织单元（职位及机构）的对接和匹配。这一环节体现战略决定组织的原则；同时在方法上注重自下而上，即先依据细分的流程确定与之对应的细微组织单元，再向上合拢为大的组织单元。第三，在流程活动组织化的基础上，设计组织运行（协同）的机制（即责任权力关系和结构）。根据互联网时代的组织演变，把组织协同及连接机制概括为权力机制、流程机制和交易机制。将交易机制纳入组织机制当中，意味着市场和组织两者边界的消失。

（2）上述三个步骤，体现了以顾客价值为导向，以经营活动为出发点，以及流程（Processes）、组织（Organizations）、协同（Cooperating）一体化的理念和逻辑。流程、组织、协同这三个变量的组合，构成了企业管理体系的POC模型。

（3）企业管理体系的建设需遵循五个理念。第一，万丈高楼平地起。既有远大的目标，又有坚定、持续的动作；脚踏实地，打好基础，动态迭代和提升。第二，结构产生能量。应将体系的各个模块和部分结构化地组成整体，使之产生系统功能。第三，既见森林，又见树木。既有整体的框架，又有关键问题的解决方法。第四，让一切流动起来。体系内部的结构、流程并不固化，而是开放和弹性的；各部分、各模块可以灵活组合及多方面连接。第五，消灭复杂性。不能将体系和复杂联系在一起。在某种程度上体系的构建恰恰是为了减少组织内部复杂性，简化管理关系，廓清低效行为，使组织运行更加顺畅、快捷。好的体系，可以让管理者更轻松，可以提增组织能量且使之作用于外部市场。

企业顶层设计：战略转型与商业模式创新

吴越舟

摘自：吴越舟，《企业顶层设计：战略转型与商业模式创新》，人民邮电出版社，2018年版。

一、内容精华

（1）传统企业转型升级的四大迷思：①指数型增长与线性型增长的困惑；②工业思维的老化与互联网思维的生态化；③复杂巨系统的掌控与激荡大环境的挑战；④企业战略定位的模糊与组织能力的匮乏。

（2）商业趋势的五大转变：①产业链关系从"静态连接型"转向"动态一体型"；②企业协作从"有限利益链"转向"无限价值网"；③经营重心从"企业中心型"转向"客户中心型"；④经营方向从"规模范围型"转向"利基深耕型"；⑤产品开发从"目标计划型"转向"需求迭代型"。

（3）顶层设计的"双三角模型"：①企业家是顶层设计的核心；②方法论是顶层设计的抓手；③核心层是顶层设计的支撑；④企业文化是顶层设计双三角的整体融合。

二、精彩书摘

（1）企业家转型的挑战：实现自我超越，引导组织成长。企业家的思维转变：从交易思维向共赢思维转变。企业家的能力转型：从"企业洞见"向"产业视野"转变。

（2）打造核心层：①建立"自我驱动，信念坚定"的骨干团队；②建立"锐意进取，一专多能"的精兵团队。

（3）转型抓手：①战略突破；②组织变革；③管理升级。

敏捷组织：如何建立一个创新、可持续、柔性的组织

琳达·霍尔比契

摘自：琳达·霍尔比契著，刘善仕等译，《敏捷组织：如何建立一个创新、可持续、柔性的组织（原书第2版）》，机械工业出版社，2020年版。

一、内容精华

（1）"敏捷"的含义。鉴于技术的发展和全球竞争的扩大，敏捷性变成了"快速、果断、有效地预测、启动和利用变革"的能力。在当今这个高度竞争的全球化时代，组织需要迅速行动以跟上发展的步伐，抓住机遇或避免灾难。在一个新思想、新技术和新服务不断涌现的世界里，那些不能快速满足客户需求，不能抓住机遇、创新、削减成本和避免重大错误的企业很快就会倒闭。敏捷组织能够迅速果断地应对整体市场条件的突然转变，通过开发一系列满足广大客户需求的产品，来迎接新的竞争对手的出现和改变行业的新兴技术的发展。快速做出重要和合适的行动是至关重要的。

然而，采取更新、更快、更好的做事方式不是一蹴而就的。毕竟，传统的等级组织和治理结构是为了稳定和保护流程而设计的。

（2）敏捷企业的素质和能力。敏捷企业的特点包括快速决策和执行、高绩效文化、管理实践和资源配置的灵活性，以及支持协作的组织结构。更进一步地说，其包括：①着重为客户提供价值，愿意投入大量的精力来满足客户需求，然后把这些事情放在第一位；②保持适应能力，有能力通过改变工作方式来为客户提供最佳价值，且能随时做到这一点，即在行为上具有弹性；③动态联网，处于组织能够快速有效地收集知识和利用专业知识的众多互动网络的中心，即具有环境适应能力；④密切关注新知识并通过知识创造价值，即在创新上具有很强的认知弹性；⑤果断决策，必须准备好处置组织中不再增值的部分。

（3）敏捷战略制定。战略制定是使更广泛的群体参与到战略性思考和行动中。每个人都需要具备外部意识和"悟性"——能够感知环境的变化，能应对模棱两可的情况，采取挽救措施以避免问题的发生或抓住潜在的机会，愿意发表意见并能得到授权根据自己掌握的情况采取行动。因此，企业在进行战略决策制定时，挖掘员

工和其他利益相关者的集体智慧是明智的，包括收集他们的反馈和了解顾客与不断变化的市场，对需要改变的东西提出想法，探索"如何"适应。总之，与传统的战略制定方法不同，战略敏捷性成为一种共享型的嵌入式能力，并且至少在某种程度上它能更容易缩小传统战略制定方法的实施差距。

但这并不是说敏捷组织缺乏战略规划。相反，其更专注于规划开发最能体现战略差异的核心能力。这种专注是在提供客户价值，是不断开发新的能力作为竞争优势的来源，是准备投入大量精力来建立客户真正需要的东西并将这些东西放在第一位。

（4）敏捷高管团队。许多高管团队都在努力处理眼下复杂和矛盾的现状，而董事会也可能高度厌恶风险，并且不愿意接受敏捷策略所需要的尝试程度。为了使组织在混乱的边缘保持最佳运作状态，高管团队必须团结一致，并且能够在不卷入政治权力斗争的情况下迅速做出大胆的决策。最高领导层的角色、能力和优先事项是组织环境是否有利于变革的关键影响因素之一。

（5）敏捷业务与敏捷文化。在敏捷组织中，"常规业务"总是会随时转变成"新业务"。这是因为敏捷组织是通过实验和测试不断突破知识和技能界限的学习型组织。不像其他组织那样在出现错误时是一种责备和追责为主的文化，敏捷组织的文化是一种主动从挫折和成功中学习的文化。丰富的信息系统和知识流程使人们能够获取到他们工作所需的信息，并分享提升客户价值的想法。努力变革的目标是创造有意义的信息流，并让合适的人去分析和解释它们。

（6）敏捷组织结构。敏捷组织结构比传统的"筒仓式"的纵向结构更不"固定"、更水平化，在职能、事业单元和部门之间存在可以相互渗透的边界，从而使合作模式和战略协作得以建立。将强大、稳健的运营，以及流程改进和团队合作作为准则全面嵌入各个层级，同时将决策权明确和下放，是将工作组织起来的一种典型做法，可以确保效率、效果和协作。这种结构要求个人具有强烈的责任感和自我管理、不断学习，以及开发和应用新技能的意愿。管理风格、沟通过程、就业和发展机会及激励结构都反映了这一点，相关参与者之间的关系对于有效的协作也至关重要。

（7）敏捷人力资源。在敏捷组织中，员工成为中心舞台，他们的激情、理解力、创造力、互动和关系塑造了我们组织的未来。让"正确的"人员以"正确的"方式处理"正确的"事情的重要性正在成为人力资源战略的新重点。

二、精彩书摘

（1）学习是适应性和创新的关键。佩蒂格鲁（Pettigrew）及其同事使用"环境接受度"一词来形容某个特定团体或组织自然地接受变化和新思想的程度。接受度高的组织被视为是足够"成熟"适合变革的组织；它们能快速地采用创新概念来应对它们所遇到的挑战。它们高度关注通过知识创造价值。变革成为组织生活中理所当然且不可或缺的一部分，因此即使是在变革的时候，组织也可以在一系列任务变化的情况和条件下保持有效性。相反，接受度较低的组织虽然也可能遇到相同的挑战并了解相同的创新，但它们却缺乏实施这些想法的意愿或能力。

（2）灵活性。包括开发协调、重组与动员人员和资源的技能，以及坚决采取行动消除变革障碍，和与他人合作的能力。为了变得灵活和反应灵敏，相应地，组织需要灵活的角色和结构。特别是需要具有灵活思维和技能的人员，他们愿意并且能够适应现在组织内外部环境对他们的要求。敏捷性和弹性在很大程度上取决于人们是否愿意为公司施展（调动）他们思想上的敏捷性、技能组合、资源，以及付出自发性的努力。因此，敏捷公司需要在信任和互惠基础之上与员工建立强有力的雇用关系。

（3）企业理念。一个有凝聚力的企业理念是形成日常行为的基础。敏捷组织通常有以下五个理念：①组织适应性；②演变；③学习；④灵活性；⑤即兴创作和创新。

指数型组织：打造独角兽公司的 11 个最强属性

萨利姆·伊斯梅尔　等著

摘自：萨利姆·伊斯梅尔等著，苏健译，《指数型组织：打造独角兽公司的 11 个最强属性》，浙江人民出版社，2015 年版。

一、内容精华

（1）创建指数型组织的 12 个关键步骤：①选择一个"宏大变革目标"（MTP）；②加入或创建与 MTP 相关的社群；③建立一支团队；④突破性创新；⑤建立商业模式蓝图；⑥寻找商业模式；⑦建立符合商业模式的最小可行产品（MVP）；⑧验

证市场和销售；⑨实现指数型组织的外部属性与内部属性；⑩塑造文化；⑪定期回顾关键问题；⑫建立和维护平台。

（2）大型公司向指数型组织靠拢的四大策略：①改变领导层；②结盟、投资或收购；③在边缘激发指数型组织；④打造"精简版"指数型组织。

二、精彩书摘

（1）指数型组织都有一个共同点：他们都有一个崇高而热切的目标。Quirky 的理想是"让发明触手可及"，奇点大学的理想是"为 10 亿人带来积极的影响"。这个目标就是"宏大变革目标"。足够鼓舞人心的 MTP，本身就是一种竞争优势，它会激励人们创造出自身的社区、群体和文化。

（2）指数型组织的五大外部属性：①员工随需随聘，取代传统的岗位聘任制；②把一大群充满热情、愿意奉献时间和专业技能的爱好者组建成社群，并吸引更多的大众；③获取海量数据并确立自己独特的算法；④用杠杆资产取代实体资产；⑤采取巧妙方法让用户参与进来。

（3）指数型组织的五大内部属性：①良好的用户界面，是组织实现扩张的重要条件；②适应力强的实时"仪表盘"，让组织内的每一个人都能了解关键量化指标；③通过实验实现快速迭代；④在遵循公司 MTP 的前提下，实现员工高度自治；⑤利用社交工具创造透明性和连通性，消除信息延迟。

流程密码

章义伍

摘自：章义伍，《流程密码》，人民邮电出版社，2023 年版。

一、内容精华

（1）企业竞争的三个层级。①竞争利润，企业在初创阶段通常会重视现金流和盈利能力，企业的目的是追求利润最大化。企业不应追求短期的利润回报，而应追求持久的价值创造。价值最大化的重要前提是拥有最大化的人才价值，只有训练有素的人，才能设计、生产、销售对客户有价值的产品和服务。所以，企业利润的源头是人才，得人才者得利润。②竞争人才，优秀的企业是优秀的人才创造的，一流大学也是由一流的教师和学生组成的。优秀的企业拥有高素质的人才、众多优质的培训资源、积极公平的用人机制，以及有孵化人才的软环境等。③竞争系统。人才在企业之间会不断地流动，要么主动离职、要么被动被裁，这些都是常态。这时，企业需要做好应对"人才流动、人员流失"的准备工作。既然人才会流动，再造人才又靠什么呢？靠的是人才培育系统。讲师的选择、培养、更换、评估是系统，教学材料的文本、演示文稿、信息单、案例库是标准，教学方法的多样化呈现技巧是系统，什么样的雇员听什么样的课有标准，课堂之外的教练技巧是流程，学员的能力鉴定也是标准表格。总之，企业只有建立竞争系统才能复制人才。

（2）流程化基因的核心价值。①客户视角，标准化的流程可以为客户带来一致的体验；客户可以在任何时间、任何地点享受同样的产品和服务；等等。②员工视角，流程为员工提供了最佳的执行工具，如同司机配备了导航仪；流程为员工的学习提供了全方位、高品质的学习教材，告别了口口相传的经验模式；等等。③企业视角，流程统一了工作标准，提升了产品质量和合格率；流程避免了返工和缺陷，降低了成本，稳定了交期；等等。

二、精彩书摘

（1）流程和制度都属于规范化的范畴。二者的区别在于，优秀的公司用流程管理，避免人们犯错误，同时尽量避免动用奖惩制度。奖励过多会导致员工为奖励而工作，比如高提成会导致员工忽视客户满意，过度追逐奖金。惩罚过多同样会滋生组织的消极情绪。成熟的企业很少动用制度，它们更多地运用绩效管理体系、科学的晋升标准，这些都属于流程的范畴。就像麦当劳几乎在所有领域都拥有优质的流程，如选址流程、开店流程、运营流程、人员的招用育留流程、财务管理流程、食品安全流程、供应链管理流程等，却很少看到麦当劳的制度汇编。

（2）流程代替制度。在麦当劳，员工的业务能力有多种评价方式，包括晋升、绩效考核和工作检讨模式，一套完整的绩效管理体系包括目标制订、目标执行、目标修正、绩效评估。此外，奖励个人或团队也可以按流程申报、评奖，每件事都有完善的标准，就像奥斯卡、金球奖一样，有评委、有规则。这种评奖不取决于决策者个人的好恶，而是公开透明的规则和流程。

文化代替制度。文化是拉力，制度是约束力。文化的意义在于提前引导，在麦当劳的员工手册里，没有任何奖励金钱或罚款的制度，也没有诫勉、警告、开除等内容，而是代之以温馨的提示，比如"以下是值得鼓励的行为，以下是我们反对的行为"等。

辅导代替制度。如果发现员工有不得体的行为，如导致客户不满意、员工关系不和、工作绩效下降等，管理层通常会选择工作辅导。

（3）优质流程标准。优质流程有三大标准：①要方便员工做事，所以要简单、可操作、可执行，如导航仪；②要方便培训人才，所以要可学、可教、可读性强，如教科书；③要方便管理者督导，所以要同时拥有操作步骤、细节和标准，如检查表。

如果能达到上述标准，大概率算得上是优质流程。从专业的角度看，优质流程的设计应符合三大黄金准则：简单化、专业化和标准化。其中，简单化代表结构简单，步骤简单；专业化代表细节到位，重点突出；标准化代表数字描述，行为描述准确。

（4）流程设计的五种思维：①系统思维（系统中包含哪些流程）；②逻辑思维（结构化、程序化）；③客户思维（站在客户角度看需求）；④用户思维（站在使用者的角度追求简单）；⑤问题思维（预防以前经常出现的问题）。

华为流程变革：责权利梳理与流程体系建设

胡伟　郑超　韩茹

摘自：胡伟、郑超、韩茹，《华为流程变革：责权利梳理与流程体系建设》，电子工业出版社，2018年版。

一、内容精华

（1）以业务为导向，利出一孔。用发文的方式解决业务问题是指通过成立一个项目、临时组建一个工作小组解决问题，如果问题严重，就设立一个部门专门解决，然而问题层出不穷，部门越来越多，导致组织架构冗余。当后期发现组织架构上的问题时，再进行调整，这种方式降低了效率，而且不能真正从源头上避免一些不必要问题的出现。任正非认为在LTC（从线索到现金）没有建立前，那是原始的管理方法，最好还是回到 LTC 流程上去整体解决。

（2）以客户体验牵引流程体系的建设。在移动互联网时代要构建客户全程参与的流程体系，需要贯通各分支环节的客户互动渠道，提供与客户良好接触的平台，在各个接触点都给客户良好的体验。一方面，分析研究客户的行为习惯，梳理清晰全流程上有哪些环节是能够与客户互动的节点；另一方面，要构建信息共享平台，贯通分支环节客户参与的信息共享，从而使每个关键接触点的客户体验能够被实时监控，更高效及时响应客户需求。

（3）流程的目的是提高效率、赚到钱、没有腐败。

（4）贯通从客户中来，到客户中去的端到端流程。

（5）从实践中总结出的成功经验就是流程。

（6）流程工作要直指客户的"痛点"。要抓住客户的"痛点"，识别客户的"痛点"问题是什么，通过流程的梳理帮助客户解决他们正在面临的问题，从而打动客户。由此可见，流程梳理工作一方面是对隐性流程的显性化，明确各环节责任人；另一方面通过流程梳理，深刻理解各分支流程对应的客户所面临的"痛点"问题，直指客户"痛点"，真正帮助客户解决问题。

（7）主干流程要简单，次要流程要开放。

（8）清晰的、重复运行的流程和工作要标准化。

（9）将流程制度化、文本化，保证权威性。

（10）树立遵从流程化管理的规则意识。

（11）将例外管理转化为例行管理。

（12）将权力授予最明白流程和最有责任心的人。

二、精彩书摘

（1）为客户服务是华为存在的唯一理由。流程管理强调倾听客户的声音，以客户为导向是流程管理的起点，也是基础，能够帮助客户实现价值增值的流程才是把握了正确的流程管理的大方向。有时，客户对于需求的表达并不很明确，甚至是零散的、碎片化的，因此需要企业对客户的心声进行提炼和分析。不仅要倾听客户对产品服务本身的满意度，还要倾听客户的新需求，更细致地倾听客户对流程解决方案的评估和意见，从而及时调整流程，更好地满足客户所需，提高客户满意度。

（2）前端拉动后端，使组织灵活适应市场变化。约翰·西里·布朗和约翰·哈格尔三世的"拉动力"理论强调，在复杂而不可预测的市场环境中，更好的经营模式应该是发挥自主管理的力量，即由前端拉动后端的更开放、协作性更强的经营模式，通过拉动力促进企业的成长。由此可见，通过拉动力管理能够使流程中各个分环节上分散的资源和能力高效聚集起来，从而快速响应前端需求，疏通端到端流程节点。

（3）视奉献关系为组织关系的基础。在跨部门的管理中，势必涉及若干职能部门共同配合全流程工作，然而基于业务导向和客户需求形成的流程体系是水平运行，职能部门是垂直管理。流程被职能部门分成不同的碎片，各职能部门只对范围内的局部流程负责，部门外的、没有穷尽的职责划分环节就会出现责任人空缺的问题，这些中间环节的不顺畅会导致整个流程运行效率低下。

（4）待遇和机会向奋斗者倾斜，让火车头加满油。华为的奋斗者文化之所以能够长盛不衰，成为企业文化的核心部分，关键在于华为不会让真正的奋斗者吃亏。任正非强调华为的文化是"以客户为中心，以奋斗者为本，长期艰苦奋斗"，而支撑奋斗者文化要落实在绩效考核体系、激励机制与流程运作上的价值导向。

（5）允许犯创新性错误，不允许犯流程性错误。受资源和时间有限性的约束和环境复杂多变的影响，在企业经营过程中，可能会在某些环节发生错误，尤其在研发环节发生错误的概率比较大。对于研发中的突破式创新性错误，华为会秉着宽容的态度。

流程管理标准指南

深圳市格物流程研究院

摘自：深圳市格物流程研究院，《流程管理标准指南》，清华大学出版社，2021年版。

内容精华具体如下。

（1）战略明确了组织的发展方向，是组织的最高行动纲领。组织的流程体系必须支撑、服务于组织战略。完整的流程体系确保组织运作沿着正确的方向去达成战略，是组织管理的核心。

（2）"个人能力"和"组织能力"是相对应的两个概念，"个人能力"是指依赖组织中某个人而存在的能力，这种能力大多以潜在而非显性的形式存在，不能很好地被传播和复制，如果个人离开组织，那么组织也将失去这种能力。"组织能力"是指组织所具有的、不依赖于任何个人而存在的能力，这种能力以显性的形式存在，容易被学习、传播和复制。

流程是组织能力的存在形式，流程的执行水平体现了组织的管理能力和组织的执行力。如果流程的执行是一流的，那么一个普通的员工经过流程培训，按照该流程的要求执行任务也能产生一流的绩效，一流的流程可以培养一流的员工。组织的长期发展必须更多地依赖"组织能力"而非"个人能力"。

流程可以把个人的优秀变成多人的优秀，将多人的优秀变成组织的优秀。如果一个组织依靠某个人，推崇个人英雄主义，那么一旦所谓的"能人"离职了或者组织规模扩大了，这个组织的整体工作就会受到影响，会逐渐成为落后的组织；如果一个组织依靠流程，那么只要流程在，组织的核心竞争力就不会消失，这个组织会逐渐发展为优秀的组织。

（3）流程从产生至废止的过程称为流程的生命周期，通常情况下流程生命周期可划分为三个阶段：流程产生、流程运行、流程废止。

（4）流程管理部门是组织中业务流程管理工作的组织者和监控者，它负责统筹组织的流程管理工作，通过对组织流程体系的规划、建设、推行、运营及优化，确保流程与组织战略目标一致，支撑组织战略落地。

根据组织的规模，流程管理部门可以是组织中独立的部门，也可以由负责组织运作管理的部门承担流程管理职责。

（5）组织是否优秀取决于其业务流程绩效，而流程绩效以组织绩效目标的达成为目标。通常情况下，流程绩效目标来源于三个方面：①客户的需求和期望；②组织自身目标；③业界流程管理标杆。

（6）流程监控遵循的原则。①流程一定要被监控。②流程监控是日常行为。③确保重点流程兼顾辅助流程。优先保证直接为客户创造价值的流程，确保组织基本业务活动流程高效运转。④阶段性与常规性结合。流程监控需要日常例行开展，但根据流程所处生命周期的不同阶段，可以采用专项的监控手段（如流程专项审计），阶段性地对流程运行状况进行评估和干预。⑤关注流程关键节点。关注流程的关键节点对流程监控可以起到事半功倍的作用。⑥流程监控的范围要大于流程本身。在流程监控过程中，不只是监控流程执行情况，还要监控业务环境的变化、输入信息的变化、技术/工具的发展。

（7）对流程管理体系有效性的维护应持续进行。对流程管理体系有效性的维护应该实时地、持续地进行，做到"润物细无声"，而不能做成一项"运动"。

（8）流程审计的目的有两个：一是客观地检查流程执行与流程定义的符合性；二是评估流程绩效，发现并改善流程现状与组织期望的差距，提升组织运营绩效。

（9）根据流程改进的程度，流程优化分为三个层次。①企业流程再造（BPR）针对组织业务流程的基本问题进行反思，并对流程进行彻底的重新设计，称为流程再造。流程再造能够使流程在成本、质量、服务和效率等衡量组织绩效的重要指标上取得显著的进展。②流程优化（BPI）组织对现有业务流程梳理、完善和改进的过程，称为流程的优化。这里的"流程优化"是狭义的，它与流程再造、流程活动改善（BPAI）共同组成了广义概念的流程优化过程组。③流程活动改善使得流程中的每个活动都以低成本、高效率、高质量的标准来完成为出发点，对流程中的每个活动进行改善。

降本增效 3 板斧 7 要务：重新打造企业竞争力

白睿

摘自：白睿，《降本增效 3 板斧 7 要务：重新打造企业竞争力》，中国铁道出版社有限公司，2022 年版。

一、内容精华

（1）头部企业的降本增效策略：①宜家——把成本管理做成艺术；②京瓷——阿米巴经营让成本清晰透明；③字节跳动——飞书产生"飞效应"；④丰田——精益管理成本为核心竞争力和高效源泉；⑤海尔——日清日高创造降本增效新篇章；⑥ GE——活力曲线残忍又有效。

（2）识别降本增效的五大陷阱：①顾此失彼——片面削减成本会失去企业经

营核心壁垒；②东施效颦——仿照大企业进行机构改革从而失去人心；③盲人摸象——缺乏动态、全面分析成本的视角与规划；④鼠目寸光——短效眼光看待削减措施所创造的企业成本优势；⑤事无巨细——企业控制一切投入就能取得效益的稳步增长。

（3）成本领先战略一般有五种。①简化产品型成本领先战略。使产品简单化，将产品或服务中添加的花样全部取消。②改进设计型成本领先战略。通过对产品的外观、部件等进行改进，减少工序、原料等，降低成本。③材料节约型成本领先战略。通过减少原材料使用量，最直接地从源头降低成本。④人工费用降低型成本领先战略。控制研究与开发、产品服务、人员推销、广告促销等方面的支出。⑤生产创新及自动化型成本领先战略。利用先进的生产工艺技术，降低制造成本。

（4）梳理业务流程提升可见绩效。①作业流程不同，成本也大相径庭。②以客户需求为中心才会让组织流动起来。降低业务流程运作的无效资源占用量；缩短业务流程的运作周期，尽可能减少业务运作对企业资金的占用。③降本增效从梳理业务流程开始。④业务流程重组。⑤业务流程分解才能发现更多的成本。⑥基于降本增效的业务流程设计。

（5）组织人力成本的帕金森原理。①中间派决定原理。中间派指对决定的内容不十分清楚的、意志薄弱、"耳朵不大灵光"的人，他们在组织的"票决制"议程中具有举足轻重的作用；为了争取中间派的支持，双方颇费心机进行争取，特别是在双方势均力敌的情况下。②人事遴选庸才，设计了许多的人事遴选方法，但大部分测试都是徒劳无功的，最终不得不靠偶然性标准进行遴选。③鸡毛蒜皮定律。大部分官员由不懂得百万元、千万元而只懂得千元的人组成，以至于越是鸡毛蒜皮的事情越花费很多时间。④无效率系数，由于复杂的利益关系，决策性委员会多了非必要成员，以至于会议开始变质，变得效率低下。于是，不得不在委员会下重新设立核心决策委员会或核心决策团体。⑤冗员增加原理，官员数量增加与工作量并无关系，每位领导都希望增加部属而不是对手。

（6）八大方法有效控制人力成本：①历史常数推演法；②总额总体控制法；③年度工资总额控制法；④损益临界推算法；⑤运营成本节约法；⑥定岗定编推算法；⑦人力成本预算科目法；⑧其他人力成本降本法。

（7）裁员的三大分类：①经济性裁员；②战略性裁员；③优化性裁员。

（8）人力资源内部控制五大构成要素：①人力资源内部环境；②人力资源风险

评估；③人力资源控制活动；④人力资源信息沟通；⑤人力资源内部监管。

（9）奖励诊断五大维度。①竞争维度展现外部性，竞争维度主要通过在同行业、同地区、同岗位之间进行奖励激励调查，通过奖励激励调查，企业可以将自己的奖励激励数据与市场数据进行有效对比，由此可以检视出企业本身奖励激励水平、结构、涨薪幅度等竞争性是否与外部市场匹配。②战略维度展示奖励激励的高度，根据企业经营目标和战略，制定企业奖励激励和行业奖励激励策略。奖励激励策略维度中需要完善六大策略，即成本策略、水平策略、架构策略、差别策略、增长策略和支付策略。③财务维度展示奖励激励成本逻辑，在财务维度里，主要有五大微观指标，即奖励激励总额占营业收入比例、奖励激励总额占营业支出比例、各奖励激励组合占奖励激励总额比例、奖励激励福利总额增长率和人力资本投资回报率。④员工维度直面员工心理，解决盲点数据。员工维度是定量和定性结合的一种奖励激励诊断方式。这里提供四种微观指标，即奖励激励满意度、离职调研、绩优员工访谈和环境影响调研。⑤平衡维度是产生内部公平的重要途径。平衡维度主要诊断奖励激励体系的内部公平性，其包含三个基本分析指标，即内部等级奖励激励分析、各部门占比分析和内部奖励激励差距（相对和绝对）。

二、精彩书摘

（1）企业面对的组织成本顽疾。①无法移除的层级：形式主义、本位主义。②毫无效率的流程：基层人员没权限，中层管理人员等领导拍板，高层管理人员等审核，老板不放心。③阻碍发展的集权：选人一句话，开销一支笔，决策一张纸。④不曾执行的制度：制度弱化，制度虚设，制度休眠。

（2）组织扁平化的本质，即无流程不扁平。①盲目削减层级引发"阁楼问题"。②首要打破顽固的层级制。③简化组织层级的方法。④减层级、组团队，向降本增效的流程组织转变。

（3）除了人才流失以外，还有很多是人才闲置的浪费，工作分配不合理的时候，有的员工忙死，有的则闲死，有的人上班无所事事，有的人加班都完成不了工作，导致松紧度失衡，人才无序的浪费。还有一种浪费是隐性的人才浪费。隐性人才是一种在企业里面工作能力很强，但是会被安排到不恰当的岗位上做一些普通工作的人才。

（4）很多中小企业"麻雀虽小，五脏俱全"，各种组织架构和部门都有。同时，它们也很容易犯"大企业病"。企业员工很多，人才看似到处都是，结果真正到了赚钱的时候，需要的时候却没有人才可用。这个时候，其实就是中小企业已经陷入"大企业病"里面去了。

（5）大企业信奉"管理出效益"，很多中小型企业老板，要么是从大企业出来的，要么是盲目崇拜"大企业的管理模式"，所以在日常经营过程中，也是照搬大企业的"管理运作模式"，强化内部管理。例如，让营销人员每天都在填写各种报表，参加各种培训考试，使得营销人员根本没有时间、精力、心情去从事真正的营销工作。

（6）过高的人力资源招募成本，代表企业在招聘人才时有可能存在资源浪费、试用期合格率过低、招聘过程过于复杂等问题。过低的人力资源招募成本，则有可能代表企业的人员选择范围还有进一步扩大的必要。衡量人力资源培育成本的标准是培训和各项活动的支出。成熟企业的培育成本应该维持在一个相对稳定的水平，培训费用的过高或过低都说明培训工作的计划性较差，或之前培训的效果不佳。衡量人力资源使用成本的标准是员工薪酬、福利的支出与企业效益指标的对比关系。衡量人力资源离职成本的标准是员工离职成本与预算的比较。正常情况下，企业员工有一个合理的流动，保持正常的离职率或淘汰水平对企业来说是合理的代谢过程。离职成本过高时，则有可能是企业在员工关系管理上或企业在人才引进和使用上存在问题；离职成本过低时，则有可能代表企业在人才使用成本上支出过高。

中国商业伦理学：全球视野与本土重构

吕力　黄海啸　等

摘自：吕力、黄海啸等，《中国商业伦理学：全球视野与本土重构》，企业管理出版社，2023年版。

一、内容精华

（1）基于马克思辩证唯物主义和历史唯物主义观点，遵照中国特色社会主义市场经济和绿色可持续发展思想，在领会中华优秀传统文化创造性转化、创新性发展精神的基础上，重点从五千年文化源头上寻找我们祖先经世济民、经邦济国的商业最初形态和商贾群体的经商初心，打破"中国自古就重农轻商"的成见，梳理中华文明源头上的重商基因。一是"源头活水：中国商业伦理传统"。该部分充分利用文献史料、中华文明探源工程成果和最新考古资料，梳理了三皇五帝到夏商周时期的商业与市场形态，论证了中华文化的第一个繁荣期是非常重视商业和市场价值的，商人群体讲究厚德载物、利用厚生、经商利民、诚信经营、营利孝亲；商人群体名家辈出，繁荣经济、救世济困、成就非凡。司马迁在《史记·货殖列传》中做了很好的总结："习商贾者，其仁、义、礼、智、信，皆当教之焉，则及成自然生财有道矣"，确立了中国商贾以儒家价值为主流的商业伦理特色。二是"秦汉之际：商业伦理的变奏与定调"。该部分主要叙述了秦用耕战政策对商业的抑制和对商贾群体的打击，拉开了中国"重农抑商"的序幕；汉刘邦"困辱商人"、汉武帝打击商人群体，从制度上进一步巩固了"重农抑商"国策的推行。坚持马克思主义历史辩证法，在分析利弊之余，亦承认其在一定程度上的历史合理性和进步性。三是"高峰之后：商业的内卷与停滞"。该部分介绍了唐代的恤商政策和宋代的商业繁荣，商人群体又迎来了一个相对环境宽松的商业文化高峰期，商业伦理体系得到稳定发展。高峰之后，明清虽有商帮文化，但商业、市场形态整体进入"内卷"期，并未迎来中国商业文化的昌明进步，商业伦理体系反趋于保守、封闭和世俗化。此部分还对中国历史上主要朝代的商业政策、经济状况、商人群体的伦理体系特色三者的相关性做了系统分析。

（2）中西方伦理思想产生于不同的地域和人文环境，各自发展出了不同的伦理体系。随着地球村的出现，中西方伦理思想的融合既是社会实践的需要，也为企业伦理思想的发展提供了机遇。

西方伦理学通常从个人道德经验出发，以个体主义或利己主义为基本道德原则，普遍带有个人主义和现实主义的色彩，产生了基于权利思想的择优选人权与就业权伦理、基于效率和契约思想的薪酬伦理、基于人权和法律思想的劳动关系伦理、基于美德思想的对特殊员工的关爱伦理等人力资源管理伦理思想。

中国在上千年的组织伦理实践中提出了在组织发展上"人居其一"的重视人才的伦理思想、在人才选拔上"疑人不用，用人不疑"的伦理智慧、在人力资源管理上"正人先正己""修己达人"的伦理思想、在人力资源管理目标上"以人为本、知人善任"的伦理思想、在人才晋升上以"论资排辈与差序格局"为规则的伦理思想。

中国传统伦理思想经过几千年的历史检验，具有深刻的精神内涵和丰富的思想内容，其优秀部分既适用于现代政府、家庭等组织的管理，也适用于现代企业。

中西融合视角下，人力资源管理伦理应以"仁者爱人、和则两利"作为人力资源管理的基本原则，以"修己安人、自省慎独"作为人力资源管理的基础和主要方式，以"义利并重""致良知"作为人力资源管理的价值导向，以"善恶有报、法德并重、任德而不任刑"作为人力资源管理惩戒的主要机制，以"天下为公、民胞物与"作为人力资源管理的终极追求。

新的技术应用会不断带来新的人力资源管理伦理问题，伦理理论需要与时俱进，适时提出新的理论观点，让技术发展更好地服务于人的发展。

（3）西方营销伦理得益于市场经济的早熟而具有先发优势，通过理论研究和实践总结，探究市场营销中道德判断、标准和行为规则，乃至道德标准如何应用于营销决策、营销行动。

改革开放以来，中国引进了西方营销伦理的理论与实践，建立起中国特色的营销伦理体系。中国传统伦理博大精深、源远流长，在与社会主义市场经济的结合中焕发出崭新活力。中国营销伦理引进的成绩包括研究成果多元、研产密切互动、研究与时俱进。中国营销伦理在研究方面尚存在理论储备不足、实践研究不深、研究方法单一等短板；在营销实践中则有义利失衡、契约精神欠缺、监管不足等缺陷。

西方营销伦理的引进、中国营销伦理的发展、中西营销伦理的融合，使中国营销伦理在内容和形式两方面得到重新优化和提升。进入数字时代，市场营销呈现出平台的开放性、范围的广泛性、内容的全时性、工具的集成性、沟通的针对性、行动的主动性和效果的持续性等特点。在这种前所未有的市场新环境下，中国营销伦理既面临着空前挑战，又孕育着更多的发展机会，必须与时俱进，进行全面的本土伦理重构，从而更好地满足广大人民群众对美好生活的需要。

（4）西方古代商业的发展，催生了复式借贷记账法的产生。这种记账方法的特点为：对于每一项经济业务，都在两个或两个以上相互关联的账户中进行记录，不仅可以了解每一项经济业务的来龙去脉，而且在全部经济业务都登记入账以后，可以通过账户记录，全面、系统地反映经济活动的过程和结果，体现了商业伦理中的诚信本质。

中国古代的私商与官商最开始是分别发展的，但最后走上了私商官营的道路。

在私商官营的过程中，必然会与最初私商发展的会计伦理以及官商发展的会计伦理产生冲突，并最终让私商官营走进死胡同。

现代商务会计伦理，是以环境、社会、治理三者融合的协同与共生为特点的内外兼修，企业以及企业会计人员既要具备"信""直""真"与"守""独""勇"，又要在数字化和智能化时代，具备更高的风控合规能力、战略思维能力、科技赋能能力、数据运营能力以及生态协同能力等。

当前，中西会计伦理的融合集中体现在环境、社会和治理三者融合的ESG治理上，ESG是指环境（Environmental）、社会（Social）和公司治理（Governance），ESG蕴含着人与自然协同、共生的理念。

（5）可持续发展伦理是西方工业化进程中经济发展与生态环境产生矛盾、西方传统经济学与哲学出现严重危机的产物。1987年发表的布伦特兰报告将可持续发展界定为"既满足当代人的需求又不危及后代人满足其需求的发展模式"。这一经典定义标志着可持续发展思想共识的达成。

可持续发展伦理观确立了一系列伦理规范，调节人类的经济活动，促进人类之间以及人类与自然之间的和谐，以实现人类的可持续发展。它包括：全人类利益高于一切；生存利益高于一切；在满足当代人需要的同时，不能侵犯后代人的生存和发展权利；发达国家对发展中国家的环境与发展负有责任；环境公平原则。

在中华民族伟大复兴与文化复兴战略的背景下，我们应重视本国传统文化特别是儒家、道家和佛家的传统可持续发展伦理思想。儒家的可持续发展伦理观具有民本主义倾向，注重道德教化，主张生态和经济发展要服务于人伦、社会和国家秩序；道家的可持续发展伦理观呈现出强烈的自然主义倾向；佛教也有着独特而丰富的生态伦理思想。

依据习近平生态文明思想，对中西可持续发展伦理进行融合与本土重构，可建立四维度的可持续发展伦理框架：生态可持续发展伦理，这是人与自然关系的伦理规范；人际可持续发展伦理，包括"代内伦理"和"代际伦理"；个体可持续发展伦理。

（6）在财富问题上，孔子所关心的主要问题是：采取什么方式获取财富才是正当的、正义的，即"以道求富"。中国商人亦具有首创精神，春秋战国时期不乏积累起大量商业资本的自由商人，他们生财有法，有着高超的商业技能，在政治活动中也扮演了重要角色。

在中国明清两代，公认的有包括山西晋商、徽州徽商在内的十大商帮。这些商帮对中国经济和商业发展都产生了重要的影响，也形成了自己独特的传统。他们在经商过程中形成的商帮文化是中国传统文化不可分割的一部分，他们商业成败的经验与教训在今天仍然有现实的借鉴意义。

因为商业创造的过程需要钻研天、地、物的原理，因此"商业创造"是贯通天人、物我的中介；创造的过程又是"生生"的过程，因而也是赞天地化育的实践。同时，在商业创造的过程中，人类的组织、合作又实现了组织的使命，因而，创造就是"诚之者，人之道"，"不诚无商，不诚无创造"。

中国传统中，对于商人的期望不仅是"生财有法"，还有"散财有道"。重视"生财"与"散财"之"和"，是社会对商人的更高要求。

（7）"管理（治理）从属于道德"的实质，是按照道德原则来调节治理关系，将治理或国家管理问题认定为从属于道德问题，道德问题具有凌驾于治理问题之上的优先权。但这仅是儒家思想的一面，从《论语》来看，道德亦具有明确的现实指向性，其重要目的之一是形成良好的社会秩序。"内圣"与"外王"在儒家学说架构中同等重要，缺一不可。

汉代继承和践履了先秦时期礼乐教化的基本内涵，在理论上又使之上升到一个新的高度，并在政治实践中确立了儒家主流的教化地位，显现出王道教化的历史特征。这一特征延续两千余年，"礼治"与"教化"遂成为中国传统管理思想与实践的主要形式与内容。

将"教化"的思想迁移到组织管理领域，管理教化就是管理者通过自身的言传身教，向被管理者施加道德影响，传授价值观念和道德知识，使他们内心形成正确的价值观念和道德意识，影响被管理者的思想和行为，凝聚共同的组织使命与愿景，激励组织成员努力工作，以达到管理效果，提升管理效率。如果将"礼"理解为组织得以运行的一套制度秩序，是传统管理的主要形式，那么"教"则是中国传统管理的主要内容，即通过教化的方式使人们理解"礼"、从内心遵从"礼"，从而达到一种和谐的秩序，实现社会长治久安的管理效果。

中国传统管理倾向于认为，管理问题与道德问题密不可分，道德问题解决了，管理问题也就得到了解决；而西方主流管理理论则先认定管理效果与效率为管理的根本目的，然后才表明道德可以为管理效果或效率服务。中国传统管理更看重员工普遍的人格道德水平，将管理视为一个提升员工、管理者乃至组织道德水平的过程，认为随着所有组织成员道德水平的提升，组织自然会有强大的凝聚力，能够达成组织的效果、实现组织的效率。在这种思路指导下，就要对组织成员进行普遍的道德教育，这就是"中国式管理教化"。相应的，中国的管理责任学派也可称为"管理责任与教化学派"。

将管理问题视为道德问题的一种，这就是"管理道德化"。西方管理更看重组织的效果、效率，因此将道德视为达成效果、效率的工具，道德为管理所用，这就是"道德管理化"。

中国商业伦理与管理"合一"主要体现于以下四种观念：富有之谓大业，日新之谓盛德；创造即良知与力行致知；创造即真知；创造即责任。

二、精彩书摘

（1）西方企业家精神。

①企业家意志：承担风险；目标远大、价值观崇高；对胜利的长期热情并激发员工对胜利的热情；改变生活、创造未来、突破疆域；坚强的意志与承受痛苦。

②企业家思维：预见未来的利润、具有远见；善于谋划；独立思考、全局视野。

③企业家行动：学习与不惧怕失败；务实、专注、持之以恒。

（2）中国企业家精神：①以道求富与中华文化信仰；②制作圣人与商业首创；③生财有法与高超的商业技能；④多元包容；⑤产业报国。

（3）中国企业家精神的本土重构。

①诚，即"诚"于创造：诚为本体；不诚无商、不诚无创造；诚就是忠恕、反求诸己、推己及人，诚是商业管理的基石；商业管理就是通过"教化"达到"诚"，即"明诚""立诚"。

②真，即法天贵"真"、商法自然：天道、人道与天人皆知；道法自然、法天贵真。

③和，即"和"立商基——"人和""天和"与"财和"：致中和；天和；和气生财，"生财有法"与"散财有道"之"和"。

④慧，即人生、服务、商业的圆融无碍：有行无愿、其行必孤；契理契机与管理之理、管理之机；企业家精神是企业家明心见性最直接的体现；人生、服务、商业的圆融无碍。

（4）西方管理责任学派的"工具善"与"中国管理礼治、教化"的"根本善"：①西方管理责任学派；②中国管理礼治；③"教"作为中国传统管理的主要内容与中国管理教化；④西方管理责任学派的工具善于"中国管理教化"的根本善。

（5）"寓真、善于日生、日新"的中国商业伦理：①《周易》的"生生"与"商主通变"；②"生"即"元亨利贞"；③禽辟成变与商业创造。

方太文化

周永亮　孙虹钢　庞金玲

摘自：周永亮、孙虹钢、庞金玲，《方太文化》，机械工业出版社，2021年版。

一、内容精华

（1）做企业，要问自己三个问题：①为什么要做这家企业？②要成为一家什么样的公司？③企业相信什么能做，什么不该做？

（2）做人，要行"五个一"：①立一个志；②读一本经；③改一个过；④行一次孝；⑤日行一善。

（3）顾客得安心：①把仁爱作为创新的源泉；②把有度作为创新的原则；③把幸福作为创新的目标。

（4）员工得成长：①关爱感化；②教育熏化；③制度固化；④才能强化。

（5）社会得正气：①法律是底线，不能突破；②企业不发展，一切都是空谈；③善待相关利益者；④经营一家企业，与亿万家庭幸福同频。

（6）经营可持续：①文化是战略的核心；②做正确的事，正确做事，把事做正确；③干部能上能下的九字原则；④财务辩证思维。

二、精彩书摘

大多数企业关于"文化与业务"的痛点有三点：一是如何解决文化与业务"两张皮"的问题；二是业务线的管理者根本就不重视文化工作；三是如何解决文化"说起来重要，做起来次要，忙起来不要"的尴尬局面。

那么，企业如何解决文化与业务"两张皮"的问题呢？解决方法也不复杂，先要解决一个基本概念问题：企业的文化与业务是什么关系？方太文化虽然现在迸发出巨大的能量，但方太刚开始导入中华优秀文化时，是自上而下地落到业务上的，这个过程需要不断探索。与大多数企业一样，方太也曾感受到文化与业务"两张皮的存在"。为了解决这个问题，茅忠群进行了深入的思考，将文化与业务之间的关系梳理为三个层次，分别是"文化是文化，业务是业务""文化促业务""文化即业务"，最终达到"文化即业务"，企业自然就能解决文化与业务"两张皮"的问题。

第一个层次"文化是文化，业务是业务"，文化是企业文化部门的人做的事，跟其他人没关系，其他部门做的事情叫业务。在这一层次，企业把文化与业务看作是两件事情。所谓"思想决定行为"，一旦企业形成这样的认知，即使企业想让文化真正帮助业务，也会有无从下手的感觉。

第二个层次"文化促业务"，文化与业务是密切相关的，比如有的企业在与客户进行业务交流时，会先介绍企业文化，以取得客户好感，然后再与客户谈业务。在这一层次，文化与业务还不完全是"一"的关系，它们还是"二"的关系，但是在一定程度上，它们已经被结合在一起了。以前我们讲的"文化搭台，经济唱戏"，大抵就是这个意思。

第三个层次"文化即业务"，文化与业务两者本就是一体。文化就是做业务的发心、方式和奋斗精神，业务是文化的呈现和结果。例如，你是怀着利他还是利己的发心做业务，采取帮助他人还是危害他们的方式，这些其实就是文化在发挥作用，而且发心改变自然会改变业务的呈现和结果。到了这个层次才是将文化与业务"合二为一"。

企业文化落地：路径、方法与标杆实践

王旭东　孙科柳

摘自：王旭东、孙科柳，《企业文化落地：路径、方法与标杆实践》，电子工业出版社，2020年版。

一、内容精华

（1）企业文化落地的步骤：①文化理念的萃取和共识；②让企业文化成为每个

员工的 DNA；③制度与文化的融合；④员工行为自觉的强化；⑤标杆人物的示范引领；⑥企业文化培训管理；⑦企业文化多元传播；⑧企业文化评估激励；⑨企业文化项目运作。

（2）"全员参与"是保障企业文化理念体系获得全员共识的重要手段。因此，在萃取企业文化理念时，要组织全员进行充分的价值观讨论和思想碰撞。

（3）以文化建设引导组织变革。战略管理学教授约翰·彼得·穆尔曼认为，变革需要强有力的动力以及坚定不移的长期方向，这种动力和方向就深植于企业的文化价值观之中；而价值观作为企业最重要的基因，将为企业长期的成功埋下蕴含强大生命力的种子。

（4）依托管理制度，落地和强化企业文化；避免文化理念与制度之间的冲突；让制度建设为企业信仰服务；分别梳理制度与文化，取并集；全面导入员工参与机制；将文化渗透到各业务流程中。

（5）参照"热炉法则"，保障制度权威；严防"破窗效应"，涵养制度生命力。

（6）将价值观行为化，划定行为红线；建立行为信条，强化行为养成；建立系统、严密的员工行为规范；将文化理念分解到各工作岗位；解码行为数据，编制行为指引；建立岗位行为指引保障机制；将员工行为标准客观量化；将价值观考核作为干部选拔标准。

（7）发挥企业家的领袖作用；发挥领导者的示范效应；抓好基层管理者的文化职责；赋能和表彰标杆人物；借仪式感营造创优争先的氛围。

（8）依托岗位实践强化全员的文化认知；借助导师制实现文化的代际传承；打造内部宣讲队伍，引领员工行为；引入外部师资队伍，激活人才大脑。

（9）打造一流的内部视觉环境；对外展示良好的企业视觉形象；加强文化阵地和氛围建设；建立员工喜闻乐见的内部沟通体系；管理好企业内看不见的人际传播；以良好的社交形象梳理企业声誉；组织对外活动，增加文化传播机会；打造文化传播的仪式感。

二、精彩书摘

（1）思想权和文化权是企业最大的管理权。只有良好的企业文化，才能让员工充满激情和快乐地工作；只有良好的企业文化，才能凝聚员工，营造积极向上的组织氛围，推动企业持续健康发展。事实上，企业文化的精髓是隐藏在企业成员头脑中的假设和价值，由于这些假设和价值的存在，企业成员才会依据特定的形式去执行组织的事务。由此可以看出，真正决定一个企业管理模式的就是存在于人们头脑中的价值和信仰。而一个企业的管理者如果能够将头脑中的理念转化为企业共同的价值取向，那么他就能建立起统一的行为准则。也就是说，谁拥有了企业的思想权和文化权，谁就拥有了最大的管理权，也就获得了推动企业发展的原动力，即企业成员贡献的意愿和能力。

（2）激励员工与企业共呼吸、同命运。企业文化如何激发员工为企业贡献的意愿呢？其实，企业文化是通过塑造员工的归属感和认同感来激励员工自发地从企业利益出发，贡献自己的力量。阿里巴巴正是通过灌输价值观，来塑造员工对阿里巴巴的认同感和归属感，让每个阿里人自发地凝聚在一起，从而创造出阿里巴巴发展的非凡奇迹。员工的归属感和认同感会激励员工统一行为，与企业共呼吸、同命运。那些因受到企业文化熏陶而对企业归属感和认同感较高的员工，会更加认同企业的发展目标、经营理念、制度规范、环境氛围等。在团队合作和日常工作中，他们会表现出更积极的工作态度和更强烈的责任意识，会发自内心地为企业取得的成就感到自豪；在对待客户时，他们会自动自发地忠诚于企业，时时刻刻地维护企业的良好形象。

（3）国内外管理学界根据某些企业的实践经验，总结出了一些价值内容的排序定位理论。比如，人的价值高于一切，"为社会服务"的价值高于"利润"的价值，"共同协作"的价值高于"独立单干"的价值，"集体"的价值高于"自我"的价值，"保证质量"的价值高于"推出新品"的价值，"用户"的价值高于"技术"的价值，顾客第一、员工第二、股东第三等。这些理论不一定对所有企业都适用，但具有一定的参考价值和启发意义。

第三章

战略与经营管理

智能商业

曾鸣

摘自：曾鸣，《智能商业》，中信出版社，2018年版，2024年重印。

一、内容精华

（1）智能商业有三个非常典型的特征是传统企业所不具备的：①低成本，实时服务海量用户；②满足每一个用户的个性化需要；③服务自我更新与提升的速度。

（2）简单来说，智能商业最重要的两个组成部分分别是网络协同与数据智能。二者机制不同却相辅相成，网络协同推动数据智能发展的同时，数据智能也成为网络协同扩张不可或缺的助力，共同构成了智能商业的双螺旋。

①所谓网络协同，指的是通过大规模、多角色的实时互动来解决特定问题。以前我们解决一个问题，通常需要通过命令、科层制或者在简单市场中通过价格信号进行调整，但今天更多的是通过大规模、并发、多角色的实时互动加以实现。

以淘宝为例。淘宝不是零售商，它是一个零售的生态圈，是一个赋能卖家的平台，一个社会化协同的大平台。在今天，即使是非常小的一个淘宝新卖家，也可以在线同时和几百个服务商合作，只需要有一个API（应用程序编程接口）的链接，就能调动相关的数据和相关的服务。相关的服务可以包括打通微博这样的社交渠道、金融服务后台、旺旺的工作流以及各种营销产品。所以淘宝本身就是一个非常复杂的协同网络，而这个协同网络带来了巨大的社会化的价值创造。

②数据智能的本质就是机器取代人直接做决策，和传统的BI（商业智能）完全不同，数据智能强调的是运营决策直接由机器决定。比如每天上亿人到淘宝购物，每个人看到的商品都不一样，这么复杂的决策只能由机器来完成。当然，想要让机器取代人进行决策，有几个非常重要的前提条件——云计算、大数据和算法。云计算和大数据相辅相成，如果没有云计算，我们就没有办法用极低的成本存储和计算海量的数据；而正因为有了处理大数据的需求，我们才会对云计算的要求越来

高。二者推动了整个数据行业不断高速发展。但想要让云计算和大数据真正创造价值，背后还需要"大脑"的支撑，也就是算法。

（3）B2B（企业与企业之间进行数据信息的交换、传递、开展交易活动的商业模式）代表企业：阿里巴巴、中化网。B2C（企业对接消费者的商业模式）代表企业：亚马逊、天猫和京东。C2C（个人与个人之间的电子商务）代表企业：易贝、淘宝。

（4）S2b2c是C2B（消费者向企业提供产品或服务的商业模式）的一个变形，因为整个服务是通过b和c（客户）的紧密互动而驱动的。只是这个互动不一定完全在网上完成，同时b离开S的支持也无法独立完成对客户的服务。其实，S2b2c是传统供应链模式的升级。S是一个重构了的大供应平台，需要大幅提升供应端的效率。b指的是一个大平台接入的万级甚至更高级别的客户，帮助它们完成针对客户的服务。b的核心价值是完成对客户实时的低成本互动。S和b之间是赋能关系，并不是传统的加盟关系。传统的加盟还是工业时代的逻辑，核心是标准化流程和严格的质量管控。这与S2b2c是完全不同的理念。我们讲的这些b是生长在供应平台上的新物种，这个平台要保证质量，要保证流程的高效，最重要的是让b自主地发挥它们最擅长的触达和服务客户的能力。于是，这种模式可能最适合提供复杂和多元化的服务，如家装或者教育。

二、精彩书摘

（1）谷歌前首席执行官埃里克·施密特认为，现在是数据的时代，算法的时代。在商业领域前沿探索的人，没有人会反驳这一论断。

（2）个性化消费的潮流创造出了一个全新的个性化需求的市场，使来自各行各业的团队、公司纷纷加入C2B模式的行列中。例如，戴尔通过直销网站实现了用户先定制方案，后再组织生产；在尚品宅配家居网，用户可以深度定制属于自己风格的家居产品；上汽集团的MG5（名爵轿跑汽车）极客版汽车也是如此，用户可根据自己的需求，选择配置、座椅、系统、保险、车贷，甚至语音助手对主人的称呼等。众多企业纷纷以这样的C2B模式来满足用户的需求。

好战略，坏战略

理查德·鲁梅尔特

摘自： 理查德·鲁梅尔特著，蒋宗强译，《好战略，坏战略》，中信出版社，2012年版。

一、内容精华

（1）好战略不仅能敦促我们实现某个目标或愿景，还能使我们清楚地认识到当前的挑战。并提供应对挑战的途径。挑战越大，好战略就越需要集中和协调。只有这样，我们才能获得竞争力，才能解决问题。

很多人认为战略只是大概指出了总体方向，与具体行动没有什么关系。这种想法是不正确的。把战略定义为宽泛的理念而忽视具体行动，就会导致"战略"与"执行"之间的脱节。如果你接受这种脱节的事实，那么大多数战略工作就会流于形式，徒劳无功。实际上，人们往往会抱怨战略执行不力的问题。好战略包括一系列连贯性的活动，它们不是执行的细节，而是战略的力量所在。如果一个战略没有确定下来合理可行的行动方案，它就错失了至关重要的元素。

（2）战略的真正威力在于通过采取专一化和协调性的措施，直接解决了最根本的问题。乔布斯并没有宣布宏伟的收入目标或赢利目标，没有像救世主那样描述苹果未来的愿景，也没有盲目改革，而是围绕着如何通过有限的途径销售简化的产品从而调整了整体的商业逻辑。

（3）宜家家居的经验告诉我们，在打造持久的战略优势时，天才的领导者总是试图采取一系列相互衔接，环环相扣的行动。很多有效的战略都是设计出来的，而不是筛选各种方案之后做出的决定。在这些案例中，制定战略更像是设计一台高性能的飞行器，而不是决定要买哪一台铲车或者建造多大规模的新工厂。

二、精彩书摘

（1）任何人都不可能在每一件事情上都占有优势。一个团队，一个组织甚至一个国家都只是在特殊的条件下才能在某种竞争中占有优势，发挥优势的秘诀是明白情况的特殊性。你必须在占有优势的情况下向前迈进，而回避自己没有优势的环境。你必须以己之长攻人之短，而不可以己之短克人之长。

（2）领导者必须有能力透过表象，由表及里，深入挖掘，发现真正推动变革的基础性力量。如果一个领导者只是停留在这种表面的细节之上，也许在稳定的时候能做出一些成绩，但当变革大潮出现的时候，要驾驭这种潮流，就需要领导者能够目光如炬，看到这场变革的起源和动力。

（3）要在一个复杂的公司中搞变革是一项严峻的战略挑战。领导者必须判断本企业惯性和熵的原因以及影响，制定明智的变革指导原则。设计出一套连贯的行动，改变工作日程、文化、权力结构和影响力。

（4）只要一家公司大获成功，肯定有其他企业在竞争中受到了压制。这些压制性因素更多时候是竞争对手不愿意或者没有能力复制创新者的战略。

（5）要制定一个战略，我们必须摒弃纯演绎方法的安逸感和安全感，敢于综合运用归纳、类比、判断和观察等各种手段进行大胆试验。

（6）有"战略眼光"就是比别人更加"不短视"。你必须有最新的思想，并做好被别人模仿的心理准备。你必须脚踏实地，而不是工作在未来虚幻的轮廓里。

商业模式基因工程：巨变时代的企业生存之本

戴天宇

摘自： 戴天宇，《商业模式基因工程：巨变时代的企业生存之本》，北京大学出版社，2022年版。

一、内容精华

（1）一个正常企业至少拥有以下三种类型的价值环节：①价值创造/增值环节，简称价值创增环节；②价值交换环节；③辅助环节。企业内部价值链和外部价值链之间往往是联动的，任何一个价值环节发生变化都有可能带来连锁反应。譬如，企业内部价值链增加一个价值环节，就意味着外部价值链会相应地减少一个价值环节，同时导致相关方之间的交易内容和交易方式发生相应的变化。这正是商业模式的魅力所在，即商业模式的变化从来不是单个企业的事情，而是多个企业的协同变化。只有跳出单个企业的狭隘视角，到价值链上的相关企业的相互关系中，才能看清商业模式的全景图。

（2）商业模式的基因重组，简单来说，就是首先将价值链上的上下游企业都分解成一个个细小的价值环节基因片段；其次再对这些价值环节基因片段进行移位、易位、增减、分拆、合并等微操作；最后再将改变之后的价值环节重新组合，重新穿上企业这层"外衣"，就形成了新的价值环节组合和新的连接，同时也就创设出了新的商业模式，而且有可能是之前从来没有出现过的商业模式新品种。这种价值环节的重组过程，可以形象地被视为价值链先"解构"后"重构"的过程。

（3）价值链上位势相对较高的价值环节主要有三类：一是源头的价值创造环节，如研发和设计，下游都是由其延伸出来的；二是最末端的价值实现环节，掌握甚至锁定最终用户，决定价值链能否持续运行下去；三是垄断环节，拥有独一无二的资源能力，成为价值链的瓶颈，很难被替代。

二、精彩书摘

（1）价值环节移位，一般是将价值环节从分散化、碎片化的低效位置，调整到集中化、规模化的高效位置，从而提升整体效率。从实践来看，价值环节移位主要是"向前移"；相应的商业模式变化趋势，即是"工厂预制化"，也就是将分散在下游企业中低效的手工制作环节都集中到上游工厂，用机器取代手艺，规模化生产出预制成品、预制半成品，再回传给下游。预制混凝土、预制钢筋是这样，预制茶饮、预制菜也是这样。

（2）价值环节平台，也称价值链横切，是指将不同价值链上的同一类型的价值环节抽取出来，集中于同一家企业，以实现规模化、集聚化、专业化的统一运营。相应的商业模式即为平台模式，依据交易对象数量的不同，可以分为单边平台模式、双边平台模式和多边平台模式。

（3）价值链嫁接，是两个不同行业的价值链的拼接。两个行业看似风马牛不相及，实则背后有很强的内在关联性。跨行业的两条价值链嫁接需要具备一定的"亲和力"，只有"亲缘关系"接近，嫁接才更有可能成功。

（4）无须跨链，价值环节重组也能在单条价值链上多姿多彩地展开，如价值环节的延伸、添加、裁剪、分拆、分包、众包、共享、寄生、整合等，并带来商业模式的相应变化。

复盘+：把经验转化为能力

邱昭良

摘自： 邱昭良，《复盘+：把经验转化为能力》，机械工业出版社，2016年版。

一、内容精华

（1）复盘是以学习为导向的。复盘的目的是让个人和团队能够从刚刚过去的经历中进行学习，因此必须有适宜学习的氛围和机制，包括忠实地还原事实、以开放的心态分析差异、反思自我，学到经验或教训，找到未来可以改进的地方。

（2）复盘通常是以团队形式进行的。虽然个人也可以进行复盘，但更多情况下，由于现代组织中许多活动都是多人、多部门协同完成的，因此复盘通常是以团队形式进行的。

（3）美军复盘的四重功效：①增强训练效果；②打造执行力；③培养领导力；④提升组织智商。

（4）联想公司复盘的四个理由：①知其然，知其所以然；②传承经验，提升能力；③不再犯同样的错误；④总结规律，固化流程。

（5）复盘的三个步骤：①回顾目标；②评估结果；③分析原因。

（6）复盘的内功心法：

①团队参与，自行组织：所有参与行动的人都要出席，都有同样的发言权；由团队自行组织，最好不要有"领导"或"专家"指手画脚、居高临下；尤其对于正式复盘，选择有经验的引导者，可以起到更好的效果。

②及时，高效：行动过程中或结束之后尽快进行；保持聚焦；精简高效。

③便利为主，越近越好：复盘几乎可以在任何地点举行；越近越好。

④以绩效为核心，学习导向，立足改进：以任务目标与绩效表现为核心；与特定标准相关联；以学习为目的；确定优势和劣势；落脚于未来进行改善。

⑤客观，平等，开放，自省：开诚布公；客观公正；按步骤引导，不要跳跃；采用开放式和引导式问题；记录要点，但不用于"秋后算账"；深度分析，找出根本原因。

二、精彩书摘

（1）行动学习（Action Learning）是一种正式学习的项目设计方法论，指的是针对一个具体问题，组建一个团队，让其在一位教练的引导下，发挥探询与质疑精神，通过解决这个问题的具体行动过程，获得相关的知识、见解或展现某些能力。而复盘是对自己亲身经历、已经发生的事件或行动进行回顾、总结来学习。因此，复盘与行动学习有着很大的差异。

（2）如何做经营/战略复盘：①季度业务复盘会；②年度战略规划复盘会；③组织学习史。

（3）复盘的常见误区：①为了证明自己对；②流于形式，走过场；③追究责任；④推卸责任，归罪于外；⑤快速下结论。

（4）复盘本身就是联想文化不可分割的一部分，是联想方法论的重要组成部分。同时，联想的核心价值观和方法论也为复盘的执行提供了有力支持。

第二曲线：跨越"S型曲线"的二次增长

查尔斯·汉迪

摘自：查尔斯·汉迪著，苗青译，《第二曲线：跨越"S型曲线"的二次增长》，机械工业出版社，2017年版，2023年重印。

一、内容精华

（1）我们人类的一切包括生命、组织和企业，政府、帝国和联盟，各种各样的民主体系甚至民主本身，都适用于"S型曲线"：最开始是投入期，包括金钱方面的、教育方面的（当讨论我们的人生时），或者各种尝试和实验；在接下来的阶段中，当投入高于产出时，曲线向下；当产出比投入多时，随着产出的增长，曲线会向上，如果一切运转正常，曲线会持续向上，但到某个时刻，曲线将不可避免地达到巅峰并开始下降，这种下降通常可以被延迟，但不可逆转。似乎一切事物都逃不开"S型曲线"，唯一的变数仅仅是曲线的长度。

（2）但情况未必如此，总是会有一种第二曲线，这里存在一个非常关键的问题：第二曲线必须在第一曲线到达巅峰之前就开始增长，只有这样才能有足够的资源（金钱、时间和精力）承受第二曲线投入期最初的下降，如果在第一曲线到达巅峰并已经掉头向下后才开始第二曲线，那无论是在纸上还是在现实中就都行不通了，因为第二曲线无法增长得足够高，除非让它大幅扭转。

（3）第一曲线的成功可能会让人们对潜在的新技术和新市场视而不见，从而使他人抢占先机，哈佛商学院的克莱顿·克里斯坦森（Clayton Christensen）教授将其称为"颠覆式创新问题"。现在新技术的出现每天都在给人们创造新曲线的机会，识别并抓住这些机会是教育界、保健业、政府乃至企业面临的新的战略挑战。

二、精彩书摘

（1）计算机取代了许多人类（代理人）手中的常规任务，包括曾经许多中层经理工作职责之一的检验角色，这让许多组织无能为力。计算机的复杂性不断增加，再加上其更强大的处理能力，使得它们能够比人类更快、更准确地去分析所谓的"大数据"。现在的计算机可以在安全防护系统中发现入侵者，比任何一位人类专家更有效地甄别欺诈或诊断疾病。法律事务所中大部分单调沉闷的苦差事都可以由计算机完成。公共领域的大量工作是常规性的，亟须计算机化。牛津大学的研究者认为，在未来20年内，当今47%的工作都将被计算机所取代；麦肯锡全球研究所认为，仅在未来10年中，就将有2.5亿个工作岗位被取代。

这是个坏消息，而且听上去并不会给人带来自由，但好消息是，现在每个人都拥有了可以绕过中间环节主宰自己生活的能力，DIY（Do-It-Yourself）经济正在逐渐成形。我们不仅可以在网络上购买书籍，只要我们愿意写，还可以出版自己的著作。我们再也不用去附近的实体银行，甚至可以通过一个众筹平台创立自己的银行。

人们现在也无须离开家去上大学了。借助顶尖大学提供的免费网络在线课程，结合虚拟视频练习，如果你足够勤奋，就能获得自己的学位。英国开放大学长久以来已经证实了，对于远程教育，只要严格把关就能运转良好。也就是说，你也可以在自己选择的科目领域创立自己的学院，设计学习材料，将其在网络上推广和发布。我的妻子曾经通过网络为一些幸运的学生设计并传授自己的摄影课程。你可以通过 Apple Watch 监测自身的健康状况、诊断疾病，当然想看时间也可以。你几乎可以免费下载自己喜欢的音乐，也可以让你自己创作的音乐为他人所知，当然这些也几乎不需要费用。或者你可以通过 Airbnb（爱彼迎）出租自己空余的房间，变成旅馆老板。

在任何事物上，你既可以是买家，也可以是卖家。只要你愿意，甚至都可以编写自己的电脑游戏。你可以出售你车里的一个座位、家里的一顿饭、家门外的一个停车位、自行车的租赁权，甚至是与你自己家宠物狗相处的时间，以及其他在这个新的"共享经济"里的各种服务。这种新局面只是消除中间环节的又一个佐证而已，让每个人都能越过这些服务的传统供应商，在网上自己完成。

（2）工作将通过一系列不同的方式来组织。"大象"将一直存在，大型组织仍将占到国民产出的绝大部分，这些大型组织和分支机构将会是"三叶草"形的，大多数的附属功能将分离给独立的承包商或者由总部所有但不由总部管理的附属企业，而它们又会被大量我所说的"跳蚤"所围绕，这些构成了"三叶草"的第三片叶子。这些"跳蚤"是个人专家或小型合伙企业，他们为组织提供专业知识和技能，但又不被组织直接雇用。他们通常是某方面的专家，但也可以是组织运营的主要贡献者，同时还保持着他们的独立性。大型组织正在混沌中演变成半独立团体的集合。

AI 时代重新定义精益管理：企业如何实现爆发式增长

李科　王润五　肖明涛　张林

摘自：李科、王润五、肖明涛、张林，《AI 时代重新定义精益管理：企业如何实现爆发式增长》，人民邮电出版社，2019 年版。

一、内容精华

（1）精益价值：从客户的角度出发，确定企业从设计、生产到交付产品的全部过程，实现对客户需求的最大满足；从客户的角度出发，将生产全过程中的浪费减到最少，避免客户为额外成本买单；利用精益价值观，将企业与客户的利益完美统一。

（2）精益价值流：价值流是指在产品生产过程中将原材料转变为成品，并为之赋予价值的全部活动。包括从概念、设计到投产的技术过程，从订单处理到生产计划再到送货的信息过程，从原材料供给到产品的物质转换过程，以及产品全生命周期的支持与服务过程。精益思想应该如何识别价值流？其关键是从价值流中找到哪些才是真正增值的活动，哪些是应该删除的不增值活动。那些在业务过程中消耗资源却没有增值的活动就是浪费，识别价值流的意义在于发现与消灭浪费。

（3）精益流动：由于传统观念影响深远，例如部门的分工、交接和转移时的等待以及大批量生产等因素，阻断了本应在企业内整体运动的价值流。精益思想正是将其中的停滞部分看作企业的浪费，号召所有员工都必须和导致停滞的思想观念与行为作斗争，包括用持续改进、JIT（准时制生产方式）、单件流等方法在企业现有生产条件下创造价值的连续流动。

（4）精益拉动：拉动原则强调生产和需求的直接对接，消除过早、过量的投入，减少大量库存和现场的在制品，大幅度压缩等待期和提前期。对于企业长远发展而言，拉动原则有着更为深远的意义，一旦企业具备了用户需要就能立即设计、计划和制造产品的能力，就可以舍弃预测阶段，直接按照用户的需求去生产。

（5）追求完美：追求完美的制造企业，正是能够持续贯彻上述四项原则（精益价值、精益价值流、精益流动和精益拉动）的企业。这类企业的内部价值的流动速度会显著增快，随之而来的就是不断地使用相关方法，找到更隐蔽的浪费，做进一步的改善。

（6）精益改善的十大精神：观念改善；思维改善；目标改善；行动改善；精神改善；投资改善；问题改善；逻辑改善；团队改善；改善永无止境。

二、精彩书摘

（1）中国制造业在全球化下面临的问题与挑战，包括：①成本上升；②产品附加值偏低；③产业技术创新能力差。

（2）随着环境的变化，LP（精益生产）的理论和方法也在不断发展。尤其到20世纪末，随着世界各国学术界和企业界对该理论的深入研究和广泛传播，越来越多的专家学者、咨询团队、生产企业参与进来，各种新理论和新方法层出不穷，其中包括大规模定制（MC）与精益生产的结合、单元生产（CP）、JIT2、企业管理办法（5S）的新发展、全员生产维护（TPM）的新发展等。

在此过程中，很多大企业将精益生产与本企业实际相结合，创造出了满足本企业实际竞争需要的精益管理体系，其中包括1999年美国联合技术公司的获取竞争优势（ACE）管理、精益六西格玛管理，波音的群策群力体系，通用汽车的竞争制造系统（GM Competitive MFG System）等。

精益管理极简落地工作笔记

程亚辉

摘自： 大野咨询公司策划，程亚辉主编，《精益管理极简落地工作笔记》，化学工业出版社，2023年版。

一、内容精华

（1）打造精益企业的核心原理。①经营层面。只有在客户需要时，才启动生产，避免占用经营资金的库存；企业的经营核心是指用1元赚100元。②运营层面。无限缩短产品的生产周期，接单道交货的运营流程，消除其中所有不增加价值的无效工作。③制造层面。通过制造方法的改变，实现削减成本的目的；始终关注并提升有效产出，通过持续改善，打造稳定的生产体制。

（2）打造精益企业的三个阶段：第一阶段，排除异常、稳定制造；第二阶段，卓越管理，提升盈利能力；第三阶段，绝对领先竞争地位、实现永续良性经营。

二、精彩书摘

（1）精益管理不只是生产工具，还是经营工具，精益管理的本质是建立竞争优势，使企业获得长久持续的发展。

（2）精益管理的目的是通过制造方法的改变，降低经营成本。

（3）精益管理能够降低成本是不争的事实，不过精益管理到底能够降低哪些成本？如何实现成本降低呢？通常所说的成本降低，有时仅是成本的转移，只是将成本从一个改善点移动到了其他没有改善的点。

（4）精益管理能够消除七大浪费，所以很多公司的精益管理活动都是从消除七大浪费开始的。事实上，消除七大浪费只是工厂管理成本损失的表象，用来引导一线员工认识浪费、参与精益改善。精益改善不是自下而上的自发改善，而是自上而下的经营课题改善。

（5）浪费本身就是成本，能够消除浪费，就是降低成本。所以消除七大浪费确实是降低成本的活动，那么到底降低了多少成本？可以清晰地计算出来吗？很多人都以为这是显而易见的，实际上并不像想象中的那么直观。

（6）浪费是成本的表象，从原理上来讲，消除浪费的活动能够减少成本，却不见得能真正降低成本。

（7）精益管理能够降低成本，前提是将精益管理的改善活动真正与财务层面的成本关联起来。

（8）精益管理活动可以从5S（企业管理办法）活动着手，所有从5S着手的精益管理活动，如果没有对经营课题进行改善，则5S活动的效果难以长久地维持。前期虽然有效果，后期可能会越来越不尽如人意。

（9）运用价值流图分析的方法，可以让精益管理显得更系统、更全面、更专业。然而，如果不能基于企业的发展战略对理想价值流图做出系统规划，价值流图分析也只是一个解决当前问题的方法，并不能实现经营上的突破。

（10）精益管理确实运用了众多的IE知识，然而把IE当作精益管理的主要工具也是不恰当的。

（11）对于众多的精益管理推行者来说，过于关注精益管理的工具和手段，而忽略了品质的改善，或者避开品质改善来做精益管理，会使建立起来的精益管理系统很不稳定。

（12）精益管理为了实现弹性生产而使用单元线，并不意味着只有做了单元线才算是精益管理。

（13）精益管理有个支柱叫自动化，其目的是防错，避免设备出现批量性的不良，但这并不意味着必须用自动化替代人，即使在人力成本逐渐升高的今天。

（14）精益管理会根据客户需求，使用看板建立后拉式生产模式，实现生产指令的功能，但这并不意味着所有的订单模式都适合看板，也不意味着后拉式生产方式不需要编制生产计划。恰恰相反，看板式生产方式更需要精准的生产计划。

（15）有人说丰田的发展已经没有以前那么好了，所以丰田式生产方式落后了，现在流行的是智能制造。事实上，精益方式依旧适用于很多企业，尤其适合装配类企业。对于众多的非装配类企业，精益方式也有很多可以借鉴的内容。

孙子兵法商业战略

陈德智

摘自：陈德智，《孙子兵法商业战略》，机械工业出版社，2021年版。

一、内容精华

（1）"道"。什么是"道"？孙子曰："道者，令民与上同意也，故可以与之死，可以与之生，而不畏危。"（《孙子兵法·计篇》）孙子所说的"道"，就是从政治上使民众与君主的思想一致，使民众能够与君主同生死，共患难。对于企业来说，"道"是指公司凝聚力，在竞争与发展中，团结一心，为共同的理想和目标而奋斗。

（2）"天"。什么是"天"？孙子曰："天者，阴阳、寒暑、时制也。"（《孙子兵法·计篇》）孙子所说的"天"，是指天时、季节等气候情况。对于企业来说，在相同的政治与经济环境下的企业竞争，就是对市场的争夺，就是对客户的争夺。所以，客户就是企业的"天"，由此，"天"就是"市场营销能力"。

（3）"地"。什么是"地"？孙子曰："地者，远近、险易、广狭、死生也。"（《孙子兵法·计篇》）指路程的远近、地势的险要与平坦、作战地域的广阔或狭窄、地形地貌是否有利于攻守进退，是死地还是生地等。

对于企业的竞争与发展来说，"地"是指什么呢？从产业价值链来看，可理解为企业生存与发展的资源基础。由此，对于企业而言，"地"就是"资源采购能力"或"资源获取能力"。

（4）"将"。孙子曰："将者，智、信、仁、勇、严也。"（《孙子兵法·计篇》）孙子认为，独立指挥军队作战的将帅必须具备"智、信、仁、勇、严"五个方面的素质。智是知识与智慧，信是信用与信誉，同时包括信心，仁是对国家的忠诚以及对士兵的关心与爱护，勇是要作战勇敢、敢于承担风险，严是严格管理。以这五个方面来衡量总经理、高级经理人的综合素质为许多学者所认同。因此，"将"就是指公司总经理在这五个方面的综合能力。

（5）"法"。什么是"法"？孙子曰："法者，曲制、官道、主用也。"（《孙子兵法·计篇》）曲制是指军队组织建制，即组织结构与制度；官道是指各级将校职责，即岗位责任；主用是掌管物资费用，即岗位权力。对于企业而言，"法"就是组织管理能力。

经五事，就是以这五个战略要素进行战争实力或竞争力的比较分析。由于每个要素对战争实力或竞争力的重要程度是不完全等同的，因此需要对每个要素分别赋予权重；在具体分析时，采取专家打分法，首先对五个战略要素的权重进行评估，其次对每个要素进行比较打分，最后计算战争或竞争双方的加权得分及加权总分。

二、精彩书摘

（1）不战而屈人之兵：最完美的战略目标是不战而胜。

（2）致人而不致于人：要时刻把握战略主动权。

（3）主不可以怒而兴师：理性决策与慎重行动。

（4）以"凝聚力"为核心的战略规划。

第四章

数字化转型

华为数字化转型之道

华为企业架构与变革管理部

摘自：华为企业架构与变革管理部，《华为数字化转型之道》，机械工业出版社，2022年版，2023年重印。

一、内容精华

（1）数字化转型的目的。数字化平台通过"作业即记录、记录即数据"的方式，能给企业带来很多好处，比如：①使得企业对广泛分布的业务的态势感知能力大幅加强，成本大幅降低；②通过让不同层级、不同部门实时看到相同的信息，减少沟通成本，加快响应速度；③通过规则数字化等手段使确定性业务由系统自动处理；④通过对异常情况的判定与实时预警，让监管更加有的放矢。

（2）数字化转型是一场全新变革。数字化转型不是简单地上线一个IT系统，而是一场变革。如同第三次工业革命中机器取代人一样，数字化能帮助企业减少"人拉肩扛"的情况，提升决策质量，进而极大提升企业的生产力。在华为看来，数字化转型之所以是变革，在于其改变的不仅仅是生产力，还包括企业内部和企业之间的生产关系；数字化转型影响的也不仅仅是作业人员，还包括企业CXO[①]和其他管理者在内的各个层级，其影响的深度和广度远大于"机器取代人"。

（3）五个转变保障变革成功。数字化转型影响的绝不仅仅是IT组织。从公司最高层到作业人员，从一线作战部队到平台职能部门，从技能要求到工作习惯，数字化都会带来全面的影响，背后更是运营模式、责任体系、权力体系的重构。①转变意识。一把手和各级业务主管从意识上认为数字化是自己的事，是实现业务战略的必由之路，也是数字化转型成功的第一步。②转变组织。在转型过程中，业务部门与IT部门应该紧密结合，组建业务与IT一体化团队，瞄准业务问题，找准转型的突破口并开展工作，彻底改变"企业IT部门跟业务部门两张皮"的情况。③转变文化。数字化转型强调平台和共享，要求每个部门、每个人既能从大平台中获取能力来支撑自己成功，又能反哺能力回到大平台里去支撑他人成功。从利己到利

[①] CXO 是指 CEO 之外的首席 ×× 官。

他，这对许多公司的文化是巨大的挑战。同时，数字化转型提倡"用数据说话"，强调企业数据是公司的，明确不同部门的数据在授权下可充分共享，数据成为决策的依据。④转变方法。实现"对象数字化、过程数字化、规则数字化"是数字化转型的关键。过去开发IT系统只是为了固化流程、规范业务，因此经常一个流程一个IT系统。现在通过把流程中的业务对象数字化、过程数字化、业务规则数字化，不仅能实现从线下到线上的转变，还能快速按需编排，使能业务创新。⑤转变模式。重点指IT运作模式的转变，如存量IT系统和软件包延续瀑布开发模式，而服务化新应用采用DevOps敏捷开发模式。

（4）构建"3个平台能力"，为转型提供支撑。①统一的数据底座。通过数据底座将企业内外数据进行汇聚，对数据进行重新组织和连接，并在尊重数据安全与隐私的前提下，打破数据孤岛和数据垄断，重建数据获取方式和秩序。②云化数字平台。数字平台赋能应用、使能数据、做好连接、保障安全，为业务开展数字化转型提供统一的IT平台和基础设施服务。在建设过程中，建议采取推拉结合的思路、适度超前的策略，将用户的核心诉求和平台本身的技术能力提升结合起来，构建稳定、高可用、弹性灵活的云化数字平台。③变革治理体系。数字化转型需要重量级的变革管理团队，持续构建数字化领导力，负责批准公司重大变革项目的立项和关闭，批准变革预算，发布治理规则并对跨领域问题进行裁决，指导和批准各领域的数字化转型规划。

二、精彩书摘

（1）数字化转型能帮助企业实现客户的ROADS（实时、按需、全在线、服务自助、社交化）体验，让客户与企业之间从联合创新到交易履行等所有的合作都像流水一样自然顺滑。试想一下下面四个问题：①企业给客户推荐的配置能否精准满足不同客户的差异化需求？②客户的采购系统中产生了订单后，该订单能否自动流入企业的订单履行系统？③每个订单的交付履行情况能否实时在线可视？④客户购买产品后的使用体验和问题能否被及时感知并主动改进？

我们正在从一个供给紧缺的时代进入一个供给过剩的时代，产品同质化越明显，对手不断涌入，优质体验带来的优势可以帮助企业构筑真正的"护城河"。

（2）数字化转型可以构筑产业链端到端竞争优势。以前只有企业之间的产品竞争，如今还存在产业链与产业链之间的生态竞争，这种形势下，打破自身边界、聚合外部资源的能力就成了企业制胜的关键。数字化转型可帮助企业通过产业互联网,将连接的广度扩展到全产业链条的不同企业,将连接的深度覆盖到企业从交易、设计、制造到服务等的各个环节,让企业更快、更灵活地响应客户需求,从而在竞争中取得优势。

(3)数字化转型须紧随战略。在规划工作中,规划团队首先需要解读企业业务战略和商业模式的变化,识别出企业的"新定位、新业务、新模式",再思考通过什么样的变革来支撑业务战略目标的达成,进而通过一系列变革项目来改变业务运作模式,支撑业务发展和商业成功。例如,华为明确自身不仅仅需要创新,更重要的是需要在"通用商品"市场上的竞争中,构建支撑"量产"模式的业务流程能力。在"量产"模式下,通过变革建立能实现"稳定的产品、有竞争力的价格、及时有效的供应和售后服务"所需的流程、组织和IT系统。

(4)数字化转型须紧随客户。①企业客户群体的变化。企业与客户做生意的方式会随着客户类型的不同而有所区别。不同的销售模式,需要企业构建不同的数字化平台。②企业主要客户的发展趋势和商业模式的变化。③客户对体验需求的变化。围绕客户旅程瞄准客户与企业的交易界面,识别关键协同场景和触点,思考如何引入数字技术提升交易便利性和效率,进而提升客户体验和满意度。

(5)数字化转型须看行业。在行业大趋势下,企业应该顺势而为。2020年8月国务院国有资产监督管理委员会(以下简称国务院国资委)印发《关于加快推进国有企业数字化转型工作的通知》,明确要加快推进产业数字化创新,在产品创新数字化、生产运营智能化、用户服务敏捷化、产业体系生态化等方面迈出了坚实的步伐。该《通知》还明确了不同行业企业数字化转型的主攻方向,这些方向是处于同一行业的企业需要关注并在数字化转型愿景的描绘中体现的。

组织的数字化转型

陈春花

摘自: 陈春花,《组织的数字化转型》,机械工业出版社,2023年版。

一、内容精华

(1)数字化重新定义战略。在数字化时代,企业战略的核心出发点不再是企业，而是顾客。企业对战略空间选择的探讨是从顾客端展开的，围绕着顾客价值创造寻求解决方案。核心出发点之所以不同，是因为数字技术打破了行业边界，跨界让"可做的"不再受限于行业，让一切几乎都可做。数字技术还带来了广泛的连接，使"能做的"取决于企业与谁连接，企业因此不再受限于自己原有的资源和能力。同样，在数字技术的赋能下，企业完全有机会为价值主张赋予新的意义，从顾客价值出发，"想做的"就有了更多的选择和空间。"跨界""连接""赋新"成为数字化时代战略空间的新答案。

（2）重构组织价值。

①重构管理模式。强个体的出现，改变了个体与组织的关系，也改变了组织管理的模式。"数字化带来的最大变化，可以说是人变了。不仅仅是用户变，每一个人都在变，包括我们的员工。人变了，管理模式、组织模式、业务模式等也都随之发生改变：第一个是工作场景改变；第二个是组织形式改变；第三个是业务和信息传递的方式改变；第四个是评价工作绩效的模式改变。"这意味着企业需要一种全新的管理模式，不能再沿用传统的管理模式。这种新的组织管理模式，我称之为"激活—赋能式"。

②重构流程系统。组织数字化转型是通过数字技术，赋能员工、顾客和伙伴，以帮助企业无限接近 C 端，为顾客创造全新体验与全新价值。而赋能最直接的载体就是融合了数字技术的业务流程。按照克里斯坦森的组织能力定义，流程是基于价值观把资源转化为产品或服务的过程中所采取的互动、协调、沟通和决策的模式。所以，对于正在进行数字化转型的组织而言，要重构组织价值，流程的数字化转型就极为关键了。

③重构组织结构。在数字化时代，影响组织绩效的因素由内部转向外部，管理者开始关注组织效率的新来源，强个体、组织间的协同共生、组织外部环境变化以及数字技术本身构成了新的组织整体效率。同时，企业成长速度变快以及由此带来的复杂性加剧，导致一些组织成员跟不上组织变化的速度，因此管理者还需要探讨组织发展对组织成员的影响。这些变化促使企业采用灵活的组织结构设计，重构组织结构便成为一个基本趋势。

④刷新组织文化。如果组织成员对顾客需求缺乏洞见，缺乏同理心，缺乏价值共鸣的能力，那么企业就失去了存在的价值和意义。而数字技术让我们更贴近顾客，更容易洞察和理解顾客的需求，更深入感受顾客的体验。让数字技术成为我们

与顾客之间的桥梁和纽带，需要我们在做价值判断和行为选择时把以顾客为中心当成核心价值追求。

（3）重塑人力资源管理。人力资源管理要面对新技术应用、跨组织边界、跨岗位边界的情境，要理解和运用数字工具、智能管理，要在人才招聘与测评、人才发展、薪酬与绩效管理、职位管理等传统职能中融入数字化元素。数字技术直接为组织带来绩效，人机共生越来越多地渗透到组织之中。其实在今天的日常生活中，机器人已经承担了很多工作职责，如送货无人机、餐厅送餐机器人、酒店服务机器人、流水线上的机器人等。在不远的将来，人工智能将替代现在很多人的岗位和工作已经成为共识，人和机器一起工作会成为主要的工作状态。

（4）打造数字工作方式。

①在传统工作方式中，工作者是"任务工具人"，需要理解组织设定的任务目标，按照关键行为要求的固定路径，以其被分配的固定角色完成组织交付的具体任务。在这种工作任务明确、绩效标准明确、岗位要求明确的工作方式中，工作者本人的胜任力和努力程度是获得工作成效的关键。所以，人们认为在传统工作方式中，工作者的意愿和能力是影响工作成效的两个核心因素。

②在数字工作方式中，工作者是"价值共创者"——既是工作目标的共同管理者，也是结果产出的关键领导者。"在新的工作成效获取方式中，工作者对战略目标的理解和适时动态调整自身行为的能力、协同利益相关者发展的意愿、参与创造顾客价值的机会成为影响工作成效的三大核心因素。"此时，工作者存在的意义就是不断产出新结果、创新价值，这充分体现了数字工作方式底层逻辑的变化。

③在数字工作方式中，工作成效先是取决于工作者的创造力，再是取决于工作者与他人的协同。任务完成的质量取决于工作者和利益相关者（包括同事、顾客、生态伙伴等）的共同贡献。找到新价值空间既能为企业目标服务，也能为利益相关者服务，并最终为顾客价值服务。

（5）构建数字领导力。

数字化生存方式决定了企业协同共生的发展模式，要求领导者与组织内外部伙伴协同工作，创造顾客价值。为此，领导者既要为组织内成员，也要为组织外伙伴设定愿景，指明方向；领导者既要赋能组织内成员，也要赋能组织外伙伴，展开价值活动；同时，组织内外成员要一起主动创造价值，形成"领导者群体"。综上，我们将"组织内与组织外的协同领导力，以及工作者的自我领导力"确定为数字领导力的新内涵。

二、精彩书摘

传统企业试图通过数字化转型迭代原有顾客价值的创造过程，但顾客却无法因此体验到新价值。导致这一现实困境的原因是，大部分传统企业在数字化转型过程中关注的依然是自己的产品和服务，依然认为自己的产品和服务是顾客价值的唯一载体，它们努力改进这一载体，却忽视了顾客自身已经完成了数字化转型，以及他们需要的是全新的数字化价值体验。

这是真正令人担心的地方，由此引发我们去思考：影响企业创造与实现数字化顾客价值的关键因素是什么？企业数字化转型的方向应该是什么？这不仅关系到企业对数字技术的探索与应用，更关系到数字化顾客的价值体验与实现。为了回答这些问题，我们以商业活动为核心，分析了工业时代与数字化时代商业活动与管理结构的差异，特别是商业活动的参与角色、目的、方式、工具、对象、范围之间的差异。最终，我们找到了一个有效的解决方案——组织数字化转型的三维空间。

从 1 到 X：数字化转型实践

喻建华

摘自：喻建华，《从 1 到 X：数字化转型实践》，广州经济出版社，2021 年版。

一、内容精华

（1）衡量数字化企业的七个特征：①传统企业是以产品为中心，对客户的变更要求（CR）持不鼓励态度，尽量控制不必要的变更。数字化企业则是拥抱变化，比如平安提出，以客户需求的演进为核心，积极主动地感知市场变化，通过客户需求的演进来驱动解决方案和产品创新。不断创造新的使用场景，提高用户体验质量。②从企业发展的内部动力来看，传统企业强调以计划和过程控制为主要管理手段，要求员工遵从指令性或者指导性计划的安排，服从纪律。在人机共存的年代，华为、海尔等企业建立起了以市场为导向的业务流程。在此基础上，以个体和交互为本，鼓励员工自组织和自管理，以人的能动性来应对市场环境和需求的不确定性。

③数字化企业与传统企业不同，具有网络协同特征。④从运营空间来看，传统企业依赖物理营业网点来和顾客进行接触。⑤从业务决策方式来看，传统企业主要依靠专家经验、小样本数据及相对简单的线性预测，来做出各种业务的决策。而腾讯、今日头条等企业由于有了大数据的收集和使用能力，便可通过以深度学习为基础的人工智能算法，进行更加精准的业务认知。依托大数据做出更加精准的判断，颠覆了传统的专家判断，大大提高了业务决策的及时性和准确率。在此基础上，构建以线上融合线下的企业智慧运营中心。⑥从服务客户的界面来看，传统企业由于人手有限，只能优先服务少数大客户，"傍大款，搭大船"，只有这样做才能保证成本效率。而数量庞大的中小客户、年轻客户、小微企业的需求往往只能被忽视。而由于智能化的 AI 加持，数字化企业可以服务数量庞大的中小客户和年轻客户群体，保障了企业未来的可持续发展。客户服务能够跟随时代，做到个性化、自助化、社交化。大客户的服务品质同样能够得到保障。⑦传统企业的 IT 部门一般都在扮演辅助者的角色，而数字化企业里面的 IT 部门不再是辅助性的部门，而是关键的赋能部门。数字化企业里面的 IT 部门不但要实现一切业务的数字化，而且要实现一切数字的业务化。不但要做好 IT 部门自身的事情，而且要去赋能其他业务部门。

（2）数字化转型实施路线图：①以用户为中心、聚焦用户体验。②回归业务，流程与 IT 相互促进，即集成产品开发流程、从问题到解决流程、集成供应链流程、集成财务系统流程。③架构牵引，实现多云协同。④上云，延伸企业的运营空间。⑤用数，一切业务数据化。⑥赋能，以智能化带动商业数据。

二、精彩书摘

从传统零售到新零售。盒马鲜生提供的数据显示，其每平方米的面积可以产出的营业额达到了普通商业超市的 3 倍，用户黏性和线上转化率远高于传统电商，线上订单占比超过 50%，用户转化率（成交用户数占总访问数的比例）高达 35%，是传统电商的 10～15 倍。为何盒马鲜生能如此受到消费者的青睐，一步步成为生鲜超市电商中的"网红"呢？

第一，以新一代的用户为中心。盒马鲜生的用户（User）定位是 20～35 岁中高收入的年轻人，尤其以女性为主，其中已婚妇女占 65%。第二，提供场景化的全程销售与配送服务。盒马鲜生的核心业务场景（Scenario）包括线下购物体验、安装盒马鲜生 App、线上下单支付（只支持支付宝支付）、店面快速送货、中心仓配货、以及基于大数据的顾客对商家（C2B）管理等。第三，迭代式的产品与服务创新，持续优化用户体验。从产品与服务设计的角度，典型的消费旅程（Journey）可以分为认知、到达、准备、购买、体验、物流、售后7个消费阶段。

平台转型：企业再创巅峰的自我革命

陈威如　王诗一

摘自：陈威如、王诗一，《平台转型：企业再创巅峰的自我革命》，中信出版社，2016年版。

一、内容精华

（1）许多传统行业的痛点在于价值链的链条过长，协同不高效。整个行业过于强调标准化而难以满足个性化需求，以及专业化发展导致"独善其身、各自为政"。我们提出利用平台转型来缩短产业链、带来丰富性和多样性以及进行跨界整合，借以迎向"去中间化""去中心化""去边界化"的趋势。

（2）传统企业进行转型首先是进行平台的战略规划。具体做法包括分析价值链的痛点，找到行业里最值得突破改革的点，以及如何决定该价值链中必须"保持"的环节。其次，如何"排除"价值链中的信息屏蔽者、价值垄断者、成本虚高者。最后，如何"引入"新的环节，辅助构成生态圈，带动生态圈的整体升级。

二、精彩书摘

（1）打破旧有的垂直价值链需要以下三个步骤：①"保"，即抓住核心圈，突出价值，传承产业原始的供需本质；②"断"，即重塑价值体系，先破后立，去除不高效的环节，找到转型的突破口；③"增"，即引入新环节，突破瓶颈，带入新型解决方案，发掘价值创新的风口。

（2）激发多元：①盘活闲置资源，解放生产力；②切分紧俏资源，按需排序匹配；③加强供需之间的纽带，帮助供给方打造个性品牌。

（3）协同整合：①协同产业上下游及友商，共同促进行业升级，打造新型生态圈；②开放关系接口，帮助同业串联更多外部资源；③跨界整合，创造全新价值。

平台化管理

忻熔　陈威如　侯正宇

摘自：忻熔、陈威如、侯正宇，《平台化管理》，机械工业出版社，2019年版。

一、内容精华

（1）平台化管理的"五化模型"：①关系多样化；②能力数字化；③绩效颗粒化；④结构柔性化；⑤文化利他化。

（2）平台化企业的特点：①大量自主小前端；②大规模支撑平台；③生态体系领导力；④自下而上的创新精神；⑤快速迭代的变革管理能力。

（3）平台化企业能力模型：①数据智能；②微粒化组织能力；③社会资源共享能力；④生态化能力。

（4）平台化企业的文化特性：①利他；②赋能；③通透协作；④共赢。

二、精彩书摘

（1）多样化关系的特点：①权力共享；②能力共炼；③心力共情。

（2）柔性化组织的特点：①分立与统合；②敏捷与稳健；③科技与情感。

第五章

营销与销售管理

营销革命 3.0

菲利普·科特勒　等著

摘自：菲利普·科特勒等著，《营销革命 3.0》，机械工业出版社，2019 年版。

一、内容精华

（1）现在，我们正在目睹的是营销 3.0，即以价值驱动营销时代的兴起。在这个新的时代中，营销者不再把顾客仅仅视为消费的人，而是把他们看作具有独立思想、心灵和精神的完整的人类个体。如今的消费者正越来越关注内心感到焦虑的问题，希望能让这个全球化的世界变得更好。在混乱嘈杂的商业世界中，他们努力寻找那些具有使命感、愿景规划和价值观的企业，希望这些企业能满足自己对社会、经济和环境等问题的深刻内心需求。简单地说，他们要寻求的产品和服务不但要满足自己在功能和情感上的需要，还要满足在精神方面的需要。

（2）在营销 3.0 时代，营销应重新定义为由品牌、定位和差异化构成的等边三角形。要想完善这个三角形，我们必须引入 3i 概念，即品牌标识（Brand Identity）、品牌完整性（Brand Integrity）和品牌形象（Brand Image）。

二、精彩书摘

（1）营销 3.0 已经把营销理念提升到了一个关注人类期望、价值和精神的新高度，它认为消费者是具有独立意识和感情的完整的人，他们的任何需求和希望都不能忽视。因此，营销 3.0 把情感营销和人文精神营销很好地结合到了一起。

（2）随着社会化媒体的个人表达性越来越强，消费者的意见和体验对其他消费者的影响也与日俱增，企业广告对消费者购买力形成的作用正在逐渐下滑。此外，由于消费者越来越热衷于视频游戏、DVD 影片、使用电脑等日常行为，他们观看广告的时间也大大缩短。鉴于社会化媒体具有成本低廉和毫无偏见等优势，它必将成为营销沟通的未来选择。

（3）消费者之间强调合作的趋势也开始影响到商业。如今，营销者已经无法全面控制自己的品牌，他们必须向日益强大的消费者团体妥协。这种现象造成的结果是，企业必须和消费者合作，而它表现出来的第一个特征是营销经理必须学会倾听消费者的呼声，了解他们的想法，并获取市场信息。当消费者开始主动参与产品和服务共建时，企业和他们的合作就会进入一个更深的层次。

运营之光：我的互联网运营方法论与自白 3.0

黄有璨

摘自：黄有璨，《运营之光：我的互联网运营方法论与自白 3.0》，电子工业出版社，2022 年版。

一、内容精华

（1）经典意义上的四大运营模块：①内容运营。核心要解决的问题是围绕着内容的生产和消费，搭建起来一个良性循环，持续提升各类跟内容相关的数据，如内容数量、内容浏览量、内容互动数、内容传播数等。②用户运营。核心要解决的问题，也是围绕着用户的新增、留存、活跃、传播，以及用户之间的价值供给关系建立起来一个良性的循环，持续提升各类跟用户有关的数据，如用户数、活跃用户数、精英用户数、用户停留时间等。③活动运营。核心就是围绕着一个或一系列活动的策划、资源确认、宣传推广、效果评估等一系列流程做好全流程的项目推进、进度管理和执行落地。一个活动运营，必须事先明确活动的目标，并持续跟踪活动过程中的相关数据，做好活动效果的评估。④产品运营。其就是通过一系列各式各样的运营手段（比如活动策划、内外部资源拓展和对接、优化产品方案、内容组织等），去拉升某个产品的特定数据，如装机量、注册量、用户访问深度、用户访问频次、用户关系对数量、发帖量等。

（2）运营的效率意识：对于初级运营选手和高级运营选手来说，他们之间最显著的差别往往就是初级选手只会做被动的事情或在方向不明的情况下纯靠拍脑袋去行动；但中高级运营选手，一定会把事情想清楚，找到目标和更容易有所产出的地方，才会开始投入执行。

（3）很多时候运营在做的事就像是攒一个"局"。很多时候，一个优秀的运营最重要的工作就是要找到这个至关重要的破局点，并倾尽一切使之成立。

（4）四个关键性"运营思维"：①流程化思维。②精细化思维，就是必须要能够把自己关注的一个大问题拆解为无数细小的执行细节，并且要能够做到对于所有的这些小细节都拥有掌控力。③杠杆化思维。好的运营是有层次感的，总是需要先做好做足某一件事，然后再以此为一个核心杠杆点去撬动更多的事情和成果发生。④生态化思维。所谓生态，就是一个所有角色在其中都可以互为价值、和谐共存、共同驱动其发展和生长的一个大环境。

二、精彩书摘

（1）互联网产品与传统产品间的一个很大不同：除了设计驱动的产品功能和体验外，用户参与也构成了互联网产品核心价值的重要组成部分。传统产品价值＝功能＋体验；互联网产品价值＝功能＋体验＋用户参与价值，此处"用户参与价值"包含三重含义：①用户的使用时间和关注给产品带来的额外价值。②在你的产品生态中，用户在互相给对方创造和提供价值。例如，微信群、知乎等社区，以及淘宝、滴滴出行等平台皆是如此。③用户因为对你产品的认可，愿意参与到你的产品设计、改善、传播，甚至一些服务环节中为你贡献价值。

（2）运营的核心就是三句话：①任何一项业务，都存在三个不可或缺的要素，即产品，用户，运营。②任何一个产品，只有在与用户之间发生关系后，才具备价值。无论传统产品还是互联网产品，都一样。③基于业务类型的不同，一款产品与用户间的关系类型会有很大差异。

（3）在一个特别不确定的事情或假设面前，运营要做的最重要的事情就是用最低的成本去搭建起来一个真实的用户应用场景，并去验证在这个场景下用户是否会真的产生你所预期的行为。

（4）产品和运营之间的关系，应该接近于：产品负责界定和提供长期用户价值，运营负责创造短期用户价值＋协助产品完善长期价值。

（5）尽可能把自己变成一个真正的典型用户，让自己大量置身于真实用户的真实体验场景下，这样久而久之，你自然会慢慢拥有一种对于你的用户们的"洞察力"。而这样的洞察力，很多时候也会成为一个优秀运营身上不可替代的核心价值。

运营思维：全方位构建运营人员能力体系

张沐

摘自：张沐，《运营思维：全方位构建运营人员能力体系》，人民邮电出版社，2020年版。

内容精华具体如下。

（1）内容运营岗位职责要求通常如下：①能独立完成公众号推文的选题、撰写与排版，通过数据分析制订调整方案，运营过公众号的优先；②输出个号、社群及朋友圈内容素材，策划可在社群裂变传播的内容；③通过多渠道内容的日常运维，达到服务好用户和销售转化的目的；④协同各部门完成社群内容营销与推广等机动性工作。

互联网上的一切呈现形式都称为内容，文字、图片、音频、视频等都属于内容。内容运营涉及内容生产、内容编撰、内容推送、统计阅读量、计算转化率、分析用户评论、修改内容风格和呈现方式等。一切操作手段都是为了提高用户的打开率、留存率及付费率。

（2）渠道运营中常用渠道详解：① SEO（搜索引擎优化）。② SEM（搜索引擎营销）。③ DSP（广告需求方平台），常见的有百度网盟、广点通、巨量引擎、粉丝通；电商平台有钻展、精准通；第三方平台有聚告等。④邮件营销。⑤问答平台，如百度知道。⑥论坛。⑦行业网站。

（3）活动运营：①活动的指标；②策划；③流程。

（4）用户运营：①用户分层；②用户获取；③用户留存；④用户活跃。

（5）产品运营与产品类型：①平台产品；②工具产品；③教育产品；④ To B 产品；⑤电商产品；⑥自媒体；⑦社群。

新零售：低价高效的数据赋能之路

刘润

摘自：刘润，《新零售：低价高效的数据赋能之路》，中信出版社，2018年版，2022年重印。

一、内容精华

（1）零售，连接"人"与"货"的"场"：①"人"，即销售额＝流量×转化率×客单价×复购率；②"货"，即设计—制造商—供应链—大B商场—小b商店—消费者；③"场"，即信息流＋资金流＋物流。

（2）阿里巴巴张勇为新零售做出的解释：用大数据赋能，进行人、货、场的重构。马化腾谈到腾讯为什么频频布局线下零售：原来零售企业和电商是对立的，是一个此消彼长、互斥的业态，所以过去这十几年零售企业很悲观，基本上被线上的电商侵蚀了其原有的份额。传统零售和线上电商彼此间的融合开始了，已经不再互斥。用户的体验需要线上、线下整合，传统线下的体验是没法简单用线上替代的，毕竟人作为一个实体，总要生活在周边。因此，很多企业希望寻找一套合适的数字化解决方案。在这个基础上，腾讯当然也要抓住机会，通过数字化机遇打通人、货、场。

马化腾进一步解释了腾讯的定位——不做零售，甚至不做商业，更多的方案是助力、赋能，提供一层很薄的能力，包括用户的连接能力、小程序、公众号、云、AI等。它们都是为用户服务的，同时联合周边的生态合作伙伴、开发商一起为用户服务，这对腾讯来说没有利益冲突。这就是腾讯的新零售，马化腾称之为"智慧零售"，其核心也是数据赋能。

用"数据赋能"提升"场"的效率，是新零售的三大核心逻辑之一。数据是新时代的"能源"，数据无色、无味、无形，却默默地"滋润"着信息流、资金流和物流，让零售质变为更高效率的零售。在全新的零售革命下，谁的数据赋能力强，谁就能获得这次革命的关键筹码。

（3）如何衡量销售的效率呢？根据成本结构的不同，我们通常会用"人效"或者"坪效"来衡量。

互联网公司因成本结构和员工人数基本正相关，所以非常重视人效，即每个员工创造的年收入。互联网公司的销售漏斗公式就变为：

$$人效 =（流量 \times 转化率 \times 客单价 \times 复购率）/ 人数$$

线下零售的成本结构和店铺面积基本正相关。在线下，每家店的面积都不相同，有的 200 平方米，有的 500 平方米。这很重要，因为店铺面积在很大程度上决定了运营成本。均摊到每平方米店铺面积上的销售额，才真正体现一家店的销售能力。每平方米的年销售额，有个专业名称：坪效，即每平方米面积创造的年收入。

$$坪效 =（流量 \times 转化率 \times 客单价 \times 复购率）/ 店铺面积$$

二、精彩书摘

（1）流量是一切与消费者的触点；转化率要提高，找对社群很重要；客单价更能透析数据、洞察用户；复购率可以体现忠诚度。

（2）小米新零售，如何做到 20 倍坪效：选址对标快时尚 + 低频变高频；爆品战略 + 大数据选品；提高连带率 + 增加体验感；强化品牌认知 + 打通全渠道。

（3）盒马鲜生，被线下门店武装的生鲜电商：顶层设计；现买现吃，打造极致体验；必须用 App 才能买单；30 分钟物流打造"盒区房"；来自完全不同交易结构的坪效革命。

新零售 3.0：BC 一体数字化转型

刘春雄

摘自：刘春雄，《新零售 3.0：BC 一体数字化转型》，人民邮电出版社，2022 年版，2023 年重印。

一、内容精华

（1）厂家连接 C 端的模式有三种。第一种：电商模式——B2C（经销商—用户）。第二种：新零售或私域流量模式——F2C（厂家—用户）。第三种：渠道数字化模式——F2B2b2C（厂家—经销商—零售店—用户）或 F2b2C（厂家—零售店—用户）。

（2）获取用户数据、洞察用户需求，就可以开展用户运营。新零售和私域流量的运营体系被称为AARRR模型（Acquisition，拉新；Activation，激活；Retention，留存；Revenue，收益；Referral，推荐）。

（3）各类平台之所以受到重视，是因为它们首先达到了亿级用户规模。平台的数字化手段是B2C，也称为数字化渠道，包括电商平台、社交平台、内容平台。①电商平台，如淘宝、京东、拼多多、美团，用户都是亿级体量。②社交平台，如微信，用户是亿级体量。③内容平台，如抖音，用户是亿级体量。

（4）数字化三大战场。第一战场：主角是平台，运营模式是B2C模式。第二战场：主角是传统行业龙头企业，运营模式是F2B2b2C模式。第三战场：主角是零售巨头，运营模式是F2C模式。

（5）与成建制、有组织地发展私域流量的F2B2b2C模式不同，多数私域流量的F2C模式是通过"打游击战"获得的。因为多数私域流量缺乏线下密度，难以与线下整合，只能采用F2C模式。F2C模式的私域流量，规模小、激活难、黏性弱，虽然在技术上的运营难度不大，但难以成为数字化的主流。

（6）第二战场的主角之所以是传统行业龙头企业，是因为传统的深度分销本身就是F2B2b（厂家—经销商—零售店），已经深入了终端的层面，只要前进一步，就是F2B2b2C。如此，即便没有用户裂变，一次性触达的也是海量规模的用户。

F2C模式就是私域1.0模式，F2B2b2C模式就是渠道数字化模式。电商崛起之后，数字化模式到底是F2C还是F2B2b2C？这不是简单的技术问题，而是发展方向的问题。

（7）传统渠道营销确实是三段式模式：厂家与经销商（F2B），经销商与零售店（B2b），零售店与用户（b2C）。每段相对独立。F2B2b2C不是三段式数字化模式（F2B、B2b、b2C）的拼装，而是先完成b2C数字化，然后加上F2B2b的渠道管理系统，最后打通全链路。

（8）运营双私域的条件。零售店私域是"关系+深度连接"，品牌商私域是"品牌（产品）认同+深度连接"。零售商（零售店）实现私域让渡需要用户认同品牌商（厂家）的品牌或产品，品牌知名度高的企业因此有优势。那么，品牌知名度低的企业是否就无法实现私域让渡呢？答案是不。用户只要在线下完成了交易，就可视为短期认同。所以，在线下交易过程中，深度连接同时完成，私域让渡过程同时也就完成了。

二、精彩书摘

（1）不同行业、品类，线上销售份额差异很大。线上销售份额较大的产品或行业包括：①单件高值产品，如电器、3C产品、家居等；②高附加值品类，如化妆品、服装；③低集中度的长尾行业，如休闲食品、文体行业等。对于快消品行业来说，虽然缺乏权威数据，但快消品行业的特点决定了其线上销售份额占比不大。

（2）电商已进入存量市场，这是非常重要的判断。如果数字化过程中找不到新的增量市场，数字化周期就要结束了。原来是有限的平台抢线下市场的份额，现在是众多经营主体通过数字化回抢电商企业的份额。

活动运营：技巧、方法、案例实战一册通

王靖飞

摘自：王靖飞，《活动运营：技巧、方法、案例实战一册通》，人民邮电出版社，2018年版，2022年重印。

一、内容精华

（1）用活动为产品加冕：①产品功能不再是俘获用户芳心的唯一因素；②聚焦粉丝带来的流量；③活动提供用户忠诚度。

（2）活动的五个类型：①互动型活动；②猎奇型活动；③体验型活动；④隐私型活动；⑤认同型活动。

二、精彩书摘

（1）直接说出用户所能得到的利益：①直接说出活动所能给予用户的利益；②围绕用户的基本需求构建场景；③满足用户的个性需求。

（2）用沉浸感装饰活动主题：①主题要有挑战性；②主题要有故事性；③主题要有画面感。

（3）不能最大化传播产品的活动就是"烧钱"：①将产品变成活动策源地；②推动用户分享。

私域流量池运营：高转化、高复购的深度粉销

谭贤

摘自： 谭贤，《私域流量池运营：高转化、高复购的深度粉销》，中国铁道出版社有限公司，2021年版。

一、内容精华

（1）私域流量的优势：①降低营销成本，在公域流量平台上做了很多付费推广，但是却并没有与这些用户产生实际关系。即使商家通过付费推广来获取流量，也不能直接和用户形成紧密联系，用户在各种平台推广场景下购买完商家的产品后，又会再次回归平台。所以，这些流量始终被平台掌握在手中。其实，这些付费推广获得的用户都是非常精准的流量。商家可以通过用户购买后留下的个人信息，如地址和电话号码等，再次与用户联系，甚至可以通过微信来主动添加他们，或者将他们引入自己的社群中，然后再通过一些老客户维护活动来增加他们的复购率。②提升投资回报率。公域流量大部分其实是非常不精准的，会被白白浪费掉，因此整体的转化率非常低。而私域流量通常都是关注你的潜在用户，不仅获客成本非常低，平台的转化率也极高。③避免老客户流失。除了拉新客户外，私域流量还能够有效避免老客户的流失，让老客户的黏性翻倍，快速提升老客户复购率。④塑造品牌价值。塑造品牌是指企业通过向用户传递品牌价值来得到用户的认可和肯定，以达到维持稳定销量、获得良好口碑的目的。⑤激励客户重复购买。

（2）商家可以通过在微信公众号上发布文章、图片等方式吸引关注者的点击与阅读，从而获得流量，然后再将这些流量引到微信或者产品店铺内，进而促成商品的交易。同时，在微信公众号的后台还有一个推广功能，商家还可以通过这个推广功能来获取更多的流量。

（3）除了直接聊天方式之外，个人号还有一个非常重要的宣传渠道，那就是朋友圈。发朋友圈有三种方式：第一种是发纯文字；第二种是发送图文结合的内容；第三种是发送视频内容。

（4）对于线下实体商家来说，可以通过门店二维码引流的方式，让上门消费的

顾客添加商家微信号，然后商家将这些顾客都拉到微信群中。商家在社群的日常运营中，可以发布一些促销活动信息以及新品信息等，以此来吸引顾客再次下单。当然，对企业或商家来说，微信群的主要功能在于发布产品或服务的优惠信息，刺激社群中的用户消费，最终下单还是需要通过小程序、微店或者其他电商渠道来完成。

二、精彩书摘

（1）私域流量绝不是简单的通信录好友名单，而是具有人格化特征的流量池。因此，我们需要改变以往的流量思维方式。互联网时代奉行的是流量为王，而私域时代的主要核心是强调用户关系。

（2）微信视频引流方法：①文章链接，添加微信；②评论留言，引导"加V"；③内容吸引，转化用户；④设置信息，留下联系方式。

（3）沉淀流量，维护粉丝：①营销活动，增加互动；②改变方法，提高黏性；③打造矩阵，运营粉丝。

（4）B站平台，引流途径：①B站直播，引导添加；②专栏投稿，文章引流；③视频标题引流、视频简介引流、视频内容引流、视频弹幕引流；④发表评论，巧妙引流；⑤个人主页，简介引流。

私域社群运营从入门到精通

赵纤青　戚泰

摘自： 赵纤青、戚泰，《私域社群运营从入门到精通》，北京大学出版社，2023年版。

一、内容精华

（1）口碑营销是私域流量运营的基石：①谈论者是口碑营销的起点；②话题能给人们一个谈论的理由；③工具能帮助信息更快地传播；④参与是指参与人们关心的话题讨论；⑤跟踪能发现评论、寻找客户的声音。

（2）私域流量运营的典型流程可以总结为流量引入和流量运营闭环两大部分。

流量引入是指私域流量运营主体需要从公域和其他私域持续地引入流量，而流量运营闭环是指私域流量从流量激活、流量运营、交易转化、分享裂变到复购达成的闭环流程。品牌和商家可以通过打造这样的闭环流程来实现持续的增长，并且形成高复购率、高客单价的稳定用户池，不断挖掘用户的终身价值。

（3）私域流量运营面临的行业挑战：①效率低。私域导流效率低，获客成本高。②产品乱。私域渠道产品品类策略跟不上。③运营难。运营难度大，私域用户不活跃。④数据缺。粗放式运营，缺乏数据支撑决策。⑤招人难。自建团队，找不到合适的运营人才。⑥方法缺。私域运营打法模糊，很多弯路重复走。

（4）私域社群中，实体店拓客是一个很大的市场。实体店作为线下流量载体，更需要私域社群的赋能。"线上＋线下"的门店新零售、新电商，是未来实体店生存的标配。

（5）社交电商是私域社群运营的另一种重要模式。社交电商是一种社群＋平台商城的模式，社交电商除了注重对社群的运营外，也非常注重对团长分销的赋能和平台商城的运营。总的来说，社交电商是一种融合了社群、团长、商城的社群模型。

（6）在线教育利用知识付费的模式，以"课程＋线上训练营"的形式进行产品销售。训练营是指以"课程＋社群＋学习打卡＋点评"等形式进行的一种知识付费课程的升级版。课程交付通常仅有单向的互动，而训练营会集中进行"学＋练＋回馈"，在学习上会更容易被用户接受、消化、吸收。

知识付费是个人学习、提升、成长非常好的一个途径，比如樊登读书会、得到、混沌大学都属于知识付费领域做得非常好的平台。

二、精彩书摘

（1）面对新的商业环境时，有越来越多的DTC（直接面向消费者）品牌出现，比如国内的独角兽公司小米、完美日记；国外的独角兽公司Warby Parker等。这些品牌都有统一的特性，比如选择高颜值的创新类产品进入市场，显著地优化成本结构，追求极致的性价比；擅长数据驱动的增长黑客式营销模式；通过算法、内容和社交快速建立信任关系；选择用使命价值观的品牌打造路径，同时通过真实感和参与感获得用户的认可等。

（2）知识付费需要注意的9个用户体验细节：①课程内容；②学习流程设计；③学习的互动和反馈；④学习难度设计；⑤仪式感、超值感、游戏感；⑥用户收获；⑦训练营节奏；⑧社群环境；⑨师生互动。

（3）从产品与用户互动的频次进行社群定位：①高频高客单价的社群；②高频低客单价的社群；③低频高客单价的社群；④低频低客单价的社群（不适合私域销售）。

（4）从哪里引流到私域流量池：①线下流量引流；②平台流量引流；③私域裂变流量引流；④IP流量引流；⑤商业品牌流量引流。

高效签单

乔中阳

摘自： 乔中阳，《高效签单》，中国华侨出版社，2023年版。

内容精华具体如下。

（1）销售立场1：这个世界上没有人喜欢被推销。所以当你以推销者的立场出现在客户的面前时，你必然处于一个卑微的、服务性的，甚至是有求于客户的状态。你要懂得真正的底层逻辑，客户永远是做决定的那个人，而你则是等待他做决定的角色，这是一个完全被动的状态。所谓的在别人眼里的硬气，绝对不是指语言上的强硬，而是通过夯实立场，进而从根本上去解决这个问题。如何说话才能够清晰明确地表达出自己的立场？答案就是为自己树立一个专业的立场，然后再跟客户对话。在这个立场中，你作为一个专业的从业人员，你的身份跟客户是平等的，你与客户是共同面对、探讨问题的合作关系。只要你改变一下话术，把"您需要吗"换成"我可以帮到您"，尽管想表达的意思是一样的，但第二种表达带来的效果要远远好于第一种。因为这两种表达方式，一个是恳求对方，另一个则是帮助对方。

（2）销售立场2：我为您提供专业的判断。不论对方是不是需要你的产品，也不管对方买不买你的产品，你首先要传递的信息是自己的专业性。这不是向对方推销东西，更不是非要让对方买产品，仅仅就是"我能先帮您判断一下"。对于客户而言，不过就是帮助自己做一个专业的判断而已，又不会有什么损失，对吧？在我的以往经历中，会把所有类似的内容融入话术中。然后我在与别人进行沟通的时候，就能够在无形当中将自己的立场定位清楚，我的身份就是一个"帮忙的"。对方即便脾气再不好，也不会把我逐出门外；即便态度再傲慢，也不会不把我不当回事，因为我说了"我可以帮到您"，哪怕不买我的东西，我也可以"帮您做个判断"。

如果把介绍产品作为整个销售流程的侧重点，结果就是用客户对应产品，选择的权利是单边的，交易的决定权在客户手里。如果从销售人员的角度出发，重点介绍销售人员本人，或者把重心放在与客户建立信任上，结果就是以人对人，那么选择的权利就是双向的，所有事情就都有了变通机会。

（3）改变传统固化销售思维。固化的销售思路即介绍产品的功能、好处和价格。在向客户介绍产品时，销售人员还没有完全了解客户的需求点是什么。优秀的销售人员会先问："您有什么需要？您想在哪些方面得到提升？您有什么想法？您期待达到一个什么样的效果？"这些问题都是需要提前挖掘而不是过后弥补的。但是传统的销售思维与之恰恰相反，这些重要的问题都被后置了。见到客户犹豫了，销售人员才告诉对方："我们这个产品能够满足您什么样的需求，帮您解决什么样的问题……"但为时已晚。

（4）销售线索：①功能层面；②操作层面；③文化层面；④服务层面；⑤风险层面。

（5）销售人员向客户介绍产品的流程大概可以分成四点：①制造平衡点，是维持客户现阶段的情绪；②打破平衡点，是让客户现有的情绪出现一点点波动；③修正平衡点，是指从销售的态度把事情做得更好；④塑造平衡点，是指提供心态价值和精神价值。

卖货真相

小马宋

摘自：小马宋，《卖货真相》，中信出版社，2023年版。

一、内容精华

（1）我常常遇到这样一些创业者，他们是某些产品的重度消费者，甚至是某方面的专家，因为对市面上现存产品的品质不满，所以决定自己创业做产品，他们的理想是做一个让自己满意的产品。当然，在极少数领域确实会存在这种问题，但更多的真实情况是，所谓更高品质、更让人满意的产品，早就有人尝试过了。不是没有人做，而是因为其他原因，这件事行不通。比如，更高品质就意味着更高的成本，更高的成本就意味着更高的售价，更高的售价就意味着消费人群的急剧缩小，最后导致终端销售无法持续。不是别的厂家做不出来，其实是做出来不好卖。

（2）从营销的角度来说，卖货主要就是靠4P中的后两个P：渠道和推广。推广，解决的是和消费者的沟通问题，即你有什么好东西，你要让顾客知道并了解。渠道，解决的是商品的物流运输、储存、交易和交付等问题，即你有一件商品，你要让顾客顺利地买到这件商品，并且方便地交付给顾客。你推广做得越好，顾客就对你越熟悉，渠道销售就越简单、越容易成交。

所以，在今天这个物资丰沛的时代，我给创业者最重要的提醒就是在创业之前要想好怎么销售的问题。如果你不是营销或者销售出身，或者对营销不甚了解，那最好找一个合伙人或者高管来负责卖货。尤其是在今天的中国，普通商品的供应链和生产早就不是什么问题，去找个代工厂给你把商品生产出来并不难，那如何卖货就显得尤为重要了。

（3）卖货涉及的事项非常多，在渠道方面，你需要大量帮你工作的代理商，你的货要能铺到线上线下的各个平台和零售终端。在终端，你要保证你的货能快速大量地销售。顾客购买后，你还要有良好的售后服务、客户关系维护，以及促进客户复购的手段等。对整个渠道的人员进行管理，也是一个复杂的问题。

当然，初创公司并没有这么复杂。我见过的一些新消费品公司，它们把生产和研发交给上游供应商来做，几十个人主要负责销售，在线上甚至能做十几亿元的流水。当然这就需要极度高效的投放策略和精细化运营。这样看起来很好，但其实绝大多数初创公司都不具备这种能力。虽然有些操作并不是那么复杂和难以理解，但问题的关键在于，你不了解这个操作。这就是行业经验的壁垒，这些公司都在小心地维护和屏蔽自己的这些操作技巧。

二、精彩书摘

（1）首先，渠道非常复杂，管理难度很大；其次，渠道内部利益与矛盾冲突严重；最后，渠道中品牌方通常处于弱势。渠道管理的本质就是不断提升整个渠道的组织效率。

（2）推广就是让顾客产生记忆、购买和传播。

第六章

财税管理

企业经营分析：揭秘商业本质，提升管理效益

龚莉　黄怡琴

摘自：龚莉、黄怡琴，《企业经营分析：揭秘商业本质，提升管理效益》，人民邮电出版社，2022年版。

一、内容精华

（1）从经营分析的角度来看，增长性、盈利性和流动性三个指标是企业应该关注的，也就是财务三角模型。财务三角模型代表了企业的三个主要战略目标和能够反映这些目标的财务指标。通常，由于企业资源的稀缺性，想要在同一个时期内共同提升这三个指标是很难的，只能先集中资源提升其中的一个或两个，然后再考虑提升剩下的指标。

例如，想要实现销售收入的大幅增长，通常企业采取的手段是降低价格，这就牺牲了盈利性；如果想要在销售收入增长的同时保证一定的盈利性，那么可以采取延长客户账期的方式，但这样就牺牲了流动性指标。所以，财务三角模型体现的是三个战略目标的联动机制（此消彼长）。

（2）生产业务的经营分析。①了解现场。大野耐一曾说过：试着一整天都站在现场，这样你就会自然而然知道必须做什么。三现主义（现场、现物、现实）是能够管理好生产现场的根本。②成本管理不是越细越好，管理本身也是有成本的，所以成本管理也要符合经济效益原则，瞄准要点、重点突破。

（3）人工工时管理：标准工时是指标准的作业条件下，用合适的操作方式，以普通熟练工人的正常速度完成测定工序所需要的人工时间。理论的标准工时计算公式：标准工时 = 基本时间 × （1+ 宽放率）。其中，基本时间 = 观测时间 × （1+ 评比系数）。

（4）质量成本构成：①废品损失；②返工返修费；③停工损失费；④降级损失费；⑤质量事故内部处理费。

（5）产品研发管理的经营分析：①全面管理产品全生命周期的综合毛利率；②用项目管理的方式控制毛利率；③注意研发预算管理；④研发费用的核算与分摊。

二、精彩书摘

（1）采购业务的经营分析：①从"材料成本最低"转变为"总成本最低"；②建立与供应商的战略合作关系。

（2）如何降低成本：①采购集中化策略；②采购需求标准化策略；③进口国产化替代策略；④采购降本的激励方式。

（3）成本、业务和利润的微妙关系：固定成本向左，变动成本向右。

（4）该不该赊账，企业信用政策如何制定：①企业需要专人负责信用管理，信用管理很难执行的原因在于企业缺乏这方面的专业人才；②信用管理很难执行的另一个原因是，信用政策的制定缺乏信息的支撑，特别是客户资信方面的信息；③管理好应收账款就能够加速资金循环。

（5）先了解，再优化：质量成本的特征——难点一是让企业真正重视质量成本管理；难点二是涉及质量成本报表以及明确数据来源。

（6）费销比管控的底层逻辑认为销售费用应该随着销售收入的变动而变动，销售收入完成得更多，才能花费更多的销售费用。

公司控制权：用小股权控制公司的九种模式

卢庆华

摘自：卢庆华，《公司控制权：用小股权控制公司的九种模式》，机械工业出版社，2019年版。

一、内容精华

（1）用小股权控制公司的九种模式：①有限合伙平台模式，如马云用1.2%的股份控制蚂蚁金服；②工会持股模式，如任正非用1%股权控制华为；③ABC股多层投票权模式，如京东、晨鸣纸业；④阿里合伙人模式，如马云用5%的股份就能控制公司；⑤双层企业架构模式，如周鸿祎控制360公司；⑥一致行动模式，如蓝色光标、通领汽车、掌阅科技；⑦委托投票模式，如天虹股份、朋万科技、盛世景天；⑧虚拟股权模式，如创新工场；⑨超级AB股模式，如巨人网络持股0.02%

控制公司。

（2）从六个层面掌握公司控制权：①从股权层面控制公司；②从股东会层面控制公司；③从董事会层面控制公司；④从董事长层面控制公司；⑤从法定代表人层面控制公司；⑥从管理层层面控制公司。

（3）用三种工具控制公司：①签好股东协议；②设计好公司章程；③开好股东会、董事会会议。

二、精彩书摘

（1）《中华人民共和国公司法》（以下简称《公司法》）规定，一人有限责任公司的股东不能证明公司财产独立于股东自己的财产的，应当对公司债务承担连带责任。

（2）对于有限责任公司而言，《公司法》规定，股东会会议由股东按照出资比例行使表决权；但是，公司章程另有规定的除外。其意思是，可以通过公司章程设置不按出资比例行使表决权，也就是同股不同权。

（3）有限合伙企业由有限合伙人和普通合伙人组成，普通合伙人对企业债务承担无限连带责任，有限合伙人以认缴的出资额为限对企业债务承担责任。由普通合伙人执行合伙事务，有限合伙人不执行合伙事务。有限合伙企业并不像公司那样按出资比例或持股比例承担责任和拥有权利，合伙人的权利和责任与出资比例不直接相关，与身份有关系。普通合伙人以承担无限连带责任为代价，只需用很少的出资比例就可以执行合伙事务，还可以通过合伙协议约定而实现对合伙企业的控制。

私募基金、股权投资企业等常采用这样的企业形式，方便管理方在出资很少即成为普通合伙人后，以普通合伙人身份执行合伙事务，并通过合伙协议约定而实现对合伙企业的管理和控制，是掌握公司控制权的有效工具。比如，有的基金管理人用0.01%的出资成为普通合伙人后，以执行事务合伙人的身份，并通过合伙协议约定，实现对合伙企业的管理和控制。

大公司用于员工股权激励的持股平台，如采用有限合伙企业的形式，创始人可通过普通合伙人身份和合伙协议约定，用很少的出资而掌握企业的控制权，实现创始人对员工持股平台的控制。例如，采用有限责任公司的形式，各股东地位是平等的，创始人需要较多的股权或更复杂的设计才能实现对持股平台公司的控制。

合伙人制度：以控制权为核心的顶层股权设计

郑指梁

摘自：郑指梁，《合伙人制度：以控制权为核心的顶层股权设计》，清华大学出版社，2020年版。

内容精华具体如下。

（1）虚拟合伙是指企业不涉及实股（工商注册股），通过采取增量分红或存量分红的方式对员工进行激励的合伙方式。从本质上来说，它是绩效的一种形式，是一种短期激励。"事业合伙（BP）"，即让通过虚拟合伙选拔出来的奋斗者成为企业的股东，但企业不丧失控股权。

（2）事业合伙的操作步骤：①估值；②选拔；③出资；④分红；⑤退出。

（3）事业合伙的新发展——内部裂变式创业。内部裂变式创业有以下两种类型：①不离职，员工不脱离公司，让有创业想法且有能力的员工承包公司的某些产品、市场，员工还是奋斗者。②离职，围绕着公司的业务生态圈，公司把非主营业务外包出去，员工开公司当老板，让员工当创业者。

（4）生态链合伙从产业链的角度来看，可分为上游合伙、下游合伙。前者主要表现为供应商合伙、制造商合伙、原材料商合伙等，后者包括经销商合伙、项目合伙、城市合伙等。从合伙形式来看，主要表现为如何把有权力的人、有资源的人、有钱的人变为合伙人。

小公司财税管控全案

顾瑞鹏

摘自：顾瑞鹏，《小公司财税管控全案》，清华大学出版社，2023年版。

一、内容精华

（1）财务人员管控，即用"考核"去管理"财务"。

①公司财务还是财务部财务。如果老板对财务的定位为财务部财务，财务部的职能将停留在财务部办公室内，负责基本的记账、报税、发工资等工作，很难走出去和其他部门实现完美的配合，也就谈不上业财融合，财务部只是企业中的一个"孤岛"，发挥不了其神经中枢的作用，充其量是"小财务"。如果将财务部定位为整个公司的财务，财务人员除了完成上述基础工作之外，还要主动走出财务部，深入企业的各个部门，充分收集信息和数据，分析数据，从财务管理的视角做出判断，为老板或其他管理人员提出合理化建议和决策支持，做老板掌控公司的贤内助，为真正意义上的"大财务"。老板对财务部的定位一定是公司的财务而不仅仅是财务部的财务，否则，财务部真正的职能和潜能就难以发挥出来。

②管理型财务还是服务型财务。公司的财务部是管理型还是服务型，有一个简单的衡量标准：如果财务部行事风格强势且有较大权限，则多半属于管理型财务；反之，则是服务型财务。小微企业、家族化企业和国有企业的财务部多属于管理型财务，财务部比较强势，权力较大。而那些大型民营企业、科技公司、上市公司的财务部多为服务型财务，更强调的是流程化驱动，管理较为规范。

财务部究竟是管理导向还是服务导向，取决于公司的长远发展规划和当下内部管控的现实需求。

③量化考核为主。对财务人员的考核要做到"能量化的尽量量化；不能量化的先转化；不能转化的尽量细化；不能细化的尽量流程化"。

④财务管控的反舞弊机制：健全财务管理制度和内控制度；不相容职务分离；钱账分离；财务人员定期轮岗；加强审计监督；盘账。

（2）财务报表管控，即用"数据"去分析"利润"。①如何理解资产负债表，包括总资产怎么看，固定资产怎么看，负债怎么看，应收账款和预付预收怎么看。②利润表分析要点，包括收入项目分析、费用项目分析。③老板应关注的关键财务指标，包括资产负债率、经营现金流、存货周转率、应收账款、预付账款、毛利率和净利率。④企业四大能力的综合分析，包括偿债能力指标，如流动比率、速动比率、资产负债率、净资产负债率；运营能力，如应收账款周转率、存货周转率、营业周期、总资产周转率；盈利能力，如销售毛利率、总资产报酬率；成长能力，如总资产增长率、销售收入增长率、主营业务收入增长率、净利润增长率。

（3）成本利润管控，即用"流程"去管控"成本"。①短期现金流比利润更重要。②小公司也应做好预算控制。③小公司如何做成本管控，如全流程、全员参与、标准化、奖惩相结合。④多少业务才能保本，如盈亏临界点销售量、盈亏临界点销售额、盈亏临界点作业率。⑤利润分配的正确顺序，如计算可供分配的利润、提取法定盈余公积金、提取任意盈余公积金、向股东支付股利。

二、精彩书摘

（1）成立公司时要充分考虑节税因素：①选择注册地进行节税；②选择公司性质进行节税；③选择行业进行节税；④选择商业模式进行节税。

（2）股权设计如何节税——间接持股，即老板通过公司来持股。相对于直接持股，间接持股更有助于企业进行节税安排。间接持股的优势表现在以下四个方面：①老板的投资收益可以免交个人所得税，而沉淀到持股平台（公司）中，老板可以拿来消费，比如可以买车、买房（以公司的名义持有）、参加各种培训班，该部分支出是免收个人所得税的；②持股平台中沉淀的资金，老板可以拿去投资别的项目、设立别的公司，让蛋糕越滚越大；③持股平台可以不从事具体的业务，只作为老板的金库而存在，也就无须缴纳税费，可进行零申报；④通过间接持股，能够有效避免"将鸡蛋装在一个篮子"，由于老板名下各公司间承担的都是互不连带的有限责任，可大大降低资金风险。

（3）股权转让如何节税。①股权转让一般涉及四个税种，即印花税、增值税、个人所得税、企业所得税；②股权转让中涉及的印花税和增值税几乎没有筹划空间；③自然人进行股权转让的节税空间较小，自然人股东进行股权转让，可以通过三种方式来适当降低税费，即以正当理由低价转让股权，恰当运用"核定"法，通过变更被转让公司注册地来争取税收优惠或补贴；④自然人通过成立投资公司或合伙企业作为股东的间接投资模式在股权投资与转让退出的过程中具有相对较大的合法节税空间：先分红、再转让；延迟纳税义务发生的时间；成立小微型投资公司作为持股平台；变更注册地至税收优惠地。

（4）扩张模式设计：通常来说，如果新设公司符合小微企业认定标准且能够实现盈利，则可选择母子公司的扩张模式；如果新设公司预计出现亏损，则可采用总分公司的扩张模式。

（5）公司财产、个人财产与家族财富传承设计：①避免家企财产混同；②家族信托——防御性的家族财富传承工具；③购买商业保险；④进行海外资产配置；⑤将房产及资金赠予子女。

贰

管理类期刊

第一章

《清华管理评论》

大模型驱动的组织管理创新

李宁

文章来源：《清华管理评论》2024 年 1—2 月合刊。

在探索人工智能（AI）对组织管理产生的颠覆性影响时，我们必须了解这一领域的最新进展——生成式 AI（Generative AI）。与传统 AI 相比，生成式 AI 的核心能力是自然语言处理、双向交互能力以及让无数人惊叹的智能涌现能力。这种 AI 不仅仅是自动化和效率提升的工具，还是知识价值创造的关键因素。在现代社会，尤其是在知识密集型企业中，知识工作者的角色至关重要。随着生成式 AI 的发展，知识型员工不再是单一的知识源，而是成为 AI 的合作伙伴，共同推动知识的创造和应用。生成式 AI 通过深刻的理解能力和创造力，正在对组织管理产生深远的影响。

我们可以观察到，生成式 AI 的这种能力已经在多个行业中展现出来。在金融服务业，AI 不仅能处理大量的数据分析任务，还能与分析师合作，提供深度洞察，从而提高决策的质量。在医疗领域，AI 的应用不限于数据处理，还能与医生共同工作，提高病例分析的准确性和治疗计划的有效性。这些例子表明，生成式 AI 正在重新定义知识工作的本质，从而引发组织结构、管理方式乃至企业文化的根本性变革。

一、员工能力的重塑：从执行到思考

在 AI 的帮助下，员工能够在更短的时间内完成任务，这意味着他们可以将更多的时间和精力投入思考和创新上。员工可以用 70% 的时间进行深度思考，探索新的想法和创新性解决方案，之后借助 AI 工具来执行和实现这些想法。这不仅提高了工作效率，而且极大地增强了创新的可能性。

这种转变极大地重塑了对员工能力的要求。除了传统的执行技能外，创新思维、战略规划和深度分析的能力也变得尤为关键。这实际上是一次员工必需技能的彻底洗牌。企业必须重新审视并投资于那些能够激发创新思维和高阶能力的技能培养。

以销售人员为例。在 AI 未普及之前，一个优秀的销售人员通常需要具备强大的沟通能力、理解力和文字表达能力，以便有效地与客户沟通，理解其需求并提供适当的解决方案。在生成式 AI 的辅助下，销售人员的核心能力从沟通转向了创意。

销售人员可以通过 AI 来弥补表达或沟通短板，如使用 AI 生成客户报告、演示文稿或即时响应客户查询；将更多的时间和精力用于理解市场趋势、制定创新的销售策略或探索新的业务机会，如基于 AI 做出的客户数据分析和市场趋势预测来设计定制化的营销方案或开发新的客户细分市场。

再以教育工作为例。过去，教师的主要任务是传授知识和监督学习进度；在 AI 的支持下，知识传授和评估一类的工作可以通过智能系统来实现。现代教育工作者更多地扮演着学习体验设计师和指导者的角色，他们需要设计富有创造性和互动性的学习体验，同时为学生提供个性化的指导。

为了应对人才管理重塑的挑战，一方面，企业需要提升员工的 AI 技能。企业可以通过培训和提供相应工具来提升员工利用 AI 的能力，让员工对 AI 技术有基本了解，能够将这些技术应用于日常工作中，从而不仅提高了工作效率，还能更好地发挥员工的创造性和创新性。另一方面，企业需要构建人才管理与筛选的新逻辑来识别和吸引那些适应 AI 时代的人才。这不仅涉及对候选人技术、技能的评估，更要评估其对新技术的适应性和学习能力。企业应该开发和应用新的工具和标准，来筛选那些能够在 AI 驱动的工作环境中茁壮成长的员工。

二、人才管理的重塑：超级员工的崛起

在生成式 AI 的时代，可以预见到"超级员工"的出现。得益于 AI 的辅助，这类员工能够打破传统工作方式的限制，将创意和技能发挥到极致。这意味着企业需要重思、重塑人才管理的方式。

想象一下，有一个市场策划人员李娜（化名）。在传统的工作情境中，受烦琐过程及时间的限制，她通常一次只能将一两个创意变为现实。但在生成式 AI 的辅助下，她的工作方式发生了革命性的变化。脑海中涌现出二十个创意，不再是遥不可及的梦想。

程序员张伟（化名）的工作也是如此。构建一个复杂的软件框架，在传统编程环境中可能需要张伟和同伴耗时数月，而在 AI 的帮助下，极短的时间内就可能完成。张伟成为公司中的"超级程序员"，头脑中的创新性软件架构和算法，能够迅速转化为代码。他能够处理最复杂的项目，能够独立完成过去需要一整个团队才能完成的项目。

这些超级员工的出现，不仅提高了工作效率和创造力，还改变了工作的本质。

他们摆脱了缓慢工作流程的制约，充分发挥潜力和创造力，不仅提升了工作成果的数量，在质量和创新性上也达到了新高度。这些几乎能独立运作的超级个体，如同一个个"微型公司"，企业应如何应对？以下是六个关键点。

第一，潜力人才的识别和培养。第二，激励和保留机制的设计。第三，灵活的工作安排和自主权。第四，组织结构的调整。第五，文化和工作环境的改变。第六，伦理和公平性的考量。组织需要考虑由于技术加持带来的能力差异，要思考如何保持公平性，避免内部分裂。

三、组织定位的重塑：效率与创新

生成式 AI 时代，重新定义业务目标和发展路径，需要转变传统的效率、成本思维模式，注重创新和业务扩展；不应局限于追求用更少的人力完成更多工作，而应思考如何利用现有资源和生成式 AI 的潜力实现更广泛的业务目标。至关重要的绝不仅仅是 AI 技术，还有员工对 AI 技术的理解和应用能力、员工的创造性思维和主动性。对人才的投资，能够帮助企业更好地适应快速变化的技术环境，并从中获益。

持续以新技术、新产业增强中国经济增长活力

陈劲

文章来源：《清华管理评论》公众号 2024 年 1 月。

一、强化颠覆性技术、前沿技术推动中国经济发展新动力

颠覆性技术能突破现有技术轨道而转向新的技术轨道，以革命性方式改变经济发展的形态，形成强有力的新质生产力。人类历史上的蒸汽动力技术、汽车技术、交流电技术、电报技术、电子商务技术等都是典型的颠覆性技术，对人类生活和社会变迁带来深远影响。当前，生成式人工智能技术正在快速发展，3D 打印正重塑传统制造业，颠覆甚至重构传统供应链体制。现代合成生物技术正在革命性地改造传统农业。前沿技术则是各技术领域最先进甚至是"0—1"的技术，如以材料的结构功能复合化、功能材料智能化、材料与器件集成化为特征的材料新技术开发，形

成了中国经济增长的关键。具有多功能、多参数和作业长期化的海洋技术，包括天然气水合物勘探开发技术、大洋金属矿产资源海底集输技术、现场高效提取技术和大型海洋工程技术等，可以大大提升中国对海洋资源的科学有效利用，形成具有重大带动作用的超大产业规模海洋经济。为此，加强对前沿技术的探索与开发，并形成颠覆性技术，是进一步实现高水平科技自立自强的重大举措。我们要进一步鼓励各类企业加强对前沿技术、颠覆性技术的发展，使这两类技术成为企业科技创新的重点。要进一步鼓励"科技—产业—金融"的一体化发展，创业投资和股权投资更进一步关注前沿技术、颠覆性技术，增强供给侧的发展质量，持续带动经济增长。

二、强化未来产业、战略性新兴产业对经济增长的重要价值

未来产业是基于前沿技术、颠覆性技术的产业，是发展潜力大，对经济社会具有全局带动和重大引领作用的产业，是面向未来并决定产业竞争力和区域经济实力的前瞻性产业。2023年中央经济工作会议进一步强调对"量子、生命科学等未来产业新赛道"的探索与发展，具有重要的政策导向，这将进一步加大产业"未来化"过程，进一步助力中国产业发展攀升全球价值链的高端。我们要基于"非对称战略"，提出符合国家或者区域资源禀赋特色的未来产业重点布局方向，特别是要有国际视野，立足国际竞争，强化战略思维，奋力在未来产业的谋划方面走在世界先进国家前列。例如，进一步发展好中国的具有较大优势的新能源汽车产业和正在形成新优势的柔性电子材料产业、合成生物产业等。同时，要积极探索大模型、算力、元宇宙等驱动的新一代人工智能产业，基于"后香农"理论的未来通信产业，基于核聚变的重氢和超重氢产业等。要加快前沿技术驱动的传统产业转型升级，如进一步发展基于生物工程的现代农业和食品业。

对未来产业的不竭探索，就能形成对中国经济增长具有重大带动作用的战略性新兴产业。2023年中央经济工作会议提出"打造生物制造、商业航天、低空经济等若干战略性新兴产业"，这表明中国将关注更前沿更落地的战略性新兴产业发展。

我们应进一步以国家战略需求为导向，充分利用好中国超大规模市场、强大生产能力的优势，依托重大工程与丰富的场景，以体系观统筹发挥各创新主体的主观能动性，形成支持探索未来产业的、形成战略性新兴产业的体制、机制和法制体系，切实增强经济活力、巩固和增强经济回升向好态势，持续推动经济实现量的持续增长和质的快速提升。

BANI 领导力

林光明

文章来源：《清华管理评论》2023 年 12 月。

一、从 VUCA 到 BANI

VUCA 概念源自位于美国宾夕法尼亚州的美国陆军战争学院（US Army War College），被用来描述特种兵面临的战场情景，即易变性、不确定性、复杂性、模糊性。自 20 世纪 90 年代起 VUCA 一词被广泛用来描述职场环境对于管理者的挑战。此后的 20 年来，大量与 VUCA 相关的领导力理论与研究都呼应了这样的环境特点，如变革管理、学习敏锐度、颠覆、重新定义等。笔者在 2023 年 11 月用百度搜索"VUCA 时代"或者"乌卡时代"一词，得到的结果超过一千万个。

自 VUCA 被用于描述商业环境后，最近的十几年时间，特别是近四、五年的世界经历了全球性新冠疫情、逆全球化、战争、突发政治因素、行业重新洗牌，特别是数字化领域不断出现的突破等，都令人深感 VUCA 已经不足以准确描述当今我们所经历的环境挑战。取而代之的，是一个由美国人类学家、未来学家吉米斯·卡西奥（Jamais Cascio）于 2018 年提出的新概念——BANI。

BANI 是 Brittle（脆弱的）、Anxious（焦虑的）、Nonlinear（非线性的）和 Incomprehensible（难懂的）的首字母缩写，表明了人们对现实世界的普遍感知。

二、应对 BANI 的领导力

（1）以韧性应对脆弱。

（2）以同理心帮助团队战胜焦虑。

（3）以学习敏锐度适应非线性的变化。

数字战略的基础性问题

魏江

文章来源：《清华管理评论》2023 年 6 月。

猜想一：万亿级营收规模的产业组织将开始出现并参与全球寡头竞争。

猜想二："平台 + 微粒"的产业组织是数字经济系统下国家竞争优势的利器。

猜想三：经济社会将进入"新原始社会"，个体自由生产、部落化生存。

新的战略研究课题：

产业组织变迁引发了市场、企业、组织、个体等各层关系的重构，这种重构确实在改变人类的生存、工作和生活场景，也改变了企业的战略活动方式、竞争方式和合作方式。毫无疑问，这些变迁为战略管理研究者带来了很多新的研究选题。比如，战略主体的多层次性与竞争行为的复杂性，生态组织的复杂性与竞争战略的组合性，平台组织内部中间交易机制的形成与演变研究，内部项目边界的演化与治理逻辑调整，"平台 + 微粒"的生态系统内小组织群落形成机理和路径研究等。

数智时代企业文化重塑路径

李海舰　包丽娟

文章来源：《清华管理评论》2023 年 10 月。

一、从执行型文化到创业型文化

（1）员工创客创业。
（2）用户创客创业。
（3）社会创客创业。

二、从管控型文化到赋能型文化

（1）数字技术赋能。

（2）数据要素赋能。

（3）数字空间赋能。

（4）数字治理赋能。

三、从竞争型文化到共生型文化

（1）企业与企业共生。

（2）企业与社会共生。

（3）企业与自然共生。

四、从激励员工型文化到激励企业型文化

（1）激励企业变革。

（2）激励企业责任。

（3）激励企业重构。

五、从企业本位型文化到用户本位型文化

（1）融资来自用户。

（2）研发来自用户。

（3）制作来自用户。

（4）营销来自用户。

（5）定价来自用户。

（6）管理来自用户。

（7）服务来自用户。

六、从企业内治型文化到社会外溢型文化

（1）众智。

（2）众创。

（3）众享。

（4）众治。

（5）众富。

（6）众美。

企业家的心性修炼

茅忠群

文章来源：《清华管理评论》公众号 2023 年 12 月。

一、企业家为何要修炼心性

（1）这是人生使命的要求。

（2）这是天命的要求。

（3）这是因果规律的要求。

（4）这是开发心中宝藏的要求。

（5）这是追求事业成功的要求。

（6）这是追求家庭幸福的要求。

（7）这是追求幸福自在人生的要求。

二、心性修炼的原则

（1）内圣外王。

（2）福慧双修。

（3）性命双修。

三、心性修炼的方法

根据企业家特点，修炼时要注意以下四点：一是企业家拥有普通人不具备的平台，就应该立更大的志，获得更大的能量。"知止而后有定，定而后能静。"更大的志还能帮助自己获得更大的定静力。而定静力是修炼的基本功之一。二是更加重视健身之志。三是企业就是极好的修福平台。做企业能够更好地福慧双修，有的企业家放弃或半放弃企业去关门修炼，实在是背道而驰。四是要善于事上炼心。做企业每天都会遇到各种令人烦恼的事，这恰恰是十分难得的修炼机会。

工作的未来：情感劳动、生态管理与人的全面发展

唐镳　张莹莹

文章来源：《清华管理评论》2023年9月。

一、情感劳动：人机协作的新进路

在劳动的情感维度方面，人类无疑拥有无可比拟的优势。我们可以理解和感受情绪、建立和维护人际关系，以及对工作寄予"直觉的"情感和意义，这些情感能力是机器大模型缺乏和难以训练的。因此，未来的工作场所中，人类将在人机生态圈中扮演重要的情感角色，更专注于同理心、人际交往能力和创造力等情感性任务，如解决复杂的人际沟通问题以及提供人文关怀的个性化服务。

优秀员工的定义需要被重构。思维经济和机械经济时代，优秀的员工可能被定义为具备出色的专业技能、高效的工作能力，或者是能够为组织创造明显经济效益的人。情感经济中，不仅要看员工的专业技能和经济贡献，更注重他们的情感智力和人际交往能力，以及他们与人工智能协同工作的能力。优秀的员工应当能够有效地支持和利用人工智能技术来提升工作效率、优化工作流程甚至创新商业模式，敏锐捕捉客户情感需求和变化，为连接客户和社群提供更多的情感支持。

二、管理变革：建立生态管理体系

（1）管理职能的平台化。

在数字化组织中，管理（Management）将转变为治理（Governance）和赋能（Enabling）。管理职能不再是对员工行为的计划、指挥、协调和控制，而是更多地关注如何通过对话、协商和合作来平衡组织内部的关系，以及如何使用各类数字化工具为员工进行赋能。治理和赋能的目的是给员工更大的自主性，更多的责任和权力，使他们能够独立地、自我驱动地做出决策，解决问题。

（2）管理思维的生态化。

分布式区块链技术支撑着组织内部微观个体的自适应、自创新和自完善，组织

同时也将向多方参与、共创共享以及动态演化的共生型组织演变。在充满不确定性的外部环境以及人工智能技术大规模应用的背景下，区块链技术加持的去中心化和透明化组织结构使得组织内部个体能够在没有集中式管理控制的情况下，自主地进行决策和协作，形成一个自组织、自调整和自优化的工作网络。

（3）管理方式的情感化。

"情感型领导"的新理念已经得到了探索和实践，这将可能成为情感经济时代中人本管理的具体实现路径。情感型领导是强调领导者情绪智慧和情感管理能力的领导方式。其内涵：在组织中，领导者能够信任和激励员工，营造积极的人际关系，理解并关注员工的情绪状态，重视员工的情感需求，采取及时有效的措施激发员工的创新精神、内在动力和工作激情，提升员工的工作满意度。

（4）管理文化的共生化。

共生型管理文化是在长期的培育和渗透下建设起来的，它不仅体现为人机共生的协同文化，也体现为人与组织共生的信任文化、机器与组织共生的包容文化。人机共生的协同文化强调人和由人工智能驱动的机器之间的协同，将人的创造力、情感和人性化的决策能力与机器的处理速度、精确度和数据分析能力相结合，实现机器向善、组织效率提升和创新发展。人与组织共生的信任文化强调个人与组织之间维持基于信任的互动和价值共享。员工对组织的信任通常表现为员工对组织决策、管理以及未来职业发展的信任。组织对员工的信任体现在对员工的责任感、职业道德、工作表现和创新决策等的信任，这种双向的信任离不开组织对员工的理解、尊重、关怀和支持。机器与组织共生的包容文化强调人工智能在组织运营和决策中的重要作用。机器不再只是生产工具，基于各类模型的数据处理、分析和预测，机器让组织能够更好地理解和预见市场动态，从而实现敏捷化的高效运营。

三、未来工作：实现人的全面发展

（1）人对工作的理解革新。

（2）人对幸福生活的追求。

（3）自由人的自由联盟。

第二章

《企业管理》

从政府工作报告解读国有企业 2024 年五大任务

李锦

文章来源：《企业管理》公众号 2024 年 3 月。

一、第一个问题：新质生产力与现代化产业体系

现代化产业体系是党的二十大报告中经济工作排在前面的一项工作。现代化产业体系是 2023 年 4 月习近平总书记在湛江考察时提出的，后来在中央财委会上强调的。2024 年的政府工作报告强调：

大力推进现代化产业体系建设，加快发展新质生产力。充分发挥创新主导作用，以科技创新推动产业创新，加快推进新型工业化，提高全要素生产率，不断塑造发展新动能新优势，促进社会生产力实现新的跃升。

新质生产力，报告讲了推动产业链供应链优化升级、积极培育新兴产业和未来产业、深入推进数字经济创新发展三个方面。特别是，"积极培育新兴产业和未来产业。实施产业创新工程，完善产业生态，拓展应用场景，促进战略性新兴产业融合集群发展。巩固扩大智能网联新能源汽车等产业领先优势，加快前沿新兴氢能、新材料、创新药等产业发展，积极打造生物制造、商业航天、低空经济等新增长引擎。制定未来产业发展规划，开辟量子技术、生命科学等新赛道，创建一批未来产业先导区。鼓励发展创业投资、股权投资，优化产业投资基金功能。加强重点行业统筹布局和投资引导，防止产能过剩和低水平重复建设"。

报告讲得非常具体。这些都是国有企业要做的事情。中央企业在这方面已经创造许多骄人的成就，譬如中国空间站遨游太空、蛟龙潜水器探秘深海、"中国天眼" FAST 巡天观测、国产大飞机 C919 飞向蓝天……科技创新，如同撬动新事物的杠杆，总能迸发出令人意想不到的强大力量。发展新质生产力，是一场生产力跃迁，主要力量在企业，尤其是国有企业。作为中国特色社会主义重要物质基础和政治基础，国有企业不仅要做发展新质生产力的排头兵，还要在推进新质生产力发展中发挥关键作用，责任极其重大。

二、第二个问题：中国特色现代企业与世界一流企业

在政府工作报告中，介绍2024年工作任务时提出，坚定不移深化改革，增强发展内生动力。国有企业、民营企业、外资企业都是现代化建设的重要力量。要不断完善落实"两个毫不动摇"的体制机制，为各类所有制企业创造公平竞争、竞相发展的良好环境。

国企改革先出现的是两句，上一句是"完善中国特色现代企业制度"，下一句是"打造更多世界一流企业"。

"现代企业制度是中国特色社会主义基本经济制度的组成内容，是基本经济制度体系中的重要制度。"这一句例外地放在国企改革最前面。主要是讲的"制度"，与上面的制度问题衔接，同时也是强调这个问题的重要性。

2023年政府工作报告强调国资国企改革内容时，提出完善中国特色国有企业现代公司治理，2024年回到制度层面。我认为，中国特色现代企业制度，目前并不完善。完整的中国特色现代企业制度，应该包括现代企业产权制度、现代企业组织制度、现代企业运行制度、现代企业分配制度、现代企业管理制度和职工民主参与制度六个方面，现在有的方面解决得好，有些方面差，甚至有很大差距。完善健全中国特色国有企业现代公司制度，2024年重点是制度建设。可以期望，2024年国有企业在公司产权、组织、运行、分配、管理、职工民主制度六个方面的制度将会得到进一步健全。

世界一流企业建设，要通过组织运行机制改革，提升考核目标管理体系精准性，提升企业组织效率、运营效率、资本效率；通过企业人才机制改革，培养各级优秀人才队伍，全面激发企业基层组织活力和人才动力；通过企业品牌管理机制改革，打造更多品牌卓著的一流公司，提升企业品牌价值创造能力。这次报告中提到的"打造更多世界一流企业"，意味着已经有一批世界一流企业，追求的是更多的"世界一流企业"，是一种评价，哪些已经成为世界一流，需要明确认定与宣传推广。

2024年是国企改革深化提升行动承上启下的攻坚之年，国企改革深化提升行动的两大内容。一方面是巩固三年行动成果的体制机制性任务，另一方面是增强核心功能和提升核心竞争力的使命功能性任务。完善中国特色现代企业制度，属于前者。

三、第三个问题：2024年以国企功能使命类改革为主

政府工作报告强调国资国企改革内容时指出：完善中国特色现代企业制度，打造更多世界一流企业。深入实施国有企业改革深化提升行动，做强做优主业，增强核心功能、提高核心竞争力。建立国有经济布局优化和结构调整指引制度。这里三个句式，明显呈现三层意思：

（1）完善中国特色现代企业制度，打造更多世界一流企业。

（2）深入实施国有企业改革深化提升行动，做强做优主业，增强核心功能、提高核心竞争力。

（3）建立国有经济布局优化和结构调整指引制度。

2024年政府工作报告指出，"深入实施国有企业改革深化提升行动，做强做优主业，增强核心功能、提高核心竞争力"。这是一个完整的句式，重点在增强核心功能、提高核心竞争力。2023年是提高核心竞争力在前，2024年换了个位置，把"增强核心功能"放在前面了，这个变化，应当注意。

2024年国企改革的重点是深入实施国有企业改革深化提升行动，做强做优主业，增强核心功能、提高核心竞争力。将持续深入推动深化提升行动落地见效，坚持将功能使命任务和体制机制任务两手抓，以功能使命类任务引领体制机制类改革，以体制机制类改革支撑功能使命类任务完成，形成深化改革组合拳，确保2024年年底前完成70%以上的改革主体任务。

现在强调的功能，主要是指对现代化国家的功能，聚焦战略安全、产业引领、国计民生、公共服务等功能。核心功能，主要体现在科技创新引领、产业控制、安全保障作用，安全保障中包括能源安全、科技安全、粮食安全、产业安全、生物安全、信息安全等的保障，在这些基础安全领域，国有企业也担当着不可或缺的核心责任。

国务院国资委提出确保2024年完成70%以上主体任务，并且提出约束要硬、发力要早，要尽快明确70%的衡量标准。目前，功能使命类改革任务要找准行动方位、强化考核引导；体制机制类改革任务要形神兼备、更广更深落实；功能使命类改革任务与体制机制类改革任务要统筹推进、形成改革组合拳。

2024年政府工作报告中，有一句"做强做优主业"，是一个重要变化。这里没有"做大"。过去"500强"，实际是"500大"，直面这个长期争论的问题。要推

动国有资本向关系国家安全、国民经济命脉的重要行业集中，向提供公共服务、应急能力建设和公益性等关系国计民生的重要行业集中，向前瞻性战略性新兴产业集中，坚守主责、做强主业。当然，不是否定做大，而是强调主业的做强做优。

四、第四个问题：建立国有经济布局优化和结构调整指引制度

这里报告中结构调整先后出现两句，一句是"做强做优主业"；一句是"建立国有经济布局优化和结构调整指引制度"。

在做强做优主业，国有企业将持续用好专业化整合和产业化整合，加快国有资本布局优化和结构调整。一方面，要大力推进中央企业和地方国有企业内部的专业化整合，把横向的相应产业通过整合实现"一企一业、一业一企"，提高企业集中度，推进上下游行业协同重组，切实提高产业竞争力。另一方面，将大力推进产业化整合，立足推进战略性新兴产业发展，推动主业的做强做优。

国有经济布局优化和结构调整，目前存在模糊状态，行业企业发展比例有多有少，有先有后，有轻有重，需要加强顶层设计，发挥制度评价、考核、监管与引领作用。

五、第五个问题：科技关键核心技术攻关

政府工作报告强调大力推进现代化产业体系建设，加快发展新质生产力。特别强调充分发挥创新主导作用，以科技创新推动产业创新。和先进的科技强国相比，我们的科技还存在着一定的差距，中央企业在破解"卡脖子"技术难题方面，还有很大的潜力。

科技创新是发展新质生产力的第一要素。推动新质生产力加快发展，要紧紧扭住科技创新，催生新产业、新模式、新动能，是发展新质生产力的核心要素。就是要聚焦科技自立自强，以打造原创技术策源地为抓手，加快提升基础研究和应用基础研究能力，在"卡脖子"关键核心技术攻关、提高科研投入产出效率，还有在增强创新体系的效能上不断实现新突破，打通从科技强到企业强、产业强、经济强的通道。

对于国有经济与国有企业的发展问题，将会在报告的其他各个部分得到体现，包括稳中求进、以进促稳、先立后破问题，科技创新投资的问题、区域经济关系的问题、消费与民生问题，有效防范化解重点领域风险问题，是必不可少的内容，都

与国企改革有关。当然，新质生产力是一个重要的思想，可以把以上各个方面串起来。

供应链管理六大模式

葛立国

文章来源：《企业管理》2024年2月。

一、模式一：以整合资源、共享共赢为特征的生态型供应链管理

对集团型企业来说，在传统模式下，需求资源、供应资源、物流资源、计划资源、人力资源等各类资源分散管理，单个需求批量小，供应商份额低，人员身兼数职导致处理工作缺乏专业性、市场把控能力低；供应链分散建立、分散管理，供应链不稳定、韧性差、弹性弱，缺乏在激烈的市场竞争中能够支撑集团战略的安全、稳定、精益、高效的供应链。

目前，部分企业通过实施资源整合策略，将企业供应链上下游、内外部的上述资源整合，统一管理、分层分级使用，逐步建立并加以完善，形成了生态型供应链管理体系。

中国石化整合资源，借助易派客平台推进生态供应链转型发展。易派客是中国石化倾力打造的泛工业品电商平台，于2019年由国家标准化管理委员会确定为工业品电商领域首个国家技术标准创新基地。

（1）依托创新基地，全面构建易派客工业品质量分级评价体系。一是创新建立性能型质量分级评价标准；二是以体系为支撑，营造诚信守约良好供应链生态；三是以评价为工具，助力供应商质量管理向质量生态转变。指导供应商改善质量控制能力，助力管理水平提升。

（2）依托电商平台，拓展服务，打造高效协同数字化电商生态。一是挖掘生态价值，全面推进阳光供应链行动。通过打造数字化、镜像化的供应链，旨在发挥供应链核心企业能动性，以核心企业需求为基础，致力采购标准化、制造数字化、物流透明化、信息互联化，实现平台各关联方共同挖掘数字生态圈价值，互融互通、共享共赢。二是推动互联互通，全面提升一体化互联能效。充分发挥供应链核心作

用,通过与供应链各相关方企业信息系统高效集成,提升供应链整体运转效率,共同打造"互联网+供应链"生态圈。三是拓展增值服务,全面促进关联方提质增效。以供应链核心内容为基础,不断增强内涵服务能力,不断拓宽外延服务范围,构建以增值业务为核心的"易系列"服务板块,不断完善工业品电商生态。

二、模式二:以标准化、数字化为特征的智慧型供应链管理

中国物资储运集团有限公司(以下简称中国储运)以产业链五平台标准化规划推进数字化转型。中国储运是中国物流集团成员企业。中国储运业务涵盖智慧仓储、智慧运输、大宗商品供应链、消费品物流、工程物流、期/现货交割物流、物流科技等领域。为加快供应链数字化转型,中国储运通过对产业链涉及的所有业务进行标准化规划,建立了五平台运行模式。

(1)中储智运平台。中国储运2014年成立了中储智运,发展互联网+物流,通过互联网平台开展运力线上交易。经过几年的快速发展,目前中储智运已经成为一家提供数字物流基础设施及服务、数字物流解决方案的科技企业,通过物流运力交易平台帮助物流需求方、供给方及其他企业进行物流运力交易,并通过网络货运平台对物流进行高效运作和管理。在此基础上,利用区块链技术,构建聚合供应链上下游企业物流、商品交易、支付结算、融资等各类数据元的第三方数字化供应链公共平台。

(2)中储钢超平台。中储钢超平台2017年上线运行,核心功能由两部分组成:一是线上的交易交付平台;二是线下的实体物流平台。两个平台相辅相成,实现业务线上化、单据电子化、流程标准化和业务布局网络化,为钢铁产业链上客户提供足不出户的全方位一体化服务。通过中储钢超实体物流平台的WMS(仓库管理)系统,整合仓储、配送、加工、公铁联运等物流功能,实现物流交付环节的电子化和规范化。

(3)中储货兑宝平台。中储货兑宝是数字化的大宗商品供应链协同服务第三方平台,以数字科技应用推动业务模式创新,为行业提供物流服务、贸易服务、金融服务,以及信息数据服务和新技术服务。中储货兑宝平台于2020年4月上线运行,存货方通过平台数字化仓储服务,实现在线办理仓储业务,包括开通仓储账号,实时库存查询导出,入库/出库/过户业务,实时获知业务办理结果和作业凭证;贸易商使用"一手交钱一手交货"的贸易服务,安全高效地完成贸易全过程,如订单

签订、资金支付、货物交收、交易评价等；融资方使用数字化金融服务，在线办理仓单质押、解质押业务，解决企业融资需求。

（4）中储云链平台。中储云链平台是一款集仓储、清算、撮合、交易、融资、资讯、技术与产业等特色服务功能为一体的供应链服务平台。平台于2020年4月正式上线投入使用。平台分云仓、云商两大板块，云仓具有客户管理、出入库管理、期货管理等基础功能；云商主要作为客户前台和中台，能提供客户信息查询、交易、仓储查询、在线提单、在线预报等功能。此外，人证自动识别等多项新技术的应用保证了数据传递的真实可靠和信息安全。

（5）中储易有色平台。中储易有色平台建设目标是实现以"服务增值"取代"低效流通"、以"商流"带动"物流"，积极发挥"贸易"在供应链服务中的牵引作用和资源整合优势，促进国家有色金属流通行业的数字化转型。平台服务内容包含线上线下交易、物流服务、风险管理、信息服务、供应链金融等客户核心需求，分三个阶段逐步建设。

三、模式三：以环保节能、全链控碳为特征的绿色供应链管理

中国华能以全链条闭环打造能源行业绿色供应链。上海华能电子商务有限公司（以下简称上海华能电商）是中国华能旗下的电力行业智慧供应链专业服务企业和"集团公司物资供应中心"核心载体。目前上海华能电商为全国30多个省（区、市）、6000余家电力上下游企业、20万余的认证服务商提供涵盖风电、光伏、火电、水电、核电等领域10多种大类和70多万种物资的招标、采购、销售、运输、仓储、供应链金融和技术服务等一站式的供应链集成服务。

（1）加大绿色低碳产品采购力度。进一步完善绿色采购体系标准化结构化，将绿色低碳理念融入采购业务。在标准采购文件中合理设置节能、环保、降耗、减排等评价指标，优先采购通过环境标志产品认证、节能产品认证或者国家认可的其他认证的节能环保产品，避免或者减少环境污染。

（2）建立绿色供应商选择标准。建立统一的绿色供应商优先准入、认证与退出机制，明确统一的绿色供应商分类分级标准，完善供应商线上评价考核功能，依据对供应商设备全生命周期绿色化水平的考核结果，动态调整供应商级别，形成长期协作、合作共赢的供应商管理体系。

（3）建设"绿色回收"体系。构建规范有序的回收再利用网络体系，进一步提

高闲废物资回收与交接、处置变卖、资金回笼等过程的处置回收水平;提高加工利用环节技术物资水平,提高资源材料回收率,防范处置风险,形成循环经济模式,实现资源优化配置和可持续发展。

同时,推动退役储能电池、光伏组件、风电机组叶片等新能源项目物资回收利用技术研发,科学测算新能源项目物资大规模废弃时间点,联合相关协会等组织梳理和完善新能源项目物资回收技术标准体系与认证规则,实现新能源项目物资回收技术的产业化应用。

(4)完善供应链绿色标准体系。开展供应链绿色标准体系研究,围绕绿色供应链推动企业能源转型,制定相关推荐性标准,对绿色供应商管理、绿色采购、绿色生产、信息披露和绿色回收等实施标准化,为核心企业打造绿色供应链、推动上下游企业节能降耗和优化用能结构,提供必要的模式参考。

四、模式四:以科技赋能、自主自营为特征的安全型韧性供应链管理

中国电信集团有限公司(以下简称中国电信)构建风险预警防控和安全库存机制,确保供应链稳定。中国电信主营通信与信息化产品和服务,产品服务的受众广,供应链涉及的服务对象和供应商数量更多,加强供应链风险防范工作十分重要。

(1)建立完善供应链风险综合预警防控机制。明确供应链风险防控与预警工作组织和具体职责,明确供应链风险类型及等级,明确供应链风险具体防控措施;防范供应风险、市场风险、质量风险、技术风险、信息系统风险、知识产权风险等供应链风险,保障各项建设工程和生产运营所需物资或服务按照需求计划保质保量供应;开展供应链活动监测,加强供应链风险识别、评估、决策能力;明确供应链风险预警发布、预警响应、预警解除或调整等具体操作环节,对供应链运作各环节将要发生的风险做出预警,根据供应链风险预警级别制订响应预案和应对方案。

(2)推进战略储备库与安全库存建设。加强库存管理,优化库存策略,基于风险形势判断适当增加关键核心设备库存物资;加强重要物资备货机制管理,优化备货预测模型,充分结合自有库存和供应商管理库存(VMI),提升供应链风险应变能力;加强战略储备库与安全库存建设,对供应风险极大的重要物资,探索建立全集团统一的战略储备库,明确相关保障流程,应对突发需求;推进全国性或区域性物资的安全库存建设,统一安全库存标准和安全库存管理规范。

（3）加强应急需求响应与应急寻源能力。加强应急需求响应能力，建立完善物资供应应急需求响应机制，对重大自然灾害、重大公共突发事件或重要通信网络保障任务提出的紧急物资保障要求做到快速反应快速供给；建立应急物资供应库，明确常用应急物资的库存储备；加强全网物资统一调配能力，强化应急物资的配送交付网络建设。

五、模式五：以战略合作、全链供需协同为特征的生产型精益供应链管理

中国第一汽车集团有限公司聚焦战略管理不断增强制造供应链精益化。

一是在材料战略管理方面，基于产品重要度和供应风险的考量，将合作材料组分为四个类别，分别是战略类、杠杆类、瓶颈类、常规类，针对不同类别物料制定战略自制、属地建厂、多点布局、自主培育等差异化采购策略方向。同时围绕技术趋势、资源把控、经营支撑、问题导向四个方面进行材料组知识积累，建立、优化、迭代材料组管理模型，从竞争、降本、供货、质量、供应商关系五个维度进行材料组健康状况评价，逐步形成材料组资源全景图，全面支撑建成高质、优价、可靠、即时供给的供应链体系。

二是在供应商日常管理方面，与供应商开展各领域全链条协同，从准时交付及服务保障、质量保证、成本控制、研发配合、生产准备五大维度对供应商开展常态化评价，实时监控供应商绩效表现。综合材料组需求、供应商风险、供应商合作意愿三方面，制定材料组供应商升/降级场景，设立明确升/降级触发条件，建立能上能下、能进能出的材料组供应商动态管理机制，筛选优秀供应商优先合作，持续净化合作资源基盘，提高材料组活力，使材料组资源符合品牌发展需要。

三是在供应链集群管理方面，聚焦新能源智能汽车创新发展大势，着力提升产业链供应链韧性和安全水平。积极履行央企责任，促进东北全面振兴全方位振兴，以"六个回归"政策为依托，围绕整车产能，吸引多家供应商到长春投资建厂，共同携手助力长春国际汽车城建设，打造高端产业集群，支持地方经济发展，惠及当地百姓。

六、模式六：以产能合作、产业链延伸为特征的全球供应链发展

中国移动通信集团有限公司（以下简称中国移动）积极助力"一带一路"通信

基础设施建设。中国移动融入全球化数字经济大潮，推动我国与世界互联互通，持续完善"路、站、岛"立体化世界网络布局，为相关国家、中资出海企业提供数字化转型基础设施，在全球拥有70多条海陆缆，国际传输总带宽突破90T，全球网络服务提供点达到180个，覆盖74个国家及地区、123个城市。

发挥自身云网业务优势，建设mCloud平台（移动云平台），为中资出海企业提供数据专网、云视讯、云连接、CDN（内容分发网络）等多元化的信息通信解决方案。

在"一带一路"沿线共建成94个POP点（网络服务提供点），覆盖沿线52个国家及地区；建成陆缆通道带宽357T，连接俄罗斯、蒙古国、哈萨克斯坦、吉尔吉斯斯坦、巴基斯坦、缅甸、老挝、越南等10个国家及地区；拥有亚太方向、亚欧方向以及台海方向共9条自建/投资海缆资源；建成新加坡数据中心、英国伦敦数据中心及德国法兰克福数据中心。

截至目前，中国移动服务1280家中资出海客户，提供跨境服务总流量达2.86TB。中国移动通过全球网络布局，保障全球客户信息流畅通，助力"一带一路"供应链发展，得到社会广泛认可。

华为为何良将如云：哪些人能用？哪些人不能用

冉涛

文章来源：《企业管理》公众号2024年1月。

从2006年开始，华为在集体面试当中引入了领军人才的五项素质，即主动性、概念思维、影响力、成就导向和坚韧性。这五项素质就是华为人才基因的真正密码。

一、第一个素质：主动性（这样"蠢蠢欲动"的人，是个宝）

主动性是指人在工作当中不惜投入更多的精力，善于发现和创造新的机会，提前预测事情发生的可能性，采取行动，从而提高工作绩效，避免问题的发生或创造新的机遇。这种主动不只是简单地积极行动，而是强调要有结果，要有预见性，而且这种预见性要产生好的结果。

主动性可以分成以下四个等级。

（1）主动性零级的人不会自觉完成工作，需要他人的督促，不能提前计划和思考问题，直到问题发生才意识到事情的严重性。

（2）主动性一级的人能主动行动，自觉投入更多的努力去工作。这类人不需要别人督促，只要分配的工作在他的工作范围内，他就会自觉地投入时间去做。

（3）主动性二级的人能主动思考、快速行动，及时发现某种机会和问题并快速做出反应。二级建立在一级的基础之上，主动性二级的人不光能快速自觉地工作，还会主动思考，预判某一种情况，然后采取相应的行动。如果你手下有这样总是"蠢蠢欲动"的人，那真是捡到宝贝了。

（4）主动性三级是最高等级。这类人不会等着问题发生，而是会未雨绸缪，提前行动，规避问题，甚至创造出机会。

华为的用人标准是至少达到主动性二级，也就是说，只有能主动思考、快速行动的人才，公司才会录用。

二、第二个素质：概念思维（真正的聪明人，擅长结构化思考）

我们常说要找聪明人，那么聪明和不聪明的区别到底在哪里呢？其实最主要的就是概念思维，换言之就是思考方式。概念思维是一种识别表面上没有明显联系的事情之间内部联系本质特征的能力，也就是说在面对不确定现象的时候，能找到里面的要害，高屋建瓴，一语道破。这是一种大的思考结构，要根据有限的信息做出全面的判断。能做这种结构化思考的人就是聪明人。

概念思维可以分成以下四个等级。

（1）概念思维零级的人不能准确而周密地去思考问题，碰到问题想不清楚，弄不明白。

（2）概念思维一级的人可以进行简单的类比。所谓简单类比，就是根据自己过去的经验，对某个行为进行类似的复制。比如说我会打篮球，那么在此基础上，我也能通过简单类比，很快学会其他相似的球类运动。

（3）概念思维二级的人能触类旁通。触类旁通就是指运用复杂概念的能力，通过掌握事物发展的客观规律，以点带面地思考问题。

（4）概念思维三级的人懂得深入浅出，他们不仅能将复杂事物一眼看破，还能高度总结成简单易懂的概念，让别人也能理解。

三、第三个素质：影响力（未来的领袖，要有这样的智慧）

影响力就是指施加影响的能力，是试图去说服、劝服、影响他人，留下印象，让他人支持自己观点的能力。影响力其实是人与人之间的一个场。这个场是一个人魅力所构成的天然资源，是一种人和人相互影响的方式。影响力的难点在于，主观上我们想让别人接受我们的观点，但是客观上我们又没有权力将自己的意愿强加给别人。

影响力可以分成以下四个等级。

（1）影响力零级的人不能清楚地表达，说服不了别人。这类人不仅不能有效影响他人，还容易被他人影响，盲从者、从众者就是典型代表。

（2）影响力一级的人采用直接说服的方法来施加影响，通过向别人讲述理由、证据、事实等来直接说服对方接受自己的观点。在影响别人的过程中他只能去争理。

（3）影响力二级的人能换位思考。换位思考就是用别人的话去解决别人的问题，这又高出了一个境界。

（4）影响力三级的人用的是综合策略，他会用复杂的策略影响别人，或者通过微妙的手段来使别人接受自己的观点。

四、第四个素质：成就导向（敢于冒险，成为卓越企业家）

成就导向指的是拥有完成某项任务，或在工作中追求卓越的愿望。也就是说，一个人对自己的定位是小富即安，还是愿意从事具有挑战性的工作。成就导向高的人在工作中会强烈地表现自己的能力，并且不断地为自己树立标准。这就是我们经常讲的自驱力。

成就导向可以分成以下四个等级。

（1）成就导向零级的人安于现状，不追求个人技术或专业上的进步。不少管理者经常抱怨，用了好多绩效管理的方法，就是没办法让某个员工提高积极性，反而要花很多精力盯着他工作。这样的人就是成就导向零级的人。对待安于现状的人，给他设立更高的目标，承诺给他更高的奖励，他不会动心，因为他觉得一年赚30万元就很好了，不想承担年薪100万元的压力。

（2）成就导向一级的人追求更好，努力将工作做得更好，或努力要达到某个优秀的标准。中国导入绩效管理已经这么多年了，但是国内各类企业当中践行成功的寥寥无几，根本原因就在于成就导向一级的人很少，具有工匠精神、追求更好的人很少。安于现状的人太多，绩效管理难以发挥作用。同时，成就导向一级的人天生就喜欢将自己的工作做得更好，达到上级设定的标准，因此绩效管理在这个过程中就能充分发挥出它的作用来。

（3）成就导向二级的人会自设富有挑战性的目标。他们压根儿不需要上级设定目标，而是会自己给自己设立富有挑战性的目标，并且为达到目标而努力。有些人甚至会说，你设定的这个目标不行，我要为自己设计更好的目标而奋斗。这样的人是不需要你去驱动的，他会自我驱动，不断追求前进，能达到这一级的人已经非常稀缺。

（4）成就导向三级是最高级，这类人会在仔细权衡代价和收益之后，冒着经过评估的风险做出某种决策，他们为获得更大的成功敢于冒险，这也是我们经常讲的企业家特质之一。成就导向三级的人，天生偏好高风险。所以不需要去赌某个人以后是否会成功，而是可以通过观察他的成就导向是否达到三级，来判断他有无创业成功的可能性。

五、第五个素质：坚韧性（苦难就是人生的日常）

坚韧性是指在艰苦或不利的条件下能克服自身困难，努力实现目标；面对他人的敌意，能保持冷静和稳定的状态，忍受这种压力。聪明人往往韧性不够，韧性够的人冲劲又往往不足，但最终能成功的人不一定要极为聪明，却一定要能坚持。因此，坚韧性是成功的基础。一个人只有坚持才能成功，没有经历过困难，没有经历过磨炼，是不可能走向成功的。

坚韧性可以分成以下四个等级。

（1）坚韧性零级的人经受不了批评、挫折和压力，稍微遇到点压力就选择放弃。坚韧性零级的人很难做成什么事情。

（2）坚韧性一级的人叫"压不垮"。这类人在工作中能够保持良好的体能和稳定的情绪，能顶住压力工作。坚韧性一级的人能像老黄牛一样勤勤恳恳地工作，任劳任怨，但是不能对结果负责，也不一定能把事情做好。

（3）坚韧性二级的人叫"干得成"。这类人不仅能在艰苦的环境中顶住压力，重要的是一定能把事做成。

（4）坚韧性三级的人能通过建设性的方式消除他人的敌意或保证自己情绪的稳定，不受制于压力，还能把压力解除。坚韧性，其实就是人生的厚度。

困难是啥？在坚韧性三级的人眼中，困难就是人生的日常。在挑战困难的过程中，他们感受到的不是痛苦，而是自我超越的喜悦。但是在坚韧性零级的人眼里，困难就是越不过的坎儿。这就是人与人在坚韧性上的区别。

用友组织变革启示：行业化经营创造更大客户价值

杨帆

文章来源：《企业管理》公众号 2024 年 1 月。

一、深耕行业，与领先企业共创数智新价值

企业数智化是业务驱动、业财业管一体的信息技术应用与创新。如果说在用友 1.0 财务软件时期，提供的产品与服务是偏企业后台的应用；用友 2.0 ERP（企业资源计划）时期，提供的产品与服务走向了企业的中台；那么当前，在用友进入 3.0 数智化时期后，面向企业提供的产品与服务必须深入客户业务前端场景，对此用友有非常清醒且深刻的认知。

随着企业数智化进程的不断深入，对那些组织规模巨大、业务场景极为复杂的头部大企业来说，无论是企业客户前端的业务系统，还是偏中后台的职能管理系统，进行数智化转型所需要的能力更加专业化，并且具有非常强的行业属性。

比如，在消费品行业，供应链能力是行业的核心关注点与竞争力所在，飞鹤携手用友，通过用友 BIP（商业创新平台）供应链云深入行业前端核心应用场景，构建全域供应链"全国一盘货"，实现在线化、集中化、协同化运营，加强了供应商管理，不仅能与供应商之间的合同、采购订单、发货、开票对账、支付等业务高效协同，还能直连经销商，实现渠道订货、订单审批、仓储分配和物流调度的自动协同，根据经销商的信用额度进行订单匹配。

又如，在交通与物流行业，燃油成本是航空公司最大成本支出之一，占比航空业务总成本在 30% 左右。实现降本节能，直接关系到行业的高质量发展大局。常规企业以财务加油结算数据或航班运行油量消耗进行燃油成本分析，节油数据只能

到公司整体或航线航班粒度，用友 BIP 打造的航司智能节油和降碳减排智能数据分析平台，提供了一套全面的数据驱动解决方案，精细化成本管控细化到每个飞行阶段。通过智能节油分析模型，采集全量航班飞行数据达到百亿级数据量，从飞行时间、机型、航段等多个维度挖掘耗油因素和变化规律，发现节油优化空间，匹配改进措施落地。同时针对飞行数据的解析处理，对碳排放量进行精准采集，自动化出具碳排放检测报告，促进低碳绿色飞行，全方位监控节油目标。某航空公司基于该平台处理数据量超 5 亿，帮助节省航油成本。

再如，面向国资监管和国有资产投资行业，用友已形成 4 个细分行业、16 个细分领域、200 多个数智化场景。其中，针对国资控股平台公司特别关注的融资化债主题，推出了债务监管数据标准、债务—融资—资产—项目数据关联和业务联动关系模型、债务穿透式监管分析模型等，帮助企业实现债务全流程监控，厘清企业的债务结构，实现业财联动、跨部门协同，辅助企业管理决策；同时，助力国资公司/国资委厘清监管企业的债务结构、三角债关系，提前掌握债务风险，提早做好风险防范，辅助企业债务化解，统一债务池、资金池调配。

用友行业化经营模式不仅得到行业领先企业的普遍认同和支持，而且与行业独立软件开发商（ISV）伙伴的合作得到加强，行业化带来的专业化、共享化的效应逐步显现。在行业化经营策略的推动下，用友联手 ISV、数科公司、运营商、银行、咨询等各类生态伙伴携手共创行业一体化联合方案、领域应用服务，为客户提供专业化、行业化、规模化的数智化服务，加速各行各业、各个领域的数智化转型升级。

二、行业推广，赋能千行百业数智化转型

用友推进行业化经营模式，与行业领先企业深度合作创新，并把领先实践带到行业其他企业，推动客户所在行业的进步发展，进而加速千行百业的数智化进程。

比如，在建筑行业，建筑施工企业产业链条长、地域广、业务复杂，具有"点多、线长、面广"的特征，分散式的财务管理模式导致财务标准化程度低、核算不规范、数据不及时等问题。

陕西建工携手用友，基于用友 BIP 事项会计中台，打造建筑行业智能会计解决方案，以项目为最小核算对象，通过全集团一盘数、一本账、一套表，实现从法人到项目的精细化内部交易管理，内部交易核算准确率提升 90%，对账效率提升

80%，合并报表效率提升90%，解放财务劳动力20%，财务核算成本降低20%，助力建筑企业降本增效，实现核算精细化、数智化。目前已经成功推广到湖南建投、甘肃建投、云南建投等多家建筑企业。

又如，在离散制造行业，用友将AI大模型、大数据、IoT（物联网）、标识解析等新技术融入行业化应用场景，创新研发面向离散制造行业的"工业互联网＋产品服务化解决方案"，帮助离散制造行业企业重塑生产方式，向"技术＋产品＋服务"专业化转变，实现向价值链高端延伸，应用于近百家客户、近百万台工业设备实现设备主动运维。该行业化解决方案荣获中国工业互联网"最具商业价值奖"，受到行业内的广泛认可和高度评价。

三、主动求变，做难而正确的事，引领中国企业软件产业组织模式升级

用友的行业化组织变革，也不可避免地出现了各种挑战。针对如此大规模的组织变革，最大的挑战是对用户的服务保障如何平稳过渡到新的经营模式。

为此，用友专门加强了大型企业客户成功服务体系的建设，通过深入分析各行业客户的特点和需求，建立了更加专业和精细化的服务团队，统一了客户服务界面、标准、模式，并全新升级了客户成功产品服务体系，包括底座式的标准客户成功服务，守护企业系统安全，保证业务顺畅运营；伴随式的高级客户成功服务，满足复杂应用场景，持续提供企业支持，确保系统实时高效运行；管家式的定制化客户成功服务，面向超大型企业可随需应变的全天候服务，确保价值加速落地。

企业战略转型四步走

沈小滨

文章来源：《企业管理》公众号2024年1月。

AMBR四步法可以为企业转型提供一套清晰的路径与方法，帮助中高层管理者做好企业转型战略规划，在实践中少犯错误，少走弯路，带领团队开疆拓土。

A（Attention）指转型的关注点。企业转型的第一步是要明确转型方向，选准转型目标，找到转型突破口，这是战略定位问题。

M（Mindset）指心态与思维。转型不是一件容易的事，不能"霸王硬上弓"，需要在思想上松土，提升团队认知与认同，让团队从固定型心态转为成长型心态，积极支持变革，拥抱变革。

B（Behavior）指转型变革所需要的行为习惯。向团队播种一种思想，就会产生一种行为习惯，形成一种性格，甚至改变一种命运。转型变革需要行为的改变。改变已有行为习惯，不一定产生好的结果；但如果没有改变，企业一定难以有所突破。

R（Result）指转型的结果或期望的成果。转型的成功，领导力的成败，最终都要落实到结果。但是，如何确保结果达成，如何做好过程管控，如何不断随需而变以应对外部环境的变化与不确定性，需要把转型变成一个个实在的变革项目，最终让转型战略在执行中落地。

一、第一步：选择关注点（方向与目标）

每家企业由于所处行业与发展阶段不同，转型的方向与目标也可以不同。企业转型到底转什么，在这方面有很多系统工具可以应用，比如麦肯锡的 7S、华为的 BLM、阿里巴巴的 6 个盒子等，都可以帮助企业选择方向与目标，明确价值主张，定位创新焦点，最终做好转型战略的顶层设计。

在管理方面，以下十大转型战略重点是在不确定性中寻找确定性的突破口。抓住不变的，适应变化的，在本质上是不确定性时代的确定方法论。

第一，从以计划为中心到以市场为中心。企业需要铭记一个规则：僵化的计划是无用的，动态的计划是重要的。总之，不要做教条的计划，不要期望一劳永逸，而是要不断做动态计划，如做好每 3 个月叠加的滚动计划，基于市场环境和客户需求的变化，逐渐进行调整和迭代。

第二，从以领导为中心到以客户为中心。企业转型时强调经营大于管理、内部客户制度、以阿米巴为基础的内部核算、产品与项目经理制、流程制度、SOP（标准作业程序）等，都是从以领导为中心到以客户为中心的最佳实践。

第三，从重视个人能力到重视组织能力。在组织管理中，经常让管理者头痛的一个问题，就是这个月出现的错误，下个月照样出现。解决这个问题需要提升组织能力，把能力建设在组织上，用德鲁克的话，就是要让一群普通的人，做不普通的事。组织能力从培训、流程、SOP、模板，以及一个个表单中来，就领导而言，不仅要做管理者，还要做会讲课的老师、会复盘的教练，做一名系统的总设计师和工作任务的分解师。

第四，从强调管理和管控的狼性管理到重视领导和激发的创新管理。管理就是要做好 PDCA（管理循环法）管控，强考核、强检查、强竞争、强淘汰。但是，如果管理仅仅注重这些动作显然不够。在知识时代，企业聘用的不是一个人的手和脚，而是一个人的智慧和全身心的投入。因此，少一点管理，多一点领导，要激发人的善意与潜能。

第五，从被动执行和听话到主动思考和创新。在人工智能快速发展时期，有一句话值得深思："我们不怕 AI 像人一样思考，我们害怕人像 AI 一样思考。"领导的权威不能建立在让员工执行和听话。领导的价值是赋能团队、赋能组织、赋能每一个人，让其创造价值，为客户提供需要的产品与服务。领导方式的转型，领导力的提升，都有助于提升企业绩效。

第六，从单纯结果导向到强调过程规范与可控。有一些领导者的管理方式还停留在粗放阶段，只要结果，不管员工的具体做法。从逼结果到促结果，是管理方式逐渐成熟的高级阶段。以机制、流程与体系的确定性对抗环境与市场的不确定性，这才是过程管理的价值所在。

第七，从市场机会与商业导向到聚焦创新与核心竞争力培养。抓住市场机会，变现商业结果，是检验管理者领导能力高低的最直接表现。但是，只是抓住当下的一个市场机会，并不意味着还能抓住下一个风口。聚焦创新，培育组织的核心竞争力，不断推出有竞争力的产品与服务，才是企业转型、变革与创新的意义所在。没有一家企业可以长治久安，从摩托罗拉的手机到诺基亚的手机，再到华为的手机；从丰田的汽油车到特斯拉的电动车，都是现实中企业转型的典型案例。

第八，从追求当下的效率到追求长期的效能。企业降本增效是一个永恒课题，但是效率的提升，并不意味着必然的效能提高。例如，鹅每天能下一个金蛋，这是一个效率指标；如果每天能下两个金蛋，效率即提升一倍。但是，让鹅能够长期为主人下金蛋，能够活得长久，一辈子下金蛋，则是效能。"996"的工作模式要的是效率，显然并不意味着效能的提升。学会养鹅，投资于鹅，让鹅有能力下一辈子金蛋，是组织健康的一个重要话题，也是企业转型的一个重要方面。

第九，从红海竞争战略到蓝海创新战略。企业为了持续健康发展，需要逃离红海，走蓝海差异化的道路。与其更好，不如不同，已成为转型战略一个有价值的共识。

第十，从传统商业模式到互联网创新商业模式。企业的竞争，不是一家企业同另一家企业的竞争，而是一条价值链同另一条价值链、一个品牌同另一个品牌的竞争。比如，丰田同大众，比亚迪同特斯拉，背后比拼的是供应链的能力，研发—生产—销售一体化的能力。

在某种意义上，企业数字化转型就是为价值链或价值网服务。过去传统的一手交钱一手交货的商业模式越来越让位于互联网时代的创新商业模式。商业模式变得越来越复杂，有人把它称作"三级火箭"模式，正在成为一种潮流。

二、第二步：改变心态

选择正确的心态对转型变革成功至关重要，微软转型的案例特别值得管理者学习和借鉴。在2014年上任之初，微软CEO萨提亚·纳德拉可以说接管了一个烂摊子，当时的微软深陷危机。微软作为PC时代的王者，固守Windows操作系统，错失了移动互联网时代的很多商机，业绩增长乏力，缺乏新业务。一群聪明的员工由于严苛的末位淘汰考核制度及各种其他原因在企业内部竞争激烈，缺乏团队合作，内耗严重。组织官僚作风盛行，机构臃肿，缺乏创新和活力。人才大量转投其他新兴的互联网企业。纳德拉上任后的四大转型实践对当下企业转型有特别的启示和指导意义。

第一，刷新微软使命。从PC时代开始，微软的使命是要在每一张办公桌上，都有一台电脑，使用微软的办公软件。但到了移动互联网时代，纳德拉需要激发每一个微软人思考，微软需要肩负更高的使命，这才是天才员工的工作意义和成就感来源。于是，微软有了一个气势磅礴的新使命：赋能全球每一人、每一个组织，成就不凡。

第二，明确新战略，移动端为先，云为先。战略不是口号，应该是可以执行落地的。好的战略有优先级，其背后不仅有选择，还有放弃，考验的不仅是领导者的决心与意志，更是对未来趋势的把握，以及对市场与客户的洞察。

第三，重塑企业文化。企业的转型变革，不能没有文化的支撑。微软一直强调狼性文化，强调竞争、精英主义、结果导向、市场占有率。纳德拉意识到，在快速发展的移动互联网时代和云时代，微软的企业文化需要转型，从竞争到合作，从以自我为中心到富有同理心，特别是要从固定型思维到成长型思维，只有这样才能更好地适应复杂的技术变化，以应对市场的不确定性。

第四，优化机制与流程。纳德拉上任以后，推动了绩效机制的变革，不再强调末位淘汰制，开启了一个微软新时代的绩效管理方法，即三个泡泡原则，从个人的独立贡献、为他人的贡献和为公司的贡献三个不同维度对员工的绩效做出更全面、更客观、更有价值的评价，最终促进团队合作和业务的创新发展。华为内部也推动了这样的绩效管理变革。

企业转型过程中，最难的是人的改变，但不是不能改变。学习微软纳德拉的转型之道，从改变员工心态和绩效机制开始，找到正确的切入点和方法。

三、第三步：培养行为

转型战略最终都要靠行动落地。没有行动的战略，不能产生实际的成果。转型战略制定难，行为习惯培养更难。2003年，华为正面临互联网泡沫巨大的艰难时期，任正非与人力资源咨询公司合益集团合作，梳理出华为的领导力素质能力模型，俗称干部九条。

干部九条一共分三个层面：一是眼睛向外，发展客户能力；二是眼睛向内，发展组织能力；三是眼睛向自己，发展个人能力。若想发展客户、发展组织，先要发展好自己，这正是领导力的基础。

四、第四步：确保结果达成

转型需要把战略变成一个个具体的项目，确保结果达成。环境越不确定，转型的目标越有挑战性，风险越高，越需要用项目管理的体系、方法与流程，确保转型成功和结果的达成。OGSMP模板（战略方向、具体目标、行动策略、量化指标、落地项目）就是转型战略执行落地的一个典型应用。

VUCA时代（乌卡时代），哪怕是一个精心设计的转型战略，也会面临许多当初没有想到的问题与挑战，这就要求领导者秉持两个原则，一是长期理想主义，二是短期现实主义。就长期而言，转型战略的设计要科学、严谨、可执行、可检查、可落地；在短期方面，转型战略要具有现实可行性，既要目标坚定，也要灵活应变、敏捷行事。

因此，对领导者而言，既需要有长期的计划，心中有理想、有目标，在战略上保持乐观；同时还要具有管理变化的能力，为现实主义者，不断基于实际情况，动态调节目标、手段与方法，在资源受限的情况下，制订切实可行的行动计划与措施，确保当下的成功。

第三章

《中欧商业评论》

管理学就像中医，是一种"有用的伪科学"

杨斌

文章来源：《中欧商业评论》2024年2月。

由于世界和人自身复杂性系统的特征，严整的科学只不过是人类知识体系中的冰山一角，其他大量的非科学、伪科学也在我们认识和改造世界中发挥着重要作用。所以管理学如同中医，是一种"有用的伪科学"。一百多年来管理学在科学性与艺术性的摇摆中顽强成长也佐证了这一点。

许多创新的本质和效应尚未显现，但名词和概念已广为流传了，这就是泡沫。这几年就似乎很热闹，各种新名词、新模式、新理念层出不穷。诸如"互联网思维、元宇宙、工业4.0、区块链、颠覆式创新、公域私域、流量思维"……听起来让你怦然心动，但只要沉下心来想一想就会发现，它们只是"听上去很熟悉，实际上很陌生"。

例如，"互联网思维"提倡"平等、开放、共享、共创"，但平等必有层级、开放必有封闭、共享必有权责界定、共创必有利益纷争；《第三次工业革命》一书充满了乌托邦式的幻想；"工业4.0"是非常粗糙的划分，现实中每次的工业升级都是混合与迭代的过程，从来没有断裂式的跨越……

熊彼特当年强调的是"创造性破坏"，而今天更能取得经济和社会效益的往往是"创造性适应"。要做一个基于现实世界的改进者而不是幻想家。创新主要有五类，即新市场、新原材料、新产品、新技术和组织管理创新。各种创新的速度和效应不尽相同，往往最终需要组织管理的协调和控制才能实现"新的组合"，所以管理理论创新相对其他几种一般是滞后的。而如今，许多创新的本质和效应尚未显现，但名词和概念已广为流传了，这就是泡沫。

衍生物过度膨胀，往往阻碍了我们对管理学本质问题的关注。相对于各种纷繁嘈杂，我认为管理学的源概念应在十个以内，大概包括企业、市场、社会、组织、目标、管理、绩效等。管理学研究的对象是企业，企业身处市场和社会的环境之中，分析市场与社会，就可以理解企业的外在规定性。

而企业的内在规定性是组织逻辑，组织作为一个协动系统需要确立目标，其达成程度就是绩效。但从目标到绩效不会自动实现，中间需要计划、组织、协调、控制，即为管理。

我们处在一个数据爆炸、信息膨胀，但知识依然贫乏的时代。互联网的开放和便捷，让我们自认为一切皆可感兴趣、一切皆可去关注、一切行动皆有可能，这是天大的误解。因为人的注意力是有限度的，你感兴趣的越多，可持续关注的则越少，现实的行动力则越差。所以网络化往往把我们带入更加焦虑、迷茫、无法行动的困境。建议学习卓越企业的"刺猬理念"：只做自己最感兴趣的、最擅长的、能盈利的事，其他一概不碰。

来之即战，战之能胜：vivo 如何练就穿越周期的"即战力"

施杨

文章来源：《中欧商业评论》公众号 2024 年 2 月。

在 2024 年 1 月 30 日举办的 vivo 2023 线上年会暨创新颁奖盛典上，vivo 创始人、总裁兼首席执行官沈炜表示：作为一家科技公司，vivo 要做的就是，借由伟大产品和极致服务为用户的生活创造愉悦体验，为世界带来有意义的改变。

一份来自 Counterpoint Research 的数据显示，2023 年全年，vivo 以 16.9% 的市场份额位居国内市场第二，在国产品牌中排名第一。从产品层面来看，2023 年 vivo 旗舰产品 vivo X100 系列首销日累计销售额达 10 亿元，打破 vivo 历史所有新机首销纪录；vivo X Fold2 和 vivo X Flip 首销当日就在天猫、京东等多个平台斩获了销量与销售额的双冠军……

可见大盘虽然有所震荡，但 vivo 却表现优异，稳健领跑。在《中欧商业评论》看来，面对变幻莫测的经济环境与行业波动，vivo 能够始终保持着立于潮头的行业位势，靠的是其强大的"即战力"。

日本管理学家大前研一曾提出企业的"即战力"这个概念。很多人认为，"即战力"就是在乌卡时代，企业"来之即战，战之能胜"的能力。但实际上，"即战力"是一种"长期主义"思想的具象化，企业若是想拥有这种能力，需要具备非常严苛的必要条件。

大前研一曾对企业的"即战力"做过准确的定义：其一，在"来之即战"的背后，是企业在面对环境变化前，能够有效地发挥判断力与洞察力，通过冷静地观察用户需求，发现变化的本质，继而迅速做出正确的决断与计划；其二，在"战之能胜"的背后，是依托长期积累的专业能力，在挑战或机遇来临之前，就具备应对变化和解决问题的真正实力。

纵观近二十年来的历史，中国手机及通信设备制造行业经历了多轮重大产业调整，而vivo多次成功穿越周期，就展现了其强大的"即战力"。

近年来，《中欧商业评论》持续关注那些具备"即战力"的企业，并探寻这些企业背后对"即战力"的培养与思考。可以说，以"用户导向"和"科技创新"为核心理念的vivo，为我们提供了科技企业如何锤炼自身"即战力"的实践样本。

一、来之即战：以"用户导向"引领行业趋势

"即战力"的首要关键，是从纷繁复杂的行业形势中洞悉用户的真正需求，未雨绸缪。在vivo眼中，深耕手机赛道是正确的事，但是要把事情做正确，关键要素是"用户导向"。

沈炜在讲话中也提出：用户是产品的标尺，用户的痛点需求夯实了产品体验的基线，用户的差异性需求塑造了产品体验的多元性，而用户对产品的苛求和场景偏好，则激发了持续创新的生命力。

在2023年12月举办的"vivo会客厅"活动上，当有媒体问及vivo对于未来三至五年的行业洞察时，vivo执行副总裁、首席运营官胡柏山坦言，虽然手机市场已经进入红海，但其实机会依然存在。特别是AI与大模型已经成为未来科技发展的新方向，而手机作为当前事实上人类第一个体外"器官"，通过手机既可以作为AI的能力输出终端，又可以成为AI训练的采集终端。

实际上，vivo已着手在AI与大模型领域进行深耕。2023年vivo的"蓝科技"正式发布，包含蓝心大模型、蓝晶芯片技术栈、蓝河操作系统和蓝海电池。其中，蓝心大模型的手机端侧落地的初心，就是以用户为本原思考问题。用户的极致体验牵引着蓝心大模型向智能体方向进化，同时用户的安全隐私红线和底线又必须受到保护，因此，蓝心大模型的端侧落地是未来技术创新的必然选择。

又比如，产品性能的提升加快了手机的耗能速度，令用户产生"续航焦虑"。这让用户对续航能力提升的需求越发急迫。可以说，这是行业的一个老大难问题。

"蓝海电池"就通过负极石墨重构等行业首发的技术,在器件、系统层面对能耗进行优化,真正做到在续航能力方面的行业最优。

沈炜强调:"蓝科技"是vivo自己的技术品牌,是基于用户导向的创新系统,承载着对用户的关切和在乎。有别于单点创新的黑科技,"蓝科技"会催生黑科技,但更追求长坡厚雪的可持续创新。《中欧商业评论》认为,"蓝科技"也许将成为vivo直面未来,"来之即战"的底气之一。

二、战之能胜:以"专业主义"埋头科技创新

大前研一曾在其所著的《专业主义》一书中提出,企业必须遵守对用户的诺言:为用户提供百分百满意的好产品与好服务。而要遵守这个誓言,需要具备"专业主义"精神——追求打造极致产品的毅力。而作为一家科技企业,科技创新才是vivo真正的硬实力。

正因此,在《中欧商业评论》看来,vivo对科技创新的态度,始终多了一份"虔诚"。其实vivo明白,"即战力"也就是竞争力,它需要日常的时间积累与埋头钻研才能获得,需要企业拥有"板凳愿坐十年冷"的毅力。

特别是在产品趋同化严重的当下,几乎大多数手机品牌厂商们都陷在"挤牙膏式创新"的漩涡里,但秉承"专业主义"精神的vivo并不愿追随大流。在沈炜看来,科技不是为了秀科技而存在,科技的使命是让每一个人感受幸福,抵达美好。

为了达成这个愿景,过去多年,vivo既不参与价格战,也不卷入"口水战",不追热点、不赶潮流,保持平常心屏蔽外界干扰。纵观如今vivo的技术研发布局,其在全球已建立十大研发中心,超13000名研发人员,占公司总人数比例为75%,近3年研发投入平均增幅为20%,专利申请数超4万个,行业技术标准制定数超400个,而能取得这些成果的根本原因在于vivo经常提及的"本分"文化。

《中欧商业评论》认为,"本分"文化作为"专业主义"精神在企业文化层面的投射,令vivo在科技创新方面连续多年取得重大突破。特别是从2019年起,vivo就以"设计驱动"和"用户导向"为纽带,连接科技创新和用户的本原需求,明确了设计、影像、系统和性能四大"长赛道"。这四大赛道造就了vivo过去几年在产品力上的"撒手锏"。

比如vivo在很早之前就意识到卓越影像功能已经成为用户"识别"一台智能手

机的关键要素。作为手机影像的持续探索者，2020年vivo与蔡司开启全球影像战略合作。

3年多来双方在蔡司光学镜头、T*镀膜、人像镜头、自然色彩等方面联合研发。2023年vivo与蔡司携手开展的"大光学战略"迈入新阶段，vivo X100 Pro成为行业唯一取得蔡司APO（复消色差）认证标准的产品，同时vivo与蔡司共同树立影像领域的行业新标准。

可见，无论是四大"长赛道"还是前文所提到的"蓝科技"，都是在明确用户需求、洞悉行业未来的基础上，通过埋头科技创新而取得的成果。就拿四大"长赛道"来说，对比历年产品的技术参数、软硬件配置，我们就能发现，从性能和影像的创新追求，到续航和外观设计的体验上，vivo对用户需求的"专注"和"创新"就从未偏离。

如果没有那份以"本分"为底色的"专业主义"精神，也许vivo就无法通过科技创新的硬实力，创造出为顾客带来价值的产品，也无法修炼成"来之即战，战之能胜"的"即战力"。

杰出雇主，如何淬炼穿越周期焕新成长的力量

彭海燕

文章来源：《中欧商业评论》公众号2024年1月。

一、可持续发展作为增长战略

作为企业管理和投资评估的新商业范式，越来越多的企业正在将环境、社会和公司治理（ESG）理念视为践行长期主义的不可或缺的"硬准则"。但是，如何将ESG从观念走向落地，除了资金和政策支持外，更需要可施行的方法论。一方面，企业需要摆脱旧时代的发展路径，在资源投入、企业治理等方面持续发力；另一方面，还需要构建起支撑可持续发展的组织能力，才能真正将ESG的理念从认知转化为行动，为企业创造长期商业价值。

ESG不是一句口号，而是企业通过综合考虑环境、社会和公司治理因素来创造长期价值的能力。只有将ESG融入组织和人才管理中，才能提升品牌声誉，走

向长期可持续发展的道路。杰出雇主调研机构发现，95.87%的中国杰出雇主致力于通过提升在可持续发展方面的投入提升雇主品牌，92.22%的中国杰出雇主在内部建立了针对社会和环境目标的沟通计划，56.13%的中国杰出雇主将高管薪酬与可持续发展目标挂钩，84.54%的中国杰出雇主建立了支持可持续发展的企业文化，73.41%的中国杰出雇主在设计可持续发展项目时将员工的偏好考虑进去。

二、多元平等包容DEI势在必行

研究表面，多元化的员工队伍可以促进创新、拥有更高的创造力和盈利能力。在一个多元化的团队当中，员工也更加容易拥有多元的观点和视角，协助公司以创新的方式解决问题。对于组织而言，建立多元、平等、包容的职场是一项战略性举措，需要领导者更具同理心，并构建一种文化，让所有员工都能感受到被接纳，并全情投入工作，从而加速组织目标的实现。

在快速变化的商业环境中，重塑以人为本的重点就是聚焦员工福祉，而为员工构建多元、平等、包容的职场环境，对于提升员工福祉，增强员工归属感都至关重要。如果组织关注员工在情感、心理、身体或社交方面的福祉，真正以员工为中心，培养相互尊重和理解的文化，从而真正激发员工的认同感和内驱力，以提升员工的留任率和组织的生产力。

杰出雇主调研机构发现，79.58%的中国杰出雇主制定了DEI（多元、公平和包容）战略，61.47%的中国杰出雇主在管理者职责中加入了DEI指标，83.23%的中国杰出雇主培养领导者成为组织内部推进DEI的榜样，81.28%的中国杰出雇主在人力资源管理中融入DEI的标准。

三、打造目标驱动型企业文化

当公司文化与员工的个人价值观、驱动力和目标相一致时，文化就能释放出巨大的潜能促使组织成功。而以目标为导向的价值观则可以帮助企业将员工的行为与价值观结合起来，并对整个社会产生可持续的影响。当员工分享这些目标和价值观时，就会产生一种社区意识和共同的意图，从而有助于整体成功和竞争优势。

彼得·德鲁克认为：每个企业都要有对于组织的目标和共享价值观的承诺。没有这种组织承诺，企业就不复存在。但是创建一个目标驱动型的企业文化并非易事，这需要组织各个层面，从管理者到一线员工对于目标实现达成坚定的承诺。同时，组织需要通过广泛而公开的对话沟通，倾听员工的心声，让员工参与到公司目标的设定当中，当员工为自己和组织共同构筑的目标而工作时，敬业度将会大大提升，整个组织犹如脱胎换骨，因为有一种发自内心的驱动力把员工内在信念和外在行动紧紧地凝结在一起。

杰出雇主调研机构发现，87.58%的中国杰出雇主将公司的宗旨目标与人才管理进行整合，51.17%的中国杰出雇主制定了员工倾听战略，78.89%的中国杰出雇主对员工敬业度行动计划的有效性进行评估。

四、AI数字技术重塑员工体验

2023年，ChatGPT等人工智能技术对人力资源管理带来了"效率+生产"的革命，通过人工智能技术，企业可以更加高效地处理大量数据和信息，帮助企业更好地识别和培养人才，对于人力资源的招聘、培训、绩效管理等领域都将带来颠覆性革命。因此，如果企业能够有效利用ChatGPT等人工智能技术赋能员工，将其与员工的创造力进行结合，就能实现生产效率的提升和价值创造的升级。

例如，将人工智能技术与员工体验进行结合，一些烦琐的任务将由生成式AI完成，员工可以更加专注于高级的工作任务，如创新、决策和人际交流等，这就可以帮助员工更高效地完成工作任务，减轻工作压力，提升工作满意度和创造力。

然而，生成AI技术的出现也引发了人们对工作的改变和未来的担忧。由于生成式AI可能替代一些工作岗位，从而引发员工的"AI焦虑"，而数据安全和隐私问题也成为使用AI技术时重要考虑的问题。但技术的潮流势不可挡，可以预见，AI大模型将重塑员工与工作的关系，也必将深刻影响员工体验与工作方式。

杰出雇主调研机构发现，84.01%的中国杰出雇主将数字化人力资源管理作为改善整体的员工体验重要举措，95.09%的中国杰出雇主定期更新数字化人力资源平台，85.45%的中国杰出雇主定期评估人力资源技术对于管理的改善作用。

转折点上的 ESG："基础设施"已经齐备，商业实践正待登场

孙行之

文章来源：《中欧商业评论》公众号 2023 年 9 月。

一、"胡萝卜"和"大棒"都已齐备

富兰克林邓普顿全球执行副总裁兼亚太区主席孟宇将美国与欧洲的 ESG（环境、社会和公司治理）政策形象地比喻为"胡萝卜"和"大棒"，即在美国，企业践行 ESG，理论上可以得到更多资金上的激励；而在欧洲，立法相对严格，企业不做 ESG，就要缴纳更多税。

对企业而言，"胡萝卜"和"大棒"正构成了企业实践 ESG 的两种外部驱动力：法规约束和来自资本市场的奖惩。在这两方面，机制性的框架已经确立。

2016 年以来，包括中国政府在内的多国政府都在加快气候方面的立法。金融机构方面，《中欧商业评论》粗略做了统计，被 ESG 全球领导者大会请到现场发言的共有近 40 家金融机构，包括国内大行、证券公司、基金公司相关负责人，也有国外的知名投资机构，如高盛、汇丰、瑞银、富达等。这些机构都各自有清晰的路线图，也对过往的工作做了清晰的阐释。而在企业与政府、资本市场之间，有一个重要的桥梁，那就是信息指示器。在市场上，目前扮演这一角色的是 ESG 评级机构。

有两位来自国际主流评级机构的专家被请到了大会现场，一位是 MSCI ESG 与气候研究部亚太区主管王晓书，另一位则是晨星（中国）总经理冯文。在 ESG 评级上，中西方之间的差异，是一个被广泛讨论的话题。这两年，因为一些标准上的不适配，国内企业界也开始出现建立"中国特色的 ESG 评价"的呼声。

在现场发言中，冯文也谈到了"本土化、国际化之争。"他提出一个颇为新颖的观点：ESG 并不是舶来品，而是一个出口转内销的产品。他还将 ESG 与中国传统哲学观联系在一起。比如，ESG 的利益相关者理论，与中国的"天人合一，和谐社会"思想不谋而合。他继而将北宋张载《横渠语录》中的"为天地立心，为生民立命，为往圣继绝学，为万世开太平"与 ESG 对人与自然、人与社会、人与自身

关系的关注联系在一起。

冯文的观点是，既然 ESG 与中国哲学是接续的，那么，现在应该做的不是强调国际标准的本土化，而是中国实践的国际化。

二、"乌托邦"与"反乌托邦"：各方期待兼具环境和商业绩效的实践

作为大会的重要嘉宾，《连线》杂志创始主编、《5000 天后的世界》等著作的作者凯文·凯利在发言中重提他的"进托邦"观点，以借喻绿色转型理念与当下世界运行逻辑之间的张力：绿色转型的愿景是宏伟的，它就像一个乌托邦，虽美好，却不可能存在；而如果我们"反乌托邦"，放任眼下的情况继续发展，那未来将是灰暗、混乱、危险重重的。他提出了一个折中的可能性，那就是进入一个"进托邦"（Protopia=Progress+Topia），每天有一点微小的进步。

ESG 就类似于一个"进托帮"，它既考虑远期愿景，也考虑到了目前现实，但这里关键问题还在于"企业如何将可持续发展融入商业"。

两类企业崭露头角，一种以科技创新为主，直接以产品帮助其他企业实现绿色转型的公司，比如特斯拉。另一种则扮演着孵化者和推动者的角色，让自己和其他合作企业实现转型。后者在供应链中，经常扮演者"链主"的角色，具有很强的影响力。

科技创新是绿色转型的原动力。这些企业是商业世界绿色转型的先导者，为其他更多企业的低碳转型提供了基础工具。在这方面，具有突出影响力的是特斯拉、施耐德、巴斯夫、陶氏等，他们都为企业低碳运营切实输出了产品、技术和服务。

大会首日，陶氏大中华区总裁朱成怡发表演讲，以诸多实例讲述了陶氏是如何以产品创新为客户提供可持续发展解决方案的。朱成怡介绍："作为一家材料科技企业，陶氏专注于 3 个方向的可持续发展方向，即气候保护、可循环经济和更安全的材料。"除了在自身生产运营中实现低碳外，陶氏对可持续发展更大的贡献还在于他们的产品。据朱成怡说，目前陶氏公司有超过 87% 的研发都是关注可持续发展解决方案，包括提高太阳能电池板的能量收集效率，为建筑降温的材料等。

还有另一类企业扮演的是孵化者、推动者的角色。百事公司是其中之一。会议期间，百事公司大中华区首席执行官谢长安在接受《第一财经》采访时提到：2023年，百事公司在亚太区有一个"绿色加速器"计划，已经孵化了超过 100 个初创企业，帮助他们去探索应对气候变化的方案。

在社会中，直接以高科技产品推动社会绿色转型的还是少数。大部分企业其实与百事公司相近，他们面临的问题首先是先扫清自家门前的雪，然后带着邻居们一起扫清整个商业社区。

这其中的一个关键是，这个"清扫"的行动也需要在商业上行得通。正如全球报告倡议组织（GRI）CEO 埃尔科·范德恩登在发言中所说的："我们都明白，也看到了，ESG 不仅是一种善行，更重要的是，它也必须变成一种商业行为。"

而把 ESG 由善行变成商业行为，实在还有很长的路要走。

第四章

《商业评论》

2024，年轻人消费三大新趋势

王丽

文章来源：《商业评论》2024年1月。

一、年轻人的文化自信

近年来，传统文化在越来越多的场景被提及，比如传统文化综艺节目、线下非遗体验馆以及各种民俗活动，让消费者更深入了解传统文化。随着对传统文化兴趣的加深，2023年淘系国潮消费的增长率超过10%，其中年轻消费者占比接近50%。

国潮的场景也变得更加多元。以前大家主要在穿搭上考虑中式元素，现在除了穿搭之外，在饮食或者特殊节点上也很关注与传统文化的结合。

在穿搭方面，新中式服饰的流行就是一个明显的例子。比如2019年大家搜新中式服饰穿搭，会搜"汉服""新中式"；到了2021年，大家会搜"马面裙""云肩"……从用户搜索结果中也可以看出消费者对新中式服饰的认知和需求都在不断细分和进阶。

以前我们认为新中式服饰就是一种风格，但如今我们发现它更多地体现了一种文化追求，消费者希望将新中式与自己原本的个人风格相融合。所以，我们看到新中式服饰中出现了越来越多的风格细分，如日常化的甜酷、极简等风格，同时也出现了新中式与多巴胺、美拉德等趋势风格的结合。

除了风格细分之外，新中式穿搭的另一个重要趋势是消费者的场景越来越多元。除日常穿搭外，消费者在婚礼、毕业季等特殊场合也会有对应的中式穿搭诉求。

例如，中式婚礼越来越受欢迎，这带动了线上中式婚嫁礼服的销量增长。除了传统的秀禾、旗袍等中式礼服品类外，明制、宋制和唐制等更细分的品类也有显著的增长，其中宋制和唐制的增长率更是超过了70%。

此外，在毕业季，许多学生选择穿着中国传统汉服参加毕业典礼，展现了年轻人的民族自信。在整个毕业季中，中式服装的消费迅速增长，包括云肩和学士服的搭配、马面裙和学士服的搭配等，毕业场景成了新中式服装爆发的一个细分赛道。

在运动方面，新兴运动趋势不断涌现，从户外骑行到新冠疫情防控期间的刘畊宏跟跳。然而，疫情后消费者对相对更柔和的传统中式运动展现出了极大的兴趣，八段锦成为近半年来非常火爆的运动项目。一些运动品牌纷纷涉足这一领域，将自己的商品营销与传统运动相结合。

目前中式运动服饰在市面上的供给相对比较少，如果接下来传统运动成为一种流行趋势的话，那么满足消费者对于运动服饰功能的需求并与中国传统元素相结合的中式运动服饰将具有巨大的潜力。

在饮食方面，年轻消费者也表现出对传统文化的热爱。以茶品类为例，18～29岁的年轻人已成为茶品类的第二大用户群体，并且保持快速增长。他们关注口味、性价比和便捷性，同时对包装的颜值要求也很高。

在茶品类中，小白茶等小包装产品受到年轻消费者的青睐，因为它们便于冲泡和携带。此外，年轻消费者还偏好极简风格或与传统元素相结合的国潮设计，以及鲜艳的撞色包装。

在传统节日方面，年轻消费者越来越重视传统节日，也愿意为传统节日消费，并期待有创意、有趣味的装饰来提升节日氛围。

与熟龄人群相比，年轻人在传统节日品类的消费上更偏好小众品类，如门幅、装饰灯和孔明灯等。就算对于对联这种大众品类的偏好也有所不同，更喜欢有创意文字梗的对联，如上联"多吃不胖身体棒"、下联"有钱有闲钞票多"、横批"人生赢家"等。

从上面的案例可以看出，年轻消费者愿意为有传统文化元素的商品买单，但前提是这些商品需要与他们的生活方式和兴趣爱好相结合，并进行当代化的表达。

二、年轻人的个性表达

近年来，年轻人对个性化商品的需求日益增强。与80后追求爆款的心理不同，现在的年轻人更希望自己购买的商品独具个性，避免与他人雷同。为了满足这一需求，DIY（自己动手制作）逐渐成为一种流行趋势。

从手办到穿搭、文创周边、户外装备、3C数码类产品等，DIY已经渗透到了各个领域。消费者在DIY时有着多元的诉求，其中第一大诉求，也是最大的诉求是通过DIY来解压和满足情感需求，这种诉求大多数出现在潮玩手作的DIY中——消费者享受DIY的过程，追求个性化结果，避免与他人撞款。

第二大诉求是通过 DIY 优化产品的外观，提升产品颜值，塑造独特性，这种诉求更多体现在穿搭品类方面。

第三大诉求是通过 DIY 优化产品功能，以满足个性化需要。

在当下热门的手作 DIY 类别中，流沙麻将和石膏娃娃是消费者比较偏爱的项目。消费者在 DIY 过程中享受涂色、制作的过程，但调研显示，他们也越来越期待 DIY 产品具有实用性。

例如，消费者会将流沙麻将做成眼影盒，将石膏娃娃做成车载扩香石。对于品牌而言，可以考虑结合 DIY 的方式与年轻用户互动，满足他们的兴趣。

此外，一些消费者会自发 DIY 品牌的二次周边，如将沪上阿姨或布洛芬的标志 DIY 成流沙麻将等形式。品牌也可以考虑与自己的私域运营相结合，提供可 DIY 的手办，与年轻消费者建立情感联系，同时也可以为消费者提供内容分发的通道，让他们的 DIY 作品得到更多展示和认可。

接下来，我们看穿搭类的 DIY。在淘宝的 GMV（成交总额）数据中，除了配饰、珠宝和黄金等品类表现良好外，鞋类 DIY 也展现出强劲的增长势头。其中，洞洞鞋的搜索同比增长超过 40%，而洞洞鞋配饰的搜索同比增长更是超过了 60%。这一趋势不局限于洞洞鞋，板鞋、球鞋、大头鞋等鞋类的 DIY 热度也在逐渐提升。

在鞋类 DIY 的过程中，消费者主要关注以下几个方面。首先，他们希望通过鞋花的 DIY 来塑造自己的整体风格。例如，选择珍珠类鞋花打造小香风，或选择蝴蝶结鞋花展现少女风。这反映出年轻消费者对于自我风格的明确认知和追求。

其次，年轻消费者注重仪式感和节令性，其会在特定节点选择相应的鞋花进行 DIY。比如毕业季或考试时选择"逢考必过"的鞋花，圣诞节时则会有圣诞老人等主题的鞋花出现。此外，文字梗和 IP 类周边也是年轻消费者喜爱的 DIY 元素。

从服饰穿搭的 DIY 来看，其延伸和发挥的空间较大。最终的诉求是更好地满足消费者的风格穿搭需求和特殊场景穿搭的诉求。

我们再来看个性化功能的 DIY。这里有两个案例。一个例子是在 3C 数码领域，客制键盘的增长尤为突出，购买人数增长超过 100%，其中年轻消费者占比超过 80%。这一现象背后的原因是年轻消费者在不同使用场景下对键盘功能有不同的需求。通过 DIY 方式，他们可以根据自己的办公、宿舍使用或游戏等场景来定制键盘功能，从而更好地满足个性化需求。

另一个例子是保健品行业的定制化趋势。定制化的营养保健品在社交媒体上的讨论热度非常高，淘系消费增速超过 200%。这类产品针对年轻人面临的不同问题，如熬夜导致的皮肤问题、睡眠问题、视力问题以及脱发问题等，提供一套个性化的解决方案，更有针对性。

DIY 是年轻消费者兴趣和个性化的表达方式。品牌在考虑产品设计和营销策略时，若能将 DIY 元素融入其中，不仅能满足消费者的兴趣和表达需求，还能给消费者更多的情感支持。

三、年轻人的去魅营销

在采取具体的营销行动之前，深入了解消费者的购物路径是至关重要的。当前，线上线下渠道已经全面打通，品牌需要关注全渠道的触点，包括电商平台、社交媒体、视频平台以及线下门店等。在整个购物过程中，不同渠道各自发挥着独特的作用。

在让年轻消费者产生兴趣的环节，主要依赖社交媒体和视频渠道，电商平台也发挥着重要作用。而线下户外广告对消费者的吸引力正在减弱，但体验性强的线下活动仍然对年轻消费者产生兴趣有一定的帮助。在决策环节，电商平台上的评论和内容平台上 KOL（关键意见领袖）、KOC（关键意见消费者）分享成为关键因素，促使消费者做出购买决策。

年轻消费者的触点明显较多，他们在获取信息时更倾向于使用多种渠道。年轻消费者在不同平台上的行为和关注的类型存在差异，品牌在制定营销策略时应有不同的侧重点。

例如，在抖音上，用户会关注很多博主，关注的类型也非常多元，包括搞笑、美食、网红 IP 等，整体偏娱乐型。但是在小红书和 B 站上，用户关注的博主数量就相对较少，关注的类型也比较聚焦：小红书上更多关注穿搭、美妆、测评，整体偏分享型；B 站上更多关注二次元、游戏和健身等垂直圈层类达人。

以"双 11"期间表现优秀的美妆品牌为例。他们如何在抖音上做营销？在小红书上找拥有几千粉丝的达人也可能产生爆文，但在抖音上如果粉丝量级没有超过 10 万人，产生爆文的概率非常低。所以品牌在抖音上选择了粉丝画像在年轻消费者中占比高的达人矩阵，通过大量的达人矩阵触达目标消费者，配合大促在抖音上造出声量。

我们做过一个调研，发现年轻一代对于广告的识别能力较强。他们能轻易分辨内容是否为广告，更倾向于接受真实、直接的信息。以美妆行业为例，真实、无滤镜的内容受到了年轻消费者的青睐。

除了真实的内容之外，真实的人设也在年轻消费者中越来越受欢迎。比如视频平台里姥姥、姥爷非常火，因为关注他们的年轻人觉得分享日常生活特别真实。三个60岁的大叔连直播间规则都搞不清，却能把单场观看量做到超过400万人次，其中年轻观众占比超过40%。

所以，真实的内容和真实的人设对于年轻消费者来说是比较有效的，消费者需要的是平等对待，而不是花里胡哨。如果有一些品牌也想要孵化自己的达人矩阵，就可以考虑建立真实的达人人设。

年轻消费者还乐于分享，90%以上的年轻人愿意将好的产品推荐给亲朋好友，并在社交媒体上分享。数据显示，看过买家秀的消费者成交转化率比未看过的要高出4%。品牌应充分利用这一点，驱动年轻消费者分享，以增强品牌关联性。

年轻消费者的分享行为不仅仅是为了物质激励，更多的是为了获得精神上的满足和认同感。因此，品牌可以通过发起挑战赛、穿搭分享等活动，激发年轻消费者的参与热情，同时给予他们实物激励和精神满足。

乐高独门秘诀：从顾客创意中赚钱

米凯拉·贝雷塔

文章来源：《商业评论》2024年1月。

能从顾客创意中获得持续商业回报的企业可谓凤毛麟角。事实上，源自顾客的创意往往是一时新鲜，后续多半难以为继。然而，此类创意一旦成功，就能创造新的收入来源，大大超越内部产生的创意，并在顾客群体当中建立更高的忠诚度——这便解释了众多企业领导者为何会孜孜以求地追寻这种创意路径。

乐高集团携手顾客取得了令人瞩目的开放式创新成就，被业界广为研究和效法。该集团于2008年推出一个众包试点项目，后来发展成为乐高创意社区，现有280多万顾客参与其中，社区成员共同分享并讨论了135000多个关于乐高套件的创意，为公司带来了可观的收入。

一、洞见一：让顾客发现热门创意

乐高创意社区的参与者生成的创意为数众多，远超乐高集团所能实现的数量。为了筛选出最佳创意，乐高采取了一种方式：由顾客在多轮竞赛中投票选出最佳创意，在规定时间内获得一万张以上支持票的创意即胜出，有资格晋级终选程序，届时将由乐高集团员工决定哪些设计可以加入乐高产品组合。

这里的问题在于，与依靠员工审核每个原始创意的方法相比，在线社区评选能否更好地遴选出最终的胜者？也就是说，乐高让顾客参与评选是否具有重要意义？

既往研究表明，其他市场的情况也是如此。例如，对于书籍、电影和歌曲能否走红，同行的影响固然意义重大，但大众的选择同样重要，而且，关于哪些作品将会大卖，大众的选择往往与专家预测的结果不一致。

研究结果表明，尽管公司可以运用人工智能从顾客那里挑选出前景最佳的创意，但这种方法对于寻找热门创意用处不大。但是客户社区的积极参与可以提供一些洞见，让我们了解哪些创意具备特定的、不易被复制的潜质（可以称之为市场匹配性或可行性）。客户社区在多个选择阶段的参与有助于发现有巨大市场需求的高质量创意，这对乐高集团内部的专业能力形成了一种补充。

二、洞见二：给不满情绪提供出口

让顾客参与选择产品创意相当于一项外交挑战。从2008年到2019年，共有148个创意获得了一万张选票，但其中只有23个被乐高集团选中进行开发和生产。如果不小心处理，拒绝这么多受欢迎的提案可能会激起强烈抵制。

我们分析了被拒提案的支持者在得知公司决定前后的活动，以了解这些社区成员的反应。我们发现，他们不仅继续留在乐高创意平台上，而且还更多地参与评论他人的创意。不过，在他们所珍视的创意遭拒后的大约两星期内，他们会在评论中提供更多负面反馈来表达失望的心情。

以上结果表明，拒绝一个参与者的创意会影响到更广泛的社区。从对参与者的访谈中可以看出，这种影响是短暂的，这是因为参与者对乐高集团和乐高创意社区有着高度认同。较高的客户忠诚度让公司可以坦然说"不"，而不会对社区造成巨大破坏。

接受访谈的社区成员描述了乐高打造这种忠诚度的多种途径。其中一种策略就是设计这个平台，鼓励参与者之间建立个人联系。一位来自希腊的社区成员说，她之所以继续参与，是因为她珍视与来自法国、意大利和西班牙等不同国家的粉丝之间的关系。

三、洞见三：分享财富

尽管乐高的主要顾客是儿童，但这家公司也抓住机会，通过与成人合作来扩大影响力。我们采访了乐高创意社区和BrickLink的多位经理人，并且观察了"BrickLink设计师计划"（BDP）的运作情况——在这个计划中，社区成员竞相为自己的创意进行众筹——结果发现，该公司不仅鼓励创造力，还鼓励创业精神。

许多创作者能够在乐高创意大赛之外通过自己的提案赚到钱。有很多粉丝把乐高拼砌师当成一份副业，经常在YouTube及其他社交媒体平台上展示自己的创意。这样一批人推动了售后市场销售需求。

2000年，乐高发烧友丹·杰泽克（Dan Jezek）在eBay上发现了售后市场对乐高积木块的需求，于是创办了BrickLink交易网站。一开始，该网站上只有15家转售店。时至今日，这里已经集聚了来自70个国家的一万多个卖家。消费者可以相互交流买卖乐高积木、套件和原创设计。

乐高集团收购了BrickLink，作为乐高创意社区的补充，以便拓展与成人粉丝，特别是与一小部分设计高手的关系。拥有BrickLink网站之后，乐高还得以在质量上更好地把控平台上提交和交流的创意。

乐高正在利用BrickLink与社区成员共同创造新的收入流。2021年，乐高为其10K俱乐部成员（就是在乐高创意社区的大赛中获得一万张选票，但未被乐高集团选中的参赛者）举办一场竞赛，趁势推出了"BrickLink设计师计划"。粉丝们可以通过认捐来帮助自己喜爱的项目赢得第二次梦想成真的机会。

如果一项设计在BrickLink上获得了至少3000份预订单，乐高集团就会为这些顾客组装独家套件，包括积木块和拼装手册。如果一个创意没能获得足够的预订量，则由创作者保留所有权利，他可以随心所欲地处理该创意，包括在平台上出售数字拼装说明书。

乐高集团对该计划进行了投资，包括在项目提交到众筹环节之前指派设计师帮助创作者测试、构建和完善项目。公司还对即将投产的套件进行质检，确保其符合安全和法律标准，并提供一流的搭建体验。

我们采访的一位 BrickLink 经理人声称，该计划深受成人粉丝的欢迎。许多设计在几天甚至几分钟内就达到了 3000 份预订单的众筹门槛。

乐高集团随后扩大了 BDP 的范围，允许凡居住在公司运营所在国的任何人提交设计。为鼓励乐高粉丝的数字创意，公司特地为他们提供了一款名为 BrickLink Studio 的软件，用于设计和提交创意方案。

尽管公司会通过常规零售渠道销售乐高创意大赛的获奖作品，但是通过 BrickLink 众筹渠道问世的创意作品则由创作者自行销售。经由该渠道生产的套件不属于乐高官方套件，但除了商品包装盒正面的 BDP 标志之外，在侧面还印着一个小的乐高标志，以提示消费者与该公司的联系。

2023 年年底，乐高集团宣布：BDP 竞赛今后不再是一次性或偶然性的活动，而将成为 BDP 计划的一个永久特色。该公司于 2023 年年初举办了两次竞赛，预计获奖设计作品将于 2024 年中下旬推出。

在 BrickLink 平台参与者投票选出他们最喜爱的作品后，公司将根据自身选择标准（包括创作者的设计技能和数字能力等指标）以及与现有产品组合的兼容性来权衡大众支持度，最终遴选出 5 款设计方案。

BrickLink 平台成员将受邀预订这 5 款设计中的任何一款。预订数量超过 3000 套的设计将投入限量生产，最多不超过 20000 套。创作者也可以推广自己设计的产品，他们将获得全部净销售收入的 5%。

四、根治"非本处发明综合征"

心存怀疑的员工可能会抵制来自外部的想法——这是典型的"非本处发明综合征"——但在了解外部贡献者的观点后，他们的态度可能有所改变。此外，与消费者合作，可能会挑战内部产品开发人员的职业身份。他们可能需要重新定义对自身角色的认知。

第五章

《中国企业家》

政府工作报告出炉、企业家关心的内容在这里

《中国企业家》杂志

文章来源：《中国企业家》公众号 2024 年 3 月。

一、预期目标国内生产总值增长 5% 左右，城镇新增就业 1200 万人以上

2024 年发展主要预期目标：国内生产总值增长 5% 左右；城镇新增就业 1200 万人以上，城镇调查失业率 5.5% 左右；居民消费价格涨幅 3% 左右；居民收入增长和经济增长同步；国际收支保持基本平衡；粮食产量 1.3 万亿斤以上；单位国内生产总值能耗降低 2.5% 左右，生态环境质量持续改善。

二、拟连续几年发行超长期特别国债，2024 年先发行 1 万亿元

赤字率拟按 3% 安排，赤字规模 4.06 万亿元，比 2023 年年初预算增加 1800 亿元。为系统解决强国建设、民族复兴进程中一些重大项目建设的资金问题，从 2024 年开始拟连续几年发行超长期特别国债，专项用于国家重大战略实施和重点领域安全能力建设，2024 年先发行 1 万亿元。

三、落实好结构性减税降费政策，重点支持科技创新和制造业发展

落实好结构性减税降费政策，重点支持科技创新和制造业发展。严肃财经纪律，加强财会监督，严禁搞面子工程、形象工程，坚决制止铺张浪费。

四、促进社会综合融资成本稳中有降，更好满足中小微企业融资需求

促进社会综合融资成本稳中有降。畅通货币政策传导机制，避免资金沉淀空转。增强资本市场内在稳定性。大力发展科技金融、绿色金融、普惠金融、养老金融、数字金融。优化融资增信、风险分担、信息共享等配套措施，更好满足中小微企业融资需求。

五、涉企政策要注重与市场沟通、回应企业关切

各地区各部门制定政策要认真听取和吸纳各方面意见，涉企政策要注重与市场沟通、回应企业关切。加强对政策执行情况的跟踪评估，以企业和群众满意度为重要标尺，及时进行调整和完善。精准做好政策宣传解读，营造稳定透明可预期的政策环境。

六、在坚守安全底线的前提下，更多为发展想办法、为企业助把力

坚持质量第一、效益优先，继续固本培元，增强宏观调控针对性有效性，注重从企业和群众期盼中找准工作着眼点、政策发力点，努力实现全年增长目标。坚持高质量发展和高水平安全良性互动，在坚守安全底线的前提下，更多为发展想办法、为企业助把力。

七、大力推进现代化产业体系建设，加快发展新质生产力

充分发挥创新主导作用，以科技创新推动产业创新，加快推进新型工业化，提高全要素生产率，不断塑造发展新动能新优势，促进社会生产力实现新的跃升。

八、推动产业链供应链优化升级，增强产业链供应链韧性和竞争力

推动产业链供应链优化升级。保持工业经济平稳运行。实施制造业重点产业链高质量发展行动，着力补齐短板、拉长长板、锻造新板，增强产业链供应链韧性和竞争力。

九、促进中小企业专精特新发展

加快发展现代生产性服务业。促进中小企业专精特新发展。加强标准引领和质量支撑，打造更多有国际影响力的"中国制造"品牌。

十、开辟量子技术、生命科学等新赛道

积极培育新兴产业和未来产业。巩固扩大智能网联新能源汽车等产业领先优势，加快前沿新兴氢能、新材料、创新药等产业发展，积极打造生物制造、商业航天、低空经济等新增长引擎。制定未来产业发展规划，开辟量子技术、生命科学等

新赛道，创建一批未来产业先导区。鼓励发展创业投资、股权投资，优化产业投资基金功能。加强重点行业统筹布局和投资引导，防止产能过剩和低水平重复建设。

十一、开展"人工智能+"行动

深化大数据、人工智能等研发应用，开展"人工智能+"行动，打造具有国际竞争力的数字产业集群。实施制造业数字化转型行动，加快工业互联网规模化应用，推进服务业数字化，建设智慧城市、数字乡村。深入开展中小企业数字化赋能专项行动。

十二、持续深化"双减"，大力提高职业教育质量

开展基础教育扩优提质行动，加快义务教育优质均衡发展和城乡一体化，改善农村寄宿制学校办学条件，持续深化"双减"，推动学前教育普惠发展，加强县域普通高中建设。办好特殊教育、继续教育，引导规范民办教育发展，大力提高职业教育质量。大力发展数字教育。

十三、强化企业科技创新主体地位

强化企业科技创新主体地位，激励企业加大创新投入，深化产学研用结合，支持有实力的企业牵头重大攻关任务。加强知识产权保护，制定促进科技成果转化的政策举措。

十四、培育壮大新型消费，落实带薪休假制度

培育壮大新型消费，实施数字消费、绿色消费、健康消费促进政策，积极培育智能家居、文娱旅游、体育赛事、国货"潮品"等新的消费增长点。稳定和扩大传统消费，鼓励和推动消费品以旧换新，提振智能网联新能源汽车、电子产品等大宗消费。推动养老、育幼、家政等服务扩容提质，支持社会力量提供社区服务。优化消费环境，开展"消费促进年"活动，实施"放心消费行动"，加强消费者权益保护，落实带薪休假制度。

十五、着力稳定和扩大民间投资，落实和完善支持政策

2024年中央预算内投资拟安排7000亿元。统筹用好各类资金，防止低效无效

投资。深化投资审批制度改革。着力稳定和扩大民间投资，落实和完善支持政策，实施政府和社会资本合作新机制，鼓励民间资本参与重大项目建设。进一步拆除各种藩篱，在更多领域让民间投资进得来、能发展、有作为。

十六、完善中国特色现代企业制度，打造更多世界一流企业

要不断完善落实"两个毫不动摇"的体制机制，为各类所有制企业创造公平竞争、竞相发展的良好环境。完善中国特色现代企业制度，打造更多世界一流企业。深入实施国有企业改革深化提升行动，做强做优主业，增强核心功能、提高核心竞争力。

十七、弘扬优秀企业家精神，积极支持企业家踏踏实实把企业办好

全面落实促进民营经济发展壮大的意见及配套举措，进一步解决市场准入、要素获取、公平执法、权益保护等方面存在的突出问题。提高民营企业贷款占比、扩大发债融资规模，加强对个体工商户分类帮扶支持。实施降低物流成本行动，健全防范化解拖欠企业账款长效机制，坚决查处乱收费、乱罚款、乱摊派。弘扬优秀企业家精神，积极支持企业家专注创新发展、敢干敢闯敢投、踏踏实实把企业办好。

十八、推进财税金融等领域改革

推进财税金融等领域改革。建设高水平社会主义市场经济体制改革先行区。谋划新一轮财税体制改革，落实金融体制改革部署，加大对高质量发展的财税金融支持。

十九、促进跨境电商等新业态健康发展

加强进出口信贷和出口信保支持，优化跨境结算、汇率风险管理等服务，支持企业开拓多元化市场。促进跨境电商等新业态健康发展，优化海外仓布局，支持加工贸易提档升级，拓展中间品贸易、绿色贸易等新增长点。全面实施跨境服务贸易负面清单。

二十、继续缩减外资准入负面清单

继续缩减外资准入负面清单，全面取消制造业领域外资准入限制措施，放宽电信、医疗等服务业市场准入。深入实施自贸试验区提升战略，赋予自贸试验区、海南自由贸易港等更多自主权，推动开发区改革创新，打造对外开放新高地。

二十一、深化多双边和区域经济合作

深化多双边和区域经济合作。推动落实已生效自贸协定，与更多国家和地区商签高标准自贸协定和投资协定。推进中国—东盟自贸区3.0版谈判，推动加入《数字经济伙伴关系协定》《全面与进步跨太平洋伙伴关系协定》。

二十二、满足居民刚性住房需求和多样化改善性住房需求

优化房地产政策，对不同所有制房地产企业合理融资需求要一视同仁给予支持，促进房地产市场平稳健康发展。适应新型城镇化发展趋势和房地产市场供求关系变化，加快构建房地产发展新模式。加大保障性住房建设和供给，完善商品房相关基础性制度，满足居民刚性住房需求和多样化改善性住房需求。

二十三、加大种业振兴、农业关键核心技术攻关力度，严守耕地红线

加大种业振兴、农业关键核心技术攻关力度，实施农机装备补短板行动。严守耕地红线，完善耕地占补平衡制度，加强黑土地保护和盐碱地综合治理，提高高标准农田建设投资补助水平。

二十四、改善农村基础设施建设

深化农村土地制度改革，启动第二轮土地承包到期后再延长30年整省试点。深入实施乡村建设行动，大力改善农村水电路气信等基础设施和公共服务，加强充电桩、冷链物流、寄递配送设施建设，加大农房抗震改造力度，持续改善农村人居环境，建设宜居宜业和美乡村。

二十五、培育发展县域经济

把加快农业转移人口市民化摆在突出位置，深化户籍制度改革，完善"人地

钱"挂钩政策，让有意愿的进城农民工在城镇落户，推动未落户常住人口平等享受城镇基本公共服务。培育发展县域经济，补齐基础设施和公共服务短板，使县城成为新型城镇化的重要载体。

二十六、大力发展绿色低碳经济，加快形成绿色低碳供应链

大力发展绿色低碳经济。推进产业结构、能源结构、交通运输结构、城乡建设发展绿色转型。落实全面节约战略，加快重点领域节能节水改造。完善支持绿色发展的财税、金融、投资、价格政策和相关市场化机制，推动废弃物循环利用产业发展，促进节能降碳先进技术研发应用，加快形成绿色低碳供应链。

二十七、提升碳排放统计核算核查能力，建立碳足迹管理体系

积极稳妥推进碳达峰、碳中和。扎实开展"碳达峰十大行动"。提升碳排放统计核算核查能力，建立碳足迹管理体系，扩大全国碳市场行业覆盖范围。深入推进能源革命，控制化石能源消费，加快建设新型能源体系。加强大型风电光伏基地和外送通道建设，推动分布式能源开发利用，提高电网对清结能源的接纳、配置和调控能力，发展新型储能，促进绿电使用和国际互认，发挥煤炭、煤电兜底作用，确保经济社会发展用能需求。

二十八、加强对就业容量大的行业企业支持

要突出就业优先导向，加强财税、金融等政策对稳就业的支持，加大促就业专项政策力度。落实和完善稳岗返还、专项贷款、就业和社保补贴等政策，加强对就业容量大的行业企业支持。

二十九、居民医保人均财政补助标准提高 30 元

居民医保人均财政补助标准提高 30 元。促进医保、医疗、医药协同发展和治理。推动基本医疗保险省级统筹，完善国家药品集中采购制度，强化医保基金使用常态化监管，落实和完善异地就医结算。促进中医药传承创新，加强中医优势专科建设。

三十、大力发展文化产业

深入推进国家文化数字化战略。深化全民阅读活动。完善网络综合治理,培育积极健康、向上向善的网络文化。创新实施文化惠民工程,提高公共文化场馆免费开放服务水平。大力发展文化产业。开展第四次全国文物普查,加强文物系统性保护和合理利用。

头部民营企业的目标,是建设世界一流企业

王怡洁

文章来源:《中国企业家》公众号 2024 年 3 月。

一、谈民营经济立法及新质生产力:创新引领高质量发展

曾毓群:民营经济立法是非常好的一件事,是推动国家高质量发展的重要一环。能为民营企业工作方式、制度专门立法,也是我国法治建设非常重要的一部分。提到新质生产力,我认为要有创新的高质量发展的生产力才能称为新质生产力,新质生产力引领的一定是高质量发展的生产力。

二、谈民营企业面临的挑战和机遇:鼓励颠覆型创新

曾毓群:民营企业未来的挑战来自企业本身的创新力度够不够,挑战与机遇并存,无论是挑战,还是机遇,面临的课题都是创新。创新要靠两方面,一是保护创新。创新分很多层次,一种叫颠覆型创新,是最高层次的创新,还有一种叫渐进型创新,这两种创新都需要鼓励。对于颠覆型创新和渐进型创新,保护力度是不一样的。比如知识产权有两种,一个是发明专利,一个是实用新型专利。在发明专利里,哪些属于渐进型创新,哪些属于颠覆型创新,都要区分开来,因为它们对社会的贡献意义是不一样的。鼓励创新的大方向是对的,但在鼓励创新的基础上应该进行二次区分颠覆型创新和渐进型创新。对于引领高质量发展而言,我们更鼓励的是颠覆型创新,只有颠覆型创新产生的新产品、新技术才能引领高质量发展。因此,国家要鼓励颠覆型创新,保护颠覆型创新。我们的民营企业未来能否真正引领世

界，就要考验整个民族的创新决心有多大。除了保护创新外，管理也是创新的一大部分。领导要从管理层面激发每个人去创新，不能把人管死，要学会激发员工的创新点，要提高员工解决问题的能力。

三、谈宁德时代出海及面临的挑战：地缘政治

曾毓群：一方面，我们要加快自身高质量的创新，创新仍是宁德时代的核心竞争力。另一方面我们面临的最大挑战来自地缘政治。再好的东西走出去也会冲击别人的市场，所以别人就会想不同的办法对付我们，这个局面目前没有办法改变。关于"出海"，我们的模式是教会别人，帮助他们一起把产品做出来，共同为人类新能源事业做出贡献。举个例子，在美国，我们会把技术授权给他们，每做一块电池，我们会收取专利费，然后再派工程人员去服务，教他们自己把产品做出来再服务于他们。也就是说，我们有了新技术，不是说去全面垄断别人的市场，而是去帮助他们一起把产品做出来。

四、谈动力电池产能过剩：鼓励兼并重组

曾毓群：在高质量发展的道路上我们会面临这样的问题，我认为低端产能可能会过剩，低端产能是跟高质量发展不相适应的，所以它有可能被自然淘汰，或许也存在市场自然出清的过程。我鼓励对低端产能进行兼并重组，这也是促进行业高质量发展的一种模式。

五、谈新能源汽车价格战：要用高质量高标准做出高端产品

曾毓群：如果新能源汽车把价格降得非常低，可能到最后比拼的并不是产品的质量好坏，所以就偏离了国家要求高质量发展的轨道。我们要用有效的资源做高质量的产品，形成高端品牌进行出口，这是我们的方向，而不是仅仅把价格降下来打国内市场。我认为高质量产品或者是所谓的高端产品并不一定要在产品性能上进行区分，这不是纯粹的价格竞争，而应该是产品创新能力的竞争。比如，大家关心的新能源汽车安全问题、续航问题、低温性能问题、智能化问题等能否真正做到创新发展，能否打造出高端产品来占领全球市场都需要重点关注，也就是说，我们出口的高质量产品占比多少，这些都可以作为我们阶段性的目标去努力。

六、谈头部民营企业使命：向建设世界一流企业的目标前进

曾毓群：高质量发展才是硬道理，我认为头部民营企业一定要去朝建设世界一流企业的目标前进。如何在技术、经营、管理、客户满意度等方面做到引领世界，这是值得头部企业思考的问题。因此，头部企业一定要奋发图强，才能够响应我们中华民族伟大复兴的号召。

叁

管理新媒体传播

第一章

"华夏基石 e 洞察"

三流管理者会干，一流管理者会让

杨杜

文章来源："华夏基石 e 洞察" 2023-3-3。

一、如何评价优秀的管理者

如何评价优秀的管理者？三流的管理者自己做事（会干）；二流的管理者带人做事（会说）；一流的管理者让人做事（会让）；超一流的管理者能激励所有人去做奋斗者，他只掌握思想权（会退）。思想属于自己，思维模式属于自己。做到这个程度，企业就不会失控。要想让大家都非常的积极努力，特别难，所以他才是超一流，所以才要先会干，再会说，再会让，再会退。要把自己能干、所干的事情说出来、写出来，然后把平台让给大家，让别人成功。自己在后面，为他人的成功而欢呼，而不是为自己的成功沾沾自喜。当领导，要追求成长到这个层面。然后是会退，自己退到二线、三线去。

但是企业家也不能退得太早，还是要遵循人的生命周期，不能三十岁就看破红尘遁入空门了。做人，要有几分糊涂，几分兴味。对一切都索然无味的人生，虽然也是一种选择，但是不在我们讨论持续成长的话题之内。人生可以挥一挥手，不带走一片云彩，但是总得留下点什么。尤其是做企业，要追求为子孙后代，一代一代成长留下平台，留下思想。这个时候退出，是及时得体的，也是让后代能承前启后的。

我年轻的时候割过麦子，一拢麦子割下来，腰都直不起来。苦不苦？真的苦。但是所有麦子割完以后，在田间地头一躺，天蓝云白，麦穗飘香。劳动成果就在我身旁，幸福感就特别强烈。所以，幸福是对比出来的。

优秀的管理者，不要让员工吃得太饱，有饥饿感才有食欲，有食欲才吃得香。人不能饱食终日，一定要劳其筋骨，饿其体肤，之后吃得饱，才会感受到幸福。

最近流行躺平，诸位回家练习一下，真的躺平三天，看看是不是舒服？所以，管理者一定要知道，不能在员工未付出之前就给他幸福感，一定要有年轻时候的"峥嵘岁月"，要有跨过千山万水的跋涉，人生的幸福感才能叠加，当你老了，才能有满满的收获与回忆。这才是人生的幸福曲线，不然，先甜后苦，人生只剩"追忆"。

所以，在擅长的领域，人一定要追求干大事。日拱一卒，功不唐捐。那么，问题来了。你是选择幸福曲线呢，还是选择痛苦曲线？

二、正确的管理与定位

基于这样一些认知，我们来谈一谈，什么是正确的管理。管理者是组织，人不是圣人。所以，管理一要做人有德，二要做事有才。哪一个更重要呢？其实，德必须体现在事情上，做事与做人是一个硬币的两面，德与才也是一体的。二者分开来讲是概念，合在一起才是行为结果。因此，这里面的关键在于，你是谁？你是一个管理者，还是一个员工？谁的德行更高一些？

这就要求我们对管理者进行定位。

第一，作为领导的下属，要会做事，要为领导做事，更要为组织做事，更要让领导做人，因为领导是组织的代表。在任何一个组织里，一把手必须保持光辉形象，不要让人抓住错误。为什么？因为他是组织代表，不是他个人的问题。所以，不要妄图指责最高领导，只有中间干部才是有问题的，而工人阶级永远是对的。这个模式比较有趣——最高层、最底层都是对的，只有中间层是错的，这才是一个充满张力的结构，组织就会充满战斗力。所以，中间层不能做好人，要以"事"为本，把事干成。得罪人不要紧，牺牲也未尝不可，可以把你刻在组织的"丰碑"之上。

第二，作为下属的领导，要会做人，要为下属做人，要带下属做事，更要帮下属成事，因为下属的成长就是组织的成长。这不是个人的负担，而是组织的感觉。所以当领导的感觉就是带领队伍成长，不能成为"天花板"，压着下属做事。所以，管理者既要出业绩，更要做组织。

三、管理中的分级

按照这样的思路，我们为各种管理进行分级。

一流的管理者自己不干，下属干。超一流的管理者自己不干，下属主动干。超超一流的管理者自己不干，下属拼命干。超超超一流的管理者自己不干，下属快乐干。最高级的管理者，无需监督，下属会有超强的战斗力，就如同解放战争中的战士，不惧流血牺牲，因为虽死犹荣。

三流的管理者自己干。四流的管理者自己干，下属跟着干。五流管理者自己干，下属没事干。六流管理者自己干，下属对着干。

作为一名管理者，我们要思考，我们应该达到哪一个层次，去和我们的下属进行匹配？并且一步一步实现上升？同时还要考虑，我们怎么成长？怎样让别人负一定的责任，让别人成长？这就是带队伍，实现从三流向二流、一流的提升。

我们说，在下属干不好，发一通火，然后自己干的情况下：一是自己花费大量精力，导致两个结果，即身体好的又苦又累，身体不好的生病殉职。二是下属无事也无长进，也导致两个结果，即产生依赖性，失去进取精神；有上进心的下属，要么偷学会了也不领情，要么跳槽走人。

所以，一名管理者，你可能技术、经验都很丰富。这是自然的，有十年经验的人和入职一年的人相比，当然具有优势。你要让他干，给他机会。要把有价值的信息给到他，有用的关系介绍给他。否则，他越干越没劲，不愿意继续为你工作，还要在把你的技术、经验偷偷学去了以后，不但要跳槽，还要跟你竞争。所以要会干，但不必亲自干，领导者只需要监督。要会说，但也不必多说，点到为止，发挥他的悟性。要会让，但不是完全放弃，掌握最终的监督权并承担责任。要会退，并且能进退自如，不能一退了之，充分弃权。

反过来，三流的管理者之所以难以成长，有的人在一个位置上干了七、八年也升不上去，是因为他们有这样一些特点：看不起人，不给人活干；放不下心，担心人干不好；不培养人，怕饿死师傅；容不下沙子，不包容，同而不和；离不开位子，不变通，死而后已。

2024，正确理解经营

陈春花

文章来源："华夏基石 e 洞察" 2024-2-27。

在《2024 年的经营关键词》中，我把"回归基本面"作为年度关键词之一。虽然外部环境增长放缓，顾客不足，但当每个员工的行动回归到经营的基本面，就可以保证企业能够超越环境获得市场的认可，从而获得自己的发展机会。那么，这些最基本的要素是什么？如何回归到基本层面上？

一、经营的四个基本元素

企业经营的基本层面由四个元素构成，它们分别是顾客价值、成本、规模和盈利。

（1）顾客价值。"顾客价值"不是一个概念，而是一种战略思维，是一种行为准则——你是否一切工作用顾客价值为导向。

（2）成本。成本不是一个"最低"的概念，其实是一个"合理"的概念。而这个合理的成本又必须具有竞争力。

（3）规模。企业大多比较在意规模，但规模的本质是关于竞争，而不是顾客。规模并不是越大越好，而是有效最好。

（4）盈利。我用了一个词，叫作"具有人性关怀的盈利"。很多企业比较在意盈利，而不在意盈利有什么贡献。而如果一个企业想要持续去做经营，很重要的是，它的盈利必须具有人性的关怀属性。能够真正解决顾客的需求，并承担社会责任。

很多人问，一个人怎样才称得上"懂得经营"。我说那就是看他能不能够用这四个要素做出判断，能够沿着这四个要素形成自己的思维习惯。我们在经营当中必须化繁为简，抓住这些最本质的基本要素，并且让每个人理解这些要素，真正落实到日常经营的行动中：

（1）让企业的资源聚焦在顾客和顾客价值创造上，而不是消耗在企业内部；

（2）挑战极限降低成本，杜绝一切浪费；

（3）不要满足于获得规模而是有效的规模，透支资源和价值的规模是没有意义的；

（4）越是在不确定的环境下，越要基于利他关爱来发展自己。

二、有效经营战略是关键

"回答增长从哪里来？"是企业经营需要牢牢抓住的主线。在我最新的文章《四种力量下的三种增长战略》中，我提出了"增长战略"并确立了其包含的三种基本战略：有效经营战略、顾客价值创新战略、协同共生战略。这其中，进入市场并存活下来，有效经营战略是关键。有效经营战略是指通过计划管理，把四个基本经营要素有机组合在一起，实现经营活动的过程，并取得绩效结果。"一家企业的经营成果，用销售收入和利润来衡量，它们分别体现了企业的规模和盈利状况。而销售收入源于为顾客创造了价值，利润又由收入扣除'成本'得到。顾客价值是企业经营的出发点和落脚地。为创造顾客价值，企业需要投入资源，也就是付出成本。如果成本过高，超出了顾客的支付能力，那么他们就会放弃企业的产品，而企业也将因为亏损无法持续发展。保持合理的成本，需要利用规模效应。"我们来看一家2011年的创业企业——智慧树网。这家公司以服务中国高等教育，提供技术平台，让更多大学生获得优质师资课程为主要业务模式，截至2017年，跨校课程共享的服务范围超过1103所高校，每年有超过500万人次的学生通过智慧树网，跨校修读其他学校的优质学分课程。这家企业看起来前景不错，但企业却面临着更大的压力，有了学校、老师、学生都喜爱的产品以及规模化的收入，盈利水平却不佳，企业也无法继续依赖融资来解决问题，企业的生存出了问题。在意识到问题后，他们重新梳理了业务模式，确定了"见树成林 百栈百胜"的业务战略，并围绕战略做出四项调整：一是取消省区分公司架构，直接建立了100多个"课栈"的团队，他们入驻高校与老师们一起工作，直接承接高校的数字化任务；二是简化产品和服务类别，挑选出客户价值最大的产品作为核心收入产品，聚焦做好核心产品，在保证质量的前提下将其他产品和服务调整成免费模式；三是公司的经营重心围绕500家核心客户展开，基础服务覆盖全客户范围；四是强化经营计划管理，核心经营绩效目标，全员执行到周目标管理。全员落实到位以上四点，企业不仅服务客户超过2100家，业务也快速增长，收入和盈利水平提升到一个新的水平。掌握了有效经营能力的团队，帮助公司跨越生存发展瓶颈。

三、结束语：经营的本质——创造附加价值

我最早很想了解什么叫经营，可是看了非常多的书，还是理解不到。有一次我看了一本文学作品，突然就理解了。那个作家写他自己学经济学这门课的时候，突然意识到，经济学真的很难。为什么？因为他发现，这实际上是一个没有办法实现的任务，他说："经济学是一个悲哀的学问，你必须满含眼泪才能学懂它。"当我看到这段话，才恍然大悟。什么叫经济？什么叫经营？为什么经济学是一个悲哀的学问？因为经济是要用有限的资源满足人们无限的需要。这几乎是不太可能完成的任务。那么，经营是什么？经营就是用有限的资源创造一个尽可能大的附加价值，再用这个附加价值去满足人们无限的需求。其实它中间多了一个环节，这个环节叫作附加价值。通过经营，企业经营者以最少的资源投入创造出尽可能多的能够满足人们各种需要的产品和服务，从而获得企业自身的利润和增长。在新的一年，我期待你能够成为创造更大附加价值的人，用这个附加价值，来满足他人需求、造福整个社会！

第二章

"泽平宏观"

2024中国经济展望

任泽平

文章来源："泽平宏观"2024-1-27。

我先跟大家讲几组数据，感受一下现在经济发展的一些情况。

大家知道中国是世界第二大经济体，当然这是一个泛泛的概念。2022年中国GDP大约为121万亿元，大约是18万亿美元。我们贡献了全球经济增长的小20%，美国大约是20%露头，中美加起来约占全球经济盘子的40%。然后是日本，约5%，德国大约4%。这是第一组数据。

第二组数据，按照人均GDP，中国2023年的数据还没有出来，但可以做一个预测。2022年我们人均GDP大约是12000美元，什么概念呢？按照世界银行的标准，发达国家的门槛值是12600美元，就是我们离发达国家的门槛已经非常接近。

第三组数据，按照城镇化率，2022年中国城镇化率为65.22%，按照每年中国城镇化率大约增长一个百分点的背景算，当然后面都在放缓，2023年中国城镇化率大约是66%。

2023年前三季度中国GDP增速是5.2%，这是统计局公布的数据。这就是我们一些主要经济指标的表现情况。那么我们处在一个什么样的时代呢？我想用讲过的一句话，叫增速换挡。

我们研究发现，几乎所有发展中经济体在追赶发达经济时，发展到一定阶段，都会出现增速的换挡。好一点的如德国、日本、韩国、新加坡，会有一个中速增长，比如4%～5%，可以再增长10～20年，这是非常成功的，但想重回高速增长如8%、10%以上，没有可能。后面我会解释原因。这是我们十几年前做的判断。

当然也有做得不好的，如拉美、东南亚，经过一段高速增长以后，就掉下去了，直接进入一个低速增长期，而且经济绩效表现并不好，这就是我们说的"中等收入陷阱"。

为什么出现这种增长速度的转换？一个很重要的原因就是人口问题。2023年中国总和生育率可能会跌破1，2022年是1.05，不到1.1，而联合国代际平衡大约是

2.1。中国的人口红利是 1962 年到 1976 年这一拨婴儿潮，这一拨人对中国经济的贡献是巨大的，它决定了中国经济增长和经济结构的主要特点。中国经济过去为什么高增长？因为 1962 年到 1976 年出生的这一拨人当时正好二三十岁，人多、人年轻、人便宜，让中国成为世界工厂、世界制造的中心。

另一个原因，就是房地产大开发时代的落幕。什么年龄的人会买房子？20 岁到 50 岁的人，这是买房主力人群。为什么中国房地产会在过去迎来黄金 20 年？就是因为 1962 年到 1976 年这一拨人要结婚生子买房子。如今，中国房地产大发展时代结束了，就是因为这一拨人已经不再买房了。

当然还有其他原因，比如当时我们的技术，我们可以模仿、学习别人，但现在中国已经有了许多技术创新，并有了一些领域在前沿，这也为经济发展带来增速换挡。

过去 40 多年，中国年均经济增速超过 9.5%，以前都是将近两位数的增长。上一个高点是 2007 年，增速是 14%，那么大的一个国家，以 14% 的速度增长。但是时代发生了变化。

还有我们的城镇化率，2022 年是 65.22%，2024 年应该会超过 66%，所以城镇化还有空间。发达国家的城镇化率一般到 85% 就基本结束了，中国还有 15～20 个百分点的增长空间，但这 15～20 个百分点可能会逐步放缓，不会像以前一样每年增长一个点。

总结过往，中国为什么有这么大的增长奇迹？我认为，是抓住了三个红利：全球化红利、改革红利、人口红利。而现在，我们正面临着三大挑战，比如人口红利也要发生一些变化、改革要推进高质量发展，现在正在如火如荼地推进当中。

2023 年的经济马上就翻篇了，2023 年前三季度 GDP 增速是 5.2%，取得这样的成绩非常不容易。中央经济工作会议对 2023 年做了总结，对 2024 年做出了部署，提出了很多提法，比如"稳中求进、以进促稳、先立后破"。其中关于"先立后破"，我觉得提得特别好、特别及时，因为现在我们要高质量发展、新旧动能转换，就不能把旧的东西一"破"了之。"破"了之后，就业怎么办？居民收入怎么办？我觉得确实需要有一个过程，用时间换空间，"先立后破"。即便是传统行业，也有空间，比如最近拼多多很厉害，还有如 SHEIN 这种跨境电商，TikTok 也在出海，中国哪怕是传统行业放在全球都是先进的制造业。所以"破"了干吗呢？没有必要。我们可以通过跨境电商出海，像拼多多。所以中国企业的出海有广阔空间。

中国企业在国内"卷"未必是坏事。所以请大家留意,"先立后破",中央这个提法特别好。

大家非常关心的一些行业,中央也提出要多出有利于稳预期、稳增长、稳就业的政策,特别振奋人心、特别值得期待。还提到积极的财政政策、稳健的货币政策、扩大内需、产业升级、民营经济、房地产、区域人口,都提了一些非常好的做法。

我从一个学者的角度来判断,过去这段时间到2024年,中国整个宏观政策,包括财政、货币、资本市场、房地产的政策,整个基调是宽松、积极和友好的,是对经济的恢复有正向作用的。但是不要指望"大水漫灌""强刺激",这是不现实的。

最后再跟大家讲一下我们总结的未来九大趋势。第一,全球化逆风带来国际秩序的重建和外部发展环境的变化。第二,中国发展战略正从高速增长转向推动高质量发展。第三,城镇化步入中后期,都市圈、城市群时代已经到来。第四,房地产长周期拐点出现带来区域分化和土地财政转型。第五,新基建、新能源、数字经济、高端制造将代替房地产老基建成为中国经济新的发动机。第六,新能源迎来了快速增长期。第七,人工智能处在技术快速迭代、大规模商用化谋求突破的阶段。第八,人口老龄化、少子化加速到来,我们要积极应对。第九,国产品牌"出海"正在寻找广阔空间。

中国民营企业百强榜2024:大洗牌

任泽平

文章来源:"泽平宏观"2024-3-5。

2024年,提振民营企业信心成为拼经济的重中之重。2023年7月中共中央、国务院发布《关于促进民营经济发展壮大的意见》,2024年年初相关部门表示将加快制定民营经济促进法,无一不彰显国家对民营经济的重视。民营经济贡献了"56789"(民营经济贡献了中国经济50%以上的税收、60%以上的GDP、70%以上的技术创新成果、80%以上的城镇劳动就业、90%以上的企业数量),是市场经济活力的源泉。我们聚焦百强民企研究,本次是第二年发布该榜单(第一期报告详见中国民营企业百强排行榜2023),以企业营业收入为依据,力图展现百强民企的综合实力、行业格局、地域变迁等，为更广泛支持民营企业发展、提升企业家信心提供参考。经过 2022—2023 年的洗牌，百强民营企业排名有七大特点。

（1）百强入围门槛有所提高。2024 年榜单民营企业百强营收门槛为 885 亿元，较 2023 年榜单提高了 94 亿元，10 强、30 强、50 强的营收门槛分别为 4200 亿元、2125 亿元、1514 亿元，较 2023 年榜单分别提高 100 亿元、221 亿元、145 亿元。从收入区间看，1000 亿～2000 亿元营收规模的民企较上年增加了 9 家，达到 58 家，为中坚力量。

（2）前十强格局稳定，排序小幅变化，京东、阿里巴巴、华为位列前三，抖音进步 4 位。京东营收突破万亿元，稳坐第一把交椅，阿里巴巴位居第二，与 2023 年持平。华为与恒力交换位次，跻身前三。字节跳动更名为抖音集团，位列第五，较 2023 年上升 4 位。传统制造业的浙江荣盛、山东魏桥亦有进步，均较 2023 年提高 2 位。从行业看，互联网企业占据 4 席、信息技术产业占据 2 席、传统制造业等占 3 席，房地产占 1 席。

（3）近 1/3 的企业位次洗牌，新能源企业进步明显。排名进步的主要有 31 家，其中排名进步较快的（排名提升超过 20 位或营收涨幅超 50%）有 6 家，分别为通威集团、宁德时代、隆基绿能、牧原实业、拼多多、比亚迪，集中在新能源领域。较 2023 年排名前进 5～20 位的有 12 家，有 14 家民企排名较 2023 年微增。

（4）16 家企业发生了入榜和落榜，反映了行业洗牌和经济转型。新晋企业中，山东、浙江民企居多，传统制造业，营收主要集中在 1000 亿～2000 亿元区间。落榜企业的地域分布比较分散，行业分布上主要集中在制造业（5 家）、批发和零售业（4 家）、房地产业（2 家）。

（5）百强行业洗牌：房企占比下降，制造业占比上升。制造业在百强中占比超六成，传统行业对 GDP 贡献度更高。百强民企中制造业企业占比达到 63%，较 2023 年增长 10 个百分点，入席百强的房企数量从 5 家降为 4 家，批发和零售业民企数量为 13 家，较 2023 年降低了 4 家，主要受新冠疫情影响。

（6）百强地域分布：浙江、广东、江苏、北京的民企数量靠前。长三角、京津冀和珠三角的分布数量分别为 36 家、21 家和 14 家，浙江、广东、江苏、北京的百强民企数量分别为 20 家、14 家、10 家、10 家，符合中国人口和产业持续向大都市圈集聚的大趋势。

（7）百强民企资本化情况：2024 年榜单中与资本市场有关联的民企占 82%，较

2023年略降2个百分点。38家百强民企为上市公司，57家企业或下属公司为发债主体，资本市场化持续推进。

提振民营企业信心，关键要做好政府与市场的分工。政府提供透明公平的法治规则、产权保护、良好的营商环境、完善的基础设施建设和服务等，生产和创新等竞争性领域交给市场。一是优化营商环境，服务市场主体，尊重保护产权，鼓励市场良性竞争。二是完善多层次资本市场，推动实体经济融资成本下降，解决企业融资难、贵问题。三是引导正向舆论宣传，减少地方政府对微观主体的过多干预，防止合成谬误。四是提振消费，稳定收入预期。五是掌握数字经济命脉，加大对新一代信息技术、新能源汽车、锂电、储能、自动驾驶、人工智能等行业的支持力度。六是支持民营房企"三好生"的合理融资需求，有效防范化解优质房企风险。七是支持和引导平台经济规范健康持续发展，提振民营企业信心。民营企业有信心，则经济有活力、就业有保障、政府有税收。只有万马奔腾，才能万象更新！

为什么市场追捧高股息资产

任泽平

文章来源："泽平宏观"2024-1-22。

开年以来，以煤炭、银行为代表的高股息资产获得广泛关注，"以煤炭为代表的旧能源龙头市值超越新能源龙头""在银行存款不如买银行股"等话题登上热搜。为什么当前高股息资产受热捧？本文将一探究竟。

高股息资产是指股息率较高的权益资产，具有现金流稳定、分红高、估值低、成熟型企业等特点，因此常被视为"防御性资产"或"固收类资产"，往往在市场调整期产生超额收益。2023年以来，中证红利价值指数2023年涨跌幅为8.56%，跑赢沪深300指数近20个百分点。

当前高股息资产行情有三大特征：①持续时间长，2023年至今高股息资产策略表现均较为突出，近年来高股息行情有拉长趋势；②煤炭板块贡献较大，在主要红利指数中的权重显著上升；③低利率助推。

为什么高股息策略受到热捧？目前高股息受热捧的逻辑是其他资产回报不及预期，凸显高股息资产性价比足够高，我们认为本质上是"另类预防式储蓄"的体现。一方面，经济复苏基础不牢固，资本市场回报预期较弱，微观主体倾向抱团安全系数更高、收益更加稳定的资产；另一方面，高股息资产估值较低、分红较高，相比于银行存款、理财或债券回报更高，相比于其他权益类资产风险更低，契合投资者追求稳定预期的需求，因此成为"另类预防式储蓄"。

本轮抱团高股息能持续多久？历史上高股息资产领先的持续性偏短，但在最近2021年和2023年两轮中有所拉长，需警惕利率转向、板块业绩不达预期以及资金过度交易等风险。

资金抱团高股息，本质是"另类预防式储蓄"现象在资本市场的映射，关键是要扭转市场预期，提振有效需求。做好政策逆周期跨周期调节；货币政策协调配合财政托底经济，注重信贷跨期平衡，熨平流动性波动；提振信心，进一步释放社会消费和投资潜力。促进居民消费和投资意愿恢复，提振市场信心，防范潜在的"流动性陷阱"风险。

我们近期倡导"全力拼经济"。只要我们把发展放在首要任务和第一要务，全力拼经济。出台针对性够强、力度足够大的经济提振措施，提振民营经济信心，活跃资本市场，促进房地产软着陆，坚定不移地以经济建设为中心，中国经济前景光明。

美联储推迟降息的五大原因

任泽平

文章来源："泽平宏观"2024-2-2。

一、FOMC（联邦公开市场委员会）：更好平衡，更大信心，更晚降息是本次议息会议的核心

明确美联储本轮货币政策紧缩周期结束；释放"3月不降息"信号；对美联储而言，未来劳动力市场的变化将比通胀更关键。具体来看，第一，通胀与就业的"更好平衡"。当前"去通胀"进程趋缓，劳动力市场供需接近平衡。"更好平衡"，意味着保证通胀不大幅反弹，劳动力市场将更大程度地影响美联储的货币政策。第二，通胀回归2%的"更大信心"。核心PCE（核心个人消费支出物价指数）同比

上一年快速回落，从5.6%回落到2.9%，但依然高于2%的通胀目标；鲍威尔认为去通胀进程并未胜利，通胀回落是否可持续需要进一步验证。值得注意的是，鲍威尔明确表示更看重通胀的整体数据（核心PCE）而非分项结构。我们理解，本次通胀参考系数的调整，从核心非房服务通胀（3.95%）向核心PCE（2.9%）调整，更重要的意义在于，既支持其"3月不降息"的操作，又为后续降息做铺垫，未来劳动力市场的变化将比通胀更为关键。第三，打压市场预期，传递"更晚降息"。鲍威尔明确表示3月降息并非基准情形，过早或过多的降息将打断本就放缓的"去通胀"进程，最终或带来不必要的二次紧缩风险。在当下时点，美联储降息必要性不强，降息或"更晚一点"。美联储推迟降息有五大原因：①经济依然高于潜在增速；②就业市场供需接近平衡、韧性仍强；③薪资增速难以进一步下行；④低技能劳动服务通胀难降温；⑤住房去通胀程度有限。

二、美国经济依然高于潜在增速

2023年美国实际GDP同比增长2.5%（2022年为1.9%），受益于低基数和2023年的"再加速"；各季度分别为1.7%、2.4%、2.9%和3.1%。第四季度实际GDP环比折年率为3.3%，低于第三季度的4.9%，但明显高于预期的2%。四大分项对GDP贡献均为正。其中私人消费环比折年率为2.8%，拉动第四季度GDP增长1.9个百分点，依然是GDP的最大拉动项，持续好转的居民实际薪资收入支撑着超预期的零售消费。

服务消费占比有进一步修复潜力。当前商品消费占GDP比重为24.1%，高于新冠疫情前2.2个百分点；而当前服务消费占GDP比重为44.7%，低于疫情前0.7个百分点。同时也将支撑更多的服务业就业。四季度私人投资环比折年率为2.1%（Q3为10%），拉动GDP 0.38个百分点。非住宅投资受到设备投资回正的提振，环比折年率1.9%，拉动GDP 0.31个百分点。存货投资在第三季度集中增长后，第四季度超预期小幅增长。美国补库较弱，行业库存变化趋势尚不统一，系统性补库需等待降息触发。具体来说，当前美国库存周期呈现三大特点：①非耐用去库存程度强于耐用品；②非耐用品中，"食品、塑料制品"等去库彻底，而"服装、石油"等库存水平较高；③耐用品中，"家具和木制品"去库彻底，而"电气设备"库存水平较高。第四季度净出口拉动GDP 0.43个百分点，告别连续两个季度零增长局面，贸易逆差显著收窄。2023年美国进口几乎持平，出口增长约2.1%；在美元相对强势的背景下，表现较好。

三、美国就业市场供需接近平衡、韧性仍强

2022年以来，美国就业市场表现出很强的韧性，尤其是美国失业率长期稳定在历史低位水平。即使当前需求边际下滑、企业业务减少，美国整体失业率并未大幅升高。其原因在于，新冠疫情后劳动力供给紧张、工人议价能力强、企业对未来仍有预期，企业选择减少招聘人员，但未开始裁员，"缩招不缩岗"。对应的，美国职位空缺数持续下滑、但失业率低位横盘。

2022年以来，平均工作时长持续下滑，反映劳动力市场供需接近平衡，甚至有过剩风险。尤其是制造业，耐用品和非耐用品部门加班时长均下滑到了除衰退周期外低点水平。且平均加班工时的下滑幅度超过同期的工业产出下滑幅度。

据旧金山联储数据显示，过去两年美国经济失业率同比变化明显低于长期线性预测水平，美国失业率可能"过低"。

四、薪资增速难以进一步下行

2023年12月非农薪资增速环比0.44%（前值0.35%），时薪环比持续3个月增加，3个月年化增速4.1%。2023年，整体的薪资增速放缓速率相当有限，仅从2023年年初同比4.4%下降至年末的4.1%。短期内，3个月年化薪资增速同比难以实质性跌破4%。

薪资景气不减，叠加众多罢工解决方案中的加薪计划尚未实施，未来员工议价能力仍强。美国咨询公司Mercer调查显示，2024年美国雇主计划给员工基础加薪3.5%，对非工会成员加薪3.9%；World at Work基于2090家美国企业的问卷调查反馈显示，2024年美国雇主平均计划加薪幅度为4.0%。此外，对于罢工解决方案、最终达成的涨薪协议和潜在的短期薪资谈判都会锁定未来1~3年薪资的高增。2024年薪资同比增速4%或成"共识"。薪资增速是对生产力增速和通胀预期的回报，即薪资同比增速＝生产力增速（1.2%）+5年期通胀预期（3.0%），2018—2019年，美国薪资增速几乎是遵循这一等式，而2023年4月之后又再次验证。

五、低技能劳动服务通胀难降温

低技能服务业通胀高位，是影响核心通胀关键。其背后是低学历/低技能劳动

力的减少，相较于新冠疫情前仍存约150万人缺口，且主要集中在25～34岁的一定学历青年供给缺失。因此，低技能服务行业通胀未来难降温，且高技能服务业通胀维持在3%左右水平，伴随着核心商品结束通缩，通胀有上行的风险。

六、住房去通胀程度有限

2023年12月美国房租通胀依然是核心服务通胀的最大拉动项，环比增长0.5%，意味着住房去通胀极为有限。美国房价同比在2023年6月已见底，房价滞后影响，最快将于2024年下半年对住房通胀带来新一轮上行压力。近期随着降息预期的升温，以及地产供给不足，美国主要房价指数均已见底反弹。在住宅新建许可保持稳定的同时，新开工大幅增加。美国地产自2022年年底见底后，低库存、居民实际收入改善支撑2023年的成屋销售。这也对美国住房去通胀的可持续性产生冲击。

而核心非房服务通胀环比依然接近0.4%，同比自2023年下半年以来保持在4%的水平；核心商品通胀在超预期圣诞购物季的加持下同比回正。失业率不大幅走高便难以推动通胀放缓，但在企业现金流充沛的情况下又暂时不具备快速大幅裁员的可能。降息预期带动企业信心修复、叠加信贷条件边际宽松，美国通胀或将面临更大的需求侧刺激。

人口结构变动带来六大机遇

任泽平

文章来源："泽平宏观" 2024-3-9。

人口变动缓慢，但势大力沉。当前，我国人口面临结构性挑战，突出表现为少子化、老龄化，由此带来一系列重大而深远的影响和挑战。面对复杂的人口形势，一方面我们要积极应对人口问题，另一方面要挖掘人口结构中的"新红利"。

人口是经济发展过程中重要因素，人口结构变动在产业发展过程中扮演着重要的角色。改革开放以来，伴随着人口结构的变动，我国产业发展经历了"出口增长强劲""房地产的黄金十年"以及"创新驱动型产业快速发展"三个阶段。

受劳动人口见顶回落、人口受教育水平逐渐提升、人口和人才不断向东部沿海及发达都市圈城市群流动等人口结构变动的影响,未来有以下六大机遇。

(1)消费升级迎来新趋势,逐渐向健康化、品质化、情感化转型。具体表现:老龄社会、健康消费;中产崛起、品质消费;独居盛行、情感消费。

(2)部分制造业向东南亚转移,产业面临转型升级、智能化数字化成趋势。随着产业外迁,国内制造业面临转型升级,受益于高质量人才规模仍较大,中国产业转型升级仍有支撑。

(3)产品和服务向适老化转型,医养结合更加紧密、养老金融前景广阔。未来养老产业不仅包括基本生活需求,还要兼具休闲娱乐、社交等附加服务属性。随着居民对养老理财储备需求增加,养老金融前景广阔。

(4)教育系统面临结构性调整需求,短期托儿所供应不足、幼儿园及义务教育供应相对饱和。学前教育阶段呈现0~3岁托儿所不足与3~5岁幼儿园相对饱和并存的局面;义务教育阶段的入学需求减少,其中小学入学人数下降明显、农村下降更快。

(5)人口结构变动带来住房价值分化,人口、人才净流入的一线城市房地产市场热度高于二线城市房地产市场热度,而人口、人才流出地区房地产市场较冷淡。

(6)住房改善时代来临,从"有房住"到"住好房"、产品力成为购房者关注重点。随着居民收入水平提升和外部环境变化,居民对改善型住房的要求也更加多元,除了位置和面积外,对住房品质的要求也在提升。

第三章

《销售与市场》

2023 年度销售红榜 Top30

《销售与市场》编辑部

文章来源：《销售与市场》2024 年 3 月 3 日。

一、《狂飙》一路"狂飙"

戏内，演员们互飙演技，用戏剧冲突的形式展现扫黑过程中的种种阻力，吸引追剧党一路"狂飙"；戏外，强盛集团抖音直播间、高启强同款《孙子兵法》、大嫂同款卷发等周边元素纷纷走红，意外收获大量的流量。《狂飙》这样级别的头部爆款能够集流量、热点话题、持续长线讨论效应于一体，形成可跨越各场域、大声量的营销影响力，也为长视频的发展提供了思路。

二、喜茶 × 特斯拉联名车厘子新品

喜茶与特斯拉共同推出多肉车厘桑和多肉车厘莓两款新品。消费者进入喜茶小程序即可抽取特斯拉 1 周或 1 月试驾权益等奖品，特斯拉车主则可在车主权益平台领取喜茶车厘系列新品 5 折券等。与新能源汽车品牌联动，在刺激顾客消费的同时，大大增强了喜茶的宣传力度和品牌知名度，也树立了品牌形象。

三、爆红的 ChatGPT，成为新风口

ChatGPT 是由人工智能研究实验室 OpenAI 公司研发上线的对话式 AI 模型。有人将 ChatGPT 比喻为"搜索引擎＋社交软件"的结合体，能够在实时互动的过程中获得问题答案。这将进一步加强 NLP（自然语言处理）技术的应用，如人机交互、智能客服、机器翻译、智能写作等。随着深度学习模型不断完善、开源模式的推动、大模型探索商业化的可能，生成式 AI 有望加速发展。

四、Keep 靠奖牌收获关注热度和赢利希望

奖牌营销的成功为 Keep 带来了赢利希望，其层出不穷地推出联名活动和奖牌设计，与众多知名 IP 联名。通过提高收藏性和朋友圈展示价值，成功让 Keep 奖牌

成为年轻人交流的一种社交货币。

五、大润发官方认证小润发

网友打假小润发，大润发官方认证，由此掀起了一场社交狂欢，小润发也随之一炮而红，迅速打开了品牌知名度。能在社交媒体平台上密切关注粉丝的互动，并及时回复给出极具戏剧效果的反应，无不体现着大润发强大的社交功力。

六、"安慕希大楼"爆红

当上海外滩边中国金融信息中心大楼和安慕希酸奶同框时，两者高度相似的外观设计引得网友疯狂玩梗。安慕希官方闻风而来，并且亲自留言评论："是的，那这一次我要夺回属于我的大楼。"后续，安慕希官方在小红书策划了"拿下安慕希大楼计划"。安慕希不俗的品牌嗅觉、热点敏感度和与广大用户玩到一起的社交能力与思维，值得广大品牌学习。

七、老乡鸡碰瓷星巴克

"星巴克，对不起！本来想点一杯咖啡慰劳一下自己，一不小心……"一封诚恳又心酸的道歉信，以及一张咖啡洒了一地一玻璃的照片，火爆全网。网友们却一边忍笑憋泪，一边欢乐围观，官方号也纷纷过来互动凑热闹。一个品牌如果擅长打造社交力，就可以轻松将多方的营销资源价值最大化，让品牌双方快速出圈。

八、《长安三万里》火爆全网

从大唐盛世到安史之乱，从繁花似锦的长安到烽火连天的战场，观众能够随着电影画面的转变，穿越时空，重返大唐，去见证那些群星闪耀的光辉时刻，去品味那厚重斑驳的历史画卷。有网友评论"仿佛在《千里江山图》中上了一堂国学课""中国文化就是电影最大的底气"。该影片的爆红也提醒我们，中华文化底蕴深厚，余韵悠长，探索传统文化的魅力还需要每个人用心、用情去发现、去感受。

九、淄博烧烤火爆全网

山东淄博火了。在社交平台上，随处可见周末去山东进行"特种兵式旅游"的大学生以及求"烧烤搭子"的年轻人。淄博烧烤的出圈，离不开烧烤店店主、政府、消费者的多向奔赴。对于一座小城来说，现象级的流量是一次千载难逢的机会。淄博让我们看到了一座小城的政府和人民如何携起手来，凭借教科书般的反应速度，把城市的名气成功地打了出去。

十、宠物营销"毛毛果"

一条名为毛毛的金毛狗变身"犬工"帮忙摘橙子的视频登上短视频热榜，引发网友热议。网友对毛毛的喜爱，直接带火了博主所在地区的橙子销售。在博主打包成箱售出的橙子中，每箱中都会有一颗被贴上"毛毛采，请慎重入口"的标签，橙子上还有一个浅浅的牙印。年轻人的生活节奏越来越快，治愈系萌宠容易触动他们的内心，使得宠物营销成为一种趋势。

十一、麦当劳用 AI 创作 M 记新鲜出土的宝物

在 AI 绘画、ChatGPT 等技术应用大火后，麦当劳紧跟潮流趋势，在冲浪月刊展出了利用 AI 技术创作的 M 记新鲜出土的宝物。这些宝物来源于麦当劳经典产品汉堡、薯条、鸡翅等，由青铜器、白玛瑙、青花瓷等不同材质制成。例如，青铜器汉堡、拱门建筑"遗址"、翡翠薯条、鎏金鸡块……从造型来看，陈列在玻璃展示盒里的一众麦当劳传家宝在延续经典菜单的基础上，还多了不少文物的印迹，仿佛带人穿越到数千年前。

十二、平价蜜雪冰城，整顿天价音乐节

当看到许多知名歌手组成的音乐节阵容和不到 200 元的票价时，大家忍不住又一次惊呼："整顿天价音乐节，还得靠雪王！"除了价格和嘉宾阵容本身外，冰激凌音乐节的演出现场还有许多"蜜雪元素"的植入。对于一个做加盟商生意的品牌而言，如何保有持久的品牌力是核心问题，而蜜雪冰城凭借这场音乐节无疑是赚足了品牌好感。

十三、优衣库"男女皆可穿"

优衣库打出"男女皆可穿"的产品标签，标签文案具体内容为"打破固有框架的区分与界限，简约之美由你诠释"。以比较委婉的说法，优衣库表达了衣服"男女皆可穿"的性质，既展现了"去性别化"的时尚风格，又强调了包容性和多元化

的审美。

十四、康师傅借势端午节推出泡面粽

康师傅在端午节这场注意力争夺战中，把泡面玩出了新的花样，推出了一款泡面粽，并且还在小红书发出了泡面粽的制作过程。此举引发了不少网友尝试。泡面粽的猎奇营销引发了网友的好奇心和社交表现欲，在社交圈中自发传播，也为康师傅带来了病毒式营销的效果。

十五、雪碧官方整活"82 年"

"82 年的雪碧"梗起源于一年元宵晚会的一个小品，后续被广泛应用在各种表情包和社交场景中，成为年轻人的一种幽默和调侃的方式。雪碧顺势上新了一款特别设计的"致敬 1982 限定柠檬味汽水"，让这个流行于各种表情包的梗成了现实。更有趣的是，为了减少误会，雪碧还特地指出"82 年的雪碧"当然不是指 1982 年生产的雪碧，我们无法穿越时空回到过去，只是在致敬一个曾经的场景。

十六、各大高校通知书疯狂"卷"创意

各大高校秀录取通知书设计，可谓一个比一个"卷"。从外观设计到内在礼品，从美好寓意到实用周边，月历摆件、盲盒胸章、数字藏品、茶饼、美食卷等，不一而足。录取通知书可以说是高校对外的一张形象牌，大学录取通知书设计不仅可以看出学校的文化底蕴和风格特色，还是宣传学校的一个绝佳媒介，拉近了与学子之间的距离。

十七、海天味业推出酱油冰激凌

海天味业巧妙地选择了高触达率且具有社交属性的冰激凌作为营销载体，从外观到口感上以反差感出奇制胜，让产品本身带上社交货币的属性，从体验感出发，打造趣味度满满的"酱温客栈"快闪店，满足了年轻消费者对新奇体验的需求，激发年轻人的社交分享，重塑了海天味业在年轻人心中的品牌形象。

十八、妙鸭相机走红

一款名为妙鸭相机的 AI 写真微信小程序在朋友圈、小红书、微博等各个社交

平台刷屏，其口号是"让每个人都拥有一个 AI 摄影师"。写真模板丰富多样，覆盖了有实用功能的轻职场照、极具美学色彩的棚拍写真照和时尚潮流的风格大片，因此也被冠以"海马体 9.9 元平替"的标签。科技感、新鲜感、满足感等综合体验，以及分享激励机制，让用户自发传播分享，口碑得到保障。

十九、小红书开启首届"马路生活节"

作为"暑期消费季"的重要活动之一，小红书首届"马路生活节"在上海拉开序幕。上海市黄浦区的淡水路上，被小红书诗歌博主的作品刷街，此外还有潮流探店、街头音乐闪送、宠物派对、小马路逛吃之旅、运动派对等活动。小红书选在马路边造节的本质是从线上社区来，到线下生活去，有效打通线上线下的壁垒，营造线上线下互通互动的生活体验场景，持续反哺品牌的成长。

二十、名创优品举办反虐待动物主题公益展

在国际流浪动物日，名创优品与中国小动物保护协会于广州高德置地春广场联合打造了一场以"小动物不是玩物，每种伤害都有代价"为主题的反虐待动物主题公益展。该展览通过一个个残破的毛绒玩偶展品深刻揭露了桩桩件件小动物被当作玩物的悲剧，致力于向社会公众普及可适用于虐待、伤害小动物案件的现有法律，为反虐待动物发声。

二十一、茅台联名出圈

品牌跨界联名被茅台玩得风生水起。先是联手瑞幸咖啡推出酱香拿铁，以"美酒加咖啡，就爱这一杯"为口号，一时间，酱香拿铁引发了全网的关注和探讨。酱香拿铁上线一天后便刷新单品销售纪录，首日销量突破 542 万杯，单品销售额突破 1 亿元。后又联手德芙推出酒心巧克力，刷屏社交网络平台。茅台两次联名的火爆出圈，可谓赚足了流量。

二十二、华为轻舟已过万重山

没有任何预热铺垫，没有正式发布会，华为向全世界扔下了一枚"重磅炸弹"——Mate 60 Pro 系列手机。一时间，海内外掀起了抢购热潮。它不仅仅是一部手机，更是一个拐点，是具有划时代意义的里程碑。一部华为的自主创新史，既是

中国求索"科技强国"漫漫长路的缩影，也揭示了中国在半导体领域的光明前景。华为用 Mate 60 系列告诉大家，凡是不能打倒我们的，终将使我们强大。

二十三、蜂花们借势出圈

"哪里贵了"的某品牌 79 元眉笔事件之后，知名国货品牌蜂花立刻在相关视频下弱弱地问，可以捡粉丝吗？随后连夜上架 3 个价格为 79 元的洗护套餐。鸿星尔克、莲花、郁美净、活力 28 等也不甘落后，一众国货老品牌纷纷蹭流量出圈。这实际上也是示弱营销的一次深刻、生动展现，只有产品做得好是不够的，营销跟得上才是销量提升的关键。

二十四、上海市精神卫生中心的中秋月饼火了

上海市精神卫生中心的月饼除了常规的黑芝麻味、奶黄味外，还有清香蜜橙、抹茶香柚、桂花乌梅、生椰拿铁口味。设计上主打高饱和度的多巴胺颜色，不仅对应 6 个口味，还反映不同的心理情绪。更重要的是每个月饼上还印刻了"上海市精神卫生中心"的标志性 Logo。网友戏称之为"精神饼"。虽然不对外发售，但却在各大社交平台迅速刷屏。这款月饼的火爆，一是基于它本身的话题性和神秘感，二是带有一点在压力中自嘲的幽默感，这在一定程度上是大家的情绪发泄和纾解。

二十五、必胜客香菜猪耳比萨引热议

香菜本身就是一道富有话题和争议的食材，加上与猪耳的搭配，可谓自带流量。事实上，必胜客的本土化思路就是用做中餐的方式做比萨。必胜客所选择的就是将传统中国菜、小吃与比萨结合起来，这样不仅能给消费者带来更多新鲜体验，也走出了一条新品研发的路径。

二十六、胖东来共享充电宝前 30 分钟免费

在河南胖东来超市租借共享充电宝，前 30 分钟免费，满 30 分钟后收费 1 元/小时，24 小时内封顶是 10 元，此外会员 100 积分能抵 1 元。在共享充电宝价格普遍飞涨的行情下，胖东来可谓一股清流。胖东来的极致化服务还体现在无论买什么东西，只要不满意就可以退货，从而倒逼自身选品能力，甚至看电影不满意，也可以在影片结束后 20 分钟内，退还票价的 50%（另外 50% 是院线收入）。

二十七、瑞幸邀请罗翔为酱香拿铁普法

继联名茅台推出酱香拿铁风靡全网后，就有不少网友热议"喝酱香拿铁算不算酒驾"。瑞幸干脆趁着热度请到了"法外狂徒"罗翔担任答疑官，为大家解答关心的问题，话题效果拉满。瑞幸也向公众传递了自己的社会责任，在提醒公众关注法律知识的同时扩大产品声量，一举多得。

二十八、海底捞"科目三"

在部分海底捞门店，只需要对服务员说"我要科目三"，就会有服务员为你来上一段魔性舞蹈，不管是舞蹈动作还是表情管理都十分到位。一边吃火锅，一边还能观看免费的舞蹈表演。去海底捞边吃火锅边看"科目三"的顾客也越来越多。

二十九、潘通发布 2024 年度流行色

作为以开发和研究色彩而闻名全球的权威机构 PANTONE（潘通），正式宣布了潘通 2024 年度代表色——PANTONE 13-1023 Peach Fuzz（柔和桃）。据官方介绍，这是一种柔软温和的蜜桃色，以极具包容力的精神丰富了身心。该色处于粉色和橘色之间，色调清新，很有治愈感。每年的潘通色都是商家、品牌的营销契机，通过包装、设计上的更新，展现紧跟潮流的品牌形象。

三十、小米战略升级，小米澎湃 OS 发布

小米宣布全新战略升级，从"手机 X AIoT"，升级到"人车家全生态"。小米全新操作系统小米澎湃 OS（Xiaomi HyperOS）也正式发布。未来人、车、IoT 底层架构互联打通，或大幅提升交互体验。小米澎湃 OS 进行了史无前例的系统底层重构，将为未来百亿设备、百亿连接做好"万物互联的公有底座"。

第四章

《商界评论》

郑翔洲跨年演讲：新模式　新趋势

郑翔洲

文章来源："《商界评论》杂志"公众号 2023-12-17。

一、微盟

2018年8月6日，微盟科技在香港提交IPO（首次公开募股）申请和招股书。据在香港交易所提交的文件显示，德意志银行和海通国际为联席保荐人。微盟是微信第三方服务商，为各类商家提供云端商业及数字营销解决方案，是典型的To B企业。微盟基于微信生态并通过SaaS（软件即服务）产品，主要为商家提供数字化的精准营销服务。

微盟目前助力企业把线下销售模式进行数字化，先要改造渠道结构——F（品牌商）2B（渠道商）2b（导购员）2C（消费者），这是企业数字化里程的第一步。基于此，"全渠道会员运营系统"已经成为微盟纵深服务零售大客的关键业务布局。

通过助力客户全量会员业务管理实现价值增长，该产品服务已获得包括NEIWAI（内外）、SKECHERS（斯凯奇）、希乐、统一企业、TEKA、JNBY、雀巢、方太等在内众多零售企业的青睐。这些企业通过微盟提供的智慧零售解决方案，以云店的组织架构、角色账号等组织管理能力让业务组织便捷地参与数字化业务运营，解决了品牌、直营业务和加盟业务的数字化升级。

那么微盟怎么赚钱？①商品利润，卖产品谈订单（B端）。②品牌利润，卖加盟（1500个左右渠道合伙人）。③资本利润，做并购，如并购雅座，餐饮行业的SaaS；并购海鼎51%的股权，智慧零售；并购向蜜鸟；未来还会并购更多的企业。

所以微盟的核心竞争力，除了产品够硬以外，还市场渠道代理商多，能让上游、下游都能够持续性赚钱。

微盟未来将重点围绕七大方向发力：①聚焦大客，继续领跑。微盟将继续加强大客化战略投入，进一步提升大客收入占比，将重点深耕服饰、家居、美妆个护、数码、建材、食品快消六大行业，并在购物百货和商超便利两大创新行业发力。通过商域、私域、公域"三域"打通，实现跨域联营。②开放共赢，打造生态壁垒。

微盟将进一步深化生态价值。通过持续丰富品类生态，帮助商家实现更好的经营。同时，微盟将与行业生态伙伴一起，联合打造更具深度的行业解决方案，实现更多垂直行业的渗透。微盟将打通线上线下生态销售通路，同时进一步深化PaaS（平台即服务）平台能力，实现客户价值与生态伙伴的双向保障。③跨境出海，布局全球市场。通过一站式跨境解决方案、海外多平台流量接入、构建跨境电商生态、加码全球服务网络布局，继续践行国际化战略。④TSO全链路营销，助力客户智慧增长。微盟将通过私域人才培育计划、流程标准化和规模化复制、麒麟系统提升运营效能、深化行业实践、打造全域增长模型、扩展私域服务阵地等举措，助力客户智慧增长。⑤持续加码私域赛道，巩固行业领先位置。通过"企微助手、OneCRM、CDP+MA"私域三件套，分别帮助商家完成客户沟通与触达、客户资产和客户运营，以及客户认知与洞察目标，为商家提供全面、一体化的私域产品解决方案。⑥多云布局，驱动新增长。除商业云、营销以外，2021年孵化了销售云产品——销氪，形成了更加丰富的云业务布局。销氪主要服务于B2B（经销商与零售商）行业客户，解决其销售管理链路的需求。2021年，销氪取得了较好的市场认可；2022年，销售云将成为新的增长点，将持续拓展更多"B2C"行业，并通过AI技术提升销售和管理的效率。⑦"7+X"，打造新增长飞轮。打造"7+X"增长飞轮，在交易、CRM（客户关系管理）、企微、CDP（客户数据平台）、流量、导购、数据七个核心产品基础上，将X交给第三方，通过微盟云市场构建生态，组合更多解决方案交叉销售，最大限度满足商家需求。

二、安智科技

安智科技核心是智慧校园。

①安智科技定位校园生活，用人脸识别技术，构建校园万物互联"让孩子校园生活更美好"，为全国中小学提供"物联网＋智慧校园一脸通"解决方案。颠覆了原来校园一卡通模式，符合科技发展的趋势。②投资方面，已获得腾讯投资、高新创投、上市公司基金、知名投资机构等投资。已经有主流资本进入的企业，更容易获得其他资本的青睐。③政策方面，项目符合国家打造数字校园、推进校园新基建的政策引导方向；同时，公司的商业模式契合了国家规范"禁止中小学手机进校园""为校园生活提供便利服务，以自愿和非营利原则收取服务性费用"的两大政策。④商业模式方面，会员订购。采用免费投建一脸通智慧校园（智能硬件＋平

台）；通过精细化的运营服务，为家长提供内容丰富的增值业务，满足家长全方位关注孩子健康成长的需求，以及为校内商户提供便捷支付结算服务，获取收益；从经营产品到经营人群。⑤战略合作伙伴方面，拥有三大运营商、腾讯、支付宝、狄耐克等上市公司。⑥安智科技业务数据方面，服务超 4000 家中小学校，用户超 600 万人次，覆盖全国 23 个省、市，中小学刷脸支付笔数超 650 万笔/日，消费流水日均 5000 万元，是微信支付和支付宝的头部服务商；年收入从 2 年前 2000 万元，迅速增长到 2023 年 2 亿元以上，即使在新冠疫情期间受到停课停学的影响，也保持着快速增长。这就是做 B 端生意的好处。⑦发展规划方面，目前全国中小学阶段学校总量 28.5 万所，基本上都是传统一卡通模式智慧校园，安智科技计划在未来 3 年发展 1.5 万所刷脸支付学校。这才是真正的智慧校园。⑧安智科技的 2B2C 商业模式方面，安智科技联合全国渠道代理商（大概 120 家左右），为学校免费投建智慧校园（生活服务），获取运营权。为家长提供内容丰富的平台会员订制服务，满足家长全方位关注孩子健康成长的需求，以及为校内商户提供便捷支付结算服务，获取收益。安智科技的合伙人，既有主动型的收入，又有被动型的收入；既有一生一次的收益，又有一生一世的收益；既有利益，又有意义，利益可以获得普通人的青睐，意义可以获得高人的青睐。

三、益航

益航依托研发的 PIPS 多模态高精度定位和导航管理系统、AI 终端联排快充和能源管理系统、大空间智慧物联技术、人工智能和多模态数据分析、AI 终端并发通信和数据传输系统五大核心技术，可面向机场航站楼、旅客和工作人员、各类智能化设备、客运机场停机坪中车辆提供平台级的智慧化能力，能力包括人员数据管理、高精度室内定位、能源和位置管理、商业化服务等。同时为后续的机场候机楼等区域自动驾驶、数字孪生等做好感知能力的基座建设，帮助机场实施全球高水平的智慧升级及"平安和绿色能源管理"。未来数字经济将覆盖整个中国，而国外的数字机场将落后我们几十年。

益航将在未来 3～5 年投入 30 亿元左右在全国的机场打造三张网络：①分布在全国 240 个机场的、预计超过 30 万台设备的精准媒体网络，可以清楚了解用户和客户的喜好；②每天与 10 个用户交互，每台车超过 50 人可见，30 万台设备打造日活 300 万人，每年服务超 6 亿人次，可产生海量交易的客户和数据网络；③部署在全国几百个节点城市，服务几十万套智能设备和机器人、无人驾驶车辆等，超过3000万平方米的能源供给，行动轨迹和数据系统，组成了碳普惠计量的数字基建网络。

益航的核心盈利点：靠广告变现，靠行业合伙人让企业可持续，靠数字机场让公司更容易获得融资。未来财中金控将会持续性为益航赋能。

四、八大组织体系

企业需要做好八大组织体系：①绩效考核体系［工资＋提成＋KPI（关键绩效指标）考核＋奖金＋母公司股份＋子公司股份］；②连锁企业商业模式体系（15个资本商业模式）；③产品质量稳定体系（新产品持续研发，收购上游）；④经销商赚钱体系（21个资本盈利模式，这是做C端生意盈利模型）；⑤人力资源规划体系（员工职业生涯规划，愿景组合，利益＋意义，猎头模式）；⑥企业品牌维护塑造体系（低成本塑造品牌的7个步骤）；⑦连锁复制体系（企业不发展，员工很难发展，复制员工，复制分公司）；⑧财务体系（并表、并购，集团公司，资本平台，资金平台，资产平台）。

机制可以让企业做大，体系可以让企业快速发展。所以各位企业家，一定要多学习知识，提升智慧：知识是创新，智慧是纠错；知识是学习来的，智慧是顿悟来的；知识是懂得如何前进，智慧是懂得如何后退；知识是懂得如何拿得起，智慧是懂得如何放得下；知识是懂得如何成就自己，智慧是懂得如何成就别人；知识是懂得如何成就一时，智慧是懂得如何成就一世；知识是教你怎么赚钱，智慧是教你怎么值钱；知识是教你做一生一次的生意，智慧是教你做一生一世的生意；知识是格物、致知、诚心、正意，智慧是修身、齐家、治国，而后平天下；没有知识走不动，没有智慧走不远；没有利益走不动，没有意义走不远；没有商业模式走不动，没有资本运营走不远。所以我们要方圆有度，刚柔并济，进退裕如，大事要方，小事要圆；对己要方，对人要圆；做商业模式要方，做管理模式要圆；企业对内要方，企业对外要圆。方是做人的脊梁，圆是处事的锦囊。

任何一个连锁企业都可以用以下这8个版本的模式将它做强做大，但绝大多数的商业模式专家只懂得1.0版本，而我们要做的是8.0版本，全部把它做完，到达最后，竞争是竞争生态，未来企业的竞争将不再是德鲁克讲的商业模式的竞争，而是一个企业参与组建了一条产业价值链和另一个企业参与组建了另一条产业价值链的竞争，成功与否，不在于一个企业是否健康，而在于一条产业链是否健康：1.0

版本，众筹、众包、众销、众创的模式（母公司51%+加盟商29%+客户20%）；2.0版本，类金融模式（团购存款–个人存款=差价返利）；3.0版本，打造符合资本的加盟模式或托管模式（赚5笔钱）；4.0版本，打造连锁行业的"金融供应链模式"（为经销商或供应商贷款）；5.0版本，并购下游经销商，并购上游供应商，并购同行，跨行并购；6.0版本，打造"连锁+并购基金"的模式；7.0版本，打造"资本运作+资金运作+资产运作"的模式；8.0版本，打造"管理层+私募基金"的股权激励模式。

五、1919吃喝模式

1919是阿里巴巴投资20亿元的企业，阿里巴巴也是1919的第二大股东。多年来，1919一直致力于餐酒融合，不论是快喝送酒到餐厅的即饮消费，还是渠道经销商向餐厅日常供货，都显示出餐厅场景的巨大潜力。2023年，1919再次聚焦餐厅场景，以一种新的"虚拟交易、实物交付"的方式多重连接，打通消费场景，将1919的用户导给餐厅，将自带酒水的生意还给餐厅，将酒水的利润分给餐厅，打造新型的餐酒融合本地生活平台。

基于这样的定位，1919吃喝模式以全链路数字化驱动模式打通餐厅场景，将聚合超过10万家餐厅入驻平台，触达超过100家大中型城市中的千万级高黏性用户。

（1）以"1919吃喝卡"为核心产品为入驻餐厅强势引流。

针对餐厅很迫切的"引流、获客"需求，1919从新时期消费者"价格敏感型"的特点切入，推出"1919吃喝卡"。消费者进入"1919吃喝玩乐"App或者小程序，点击"吃喝卡"充值酒券，即可免费获得餐券。据悉，为快速拓展市场，截至2023年年底，1919吃喝卡直接将福利力度拉满，"充500送500""充1000送1000"等，这就是我经常讲到的"买一送一"模式。送的这个东西一定是高毛利的。这个模式成功的前提是"低毛利的产品和高毛利的产品相结合"。消费者可在1919全国线下3000多家门店、全网自有电商平台使用酒券，同时可在已入驻1919吃喝平台的餐厅用餐，餐券金额范围内可任意消费，餐券使用无次数和时间限制。

对于本来就有购酒需求的C端消费者来说，不仅原本的购酒需求得到满足，还获得额外"增值"福利。对于餐厅端来说，中国酒水消费市场庞大，1919吃喝卡通过充值酒券1∶1赠送餐券的方式，将有望撬动并转化酒水消费者，为入驻1919吃喝平台的餐厅强势导流，有效帮助餐厅提升流水和利润。

（2）1919吃喝平台赋能，助力餐饮企业突破利润瓶颈。

1919是大型知名酒水供应链平台，除自有酒类品牌外，还与全球名酒厂商建立深度合作，其供应链覆盖全球，涵盖白酒、红酒、啤酒、洋酒等全品类产品，有3万多SKU（库存单位），代理超1000个国内外知名品牌，并有2000多个经销商在1919平台上销售商品。强大的供应链系统能够帮助餐厅一站式采购全球酒水，而且全部正品直供、低价（平价）进货，既能满足消费者多样化需求，又能帮餐厅控制成本、提升利润。

（3）1919吃喝店让餐厅经营无忧。

首先，1919吃喝店是在餐厅内开设的店中店，有效利用餐厅"闲置空间"，也无需增加额外场地费、人工费。其次，加盟1919吃喝店，将免费共享1919线上线下全渠道资源，实现"线上+到店"双收益。最后，1919吃喝店通过重塑传统餐饮行业"人、货、场"，整体降低餐厅运营成本的同时，让酒水利润重回餐厅，帮助餐厅突破发展瓶颈，提升行业竞争力。

当前，1919吃喝模式已在成都试点运行并进行全国推广。为实现1919吃喝业务的快速发展，1919现面向全国招募区域以及城市合伙人。1919吃喝将在业务培训、营销推广、宣传物料等方面给予合伙人诸多扶持，并提供极富吸引力的收益机制，共赢餐酒融合新机遇！

各位企业家，大消费行业的企业，要想做强做大，要具备以下7个特点：第一，单品百亿元，整体市场容量超过200亿元。第二，千城万店，这个千城万店可以在线下，也可以在线上做云连锁，做3000个直播间开店。第三，必须进行数字化，否则连融资都融不到。第四，代理商或合伙人无法走私单，7-ELEVEn、麦当劳、钱大妈、百果园、沪上阿姨这些企业能够成功，就是因为它们的代理商无法走私单；而KTV、洗脚房、面馆、干洗店、伴手礼等，代理商都很容易走私单（如果代理商容易单干，就必须用托管模式或者合营模式）。第五，城市合伙人或经销商，必须既有主动型的收益，又有被动型的收益，像1919吃喝店、智慧文旅考拉兔、奶茶行业、安智科技、充电宝行业等。第六，二店率要高，比如你有100个代理商，是100个人加盟的，股权价值就不大；如果有100个代理商，是50个人加盟的，股权价值就非常大，这个叫作二店率，当二店率在30%以上就很容易吸引风险投资。第七，在香港主板上市。

第六届全球社会企业家生态论坛开幕！
企业家演讲干货速览

《商界评论》

文章来源："《商界评论》杂志"公众号 2023-9-9。

第六届全球社会企业家生态论坛于 2023 年 9 月 9 日在北京雁栖湖国际会展中心盛大开幕。社会企业家生态论坛自 2015 年开始举办，邀请的国际领袖、500 强企业、上市公司创始人超过 500 位，社会企业家出席超过 2 万位，海内外千余家媒体报道，全网传播影响超 10 亿次。

本届论坛秉承商业向善、让社会更美好的理念，将就新冠疫情防控期后企业如何突围、构建全球商业新格局、新创业环境企业发展新动能、"双循环"下企业自我生态发展等议题展开建设性探讨。

本届论坛由北京华夏管理学院、华君传媒集团、世华公益基金会、华夏谷生态园、商界传媒集团联合发起，由北京世华学院、佰穗酒业公司、云学科技、空中商学院联合主办。

世华教育集团董事长、北京华夏管理学院校长、社会企业家生态论坛发起人姜岚昕现场致辞，呼吁创业者能用社会企业的角度，用社会企业家的精神，能够成就客户、成就同人、成就伙伴、成就股东、成就社会，让商业更美好，让社会更美好，让所有关联的生命更美好，这亦是社会企业家生态论坛举办的最大心愿。

论坛荣誉主席、德国第十任总统武尔夫发来贺电，就工匠精神和中国制造给予充分肯定，对社会企业家的贡献和创新精神表达了赞赏和祝福。

韩国第 29 任总理李寿成发来贺电，祝贺论坛能够一直举办，持续影响更多的企业家践行社会企业家精神。他说，经营赚钱不是企业家的唯一目的，也不是最重要的目的，只有找到比赚钱更神圣的理由，超越赚钱的精神向往，企业才能真正拥有源源不断的动力。

全国工商业联合会党组成员、原副主席孙晓华现场致辞：中国需要拥有更多具有企业家精神的创业者。

孙晓华讲，社会企业与一般企业、企业家和老板是有区别的。一般企业追求利润最大化，社会企业在发展生产、创造财富的同时更多关注社会发展。能够成为企业家的人一定是敢于冒险、勇于创新、精于管理、重于质量、肯于学习、乐于奉献、善于合作的。正是因为有企业家和企业家精神，中国才能够取得今天的成就。

联合国第八任秘书长、博鳌亚洲论坛理事长潘基文现场致辞，呼吁社会企业家精神，对可持续发展、可持续开发、生态环境、气候变化等全球化议题给予持续关注。

中国著名战略咨询专家、智纲智库创始人王志纲现场分享《走进东方战略时代》。中国进入一个全新的时代，经过40年的高速发展，西方的学说已经解答不了中国的实际，中国的问题只有我们中国人能真正说清楚。

我们的发展已经进入下半场，是无人区的时代，必要找到自己的魂，找到事物内在的逻辑，只有把这些梳理清楚，我们才能精准找到自己的核心竞争力，找到自己的可持续发展能力。中国式战略已经形成，下一步就是东方式战略崛起的时代。

分众传媒创始人、董事长江南春现场分享《存量博弈时代的品牌增长之道》。品牌怎么突围？简单一句话，要成为某个品类的首选。比亚迪为什么是今天新能源汽车的首选，因为十几年前它就相信这个品类，从上游锂矿到中游磷酸铁锂电池到三电系统全线自营，垂直供应链能力，性价比最高。那么，蔚来汽车就是功能性首选，服务最好的电动车。小鹏汽车就是智能驾驶最好的电动车，坦克300就是都市越野的首选。

我们要用确定性对抗不确定性。在今天品牌能够打起来只有三种可能：第一，融入社会重大事件、重大话题，比如酱香拿铁；第二，融入社会重大娱乐，比如加多宝赞助《中国好声音》，伊利赞助《爸爸去哪儿》，安慕希赞助《奔跑吧兄弟》；第三，融入消费者最核心的生活空间和生活场景，这就是"分众"。

人口增长的红利结束了，但是人心的红利正在展开。流量的红利结束了，品牌抢夺心智，品牌集中度越来越高的红利正在展开。

娃哈哈创始人、董事长宗庆后发表主题演讲"新时代企业家精神的三大特征"。一是紧跟政策指引。二是先发后富，助力共同富裕。三是不断创新，实现高质量发展。

国务院发展研究中心原副主任、中国企业评价协会会长侯云春现场分享《社会重托，时代要求》，建议企业：①勇于改革，创新进取；②加快数字化、绿色化转型升级；③加强企业合规建设，为企业保驾护航；④全面践行企业社会责任，提高企业治理水平；⑤现在很多企业家，特别是民营企业处在新老交替时期，要重视选贤任能、传承永续。

远大集团董事长张跃发表主题演讲"社会价值决定事业空间"。

远大集团作为社会企业最突出的表现有两个方面。一是所有技术都以环保为中心，节省能源、节省材料，提高空气质量，提高健康水平。二是所有技术都是原创，技术源头是我们自己发明的。环保和原创带给消费者最大的利益，也带给我们地球环境最大的价值，让远大集团在商业竞争中取得独特的优势。所以，企业要办得更好，一定要时刻思考社会价值，不思考不仅对社会不利，也对企业不利。这种思想要传递给每一位员工，可以提升他们的敬业精神、自豪感，也能激发他们的潜力。

名创优品董事会主席兼首席执行官叶国富现场分享：

今天中国企业有两个风口，一是新能源，二是品牌出海。全球最牛的三种模式，一是超级平台，像亚马逊、阿里巴巴和京东一样，国家或全球数一数二的平台；二是超级技术，包括华为、特斯拉、苹果；三是超级品牌，这是99%的企业家要走的路线。超级品牌靠什么？靠认知、心智。

企业家最大的能力是对趋势的判断。我们对当前趋势的判断是，消费进入兴趣消费的时代，就是一定要提供情绪价值。如果你要买个包装东西，10元就搞定了，但为什么要花10万元买个爱马仕的包呢？因为它解决了你的兴趣消费，提供了情绪价值。

名创优品三个转变：一是从一个渠道品牌升级为产品品牌，只有产品品牌能穿越周期。兴趣消费重新定义产品，产品要有三个好，即好看、好玩、好用。好看、好玩是情绪价值，好用是功能价值，做消费品功能价值要放到最后。二是从零售公司升级为内容公司，内容成就流量，流量成就商业。全球用户自发生产海量内容，我们在小红书有144万篇笔记，在抖音有40亿次播放量，在ins有100万条帖子。三是由顾客导向升级为客户导向。顾客没有互动，买完东西就走，低依赖性；用户是双向的，有互联网、小红书、抖音、大众点评在做口碑。

让消费者开心的品牌终究会成为超级品牌，开心和幸福是人生最终极的追求目标。我们做品牌、做企业一定要给社会带来价值，名创优品就是要给社会带来让消费者开心的价值，"中国供应链＋全球化"顶级IP是我们打造全球化超级品牌的独有商业竞争模式。

中国商业文明研究院中心发起人、秦朔朋友圈创始人秦朔发表主题演讲"问题塑造领导力"。

什么是我们所需要的企业家精神？第一，企业家要成为问题的解决者。不是为问题找结果，而是为问题找解决方案和出路。第二，企业家应该是价值的创新者。虽然从整个市场的存量化程度来看，新的增量空间显得比较小，在这样一个背景下怎么办？只能靠创新价值使得价值仍然在增长。第三，企业家应该成为资源的整合者。把各资源要素进行更好的整合和配置，对利益相关者负责，同时更多互动式地学习，在全球眼光下整合更多资源，构建更多机会。

全国工商联中国民间商会副会长、依文集团董事长夏华现场分享《跨越认知极限，创造美好商业》。

什么样的商业才是长久的，才能成就百年品牌？我认为，是利他主义的美好商业。任何一个商业都会有它的目标和目的。当时我们做中国手工坊、做绣娘项目时，我们团队出了一句 Slogan（广告语）：让都市读懂大山。后来我们设计师又出了第二句 Slogan：让未来读懂过去，希望全球都能看见来自中国的美学态度。我自己加了第三句 Slogan：让世界读懂中国，让世界通过依文读懂一个最有创造力的中国，一个最美的中国。

东华软件党委书记、董事长薛向东现场分享《人工智能引领产业发展新实践》。作为企业非常重要的社会责任就是用技术、用产品、用业务模式提升国家治理能力、现代化水平，解决社会的痛点。

东华软件在水利、社区、气象、政务各个方面建了很多智慧城市的案例，包括通过信息技术在山东、河南做了很多乡村振兴案例，在国务院客户端做了"我有话向总理说"，都取得非常好的效果。东华软件是国家水利行业常年排名第一的供应商，跟水利部、各省水利厅都有很好的合作，提供大模型的解决方案。比如，通过大模型来做水资源的预测，为旱情、水情预测。

方太集团董事长茅忠群做了主题演讲"伟大文化铸造伟大企业"。方太集团提出了伟大企业的概念。方太集团认为一家伟大的企业不仅是一个经济组织，满足并创造顾客的合理需求，还是一个社会组织，积极承担社会责任，不断导人向善。同时，还要具备四个特征：顾客得安心，员工得成长，社会得正气，经营可持续。

中国式现代化企业管理。中国式现代化必然需要中国式现代化企业管理，方太集团导入中华优秀传统文化，形成中国特色、中西合璧的方太文化体系，以"中学明道、西学优术、以道御术"十二字为方针指导。

文化即业务。企业文化是企业最持久的核心竞争力，文化即业务，简单讲就是，文化是做业务的发心和方式，业务是文化的呈现和结果，文化与业务一体两面。

著名表演艺术家六小龄童现场分享"弘扬中华优秀传统文化，传承西游猴王精神使命"。一个人的一生就是苦练72变，笑对81难。72变是本领，我们的专业，我们的产品，我们的质量，同时遇到大大小小的困难，要用微笑去面对。

步长制药董事长赵涛现场分享"达则兼济天下"，认为做企业第一个属性，一定是创新，无论是科技创新、营销创新，品质要让消费者满意，第一属性做不好就不要谈第二属性。第二属性是社会责任，中国人几千年讲达则兼济天下，当你有能力、有条件的时候，中国绝大部分企业家都会奉行这句话，因为这是中国的传统，也是人性进化的标准和标志。

连锁企业最顶级的 8.0 版本的商业模式

郑翔洲

文章来源："《商界评论》杂志"公众号 2023-6-12。

任何一个连锁企业都可以用以下这 8 个版本的模式将它做强做大，但绝大多数的商业模式专家只懂得 1.0 版本，而我们要做的是 8.0 版本，全部把它做完，到达最后，竞争是竞争生态，未来企业的竞争将不再是德鲁克讲的商业模式的竞争，而是一个企业参与组建了一条产业价值链和另一个企业参与组建了另一条产业价值链的竞争，成功与否，不在于一个企业是否健康，而在于一条产业链是否健康：

（1）1.0 版本，众筹、众包、众销、众创的模式（母公司 51%+ 加盟商 29%+ 客户 20%）；

（2）2.0 版本，类金融模式（团购存款 – 个人存款 = 差价返利）；

（3）3.0 版本，打造符合资本的加盟模式或托管模式（赚 5 笔钱）；

（4）4.0 版本，打造连锁行业的"金融供应链模式"（为经销商或供应商贷款）；

（5）5.0 版本，并购下游经销商，并购上游供应商，并购同行，跨行并购；

（6）6.0 版本，打造"连锁 + 并购基金"的模式；

（7）7.0版本，打造"资本运作+资金运作+资产运作"的模式；

（8）8.0版本，打造"管理层+私募基金"的股权激励模式。

一、1.0版本就是众筹、众包、众销、众创的模式，再加上母子公司换股

比如某连锁企业。

（1）门店层面模式（加法）。

①开业前，加盟商出资100%，公司配置店长（加法）。

②6个月后，经营好的门店，店长出资20%转老股，片区管理者出资5%转老股，开放20%股权给20个股东会员（社区居民，每人约5000元，股东会员享受6折产品购买）转老股。假设：一个店投资50万元，开业加盟商投资50万元；6个月后，店长出资20%（10万元），片区管理者出资5%（2.5万元），会员股东出资20%（10万元）；则加盟商收回22.5万元，占股55%。

③建立师徒制，每个店长每年要带2名徒弟，未来师傅可以在徒弟店享受5%~10%的股权以及利润分配。

④公司与加盟店约定公司有权回购门店股权。

⑤每个店建立私域和抖音账号（公司赋能）。

⑥单店加盟费3万~5万元，管理费1500元/月。

（2）城市层面（乘法）。

①每个城市成立一家子公司，每个子公司开200家店。10个子公司就是2000家店。

②子公司开放30%股权，给区域团队。

③母子公司换股（假如子公司营销额5000万元，子公司就估值5000万元。团队持有30%的股权，就是1500万元的股份。用母公司1500万元股份交换子公司30%的股权）。

（3）公司层面（乘法）。

开放10%以内股权，以×亿元估值面向加盟商和供应商融资（打8折，加盟商：一份20万元，融资100人，资金来源即开业6个月后的加盟款回收；供应商一份100万元，融资5~10家，股东人数不超过49人）。

（4）公司部门层面（减法）。

加盟店由公司统一建店，寻找有创业意愿的筹建负责人 A，成立新公司 X 公司，公司不再另设筹建部。公司占 X 公司 20% 股权，A 占 80% 股权，负责为门店提供整体筹建解决方案。

（5）多品牌发展（乘法）。

当两个品牌各有 500 家店时，可以连续孵化 8 个品牌。

二、2.0 版本的连锁模式

2.0 版本的连锁模式是指，如果能让消费者不花一分钱，每一年享受 2000 元的产品和服务，你可以立刻超越竞争对手。

三、3.0 版本的连锁模式：打造符合资本的加盟模式托管模式

各位，当我们去麦当劳、肯德基吃了饭，你要不要发票？没有，没有发票他怎么上市的？做无票收入确认。商业模式里面有一句话叫作将看得见的利益分出去，赚看不见的钱，这个看不见的钱是什么样的钱？股权增值的钱。要想与众不同，脱颖而出，鹤立鸡群，只需要做三件事情，第一个是产品和竞争对手差异化，第二个是大量让利给经销商，第三个是靠股权增值赚钱。

例如，我们优势资本投资的 1919 酒类直供向餐饮店招商的模式：一是首批进货款最低一年 60 万元（可以拿到八大名酒的出厂价格），二是供应链持续性收益。

又如，我一位企业家学员的企业——沪上阿姨，赚 4 笔钱：

第一笔：1.98 万元加盟费，2 万元开店服务费，1 万元培训费，8 万元设备采购费。

第二笔：每家店 1800 元/月（目前沪上阿姨已经有 5600 多家门店）。

第三笔：供应链 5 万元首批材料费 + 每月原料费。

第四笔：合并高盈利门店，财务报表打包上市。

四、4.0 版本打造连锁行业的"金融供应链模式"

这个模式就是蚂蚁金服、可口可乐、海尔集团、公牛插座所运营的模式，例如，公牛插座就是做插座行业里面的蚂蚁金服，公牛插座老板的老婆先借款给经销商贷款卖插座，结果发现贷款赚的钱比卖插座赚的钱还多，干脆组建插座行业里面的蚂蚁金服。

要想完成 4.0 版本，挖一个银行的行长就可以了，这个模式就完成了。企业的竞争就是我们要通过人才来变现。人力资源战略要符合资本的战略。

比如自己出资 15%，和国有企业组建合资公司（国有企业出资 15%），借银行 70% 的钱（前提条件是要拿到金融租赁的牌照），借款给经销商，借款给供应商。未来任何一个连锁企业都可以打造自己行业的"蚂蚁金服"（银行想做，应该做，但做不了的事情，可以通过金融供应链完成）。

五、5.0 版本做并购，并购下游经销商，并购上游供应商，并购同行，跨行并购

像我们辅导的一个企业叫马路边边，其一年的营业额有 5 亿元，马路边边 1300 家经销商的营业额加起来一年有 30 亿元，经销商的营业额不是自己的营业额，我把产品卖给经销商，经销商卖给消费者，但是我的营业额只有 5 亿元，那怎么办？融资收购赚钱的经销商 51% 的股份，收购的钱从哪里来？ 1/3 的钱向经销商融资，1/3 的钱向当地国有企业融资，1/3 的钱由风险投资来投资，然后融资收购赚钱的经销商的营业额，收购完了以后，当营业额不增加，员工人数不增加时，营业额会从 5 亿元马上变成 10 亿元，那公司估值就会非常的高，就是把经销商变成员工或分公司的总经理这种模式（把劳务合同变为劳动合同，符合券商的要求）。

并购模式，包括我们优势资本投资的匹克运动也是用这种方式：

（1）2000 万元收购上游的面料公司；

（2）1500 万元收购上游的设计公司；

（3）5000 万元收购 10 个代工厂；

（4）再用 1500 万元在 NBA 上打广告；

（5）再用 2000 万元建渠道（收购的钱通过融资来）。

如果我今天再给匹克运动设计并购模式，我会设计为向经销商融资 1/3 的钱，向当地民营企业家融资 1/3 的钱，向风险投资融资 1/3 的钱来做并购。

六、6.0 版本打造"连锁＋并购基金"的模式

比如瑞幸咖啡，最好的融资不是去融资，而是去募资，瑞幸咖啡做了一个某某资本募资，它为什么能够募到资啊？因为它用的是联想的团队，用左手的私募股权基金募资，募资的钱投资右手。

做任何一个企业到了最后要有一个MCN（多频道网络）机构，要有一个金融租赁公司，要有一个自己的私募股权基金，要跟上市公司组建一个合资公司。

七、7.0版本，打造"资本运作＋资金运作＋资产运作"模式

（1）资本运作平台，主要是要让你的企业增值保值，盈利可持续，成长可持续。

（2）资金运作平台，为企业持续性输血，企业缺的不是一次性的资金，而是可持续性的资金。

（3）资产运作平台，个人资产如何增值，以及公司总资产如何增资，必须要同步。

八、8.0版本打造"管理层＋私募基金"的股权激励模式

各位，格力电器是国有企业还是民营企业？国有企业，但是董明珠以国有企业的身份和高瓴资本组建合资的GP，最后靠股权增值赚钱。所以说董明珠现在的身价有多少，我们算了一下，80亿元左右，董明珠没有造成任何国有资产流失，但是董明珠的身价可以达到约80亿元，打工都可以达到约80亿元，那你干吗还创业啊？这个是股权激励的最高境界，是用私募股权基金来做股权激励，格力电器为什么要去找高瓴资本，因为高瓴资本才能融得到资，所以说8.0版本才是整个连锁行业里面的核心竞争力。

现在全国有好多商业模式专家和股权激励专家都在用我这8个版本的模式。

如何用资本的力量提升营业额，可以打造三类子公司：

（1）打造区域合资子公司（市场）。打造300个地级市（城市合资子公司），或30个省（省级合资子公司），由母公司控制。

（2）打造品类的合资子公司（业务品类）。一个品类一个合资子公司，一个合资公司一个团队，团队自己找资金、找资源，母公司先控股，后稀释股份变参股。

（3）打造生态的合资子公司（赋能平台）。①和上市公司组建一个合资公司（找到资金方退出的渠道）；②和国有企业组建合资公司（做金融租赁，为上下游企业提供贷款）；③和MCN机构组建合资公司（为加盟商获客）；④和私募股权基金组建合资公司（一手做产业，一手做资本，资本赋能产业）。

肆

财经评论和新闻传播

第一章

凤凰网财经

凤凰网财经综述

年鉴编辑部

一、凤凰网财经仍然是最权威的财经新闻媒体之一

与管理理论性传播媒体不同，财经新闻主要特点是新闻的时效性与权威性，财经新闻中一般包含新闻评论内容，但和专业评论新媒体亦有区别。凤凰网财经作为财经新闻类媒体，在管理传播领域具有很高的权威性。例如，如下新闻。

英伟达"跳水"10%，市值蒸发9200亿元，啥情况？比特币"闪崩"近4000美元

2024年3月9日 8:4:45 来自北京

当地时间3月8日，美股三大指数集体收跌，道指跌0.18%；纳指跌1.16%；标普500指数跌0.65%。

消息面上，美国2月非农就业人数增加27.5万人、失业率升至3.9%。该数据强化了市场对美联储6月将降息25个基点的预期。

3月8日，美国劳工统计局数据显示，美国2月非农就业人口增加27.5万人，再次高出预期的20万人，1月的就业人数从此前的35.3万人大幅下降至22.9万人。

与此同时，失业率从1月的3.7%升至3.9%。这标志着失业率4个月来首次上升，目前失业率处于过去两年来的最高水平。

据中国基金报，分析师伊拉·泽西评美国2月非农数据：利率市场可能会关注失业率上升和前值下降。尽管劳动力市场远未疲软，但也有迹象表明出现了裂痕，这可能会巩固市场对美联储在年中降息的预期。

英伟达盘中走低跌超5%，早盘一度上涨5%，创2023年5月以来最大单日跌幅。截至当地时间3月8日收盘，英伟达报875.28美元，跌幅5.55%，市值2.2万亿美元。其市值一夜蒸发1285亿美元（约合人民币9234亿元）。

当地时间3月8日早间，英伟达股价最高上涨至974美元，创盘中历史新高。2024年至今，这家芯片制造商的市值今年已增加逾1万亿美元，使其股价远远高于上次拆分股票的数字。一些人认为其完全准备好了再度拆股。英伟达上次宣布一股

拆四股是在2021年5月，当时股价约为每股600美元。如今，该股逼近1000美元大关，延续去年上涨240%的势头。Mahoney Asset Management总裁兼首席执行官Ken Mahoney表示，"我预计英伟达可能会在未来一年左右进行拆股，届时可能会有一些认为目前股价高不可攀的中小散户投资者入场。"据新闻稿显示，英伟达就2021年拆股给出的理由是"令投资者和员工更容易持有股票"。

另外，在周四致股东的一封信中，Ark Invest首席执行官兼首席投资官"木头姐"凯西·伍德（Cathie Wood）发出了对英伟达未来竞争的警示。她指出，与互联网时代的思科不同，英伟达当前正面临日益激烈的竞争压力。

伍德在信中表示："从长远来看，与思科的历史轨迹相异，英伟达的竞争环境可能会更加严峻。这不仅仅是因为（超微设备）正在逐步取得市场成功，更关键的是，英伟达的主要客户——包括云服务提供商和特斯拉等公司——正在积极设计自主的人工智能芯片。"

这一观点凸显了伍德对英伟达市场地位的担忧，尤其是在人工智能芯片领域。她认为，随着更多公司涉足这一领域并寻求自给自足，英伟达可能会面临来自多方面的竞争挑战。

热门科技股多数下跌，英特尔跌超4%，特斯拉、AMD、Meta跌超1%，苹果则涨超1%。半导体、机器人板块跌幅居前，Arm跌超6%，安森美半导体跌超5%，阿斯麦跌近5%，科磊跌超3%，高通、恩智浦跌超2%。邮轮、房地产、百货商店涨幅居前，嘉年华邮轮、百货商店涨超4%，亚历山大房地产、卡姆登物业信托涨超2%，安博涨超1%。

经使用权威百度搜索等工具，发现在财经类各大媒体中，"凤凰财经"报道时间较早，体现了新闻时效性。

二、凤凰网财经充分使用了旗下自媒体平台内容

以上述报道为例，凤凰网财经注明：

以上作品内容（包括在内的视频、图片或音频）为凤凰网旗下自媒体平台"大风号"用户上传并发布，本平台仅提供信息存储空间服务。

Notice: The content above (including the videos, pictures and audios if any) is uploaded and posted by the user of Dafeng Hao, which is a social media platform and merely provides information storage space services.

这表明凤凰财经充分使用了经过甄别的各种来源的消息。

三、凤凰网财经关切全球财经问题

一般而言，境内媒体较为关注本土财经消息，凤凰财经由于其强大、专业的编辑阵容，为其提供可靠的境外财经新闻。

四、较为关注证券市场信息

证券市场信息要求及时、可靠，这符合财经新闻媒体的优势特征。例如，如下新闻。

（1）利好！龙头公司加入回购行列。

A股又现大手笔回购！2024年3月8日晚，药明康德公告称，拟继续回购公司股份，回购资金总额为10亿元，回购股份将在回购完成之后全部予以注销并减少注册资本。据中国证券报记者不完全统计，仅3月以来，A股超80家公司抛出回购方案或回购报告书，还有多家公司董事长提议回购股份。从回购目的来看，主要是基于对公司未来发展的信心和对公司价值的高度认可，也有部分公司表示为了促进公司股票价格合理回归内在价值。

（2）龙头公司加入回购行列。

越来越多A股上市公司加入回购行列，据不完全统计，进入2024年3月以来，已经有超80家公司抛出回购方案或回购报告书，其中不乏行业龙头。

药明康德是行业中极少数在新药研发全产业链均具备服务能力的开放式新药研发服务平台。继2024年2月5日完成10亿元A股股份回购后，为进一步维护公司价值和股东权益，公司拟继续回购A股股份，本次回购金额同样为10亿元。

另一大行业龙头比亚迪也出手了。作为全球新能源汽车的领导企业，比亚迪2024年3月6日晚抛出了2024年回购公司股份方案，计划使用4亿元回购股份用于注销，以减少注册资本。

比亚迪实际控制人、董事长兼总裁王传福于2023年12月6日提议公司通过集中竞价交易方式回购部分公司A股股份，回购股份的资金总额为2亿元。基于对国家"双碳"目标下新能源行业前景和公司未来发展的信心，以及对公司价值的认可，王传福在2024年2月23日又提议将回购金额由2亿元增加至4亿元。

光伏行业龙头隆基绿能拟以3亿～6亿元回购公司股份，回购股份拟用于员工持股计划或股权激励。

凯莱英计划使用6亿～12亿元回购股份，公司是一家全球领先、技术驱动型的医药外包服务商，回购股份将用于后续实施员工持股计划或者股权激励及注销减少注册资本。2024年3月7日，公司首次回购股份51.72万股，使用资金总额为4999.65万元。

（3）多家公司董事长提议回购。

基于对公司未来发展的信心和对公司内在价值的认可，多家A股公司董事长提议回购公司股份。

标榜股份2024年3月4日收到公司实际控制人、董事长赵奇《关于提议江阴标榜汽车部件股份有限公司回购公司股份的函》，回购资金总额为1500万～3000万元。

建科股份董事会于2024年3月1日收到公司董事长杨江金《关于提议常州市建筑科学研究院集团股份有限公司回购公司股份的函》，基于对公司未来发展的信心和对公司内在价值的认可，为建立健全公司长效激励机制，杨江金提议公司以首次公开发行股票的超募资金通过集中竞价交易方式进行股份回购，并在未来适宜时机用于股权激励或员工持股计划。

3月4日晚，建科股份就抛出了回购报告书，回购资金总额为3000万～6000万元。

华绿生物董事会2024年3月3日也收到公司实际控制人、董事长兼总经理余养朝出具的《关于提议江苏华绿生物科技股份有限公司回购公司股份的函》。余养朝提议公司通过集中竞价交易方式回购公司股份，并在未来适宜时机用于股权激励计划或者员工持股计划。随后，公司就抛出回购股份报告书，拟使用3000万～6000万元回购公司股份，并在3月7日首次实施了回购股份。

（4）推动股票价格合理回归。

在提到回购目的时，大部分公司表示是为了增强投资者信心，同时完善公司长效激励机制，有效推动公司长远稳健发展。也有部分公司明确提到股票价值因素。

药明康德就表示，由于截至2024年3月1日公司A股股票连续20个交易日内股票收盘价格跌幅累计达到20%，公司3月8日召开董事会审议通过《关于以集中竞价交易方式回购公司A股股份的议案》。

初灵信息拟使用1000万～2000万元回购公司部分股份。对于回购目的，公司称，基于对公司未来发展的信心和对公司内在价值的认可，增强投资者对公司长期价值的认可和投资信心，促进公司股票价格合理回归内在价值。

诚迈科技也公告称，基于对公司未来持续发展的信心和对公司长期价值的合理判断，在综合考虑公司近期股票二级市场表现，公司控股股东南京德博向公司董事会提议通过集中竞价交易方式回购公司部分股份，并在未来适宜时机用于员工持股计划或股权激励。

中国金融智库特邀研究员余丰慧表示，上市公司回购股份，表明当前公司的价值被低估，回购有利于增强投资者信心。

五、综合各种消息来源

凤凰网有较强的记者和编辑团队，保持和各媒体的紧密合作，因此可以在第一时间转发、综合各种可靠消息。例如，以上新闻就来自《中国证券报》。

六、新闻热榜引导舆论焦点

凤凰财经设置"热榜"栏目，有助于受众快速聚焦热点信息。例如，如下新闻。

茅台集团公布高管薪酬：董事长、总经理2022年税前报酬均为100万元
茅台集团披露董事长丁雄军2022年薪酬。

2023年3月4日，贵州茅台集团官网公布的"中国贵州茅台酒厂（集团）有限责任公司2022年度负责人薪酬信息公告"显示，茅台集团党委书记、董事长丁雄军2022年从公司获得的税前报酬为100.78万元。其中，应付薪酬为78.88万元，社会保险、企业年金、补充医疗保险及住房公积金的单位缴存部分为21.90万元。

第二章

新浪网财经

新浪网财经综述

年鉴编辑部

一、新浪网财经仍然是最权威的财经新闻媒体之一

新浪网财经作为财经新闻类媒体,在管理传播领域具有很高的时效性与权威性。例如,如下新闻。

国家统计局:2月居民消费价格同比上涨0.7% 环比上涨1.0%

上证报中国证券网讯据国家统计局2024年3月9日消息,2024年2月,全国居民消费价格同比上涨0.7%。其中,城市上涨0.8%,农村上涨0.5%;食品价格下降0.9%,非食品价格上涨1.1%;消费品价格下降0.1%,服务价格上涨1.9%。1—2月平均全国居民消费价格与2023年同期持平。

2月,全国居民消费价格环比上涨1.0%。其中,城市上涨1.1%,农村上涨0.9%;食品价格上涨3.3%,非食品价格上涨0.5%;消费品价格上涨1.1%,服务价格上涨1.0%。

(1)各类商品及服务价格同比变动情况。

2月,食品烟酒类价格同比下降0.1%,影响CPI(居民消费价格指数)下降约0.03个百分点。食品中,蛋类价格下降5.1%,影响CPI下降约0.03个百分点;鲜果价格下降4.1%,影响CPI下降约0.09个百分点;畜肉类价格下降2.9%,影响CPI下降约0.09个百分点;水产品价格上涨4.1%,影响CPI上涨约0.08个百分点;鲜菜价格上涨2.9%,影响CPI上涨约0.07个百分点;粮食价格上涨0.3%,影响CPI上涨约0.01个百分点。

其他七大类价格同比六涨一降。其中,教育文化娱乐、其他用品及服务、衣着价格分别上涨3.9%、3.0%和1.6%;医疗保健、生活用品及服务、居住价格分别上涨1.5%、0.5%和0.2%;交通通信价格下降0.4%。

(2)各类商品及服务价格环比变动情况。

2月,食品烟酒类价格环比上涨2.2%,影响CPI上涨约0.63个百分点。食品中,鲜菜价格上涨12.7%,影响CPI上涨约0.28个百分点;水产品价格上涨6.2%,

影响 CPI 上涨约 0.12 个百分点；鲜果价格上涨 4.3%，影响 CPI 上涨约 0.09 个百分点；畜肉类价格上涨 3.4%，影响 CPI 上涨约 0.10 个百分点，其中猪肉价格上涨 7.2%，影响 CPI 上涨约 0.09 个百分点；蛋类价格下降 2.2%，影响 CPI 下降约 0.01 个百分点。

其他七大类价格环比三涨一平三降。其中，教育文化娱乐、交通通信、医疗保健价格分别上涨 1.7%、1.6% 和 0.4%；居住价格持平；生活用品及服务、衣着、其他用品及服务价格分别下降 0.5%、0.2% 和 0.2%。

二、依托新浪网，全面涵盖财经新闻

新浪网财经依托新浪网，使得财经新闻涵盖面很广，例如，两会期间，新浪网财经开通了两会专栏。

专题：稳中求进发展新质生产力——2024全国两会特别报道

2024年政府工作报告提出，"积极打造生物制造、商业航天、低空经济等新增长引擎"。在代表委员们看来，低空经济是全球竞逐的新兴产业方向，也是培育发展新质生产力的重要领域。政策、市场等利好因素正助推我国低空经济技术不断突破，应用场景持续拓展。

"'低空经济'首次写入政府工作报告，作为在航空发动机研发一线工作了30多年的技术人员，我感到非常振奋！"全国人大代表、中国航发湖南动力机械研究所专职总师单晓明说。

单晓明从事中小型航空发动机产品研发。这些产品可以应用于直升机、多用途涡桨飞机、公务机、无人机等各种通用航空飞机。"发展低空经济，技术是支撑、市场是根本，我们将加快自主研制步伐，提升产品市场竞争力，助力低空经济从蓄势待发到振翅腾飞。"她说。

乘着国家推动低空经济发展的东风，芜湖市成为全国首批通用航空产业综合示范区，目前已集聚产业链上下游企业近200家。芜湖市正在推进低空智联项目建设，面向低空智联运控平台建设等8个前沿领域，为安徽全省乃至长三角地区低空飞行活动提供高水平、专业化的信息服务。

作为战略性新兴产业，低空经济产业链条长，是培育发展新动能的重要方向。从无人机穿行在高楼大厦间送外卖，到搭乘观光直升机欣赏风光，再到利用无人机巡检电网，当前低空经济技术不断突破，应用场景持续拓展。

来自中国民航局的数据显示，2023年我国低空经济规模超5000亿元，2030年有望达到2万亿元。

随着无人机技术日趋成熟和低空空域管制逐步开放，我国庞大的低空经济产业链雏形初显，低空经济有望成为新的经济增长点。

不过，代表委员们也表示，目前我国低空经济仍处于起步阶段，在完善政策法规体系、强化配套措施等方面仍需要进一步发力。

全国人大代表、鹏城实验室主任高文认为，低空经济领域的概念界定、行业规范及技术标准等亟待完善并形成共识。对此，他建议，加强低空经济的顶层设计，统筹制定低空空域管理法律法规，加快出台相关政策指引与行业规范，明确低空空域界定、飞行器时空基准、空域唯一标识等标准，让更多人了解"低空有多低，真高有多高"。

"发展低空经济，空域是关键环节。"单晓明代表建议，应从国家层面成立低空经济发展组织领导体系，对空域实行动态化管理和精细化使用，调剂部分高度和时段确保通用航空飞行器飞行，促进通用航空产业的发展。

加快拓展应用场景和促进产业高质量发展也至关重要。"5G、大数据、物联网等新一代信息技术在低空经济领域的创新应用，可为低空无人机的规模应用提供技术基础，加速无人机物流、空中游览、航空运动等新业态发展。"全国人大代表、中国移动通信集团湖南有限公司总经理程伟认为，需充分利用新一代信息技术，夯实低空经济发展能力底座，完善空联网低空基础设施，培育壮大低空经济相关新兴业态。

当前各类经营主体积极入局，探索低空经济各类场景的创新突破，应用场景多点开花。下一步，需保障财政、土地、产业、创新、人才等政策精准实施，支持低空经济产业高质量发展，促进运营与研制双链齐动，以运营服务带动制造，以制造推动产业发展。

宁波代表表示，在产业推进过程中，发动机、航电等项目存在研发周期长、耗资大等特征，培育龙头企业具有一定难度。他建议，打造若干低空经济发展先导区，推动央企、头部企业、大型航空公司在条件较好的地方建立生产制造基地，通过龙头带动形成集聚效应，促进新质生产力发展。

三、财经新闻及时

新浪网财经的财经评论及时，切中要点。例如，如下新闻。

（1）一个月涨超40%！万亿级新赛道开启。

2024年3月8日，飞行汽车（eVTOL）、低空经济概念分别上涨1.58%和2.17%。自2月初以来，两者强势走高，涨幅均超35%，引发市场关注。

多位基金人士称，相对传统飞行器，eVTOL在安全性、智能性、经济性和环保性方面的优势显著，相关产业链正加速落地，低空经济在未来3～10年会有非常快速的成长，正成为下一个万亿元风口。

（2）飞行汽车商业化落地提速。

2024年3月8日，同花顺（137.550，1.80，1.33%）数据显示，飞行汽车概念板块上涨1.58%，万丰奥威（8.780，0.75，9.34%）一度拉升涨停，商络电子（8.240，0.47，6.05%）、光洋股份（9.020，0.44，5.13%）、万安科技（12.680，0.45，3.68%）等个股纷纷走高。该板块自2月6日以来强势攀升，截至目前累计上涨35.74%，而金盾股份（7.970，-1.20，-13.09%）期间涨幅一度超100%。

近日，飞行汽车"盛世龙"从广东深圳起飞，经过约20分钟的飞行，降落在珠海九洲港码头。这是全球首条跨海跨城电动垂直起降航空器航线的公开首次演示飞行，同时也是低空出行商业化运营的重要探索。

据悉，eVTOL"盛世龙"由上海峰飞航空科技有限公司自主研制，起飞重量2000公斤，可载5人，巡航速度可达200公里/小时，核心模组100%国产化。业内人士称，在进行大规模应用以后，未来深圳到珠海的单座票价大约为两三百元，是打车费用的半价，时间更是大幅缩短。

根据公开资料，上述航空器在获取适航证后，预计将于2026年开启载人飞行。深圳至珠海这一飞行航线由深圳市东部通用航空有限公司运营，未来计划推动更多的航线运营和商业化场景落地。

黑崎资本首席投资执行官陈兴文认为，eVTOL飞行器具有环境友好、经济性高、便捷性强、安全性高和效率高等优势。它们不产生尾气排放，运营成本较低，能在狭小空间起降，具备冗余系统确保安全，且适合城市间的快速运输。

在陈兴文看来，飞行汽车是工业"新物种"，是航天制造业与智能汽车交汇融合的契合点，能融合带动智能制造、航空信息、工业互联网等多个产业协同发展。

"相比传统飞行器，eVTOL首先是通过电机提供动力，产生的噪声更小，使其可以在城市低空环境运行；其次，eVTOL可以做到更高的安全冗余度，使其安全性超过直升机。"酷望投资总经理杨如意表示。

谈及eVTOL当前面临的一些关键问题，杨如意进一步表示：一是低空飞行政策支持有待提高；二是eVTOL自身遇到的电池续航问题；三是安全问题。

（3）万亿级产业蓄势"起飞"。

2024年3月8日，低空经济概念上涨2.17%，较飞行汽车概念涨幅更为强劲，两者有着较多的重叠个股，但前者还包含了无人机等相关的产业链公司。低空经济板块自2月初以来涨幅超40%，立航科技（34.440，3.13，10.00%）、川大智胜（11.650，0.22，1.92%）、光洋股份和捷强装备（29.030，0.83，2.94%）多次涨停。

畅力资产董事长宝晓辉表示，低空经济是全球竞逐的新兴产业方向，也是培育发展新动能的重要领域，与传统通航产业发展密切相关，未来to C端的想象力极为丰富。从投资角度看，低空基础设施建设将带动有效投资；从标准角度看，有利于我国率先在低空经济领域创设新的标准和规则。

粤港澳大湾区数字经济研究院一份低空经济白皮书显示，到2025年，低空经济对中国国民经济的综合贡献值将达3万亿至5万亿元。

陈兴文认为，低空经济在中国正迅速发展，政策支持和技术进步推动了这一领域的发展。2021年，低空经济首次被纳入国家发展规划，多个省份已将其纳入地方政府的发展规划。eVTOL作为低空经济的关键组成部分，将推动航空制造、新材料、新能源、电子控制等领域的技术创新和产业升级，有助于中国在全球航空产业中占据更有利的竞争地位。

一位公募基金人士称，低空经济的增长预计在未来3～10年内持续，随着eVTOL技术的成熟和市场的扩大，预计将形成一个新的万亿级市场。未来eVTOL的发展将导致供应链变革，需要新的供应链体系，如电池、电机、飞行控制系统等。它可能成为城市交通的新竞争者，对传统汽车制造商形成挑战。同时，eVTOL可能催生新的出行服务模式，如空中出租车服务，改变人们的出行习惯。此外，城市可能需要建设新的基础设施来支持eVTOL的起降和维护，带动相关产业发展。

第三章

第一财经

第一财经综述

年鉴编辑部

一、第一财经仍然是最权威的财经新闻媒体之一

第一财经作为财经新闻类媒体，在管理传播领域具有很高的时效性与权威性。例如，如下新闻。

上涨0.7%！杨德龙：CPI涨幅回升显示需求向好、复苏增强

国家统计局2024年3月9日公布数据显示，2024年2月，全国CPI（居民消费价格指数）同比由上月下降0.8%转为上涨0.7%，环比上涨1.0%，涨幅比上月扩大0.7个百分点。扣除食品和能源价格的核心CPI同比上涨1.2%，涨幅比上月扩大0.8个百分点，为2024年2月以来最高涨幅。前海开源基金首席经济学家杨德龙认为，同比看CPI由上月下降0.8%转为上涨0.7%，主要还是受到需求的拉动。PPI（工业生产者出厂价格指数）同比降幅略有扩大，主要是2月受到春节假日因素影响，工业生产处于传统淡季。2月CPI和PPI整体上处于预期范围内，数据显示需求端在回升，经济复苏预期在不断增强。

二、第一财经原创性内容占比很高

第一财经原创性内容占比很高。例如，如下新闻。

氢能产业首次写入政府工作报告，商业化存在哪些挑战

氢能产业发展尚处于初期阶段，推进过程中仍面临诸多问题

2024年两会期间，加快氢能产业发展首次被写入政府工作报告。报告提出，要巩固扩大智能网联新能源汽车等产业领先优势，加快前沿新兴氢能、新材料、创新药等产业发展。同时，多位两会代表委员提交了与氢能产业发展相关的建议。

按照《氢能产业发展中长期规划（2021—2035年）》（以下简称《规划》），到2025年，基本掌握核心技术和制造工艺，燃料电池车辆保有量约5万辆，部署建设一批加氢站，可再生能源制氢量达到10万～20万吨/年，实现二氧化碳减排100万～200万吨/年。到2030年，形成较为完备的氢能产业技术创新体系、清洁能源

制氢及供应体系，有力支撑碳达峰目标实现。到2035年，形成氢能多元应用生态，可再生能源制氢在终端能源消费中的比例明显提升。

"氢能产业发展尚处于初期阶段，推进过程中仍面临诸多问题，需将行业卡点、堵点逐步解决，才能加速氢能在各领域的推广应用。"全国政协委员、美锦能源董事长姚锦龙表示，目前，氢能在交通领域的示范已经取得显著效果。但氢能作为一种"能源产品"，尚未实质性纳入能源建设管理体系，在发电、储能、工业等领域的规模化应用仍有待创新，"氢—电—气—热"的耦合与协同尚未形成，各领域商业化推广进展缓慢，在一定程度影响了能源体系整体效能发挥。

姚锦龙认为，在基础设施方面，当前与氢能储运相关的设施发展亦相对滞后。截至2023年年底，国内共建成加氢站428座，位居全球首位。但是国内加氢站的数量和分布仍未能满足日益增长的市场需求，尤其是在重载、长续航物流方面，氢能的优势得不到充分的发挥。瓶颈是加氢站的建设审批流程仍由各省市自行规定，非化工园区的可再生能源制氢和制加氢一体站项目管理机制虽在多个省市已建立，但国家层面尚未形成统一的规划、建设、审批流程，基础设施管理机制的不完善，阻碍了氢能的规模化、商业化发展进程。

氢燃料电池汽车是氢能产业发展中的重要一环。相较于纯电动汽车，燃料电池汽车的能量比较高，而且加氢时间、驾驶的舒适性可与燃油车媲美。国际氢能燃料电池协会提供的一份数据显示，根据世界主要国家燃料电池汽车发展线路图，到2030年，氢燃料电池车保有量将达到近千万辆，燃料电池汽车市场发展潜力巨大。

从国内市场来看，2020年财政部、工业和信息化部、科技部、国家发展改革委、国家能源局联合发布了《关于开展燃料电池汽车示范应用的通知》，并于2021年先后批复了京津冀、上海、广东、郑州、河北5个城市群，启动了燃料电池汽车示范工作。不过，相较于纯电动汽车，氢燃料电池车规模有限。根据中国汽车工业协会数据统计，2023年全国燃料电池汽车销量为5805辆，同比增长72%。

整体来看，氢燃料电池车的推广数量有限，虽然在商用车场景中有所应用，但在乘用车上的应用，业内仍然存在一定的争议。这主要也在于燃料电池商业化面临成本高昂、加氢站基础设施不完善等挑战。以丰田Mirai为例，其以进口形式在国内的起售价达74.8万元，远高于丰田燃油车的售价。

"从《规划》可以看出，国家发展氢燃料电池汽车产业的计划和目标具有超前的前瞻性和战略意义，但同时任务也是艰巨的。"全国人大代表、天津荣程祥泰投资控股集团有限公司董事会主席张荣华表示，目前，氢能供给、加氢站建设、补贴发放、推广范围等方面存在亟待解决的问题。例如，按照目前的政策，氢燃料电池汽车的车辆购置补贴基本要在运营后 2～3 年才能收到，这对于在产业发展初期需在研发、生产等方面大量投入的企业形成非常大的资金压力。同时，很多具备推广条件的城市并不在燃料电池示范城市群内，缺乏国家补贴和地方补贴的政策支持，在当前产业规模小、成本较高的情况下，产品推广难度较大。

天能董事长张天任也表示，目前五大示范城市群氢能示范应用指标完成情况一般，相关区域在氢气资源禀赋及运营场景需求上，存在一定短板。相反，在一些拥有氢气资源及应用场景需求的区域，却因为没有相关补贴，高昂的购置费用导致在非示范城市群难以形成规模化的示范应用。

对于氢能产业，姚锦龙提出 4 条建议：一是部门联动，完善政策法规配套措施，可以参考天然气和汽油、柴油的管理规定，针对氢气的"制—储—运—加—用"各个环节，建立专门的氢能产业管理政策体系，完善相关安全标准和技术要求；二是拓宽场景，加快氢能基础设施建设；三是创新引领，加大氢能多元示范应用；四是开放共赢，构建氢能减碳交易体系。

全国人大代表、亿华通科技股份有限公司董事长张国强认为，要推动氢能规模化应用，以规模带动产业提质降本。他建议加大支持力度，制定相应的支持政策，同时继续扩大燃料电池汽车示范城市群数量。他建议打造低成本绿氢保障，支撑氢能产业高质量发展。一方面，通过对代表性项目给予相关支持，鼓励可再生能源离网制氢；通过多种措施，推动 52Mpa 长管拖车、低温液氢及输氢管道等高效储运应用、综合能源站等加氢站建设，打造规模化低成本"绿氢"供应体系。另一方面，可通过碳市场赋能，推进氢能产业可持续发展。同时，建议加强国际间的碳排放标准合作，为未来发展国际氢气贸易及应对碳边境调节机制等奠定基础。

三、第一财经强化自身的独特视角

第一财经因为原创性内容占比很高，因此，视角具有自身的独特性。例如，如下新闻。

（1）专访清华大学五道口金融学院副院长田轩：聚焦双向开放，加强内地和港股市场对接。

推行新股通可以为内地和香港市场引入增量资金。

2024年政府工作报告中介绍2024年政府工作任务时提出，扩大高水平对外开放，促进互利共赢。主动对接高标准国际经贸规则，稳步扩大制度型开放，增强国内国际两个市场两种资源联动效应，巩固外贸外资基本盘，培育国际经济合作和竞争新优势。

就对外开放领域政策，两会期间，全国人大代表、清华大学五道口金融学院副院长田轩接受第一财经记者采访表示，要聚焦双向开放机制，推进资本市场的基础制度改革与国际标准来衔接，完善外资服务政策，比如放宽外商投资限制、优化外商企业上市要求等。同时也要促进国内做好境外上市备案管理工作。

（2）优化外商企业上市。

两会期间，金融对外开放被广泛关注。

中国人民银行行长潘功胜2023年3月6日表示，人民银行将继续加强境内外金融市场互联互通，吸引更多投资者投资我国金融市场；支持优质中资企业到境外上市、发债融资，鼓励中国主权财富基金、金融机构及其他经营主体对外投资。

他同时强调，人民银行坚定维护香港国际金融中心地位。将在2024年年初推出"三联通、三便利"六项政策举措的基础上，持续深化内地和香港金融合作，强化香港的国际资产管理中心和风险管理中心功能，支持香港打造亚太地区金融科技枢纽和可持续金融中心。

推动境内企业境外上市，是中国资本市场高水平制度型开放的重要组成部分。清华大学五道口金融学院副院长田轩认为，首先需要促进金融市场商品要素的流动性，希望能够加大长期资金的入市规模，助力科技创新等重点领域。要聚焦双向开放机制，推进资本市场的基础制度改革与国际标准来衔接，完善外资服务政策。比如，放宽外商投资限制、优化外商企业上市要求等。同时，也要促进国内企业做好境外上市、备案管理的工作。

此外，要加快人民币国际化进程，推进资本项下可兑换机制改革，畅通跨境转换通道，扩大交易产品范围，重点还是要促进人民币在贸易结算、投资结算、储备结算方面的使用和渗透。

另外，则要丰富跨境金融产品，以及统筹安全和开放的关系，通过引进国外先进的市场管理经验推进中国市场与国际化标准相融合，加快跨境监管合作，逐步提升中国在国际市场治理体系的参与度和重要性。

（3）推行新股通可为市场引入增量资金。

中国金融市场对外开放进入全新发展阶段。目前，中国已经形成多种渠道、多种机制相互驱动的对外开放新模式。

两会期间，不少代表建议，为巩固提升香港国际金融中心地位，建议持续扩大内地与香港股票市场的互联互通，降低港股通内地个人投资者的准入门槛，增加内地与香港互联互通产品种类，推出"新股通"，允许内地和香港符合资格的投资者相互购买首次公开发售的新股等。

谈及接下来可以从哪些方面进一步加强对外开放力度，田轩表示，首先还是要加强和港股市场的对接，目前个人投资者开通港股交易权限要满足50万元的门槛，实际上这对部分个人投资者进入港股市场造成了一些阻碍，门槛还是比较高，不利于市场的充分流动。推行新股通可以为内地和香港市场引入增量资金，帮助新股IPO（首次公开募股），还能增强市场活跃度。

田轩建议，一是推动债券通合格抵押品的机制改革；二是进一步放宽外资对境内债券回购业务的限制；三是进一步优化升级跨境理财通的业务试点相关内容。

数据显示，截至2024年1月末，粤港澳大湾区参与跨境理财通业务的个人投资者7.1万人，其中涉及港澳个人投资者4.6万人，内地个人投资者2.5万人；跨境理财汇划金额138亿元，其中"南向通"130.13亿元，"北向通"7.87亿元。

伍

年度管理传播热点综述[①]

[①] 本部分由本书副主编汪鹏编撰而成。

第一章

战略管理热点综述

全球化

近年来，中国企业在全球化过程中面临着诸多的外部风险和挑战，如国际政治经济形势的不确定性、贸易保护主义的抬头、国际规则和标准的变化和制约、跨文化整合和本地化的困难等，需要提高应对能力和危机管理能力。

2023—2024 年，中国企业更加注重通过全球化布局提升战略韧性，应对复杂环境下的企业可持续发展。新的国际形势下，中国企业应当通过全球化布局提升战略韧性，将以应对复杂环境下的企业可持续发展纳入全球化布局的思考蓝图中，成为真正有中国根基的全球企业。

一、全球化的动因

第一，进军新市场。随着我国市场经济的发展，我们国家有些行业出现了生产过剩的情况，国内的需求已经饱和，反而世界上的其他新兴国家有更大的需求量。这是企业主动走向国际市场的原因之一。

第二，获得先进技术。除了在高度竞争的国内市场大打价格战以外，中国公司正谋求在海外市场获取世界级技术。有了来自美国或欧洲的最新技术，中国公司就能提供比国内竞争者更好的产品或服务，从而获得更高的单位利润。

第三，吸纳全球化管理经验。将国际发展愿望转化为国际业务执行力需要具备一定的全球化管理才能——无论是在海外市场还是中国总部这一点均不可或缺。企业应在酝酿国际业务的初期就着手进行不同文化、商业模式、投资环境运营的准备和组织变革，建立国际化管理流程、培养国际化复合型管理人才，以同样的国际商业语言和体系对接世界。[①]

第四，收购知名品牌。中国公司还通过在西方市场收购全球知名品牌，提高自身竞争力。收购不仅可以带来技术、渠道、客户等优势资源，还可以提升品牌知名度和美誉度，增强市场影响力。

第五，政府政策鼓励。中国公司实施海外扩张战略既有企业自身的考虑也有政

---

① 李铭俊. 企业全球化是必选项，中国企业将面临哪些挑战 [J]. 企业观察家，2021（12）：110-111.

府原因。政府通过各种政策和措施，如"一带一路"倡议、自贸区建设、外资管理法等，鼓励和支持中国企业"走出去"，提升国家的国际地位和影响力。

二、全球化的特点

第一，中国企业全球化的规模不断扩大，水平不断提高。尤其是中国企业在新能源汽车、跨境电商、消费品等领域展现出强劲的竞争力和创新能力，成为全球市场的领先者或新兴力量。

第二，中国企业全球化的动力和目标更加多样化，从单纯的市场扩张和成本降低，转向技术创新、品牌塑造、全球产业链布局等高附加值的领域。

第三，中国企业全球化更趋成熟，不是"为了走出去而走出去"，而是根据自身优势和市场需求进行精准定位和差异化竞争。

第四，中国企业全球化的路径和模式更加灵活，从传统的并购、合资、独资等方式，发展到跨境电商、云计算、区块链等新型模式。

第五，中国企业在全球化过程中也更加注重本土化，尊重当地的法律、文化、习惯，与当地的政府、社会、消费者建立良好的关系。

第六，中国企业在全球化过程中也更加注重社会责任和环境保护，积极响应数字经济和绿色经济的发展趋势。

三、全球化的挑战

一是海外供应保障不足。主要表现：供应链和服务网络不完善，客户需求响应不及时。

二是内部基础能力欠缺。主要表现：协同效率低，职责划分不清晰，全球化人才缺乏；跨境项目的投融资研判和管理能力不足；IT与数字化能力不足，难以支撑"出海"业务。

三是当地市场资源有限。主要表现：当地对外关系难建立，包括政府、媒体、行业协会等；对当地法律规范了解有限，财务、风控、法务的基础体系不健全；对当地用户偏好、竞争格局等理解有限，全球化战略制定存在困难。

四是品牌优势尚未建立。主要表现：海外部分地区消费者对中国品牌接受度低，难以打开市场；长期主打"性价比"优势，品牌高端化困难，难以提升利润。

五是产品技术水土不服。主要表现：产品技术不符合法规标准或市场需求，改造难度大且成本高。

四、全球化的路径

企业全球化的路径主要需要考虑以下几个方面。

第一，明确自己的"出海"目的和愿景，是为了开拓新的市场和收入来源，还是为了提升品牌影响力和知名度，或者是为了获取全球的资源和技术，又或者是为了实现社会责任和使命。

第二，根据自身的品牌特质和所属行业，选择合适的"出海"模式和"出海"地区。"出海"模式主要包括产品（服务）"出海"、制造"出海"和模式"出海"三类，不同的模式有不同的优劣势和适用场景。"出海"地区则需要考虑目标市场的经济规模、政治稳定性、法律法规、文化背景、市场接受度等因素，选择与自身品牌契合度高、市场潜力大、竞争压力小的国家或地区。

第三，制订"出海"的战略计划和行动方案，包括"出海"的时间节点、资源投入、团队组建、合作伙伴、市场调研、产品适配、营销推广、风险应对等方面。企业需要根据自身的实力和能力，制定符合自身特点和条件的"出海"策略，避免盲目跟风或冒进，也要避免过于保守或消极，找到平衡点和突破口。

第四，持续跟进和优化"出海"的效果和质量，通过数据分析和用户反馈，评估"出海"的成本和收益，调整"出海"的策略和方案，解决"出海"过程中遇到的问题和困难，提升"出海"的效率和效果，实现"出海"的可持续发展和成功。

五、全球化的注意事项

在新时期，中国企业在全球化过程中面临的挑战包括：如何在全球市场中建立品牌影响力，如何在全球范围内有效管理人才和组织，如何在全球化布局中平衡本土化和标准化等。因此，企业全球化布局需要注意以下几个方面。

第一，适应全球市场的变化和需求。随着全球经济的复苏和结构调整，各国和地区的市场需求和消费习惯也在发生变化。企业需要根据不同的市场特点和客户需求，进行产品和服务的创新和差异化，提升品牌影响力和市场占有率。

第二，提升全球供应链的效率和韧性。全球供应链是企业全球化的重要支撑，也是应对不确定性因素的关键。企业需要优化全球供应链的布局和管理，利用数字化技术提高供应链的可视化、协同化和智能化，增强供应链的灵活性和抗风险能力。

第三，加强全球创新和人才的引进和培养。创新是企业全球化的核心驱动力，人才是企业全球化的重要资源。企业需要加大全球研发投入，建立全球创新网络，与全球合作伙伴共享创新成果，提升自主创新能力和核心竞争力。同时，企业需要吸引和培养具有全球视野和跨文化沟通能力的人才，建立多元化和包容性的企业文化，激发人才的创造力和活力。

第四，注重开展属地化运营与服务，以适应不同国家和地区的市场需求、法律法规、文化习惯和社会环境，提高企业的竞争力和可持续发展能力。属地化运营与服务的主要内容一般包括：经营属地化、管理属地化、人员属地化、待遇属地化等。

第五，遵守法律法规和商业道德。企业全球化不仅要遵循国际贸易规则，还要尊重各国和地区的法律法规和文化习俗，企业要履行社会责任和维护声誉。企业需要建立健全的全球合规体系，防范各类法律风险和商业纠纷，保护企业的知识产权和商业秘密，促进企业与各方的良性互动和合作。

聚焦主业

一、为何聚焦主业

聚焦主业，就是企业要把主要的资源和精力集中在自己最擅长、最具有核心竞争力的业务领域上，以提高企业的效率、效益和市场地位。百年变局下，经济发展内外部环境的复杂性、严峻性、不确定性上升，越来越多的企业认识到聚焦主业的重要性。

首先，聚焦主业可以提高企业的核心竞争力，抵御外部环境的不利影响。在经济不确定时期，市场需求萎缩，竞争加剧，企业要想生存和发展，就必须突出自己的优势，提升自己的产品和服务的质量和价值，增强自己的品牌形象和影响力，从而在激烈的市场竞争中脱颖而出，赢得客户的信任和忠诚。

其次，聚焦主业可以优化企业的资源配置，提高企业的效率和效益。在经济不确定时期，企业的资源和资金都比较紧张，如果过分追求多元化发展，可能会导致资源和资金的分散和浪费,降低企业的运营效率和盈利能力,甚至造成企业的财务危机和债务风险。企业聚焦主业,可以集中有限的资源和资金,投入自己最擅长、最具有回报的业务领域,提高企业的资源利用率和资金回报率,实现企业的稳健发展。

最后,聚焦主业可以促进企业的创新能力,提高企业的市场适应性。市场环境和消费者需求都在不断变化,企业要想适应市场的变化,就必须不断创新产品和服务,满足消费者的差异化需求,提升消费者的满意度和忠诚度。企业聚焦主业,可以更好地了解和把握市场动态和消费者需求,加快产品和服务的更新换代,提升企业的市场竞争力和市场份额。

因此,企业聚焦主业是一种符合市场规律和企业发展规律的战略选择,也是一种适应外部环境不确定性加大的必要举措。企业聚焦主业,可以提高企业的核心竞争力、效率和效益、创新能力和市场适应性,为企业的长远发展奠定坚实的基础。①

二、如何聚焦主业

主业应同时满足符合企业的战略定位以及具备较好的人才、渠道、创新、管理等资源优势和基础条件,以支撑企业的可持续发展。

首先,企业应该立足现有产业基础和未来转型升级需要,审慎厘清主业发展范围,对其主业开展系统梳理,从而对其内部的主业有清晰准确的了解,进而改善其主业分散、重复建设等问题。梳理企业主业的首要工作,即围绕企业发展战略确定企业主业的方向和主业数量。督促企业进一步明确企业的发展目标和战略定位、充分认识聚焦主业的重要性和必要性。

其次,在梳理并明确企业主业的基础上,对主业的投资方向要进行严格的控制,这是为了进一步使得企业内部的优势资源向主业聚集,使资本在合适的领域、产业和环节充分发挥比较优势,最大程度发挥企业、资本、制度、政策效力。为此,需围绕战略方向和实际情况,确定核心技术、核心产品、核心业务,并对企业长期的股权投资进行梳理和专业性分析,清理非主业和投资回报低的长期股权投资。同时,对参股企业制订分类清理计划,逐户制订专项清理方案。对核心业务进

---

① 肖雪,付学博."混改"背景下国有企业聚焦主业发展的路径[J]. 现代企业文化,2022(23):34-36.

行战略重组，使企业资本结构更加合理、主业核心竞争力明显增强。对于企业所属副业，坚持"一企一策"原则，以战略方向为企业主业发展方向，通过压缩管理层级、减少非主业子公司户数、分类清理参股企业等工作，突出主业、聚焦主业，实现资源的专业化整合和最优配置。

最后，基于组织绩效落实主业发展。企业集团总部可在对主业的内容和范围进行客观、合理的评估后，围绕企业主业，在企业发展战略、投资布局及资源布局三个方面制定评价考核标准，以保障落实主业主责。在战略管理方面，定期研究分析主业发展情况，总结经验教训，针对问题不断探索优化方案，在督促企业围绕做强做优主业的同时，探索可推广的经验。在优化企业投资布局方面，必须坚持的一个首要原则就是主业优先，即所有的优势资源都应当向主业倾斜，加大扶持主业发展力度。突出主业开展专业化整合，推动技术要素、人才要素、资本要素向主业集中，以集中资源发挥专长、发展主业。制订资源配置方案以督促落实企业资源分配，建立资源投入主业发展中的效率测评指标以避免资源浪费的问题。企业在进行投资时，必须将资金利用效益考虑其中，进行有效的投资从而避免盲目投资带来的损耗。探索企业主业发展资源使用反馈机制以严控非主业投资，避免盲目扩张。[①]

三、清理非主业

第一，制订非主业工作清退工作方案。实现企业剥离非主业工作的首要条件是明确非主业的基本特征。先将不符合企业发展战略的考虑纳入剥离范围。不同战略定位的企业改革路径各有不同。主业完全处于充分竞争行业和领域的商业一类企业，侧重于进一步增强企业的活力和竞争力，而承担重大专项任务或特定工作为主的商业二类企业，则是侧重于发挥经济控制力、影响力的担当者。因此，企业应紧紧围绕企业发展战略和定位，基于摸底排查，综合自身实际情况制订非主业清退工作方案。

第二，完善企业非主业、非优势业务清理工作机制。成立非主业、非优势业务清理工作领导小组，在全面摸清底数的基础上部署专项清理工作。按照国务院国资委"两非"剥离整体部署，梳理现有业务板块及所属企业经营情况，对公司的非主营业务企业开展情况和历史遗留问题进行摸底盘查。结合企业发展战略和实际情

---

① 肖雪，付学博. "混改"背景下国有企业聚焦主业发展的路径 [J]. 现代企业文化，2022（23）：34-36.

况，采取一类一策、分类处置的方式，制订清理工作实施方案和清理工作任务清单。推动非主业在企业中的有序退出，从而使发展重心聚焦于主业，实现资源的高效率配置。

四、聚焦主业的要点

值得注意的是，聚焦主业并不等于只着眼于主业的发展。主业是企业发展方向，不直接等同于企业的单一业务。产业的兴衰发展有着内在的客观规律，任何产业都存在潜在衰退阶段。为综合提高经济发展可持续发展能力和创新能力，需避免过度强调"聚焦主业"。聚焦主业并不等于只着眼于主业的发展，鼓励企业聚焦主业主责与进军新领域也并非零和博弈的竞争关系。

2024年1月，云南白药宣布已退出全部二级市场证券投资，并计划不再开展相关业务。这一决策立刻引发了市场的广泛关注和讨论。证券投资虽然能够带来一定的收益，但对于主营业务不是金融领域的公司来说，过度依赖证券投资可能会影响企业的主营业务表现和长期发展。云南白药退出证券投资，意味着公司希望集中资源和精力于其核心业务领域，以实现业务调整和优化，规避风险确保公司财务稳定，利用证券投资退出的资金来进一步聚焦主业，以增加公司的价值和竞争力。[①]

聚焦主业也不是一种适用于所有行业和企业类型的通用策略，而是要根据不同的情况进行灵活选择和调整。具体来说，有以下几个方面的因素需要考虑。

第一，行业的发展阶段和竞争格局。不同的行业有不同的发展阶段和竞争格局，对于企业的主业范围和多元化程度有不同的要求。一般来说，对于成熟、稳定、寡头的行业，企业可以聚焦主业，专注于提升品质和效率，巩固和扩大市场份额。而对于新兴、变化、多元的行业，企业则需要适度多元化，拓展相关的业务领域，抓住市场机会，增加收入来源和竞争优势。

第二，企业的规模和能力。不同的企业有不同的规模和能力，对于主业的定义和定位也有不同的侧重点。一般来说，对于大型、强势的企业，主业可以比较广泛，涵盖多个相关的业务板块，形成产业链或产业集群，实现规模效应和协同效应。而对于中小、弱势的企业，主业则需要比较窄化，聚焦于一个或几个具有明显优势的业务细分领域，形成特色或差异化，实现精细化和专业化。

---

① 姚倩. 大幅亏损后云南白药戒股[N]. 北京商报，2024-1-19（004）.

第三，市场的需求和变化。不同的市场有不同的需求和变化，对于企业主业的选择和调整也有不同的影响。一般来说，对于需求稳定、变化缓慢的市场，企业可以坚持主业，满足客户的基本需求，保持品牌的忠诚度和影响力。而对于需求多样、变化快速的市场，企业需要灵活调整主业，适应客户的个性化和差异化需求，提升品牌的创新力和适应力。

聚焦主业是否适用于所有行业和企业类型，没有一个确定的答案，而是要根据行业的发展阶段和竞争格局、企业的规模和能力、市场的需求和变化等因素进行综合分析和判断，找到适合自己的主业范围和多元化程度，实现企业的高质量发展。[1]

ESG战略理念的持续深入

ESG是环境（Environmental）、社会（Social）和公司治理（Governance）三个英文单词的首字母缩写，是一种关注企业环境、社会责任、公司治理表现而不只单纯考虑财务绩效的评价标准。[2] ESG理念强调企业在经营过程中应当考虑环境、社会和公司治理因素，以实现可持续发展。ESG理念的实践在我国已经受到了许多企业的关注。企业按照相关披露要求披露相应的信息，评级机构按照评价标准评价企业披露的ESG信息，投资者参考评级机构出具的企业ESG评价情况进行风险评估并进一步决定投资活动，从而形成ESG一体化运作机制。[3]

ESG理念的内涵涵盖了多个维度。从环境维度来看，企业在ESG理念环境维度的实践涵盖了一系列的环境保护措施和可持续性举措，旨在降低企业的环境影响、节约资源、推动低碳发展。企业在ESG理念环境维度的实践包括节能减排、碳排放管理、资源回收与再利用、环境合规与认证、环境影响评估、生态保护与修复、环保创新技术应用，以及参与环保倡议与行动等方面。通过积极践行环境保护措施和可持续发展举措，企业可以提升环保形象，增强企业的竞争力和社会认可度。

---

[1] 肖雪，付学博. "混改"背景下国有企业聚焦主业发展的路径[J]. 现代企业文化，2022（23）：34-36.
[2] 张慧. ESG责任投资理论基础、研究现状及未来展望[J]. 财会月刊，2022（17）：143-150.
[3] 王洪亮，赵东丹. ESG视阈下国有企业高质量发展路径研究[J]. 商业经济，2024（2）：121-124.

从社会维度来看，企业在 ESG 理念社会维度的实践是指企业在关注社会责任、员工福利、社区参与和社会公益方面所采取的一系列行动。通过社会维度的实践，企业致力于改善员工福利、促进社会公平、推动社区发展，以实现可持续发展和社会价值。企业在 ESG 理念社会维度的实践涵盖了员工权益与福利、劳工权益与福祉、社区参与与发展、消费者权益保护、多元化与包容性、反腐败与商业道德、社会公益与慈善事业，以及建设社会共识等方面。通过积极践行社会责任和社会参与，企业可以提升社会形象，增强企业的社会认可度和影响力。

从公司治理维度来看，企业在 ESG 理念公司治理维度的实践主要包括建立健全的公司治理结构，加强董事会监督和内部控制，提高决策透明度，确保公司治理的公正性和有效性。企业在 ESG 理念公司治理维度的实践涵盖了建立独立董事制度、董事会责任与监督、内部控制与风险管理、薪酬与绩效考核、披露与透明度、股东权益保护、企业文化与道德建设，以及反腐败与合规等方面。通过践行有效的公司治理，可以增强企业的竞争力和可持续性，获得投资者和利益相关者的信任和支持。

一、ESG 的背景

企业实施 ESG 是由全球气候变化和环境危机的挑战、社会责任和利益相关方的期待、公司治理和投资者的要求等多方面因素共同推动的。企业实施 ESG 不仅是应对外部压力和风险的必要举措，也是实现内部优化和创新的重要机遇。

首先，全球气候变化和环境危机的挑战。近年来，全球气候变化和环境危机日益加剧，给人类社会和自然生态带来了巨大的影响。例如，极端天气事件频发、生物多样性丧失、资源枯竭和污染等，都对企业的生产经营和社会责任造成了巨大的压力和风险。因此，企业需要加强对环境问题的关注和应对，采取节能减排、循环利用、绿色创新等措施，提升企业的环境绩效和韧性。

其次，社会责任和利益相关方的期待。随着社会的发展和进步，人们对企业的社会责任和利益相关方的期待也在不断提高。企业不仅要追求经济效益，还要关注员工的福利和权益、消费者的需求和满意度、社区的和谐和发展等，以实现企业与社会的共赢。因此，企业需要加强对社会问题的关注和应对，采取保障人权、促进多元包容、支持公益慈善等措施，提升企业的社会绩效和声誉。

最后，公司治理和投资者的要求。随着资本市场的发展和完善，投资者对企业的公司治理和投资价值的要求也在不断提高。企业不仅要遵守法律法规和行业标准,还要建立健全的治理结构和风险管理体系,以保证企业的合规性和透明度。同时,投资者也越来越重视企业的 ESG 表现,认为 ESG 可以反映企业的长期竞争力和成长潜力。因此,企业需要加强对公司治理问题的关注和应对,采取提高董事会效能、完善内控制度、增强信息披露等措施,提升企业的治理绩效和价值。

二、实施 ESG 的好处

第一,提升企业声誉和品牌价值。

企业作为国家的重要代表,其行为将直接影响国家形象和声誉。通过积极关注 ESG 要素,企业可以树立起良好的社会形象,增强公众对企业的信任和好感。稳固的企业声誉将进一步提升企业品牌价值。[1]

首先,企业通过关注环境责任,积极采取环保措施,降低资源消耗和碳排放,推动清洁能源使用等,有助于减少企业对自然环境的不良影响。这种环境友好的经营态度能够赢得社会的赞誉,树立企业的环保形象,从而提升企业声誉。其次,企业作为国家的重要代表,其社会责任尤为重大。通过积极参与公益活动、回馈社区、改善员工福利等,企业可以显示出对社会的关心和承担,增强公众对企业的认可和好感,提高企业的社会声誉。再次,良好的公司治理是树立企业声誉的基石。企业通过建立透明、规范、高效的治理结构,严格遵守法律法规,确保信息披露的透明度,可以增强投资者和公众对企业的信任,提升企业的声誉。企业通过践行 ESG 理念,关注可持续性发展,注重长期效益而非短期利润,表现出积极的社会责任态度。这种长期稳健发展的战略有助于赢得投资者、客户和员工的信任,从而提升企业的声誉。最后,企业践行 ESG 理念对其媒体曝光和社交网络声誉也有积极影响。在互联网时代,企业的每一个举动都可能在网络上迅速传播。通过积极践行 ESG 理念,企业能够赢得媒体的好评和关注,塑造正面的社交网络形象,进一步提升企业声誉。

第二,引领产业发展转型升级。

随着"双碳"目标的提出,各行各业都面临着绿色转型的要求,企业在许多行业中占据着主导地位,其发展转型对于整个产业的升级至关重要。积极践行 ESG 理念,企业可以在绿色技术、清洁能源、智能制造等领域发挥引领作用,推动产业

---

[1] 王洪亮,赵东丹. ESG 视阈下国有企业高质量发展路径研究 [J]. 商业经济,2024(2):121-124.

向高质量发展转型。

首先，ESG理念鼓励企业推动绿色技术创新和清洁能源的应用。企业可以投资研发新的环保技术，推动资源高效利用和废物回收利用。在能源领域，企业可以大力发展可再生能源，如风能、太阳能等，以替代传统的高碳能源，减少碳排放，降低对环境的影响。通过践行ESG理念，企业可以主动采取节能减排措施，降低生产过程中的资源消耗和能源消耗。此外，企业还可以发展环保产业链，例如，推动废弃物回收再利用、开发环保产品和服务等，从而推动整个产业向绿色低碳方向升级。其次，ESG理念鼓励企业推动数字化转型和智能制造。企业可以借助先进的信息技术和人工智能等提高生产效率和质量，降低成本，增强市场竞争力。数字化转型还有助于企业实现更精准的资源配置和能源利用，进一步推动产业升级。最后，在产业转型升级过程中，ESG理念强调企业的社会责任和员工培养。企业可以关注员工的职业发展和福利待遇，提高员工满意度和忠诚度。同时，积极参与社会公益事业，回馈社会，树立企业的社会责任形象，为产业转型升级树立榜样。ESG理念强调企业应该与利益相关者进行紧密合作，实现共赢。企业可以与政府、其他企业、非政府组织等形成合作伙伴关系，共同推动产业的转型升级。通过共同努力，形成产业合力，企业可以引领整个产业向高质量发展转型。

第三，提高企业长期竞争力。

随着ESG理念在我国主流化发展，ESG信息披露的质量和水平成为衡量企业竞争力的重要标准。ESG实践强调企业的可持续发展，而可持续发展与长期竞争力息息相关。企业通过关注ESG因素，建立稳健的风险管理体系，预防环境、社会和公司治理风险，从而保障企业的长期发展和稳定盈利能力。

首先，ESG理念鼓励企业关注可持续性和环境友好型产品与服务的开发。企业通过投资研发和技术创新，推出符合环保标准和社会需求的创新产品，满足消费者日益增长的环保意识和社会责任感，增强企业在市场中的竞争力。同时，ESG实践促进企业优化资源管理，提高资源利用效率。企业通过节能减排、优化供应链、提高生产效率等措施，降低生产成本，增加利润空间，提升企业在市场中的竞争力。其次，ESG理念强调企业的社会责任和员工福利。企业通过关注员工培养、提供良好的工作环境和福利待遇，吸引优秀人才加入企业。拥有优秀的人才团队将有助于企业创新能力的提升，增强企业在市场竞争中的优势。最后，ESG理念注重企业的长期稳健发展。企业通过践行ESG，注重长远规划，不仅关注短期业绩，更关注可持续性发展。在全球经济不断变化和挑战日益复杂的背景下，企业通过长期战略规划，能够更好地应对市场动态，确保企业的长远发展，从而提高企业的长期竞争力。

第四，吸引长期投资者并降低融资成本。

越来越多的投资者开始将 ESG 因素纳入投资考量，希望通过投资有 ESG 意识的企业来实现长期的价值增长。积极践行 ESG 理念，企业可以吸引更多的长期投资者，拓宽融资渠道，降低融资成本，从而支持企业的高质量发展。[1]

首先，ESG 实践向投资者传递了企业在环境、社会和公司治理方面的高标准和责任心。长期投资者通常更关注企业的长远发展，对 ESG 因素的重视使得他们更倾向于投资那些在可持续性方面有良好表现的企业。其次，ESG 实践有助于企业降低投资风险。通过关注环境、社会和公司治理风险，企业可以更好地预测和应对潜在的经营风险。投资者更愿意将资金投入风险管理较好的企业，因为这可以降低他们的投资风险。通过践行 ESG 理念，企业可以提高投资者对企业的信心，减少投资者对经营风险的担忧，从而降低投资风险。最后，ESG 实践能够扩大企业的融资渠道。越来越多的金融机构将 ESG 因素纳入贷款和融资的考量，对于 ESG 表现较好的企业，可能获得更加优惠的融资条件。企业通过践行 ESG 理念，增强在金融市场的认可度和信誉，能够拓展融资渠道，降低融资成本。

三、实施 ESG 的措施

实施 ESG 可以帮助企业提升品牌形象、增强竞争力、降低风险、吸引投资者和利益相关方的支持，从而实现长期价值的增长。企业实施 ESG 可根据自身的业务特点、发展目标和外部环境制定合适的 ESG 战略和管理体系。一般来说，可以参考以下几个步骤。

第一，识别和评估 ESG 问题的重要性。通过咨询内外部利益相关方，确定对企业和利益相关方最重要的 ESG 问题，以及对任何一方或双方不太重要的问题。这可以帮助企业优先关注和解决最紧迫和最具影响力的 ESG 问题，同时避免资源的浪费和分散。

第二，建立 ESG 绩效基准。记录当前的绩效水平、政策、实践和有关将作为

---

[1] 王洪亮，赵东丹. ESG 视阈下国有企业高质量发展路径研究 [J]. 商业经济，2024（2）：121-124.

战略一部分解决的 ESG 因素的统计数据。这可以帮助企业了解自身的 ESG 现状，找出优势和劣势，以及改进的空间和方向。

第三，为 ESG 计划定义可衡量的目标。这涉及为整个 ESG 战略及其各个部分设定目标和绩效目标。目标应具有 SMART 特征，即具体（Specific）、可衡量（Measurable）、可实现（Achievable）、相关（Relevant）和有时限（Time-bound）。目标还应与国际和国内的 ESG 标准和框架保持一致，以便与利益相关方进行沟通和比较。①

第四，创建部署路线图。接下来，为 ESG 计划制订详细的实施计划，包括项目时间表、里程碑和责任。制定路线图时，应考虑资源的可用性、风险的可能性、利益相关方的期望和监管的要求。同时，应确保路线图的灵活性和适应性，以应对不可预见的变化和挑战。

第五，收集、分析和报告 ESG 数据。为了衡量和评估 ESG 计划的执行情况和效果，企业需要建立有效的数据收集和分析系统，以确保数据的真实性、准确性和完整性。此外，企业还需要定期向内外部利益相关方报告 ESG 数据，以展示企业的 ESG 绩效和进步，增加企业的透明度和信誉，同时获取反馈和建议，以便进行持续改进。

第六，根据需要审查和修改策略。ESG 不是一次性的项目，而是一个持续的过程。企业应定期对 ESG 战略和管理体系进行审查和修改，以适应内外部环境的变化，以及企业自身的发展。审查和修改的过程应包括重新评估 ESG 问题的重要性、检查 ESG 目标的达成情况、识别 ESG 风险和机会、调整 ESG 路线图和措施等。

四、企业实施 ESG 的注意事项

第一，了解并遵守相关的法律法规和行业标准，及时、准确、完整地披露 ESG 相关信息，提高信息的透明度和可信度。

第二，建立并完善 ESG 内控管理体系，包括公司治理架构和风险管理内控体系，明确 ESG 相关的职责、流程和指标，确保 ESG 理念融入企业的战略、运营、财务和合规等方面。

---

① 郑玉. A 公司团体保险销售人员的绩效考核研究 [D]. 镇江：江苏大学，2019.

第三，关注国际趋势，如欧盟的 ESG 信息披露核心法规。借鉴标杆企业（如苹果）的减碳实践，但需科学引导供应商等关键合作伙伴的表现。

第四，识别、评估、应对和监测企业面临的 ESG 风险，如气候变化风险、供应链风险、社会责任风险、合规风险等，寻求风险敞口、收益和成本之间的平衡，制定有效的风险应对策略和行动计划。

第五，积极参与 ESG 相关的培训、合作和交流，强化员工和利益相关方的 ESG 发展意识，借鉴和学习国内外的 ESG 最佳实践，不断提升企业的 ESG 管理能力和水平。

第六，ESG 管理是一个长期主义，与公司的发展战略相匹配。ESG 委员会或领导小组基于公司中长期战略制定政策、信息收集和报告披露。

第七，注重 ESG 的创新和价值创造，利用数字化、智能化等技术手段优化 ESG 数据的收集、分析和报告，探索 ESG 与企业核心业务或增长战略的结合点，实现 ESG 与企业价值的共赢。

战略即兴

在传统战略规划模式下，从方案成形到最终出台需要经过漫长的论证、实践、反馈与改善等阶段，以减少其失误漏洞而更好地适应社会发展趋势，助力组织获得更大的机遇空间。但事实上，这一模式的实施存在一个重要前提，即外部社会环境能够在企业战略成形完善的整个过程中保持较小变化甚至不变，否则，当下社会环境所具有的新特征和新要求就会与组织战略的论证结果形成错位，不仅无法保障组织对社会趋势的正确把握，甚至可能因为思维滞后而贻误时机。[1] 产业社会的系列变化已然加快创新速度、压缩企业竞争力存续时间，企业想要实现更大发展、抢占更多机遇，就需要加快自我行动步伐，主动实现思考与实践的高度统一。或者说，即企业面对新情况、新问题时的思考与行动应高度一致，且行且思、行动迅速，将曾经专门的实验、反馈与改善行为均压缩至直接的行动过程中，在务实操作中获得周围环境的及时反馈并发现问题所在，继而迅速采取应对、弥补策略，实现对组织

---

[1] 曹凤珍. 变革时代领导者的即兴战略思维及误区防范 [J]. 领导科学，2022（8）：33-36.

规划方案的动态调整。这一过程事实上就是战略即兴的实施过程，其完成了战略规划、决策与实施的一体化，有效压缩了传统战略的观测、实验阶段。

一、战略即兴的背景

战略即兴是一种在面对动态和不确定的环境时，利用现有的资源和能力，灵活地调整和创新战略的过程。它是一种计划与执行同步进行，具有创造性和自发性的行为。战略即兴越来越流行的深刻背景有以下几点。

第一，环境的复杂性和不可预测性。在当今的市场竞争中，企业面临着技术的快速变化，消费者的多样化需求，竞争对手的不断进入，政策的不稳定性等多重因素的影响，这些因素使得环境变得复杂和不可预测，传统的计划型战略往往难以适应和应对。

第二，组织的创新能力和学习能力。在复杂和不可预测的环境中，企业需要具备创新能力和学习能力，以便及时捕捉和利用机会，解决和避免问题，提高和保持竞争优势。战略即兴是一种有效的创新和学习的方式，它可以帮助企业发现和创造新的价值，积累和更新知识，形成和改进能力。

第三，资源的有限性和多样性。在复杂和不可预测的环境中，企业往往面临着资源的有限性和多样性，即企业的资源不仅数量有限，而且种类繁多，包括物质资源、人力资源、信息资源、关系资源等。战略即兴是一种有效的资源利用和整合的方式，它可以帮助企业充分发挥和利用现有的资源，协调和整合不同的资源，创造和获取新的资源。

二、战略即兴的特征

战略即兴所强调的重点在于反馈调整过程与实施过程的统一，即跳过社会调研、汇报、可行性考察等冗长复杂的流程，以对环境的充分配合为先，直接采取配套行为迅速行动，在行动过程中再进行问题检查、效果观测和具体过程措施调整，属于典型的且行且思、动态完善过程。具体来说，战略即兴主要具备以下特征。[1]

一是几乎同步的反应与行动过程。战略即兴的价值即在于对实验、考察与完善时间的充分压缩，确保了战略议案与外部环境特征的充分契合，使得管理者针对眼

---

[1] 曹凤珍. 变革时代领导者的即兴战略思维及误区防范 [J]. 领导科学，2022（8）：33-36.

前情况的分析把握可迅速转变为对应的策略措施，避免所思与所行、所行与环境的错位。这既是对动态环境的主动适应，也是实际情况逼迫所致，瞬息万变的情境下已经不会再给组织留下充分的市场调研、战略规划时间。时过境迁，领导者在决策过程中稍有迟疑与滞后就很可能导致组织被淘汰出局。但反应与行动的高度统一也要求管理者的指令具有时效性、正确性和前瞻性，既要有来自长期经验积累的正确直觉判断，也要有扎实理论基础上的科学分析与预测，如此才可形成正确的即兴行为。

二是对于非预期机会或威胁的高度重视。缘何如此强调动态环境中组织的战略即兴规划能力？一个重要原因就在于非预期机会与威胁的频繁出现，使得组织难以通过传统的战略思维实现对全过程的有效预测和提前规划，更多情况下只能边干边学、边学边改。来自技术变革的推动力加快了社会发展步伐，亦不断改变社会环境特点和制度体系，组织不仅难以预测潜在多元的变化趋势，更难提前采取预警和准备措施进行防范，只能在情况、问题出现的第一时间协同相关主体，充分利用可获得的资源进行迅速回应，并根据市场受众的需求和反应完成知识、过程和组织结构三者的有机整合、互相配合，融入实施环境而创造性地解决问题。这也注定了战略即兴往往难有对多元方案的反复比较过程，其所进行的利弊权衡将更多聚焦于环境趋势的契合度，以实现组织存续空间拓展，而非战略方案本身的短期利益获取。

三是对于环境适应效果的重点关注。判断战略即兴的优劣，关键一点即判定其对当下情形是否适应、能否驾驭，以及领导者对于非预期机会和威胁的应对。这也就要求战略即兴的关注重点应首先置于组织存续空间的有效维系和潜在发展机遇的充分获取上，而绝不能置于眼前暂时的利益得失上。领导者需要依据不断更新的内外部信息调整战略细节甚至大方向，组织战略决策和实施过程则必须持续关注市场需求变化、技术发展趋势、制度环境变迁等动态发展，确保组织能够伺机而动且响应迅速。

三、战略即兴的操作

一般来说，战略即兴的操作主要包括以下几个步骤。

第一，感知和识别环境变化，分析其对企业的影响和机会，确定应对的目标和方向。

第二，利用现有的资源和能力，结合企业的战略定位和核心价值，设计出创造性的应对方案，考虑其可行性和风险。

第三，协调和动员相关的主体，包括内部的员工、部门、领导，以及外部的合作伙伴、客户、供应商等，形成有效的沟通和协作机制，共同推进方案的实施。

第四，在实施过程中，根据实际情况，及时调整和优化方案，解决可能出现的问题和困难，保持方案的灵活性和适应性。

第五，在实施完成后，总结和反馈方案的效果和收益，评估方案的优势和不足，提炼和保存方案中的创新元素和经验教训，为未来的战略即兴提供参考和借鉴。

四、战略即兴的注意事项

战略即兴要求在动态变化的环境中，根据实时的信息和反馈，灵活地调整和创新战略。因此，战略即兴的注意事项有以下几点。

一是明确战略目标和愿景。即兴不是随性，而是要在有明确的战略目标和愿景的基础上，进行有针对性的创新和调整。战略目标和愿景是即兴的方向和动力，也是评估即兴效果的标准。

二是保持组织的稳定和协调。即兴需要有一个稳定和协调的组织架构和团队氛围，以保证即兴的顺畅和高效。组织的稳定和协调包括明确的权责分配、有效的沟通机制、合理的激励制度、良好的信任和支持等。

三是培养复合型人才和团队。即兴需要有能够快速适应和学习的复合型人才和团队，以应对不同的挑战和机遇。复合型人才和团队具有跨专业的知识结构、多元的思维方式、开放的创造性和协作性等。

四是提高领导力和决策力。即兴需要有能够及时发现和把握机会的领导力和决策力，以引领和推动即兴的实施和落地。领导力和决策力包括高度的格局和敏感性、果断的判断和选择、灵活的组织和执行等。

非市场战略

非市场战略是企业在非市场环境中，通过改善整体行为以增加价值所采取的一致性行动策略。它与市场战略相对应，而市场战略主要涉及与市场供给和需求相关的竞争战略。[1]

随着非市场因素对企业发展的影响变得越来越直接和具有战略性，非市场战略已经成为企业战略的重要内容。这些非市场因素包括政府的管制和政策、公众的支持、利益相关者、新闻媒体的介入等。企业通过促使政府对竞争对手或替代品生产商施加管制，或赢得与竞争对手相比更加优惠的政策，又或通过某些政策影响上下游企业而赢得讨价还价的能力，从而赢得超越竞争对手的比较优势。[2][3]

非市场战略的特征包括：第一，防范竞争对手，非市场战略能通过防范竞争对手提供竞争优势。第二，抵御来自新厂商和替代品的威胁，非市场战略在创造市场机会和抵御新厂商和替代品方面是必不可少的。第三，供应商和买商的议价能力，非市场战略也能应付由供应商和买商的讨价还价能力所引起的威胁。[4]

近年来，非市场战略逐渐受到企业重视。虽然非市场因素涉及政治、社会、文化等复杂领域，但它们对企业的发展产生重要影响。

一、非市场战略的优势

非市场战略的优势在于它能够帮助企业在市场之外的领域获得竞争优势，特别是在政治、法律、社会和文化等方面。具体的优势有以下几点。

第一，提升政策影响力：通过影响政府政策，企业可以获得比竞争对手更有利的条件，如税收优惠、补贴或监管豁免。

第二，更好地管理风险：非市场战略有助于企业识别和管理政治和社会风险，从而减少不确定性和潜在的负面影响。

第三，获得公众支持：通过积极的公共关系和社会责任活动，企业可以建立良好的公众形象，增加品牌价值和消费者信任。

第四，优化利益相关者关系：非市场战略强调与政府、非政府组织、社区和媒体等利益相关者建立和维护关系，这有助于企业在关键时刻获得支持。

第五，履行社会责任：企业可以通过非市场战略来展示其对社会责任的承诺，这不仅提高了企业的声誉，也可能带来长期的经济回报。

---

[1] 冯雷鸣，黄岩，邸杨. 跨国经营中的市场与非市场战略 [J]. 中国软科学，1999（4）：44-45+50.
[2] 薛红霞. 我国企业非市场行为特征研究 [D]. 南京：河海大学，2007.
[3] 杨知评，弋亚群，李垣. 企业外部能力与突变创新 [J]. 上海管理科学，2010，32（3）：19-23.
[4] 冯雷鸣，黄岩，邸杨. 跨国经营中的市场与非市场战略 [J]. 中国软科学，1999（4）：44-45+50.

第六，推动企业可持续发展：非市场战略鼓励企业在其业务实践中考虑环境和社会因素，这可以激发创新并推动可持续发展。

二、非市场战略的操作

非市场战略为企业提供了一个全面的视角，使其能够在复杂的商业环境中更有效地操作，并且能够在市场以外的领域中寻找增长和成功的机会。操作非市场战略通常涉及以下几个方面。

第一，政府关系管理：通过游说、合作项目或其他方式与政府机构建立良好关系，以争取有利政策或减少监管压力。

第二，公共关系活动：通过新闻发布、社会责任项目等提升企业形象，赢得公众支持和信任。

第三，利益相关者沟通：识别并与关键利益相关者（如供应商、客户、社区等）建立沟通渠道，以获取支持和合作。

第四，确保合规合法：确保企业活动符合法律法规要求，同时利用法律手段保护企业利益，如知识产权保护。

第五，实施危机管理：制定应对政治、法律、社会和文化等多方面突发事件的策略，以减少对企业声誉和运营的负面影响。

例如，比亚迪在政府关系、社会责任、媒体公关等方面开展了大量非市场战略的活动。这些非市场战略不仅为比亚迪创造一个更加有利的竞争环境，还有助于提升比亚迪的企业形象和品牌价值，增强了比亚迪的抗风险能力。

一是政策倡导与政府关系。

（1）政策参与与倡导：比亚迪积极参与政策制定的讨论，并倡导有利于新能源汽车发展的法规和标准。公司通过这种方式影响政策环境，以支持其业务增长。

（2）政府合作项目：通过与政府合作的项目，比如公共交通电动化，比亚迪推动其技术和产品的应用，并展示其在新能源领域的实力。

（3）政府补贴与支持：比亚迪从政府获得了相当于26亿美元的扶持，这显示了公司与政府关系的紧密性。

（4）地方政府合作：比亚迪与地方政府签署战略合作协议，如与西安市政府的合作，进一步深化在新能源汽车、动力电池等领域的合作。

（5）国家战略响应：比亚迪的"城市公交电动化"解决方案上升为中国国家战

略，体现了公司对政府战略的响应和支持。

二是社会责任与环境可持续性。

（1）绿色产品与技术创新：比亚迪通过提供高效节能的电动汽车产品，推动低碳出行和减少尾气排放。公司掌握电池、电机、电控等新能源汽车全产业链核心技术，持续引领全球新能源汽车变革。

（2）绿色运营：比亚迪在全球率先停止燃油汽车生产，成功打造了中国汽车品牌首个零碳园区总部，为全球交通运输行业和制造业低碳转型提供示范。

（3）应对气候变化：公司构建了"电动车治污，云轨云巴治堵"的绿色大交通体系，助力实现"双碳"目标。

（4）社会公益事业：比亚迪积极参与慈善公益事业，通过比亚迪慈善基金会累计捐赠公益慈善项目2.4亿元，包括赈灾救助、支持教育、帮扶弱势群体等。

（5）环境保护教育：比亚迪开展环境保护教育活动，向公众普及环保知识和技能，提升公众对环境保护的意识。

（6）抗疫救灾：在自然灾害发生时，比亚迪积极参与救援行动，提供物资和资金援助，为受灾地区的灾民提供了帮助和支持。

三是公关活动和媒体合作。

（1）创新公关活动：比亚迪通过举办具有创新性的公关活动来提升品牌形象。例如，他们将公关战略转变为"公关赞"，在重要的产品发布会上展示了与其他国产汽车品牌的团结，这种策略在社交媒体上获得了广泛的好评和关注。

（2）战略合作伙伴关系：比亚迪与其他大型企业和组织建立战略合作伙伴关系。例如，他们与京东集团签署了战略合作协议，共同推动中国汽车产业链的转型升级。此外，比亚迪还成了2024欧洲杯的官方出行合作伙伴，这是欧洲杯首次与新能源汽车品牌以及中国汽车品牌合作。

（3）媒体合作：比亚迪在媒体合作方面也展现出了高度的创新性和精细化。其通过与意见领袖和行业专家合作，利用口碑营销来推广其产品。此外，其还在电视、社交媒体平台、汽车网站等多个渠道投放广告，提升品牌知名度和产品认知度。

（4）技术和产品展示：比亚迪通过展示其前沿技术和产品设计来吸引媒体的注意。其邀请全球各地的主流媒体代表参与活动，体验最新的智能化技术，并与设计总监进行深入交流。

制造业供应链保持战略韧性

一、制造业供应链保持战略韧性的挑战

第一，供应链面临价值链"低端锁定"风险。全球产业链价值链上，包括中国在内的发展中国家主要从事的是这些产品生产的低端加工环节，处于价值链"微笑曲线"底部，而价值链两端的高附加值研发设计和品牌营销环节则被发达国家跨国公司掌握。发展中国家所从事的环节主要是那些"惯例化、低附加值、几乎没有创新机会窗口和进入壁垒很低的价值链低端环节"，难以沿着价值链逐步向中高端攀升，陷入了"低端锁定"的产业链转型升级困境。①

第二，供应链存在关键核心技术"卡脖子"问题。"卡脖子"指的是某些关键核心技术自己没有掌握，且具有不可替代性，而长期受制于人。我国不少产业存在"缺芯""少核""弱基"等问题，产业基础能力薄弱，在全球生产与分工体系中缺乏话语权和主动权。我国在基础研究和关键领域的创新能力薄弱是根结，目前在核心零部件、关键基础材料、基础软件等领域均存在短板，芯片自给率不高，研发设计类工业软件绝大部分来自进口。加强针对关键核心技术的国产替代，是防范少数发达国家利用"卡脖子"技术对我国进行战略遏制和打压的应对措施。

第三，供应链自主可控能力较弱。在"逆全球化"趋势蔓延的背景下，我国供应链"堵链""卡链""断链""掉链"风险加剧，亟须提升自主可控能力以保证经济稳定发展。从内部因素来看，我国供应链核心技术创新能力、关键零部件制造能力不足。我国的出口竞争优势偏向于加工组装等低附加值环节，对核心技术、材料和关键零部件的进口依赖较为严重，在高端芯片、机器人、人工智能、高端数控机床等诸多关键领域，存在研发能力、技术能力和制造能力短板。技术上的封锁或使得我国本土企业在全球产业链上丧失议价能力和价值分配的主动权。当前，我国在基础研究和底层技术环节上的掌握能力尚且不足，在短期内或难以扭转核心技术和关键零部件依赖国外供应商的被动局面。

---

① 沈梓鑫. 提升产业链供应链韧性和安全水平 [J]. 中国发展观察，2023（4）：71-75.

第四，供应链转型升级水平不足。新一轮科技革命和产业变革下，全球制造业数字化、智能化、绿色化产业新浪潮加速升级，全球供应链竞争日趋激烈。由于5G、人工智能、物联网等数字基础设施薄弱，高端制造、运输仓储等产业链供应链环节数字化、智能化程度不高，战略性资源能源的供应保障问题还有待破解。供应链数字化、智能化、绿色化转型程度和发展水平的不足将严重限制我国产业核心竞争能力的重塑和产业体系的可持续发展。[1]

二、制造业供应链保持战略韧性的对策

第一，积极推动高端制造业智能化转型。一是强化突破性技术创新能力。加快人工智能、物联网、大数据等信息技术与现代先进制造技术的融合创新，推动高端制造业的智能化转型。二是加快商业模式创新。伴随人工智能[2]、大数据、物联网、ChatGPT等技术发展，商业模式也在持续不断地产生变化。商业模式创新涉及价值创造与传递、盈利模式等众多环节，其会从各个层面对高端制造业智能化产生促进效果，加快产业智能化转型步伐。三是培育技术创新柔性能力。高端制造企业受限于资源禀赋，及时根据外部环境和市场形势变化进行快速感知和应对是其获取核心竞争力的关键所在。技术创新柔性突出表现在面对不确定市场的变化，动态、快速调整高端制造业的资源和计划，以快速生产出满足外界需求的新产品。[3]

第二，努力化解高端制造业供应链风险。一是强化风险预警监测，化解供应链"断链"风险。搭建细分行业供应链支持与智能决策平台，构建产业损害风险预警机制，构建关键物料和重要资源供应链全球风险预警系统，建立区域物料和重要资源生产保障基地。二是强化关键节点控制，降低供应链外流风险。健全完善外商投资法制保障水平，营造公平投资的法制环境，减少外商投资负面清单；加快做实做好区域全面经济伙伴关系落地工作，构建中国与东盟高端制造业供应链共同体；打造和培育世界领先的高端制造产业集群。三是增强自立自主自强能力，降低供应链"掉链"风险。强化科技创新协同攻关的举国体制，构建产业链供应链的融合共生发展模式。快速打造供应链的"链主"企业，实现大中小企业融通发展，提升高端制造业供应链中关键原材料和核心部件的国产化水平。四是扩大对

---

[1] 沈梓鑫. 提升产业链供应链韧性和安全水平[J]. 中国发展观察，2023（4）：71-75.
[2] 周婧好，谭春桥. 提升我国高端制造业供应链韧性的几点思考[J]. 理论探索，2023（5）：102-110.
[3] 周婧好，谭春桥. 提升我国高端制造业供应链韧性的几点思考[J]. 理论探索，2023（5）：102-110.

外合作与开放水平，防范供应链"脱钩"风险。增强制裁反制的及时性和灵活性，适时更新发布出口管制清单，增强对不友好国家的反制和再平衡能力；利用中国市场有效维护我国与发达国家的科技、贸易合作水平，强化与友好国家的供应链合作。

第三，积极推动产业融合赋能。一是增强区域特色与优势，推动高端制造业融合。将高端制造业发展更好地融入当地区域生产网络，并将区域高端制造业网络转变为区域优势，培育特色产业，增强高端制造业发展的本土根植性，实现本土生产网络与区域特色网络之间的交叉唤醒和知识分享机制，推动区域高端制造业生态、文化和技艺的资产化。二是聚集关键核心技术，推动现代服务业和高端制造业融合。依托先进制造业与现代服务业的深度融合，形成对优质要素与资源的凝聚能力，抢占行业竞争的领先优势和制高点。三是充分发挥产业联盟、行业协会和领军企业作用，推动高端制造业融合。从欧美发达资本主义国家与国内产业发展实践考察，产业联盟、行业协会和领军企业在推动高端制造业融合方面发挥了重要作用，在提升供应链韧性和竞争力方面存在较强的比较优势。

第四，健全提升高端制造业供应链韧性的制度保障措施。一是构建供应链的动态评价机制。充分考虑供应链在不同时期、不同阶段的韧性水平，精准施策，统筹规划，科学地开展周期性、动态性的预测及评价，准确厘清供应链短期、中期和长期的安全保障要求，健全供应链评价体系。二是健全供应链韧性管理体系。鼓励地方政府建立健全供应链韧性管理服务组织与平台，通过市场方式推动中介服务机构发展；通过强化区域产业一体化和综合发展，提升供应链韧性，推动城市群发展，提升高端制造业发展的互补性与稳定性；充分利用数字技术对供应链韧性管理体系实施协同优化，充分发挥领头企业作用，稳步提升供应链的韧性。三是加速供应链的数字化转型。推动供应链数字化转型，构建立体的信息资源分享体系，强化信息存储和利用的安全维护，保障信息存储与传输的安全，有效降低信息泄露影响高端制造业的安全与稳定；实施关键物料战略储备和能源、矿产储备，消除因极端气候导致能源、资源供给不及时引发的供应链不稳定；积极实施供应链的多元化。通过建立境外油气、矿产储备中心，加速国际物流体系建设，充分利用数字技术和信息技术提升国际物流能力，加快贸易大国向贸易强国转变的步伐。四是积极推进国内国际双循环，主动参与全球供应链规则制定与重构。继续深化国内体制机制改革，充分发挥市场作用，完善市场体系，吸收借鉴国外先进经验，持续推动国内市场体系与世界市场体系接轨；积极参与产业、技术、产品和监管标准等贸易规则的制定，在新兴产业、新兴技术方面引领和主导各类标准和规则的制定。[①]

强化风控

一、强化风控的背景

第一，市场竞争加剧。随着经济全球化和互联网技术的发展，企业面临着来自国内外的激烈竞争，需要不断创新和优化业务模式，提高效率和质量，降低成本和风险，以适应市场变化和客户需求。风控管理是企业提升竞争力和核心价值的重要手段，可以帮助企业识别和应对各种潜在的或已经发生的风险，保障企业的正常运营和可持续发展。

第二，监管要求提高。近年来，国家和行业对企业的监管越来越严格，涉及企业的财务、税务、环境、社会、合规、安全等多个方面，要求企业遵守相关的法律法规和标准规范，建立健全的内部控制体系，及时披露相关的信息，接受外部的审计和监督。风控管理是企业规范治理和合规运营的重要保障，可以帮助企业及时发现和纠正违规违法的行为，避免或减少因监管违规而造成的罚款、诉讼、信誉损失等后果。

第三，风险形势复杂。在当今的社会经济环境中，企业面临着多元化、多层次、多维度的风险，包括市场风险、信用风险、操作风险、战略风险、合规风险、技术风险、安全风险等，这些风险可能来自内部或外部，可能是可预见的或不可预见的，可能是单一的或交互的，可能是短期的或长期的，可能是小规模的或大规模的，可能是可控的或不可控的。风控管理是企业应对风险挑战的重要途径，可以帮助企业建立风险意识和风险文化，采取风险识别、评估、控制、监测、报告等措施，实现风险的主动管理和有效控制。[②]

第四，数字化转型推动。在数字经济时代，企业需要利用大数据、云计算、人工智能、区块链等数字化技术，对企业的业务流程、管理模式、组织结构、产品服

[①] 周婧妤，谭春桥. 提升我国高端制造业供应链韧性的几点思考 [J]. 理论探索，2023（5）：102-110.
[②] 朱复员. 中化宁波（集团）有限公司风险管理体系 [J]. 国际商务财会，2009（2）：31-33.

务等进行创新和优化，提升企业的数字化能力和智能化水平。风控管理是企业数字化转型的重要支撑，可以帮助企业利用数字化技术，实现风控管理的自动化、实时化、智能化，提升风控管理的效率和效果。

二、强化风控的好处

第一，应对外部环境变化。随着市场经济的发展和全球化的深入，企业所处的外部环境变得越来越复杂和不确定，各种风险因素也日益增多。例如，经济周期的波动、市场竞争的加剧、政策法规的变化、技术创新的推进、客户需求的多样化、社会舆论的影响等，都会对企业的经营产生重大的影响。如果企业不能及时地识别和应对这些风险，就可能导致企业的经营目标受阻、业绩下滑、市场份额丧失、信誉受损甚至倒闭。因此，企业需要强化风控管理，以提高企业的抗风险能力和竞争优势。具体而言，企业需要通过风控管理，做到以下几点。

（1）建立健全的风险识别机制，及时发现和分析企业所面临的各种风险，包括战略风险、市场风险、财务风险、法律风险、运营风险、人力资源风险等，以及这些风险的来源、性质、程度和影响。

（2）建立科学的风险评估方法，对风险进行定量或定性的评估，确定风险的可能性和严重性，以及风险对企业的影响程度和承受能力，从而确定风险的优先级和处理策略。

（3）建立有效的风险控制措施，根据风险的不同类型和程度，采取相应的风险控制措施，包括风险规避、风险转移、风险分散、风险减轻、风险承担等，以降低风险的发生概率和损失程度。

（4）建立完善的风险应对方案，针对可能发生的风险事件，制订预案和应急措施，明确责任主体和职责分工，提高风险应对的效率和效果。

（5）建立持续的风险监测和评价机制，定期或不定期地对风险管理的实施情况进行监测和评价，收集和分析风险管理的数据和信息，及时发现和纠正风险管理的问题和不足，不断改进和完善风险管理的体系和方法。

第二，规范内部经营管理。企业的内部经营管理也存在着各种风险，如果不加以规范和控制，就可能导致企业的内部资源浪费、效率低下、质量下降、成本增加、利润减少、合规性降低、舞弊风险增加等。这些风险不仅会损害企业的经营业绩，也会影响企业的声誉和利益。因此，企业需要强化风控管理，以规范内部经营管理。具体而言，企业需要通过风控管理，做到以下几点。

（1）建立完善的内部控制制度，明确企业的组织结构、职责分工、权力分配、流程规范、制度约束、监督检查等，形成有效的内部控制环境和活动。

（2）建立严格的内部审计机制，定期或不定期地对企业的各项业务、财务、合规等进行审计，检查和评价内部控制的有效性和合理性，发现和纠正内部管理的缺陷和问题。

（3）建立有效的内部沟通机制，建立信息收集、传递、反馈、共享的渠道和平台，保证信息的及时、准确、完整、一致，提高信息的质量和价值。

（4）建立积极的内部文化机制，培养和弘扬企业的核心价值观、使命愿景、行为准则等，塑造企业的良好形象和品牌，增强企业的凝聚力和向心力。

第三，实现战略目标创造价值。风控管理不仅是企业应对风险的被动防御，也是企业实现战略目标的主动推进。通过风控管理，企业可以在风险与收益之间寻求平衡，把握机遇，创造价值。具体而言，企业需要通过风控管理，做到以下几点。

（1）建立与战略目标相一致的风险偏好，明确企业在不同业务领域和层级的风险承受能力和风险收益期望，为企业的战略决策提供风险参考。

（2）建立灵活的风险应变机制，根据外部环境和内部条件的变化，及时调整风险控制措施和风险应对方案，增强企业的风险适应能力和风险转化能力。

（3）建立有效的风险激励机制，将风险管理的绩效与员工的薪酬、晋升、奖惩等挂钩，激发员工的风险意识和风险管理能力，形成风险管理的良好氛围。

（4）建立创新的风险管理方法，运用大数据、人工智能、区块链等新技术，提高风险管理的智能化、自动化、实时化水平，提升风险管理的效率和效果。

三、如何强化风控

第一，建立健全风控管理机制。为了保证风控管理的效率和质量，企业需要建立健全一套风控管理机制，包括以下几个方面：首先，明确风控管理的目标和原则，与企业的战略目标和经营理念相一致，体现企业的风险偏好和风险承受能力，符合企业的法律法规和行业标准，反映企业的风险管理水平和风险管理文化；其次，制定风控管理的政策和制度，明确风控管理的职责和权限，规范风控管理的流程和方法，建立风控管理的考核和激励机制，形成风控管理的内部控制环境和活动；再次，建立风控管理的组织架构，设置专门的风控管理部门或职能，配备专业的风控管理人员，实现风控管理的独立性和专业性，构建风控管理的三道防线，即一线业务部门、二线风控部门和三线内部审计部门；最后，建立风控管理的信息系统，利用信息技术和数据分析，提高风控管理的智能化、自动化、实时化水平，实现风控管理的信息收集、传递、反馈、共享，提升风控管理的效率和效果。

第二，实施全面风控管理。为了应对企业所面临的各种风险，企业需要实施全面风控管理，即对企业的各个层面和领域的风险进行全方位的管理，包括以下几个方面：首先，实施战略风控管理，即对企业的战略制定和执行过程中可能存在的风险进行管理，包括市场风险、竞争风险、技术风险、创新风险等，以保证企业的战略目标的实现；其次，实施业务风控管理，即对企业的各项业务活动中可能存在的风险进行管理，包括财务风险、运营风险、项目风险、合同风险、供应链风险等，以保证企业的业务目标的实现；再次，实施合规风控管理，即对企业的各项合规要求中可能存在的风险进行管理，包括法律风险、监管风险、税务风险、反洗钱风险、反腐败风险等，以保证企业的合规目标的实现；最后，实施安全风控管理，即对企业的各项安全方面中可能存在的风险进行管理，包括人员安全、设备安全、数据安全、网络安全、环境安全等，以保证企业的安全目标的实现。

第三，强化风控管理的能力建设。强化风控管理的能力建设是企业提高风控管理水平和效果的重要途径，包括以下几个方面：首先，强化风控管理的人力资源，即通过招聘、培训、考核、激励等手段，提高风控管理人员的数量和质量，增强风控管理人员的风险意识、风险知识、风险技能和风险责任；其次，强化风控管理的物力资源，即通过投入、采购、维护、更新等手段，提高风控管理的硬件和软件的质量和效率，增强风控管理的信息化、数字化、智能化和标准化；再次，强化风控管理的文化资源，即通过宣传、教育、示范、奖惩等手段，提高全员的风控管理意识和能力，增强企业的风险文化、风险价值观和风险行为准则；最后，强化风控管理的外部资源，即通过合作、交流、学习、借鉴等手段，提高企业风控管理的开放性和创新性，增强企业风险管理前瞻性和领先性。

第四，完善风控管理的持续改进。为了适应企业的发展和变化，企业需要完善风控管理的持续改进，包括以下几个方面：首先，建立风控管理的监督评价机制，定期或不定期地对风控管理的实施效果进行监督评价，收集和分析风控管理的数据和信息，及时发现和纠正风控管理的问题和不足，不断改进和完善风控管理的体系和方法；其次，建立风控管理的沟通反馈机制，建立风控管理的信息报告和沟通渠道，及时向上级和相关部门报告和沟通风控管理的情况和建议，听取和吸收外部和内部的意见和建议，提高风控管理的透明度和协调性；最后，建立风控管理的学习创新机制，关注和学习国内外的风控管理的理论和实践，借鉴和引进先进的风控管理的理念和技术，探索和创新风控管理的模式和方法，提高风控管理的前瞻性和领先性。

第二章

人力资源管理热点综述

新时期的领导力

一、领导力的新要求

毫无疑问，管理者面临着更加复杂和多变的外部环境，需要具备更高的战略眼光、创新能力和危机应对能力，以应对不断变化的客户需求、竞争对手、技术变革、政策法规等。新时期，对管理者的领导力提出了新的要求。

第一，管理者需要具备面向未来的领导力，能够在不确定性和变化中提供清晰的方向感，引领组织和团队走出困境，开拓创新。

第二，管理者需要具备开放的领导力，能够与外部环境进行有效的沟通和互动，吸收新的信息和资源，建立合作伙伴关系，拓展业务领域。

第三，管理者需要具备基于价值观的领导力，能够坚持企业文化建设，确保企业价值观的持续性和一致性，激发员工的忠诚度和凝聚力。

第四，管理者需要具备灵活的领导力，能够根据不同的情境和阶段，调整自己的领导风格，平衡指挥型和服务型的领导方式，适应组织和员工的需求。

第五，管理者需要具备危机管理的领导力，能够在面临危机时，迅速做出决策和行动，保护企业的利益和声誉，寻找转机和机遇，避免次生危机。

二、提升领导力的策略

第一，面向未来的领导力。要提高这种领导力，管理者需要有一个清晰而有吸引力的愿景，能够激发管理者和管理者团队的热情和动力。管理者也需要有一个合理而可行的战略，能够指导管理者和管理者团队实现愿景。管理者还需要有一个开放而创新的思维，能够在不确定性和变化中寻找机会和解决问题，可以通过以下方式来培养和提高管理者面向未来的领导力。

（1）定期审视管理者的愿景和战略，确保它们符合管理者组织的使命、价值和目标，以及外部环境的变化和需求。

（2）与管理者的团队和利益相关者沟通、分享管理者的愿景和战略，征求他们的意见和反馈，增强他们的参与感和归属感。

（3）鼓励管理者的团队和利益相关者提出新的想法和建议，创造一个安全和支持的氛围，让他们敢于尝试和失败。

（4）保持对行业和市场的关注和了解，及时捕捉新的趋势和机遇，调整管理者的愿景和战略，以适应变化。

第二，开放的领导力。要提高这种领导力，管理者需要有一个包容和协作的态度，能够与不同的人和组织建立良好的关系，互相学习和交流，共同创造价值。管理者也需要有一个主动和积极的行动，能够主动寻求和提供信息和资源，建立合作伙伴关系，拓展业务领域。管理者还需要有一个敏锐和专业的判断，能够分析和评估不同的信息和资源，选择最适合管理者和管理者组织的合作方式和合作对象，可以通过以下方式来培养和提高管理者开放的领导力。

（1）积极参与各种内部和外部的沟通和交流活动，如会议、培训、研讨会、论坛等，扩大管理者的人脉和视野，了解不同的观点和经验。

（2）主动联系和接触管理者感兴趣或有潜在合作可能的人和组织，如客户、供应商、竞争对手、同行、专家、媒体等，建立信任和友好的关系。

（3）积极寻求和提供有价值的信息和资源，如市场数据、行业报告、技术方案、产品样品、人才推荐等，增加管理者和管理者组织的影响力和吸引力。

（4）仔细分析和评估管理者收集和提供的信息和资源，确定它们的优劣势、风险和机会，选择最符合管理者和管理者组织的利益、目标的合作方式及合作对象。

第三，基于价值观的领导力。要提高这种领导力，管理者需要有一套清晰而坚定的价值观，能够指导管理者的思想和行为，体现管理者的信念和品格。管理者也需要有一种诚实而正直的品质，能够遵守管理者的价值观，不受外界的诱惑和干扰，赢得他人的尊重和信任。管理者还需要有一种坚持而负责的精神，能够为管理者的价值观负责，不怕困难和挑战，勇于承担责任和后果，可以通过以下方式来培养和提高管理者基于价值观的领导力。

（1）明确管理者个人和组织的价值观，如诚信、创新等，确保它们与管理者的使命、愿景和目标相一致，反映管理者的核心竞争力。

（2）坚持管理者的价值观，不论在什么情况下，都要遵循管理者的价值观，不要为了短期的利益或压力而违背管理者的价值观，不要为了取悦他人而违背管理者的价值观。

（3）传播管理者的价值观，让管理者的团队和利益相关者了解和认同管理者的价值观，用管理者的价值观来引导和激励他们，用管理者的价值观来评估和奖惩他们。

（4）当管理者的价值观造成不良的影响或后果时，要有勇气和诚意去承认和改正它们。

第四，灵活的领导力。要提高这种领导力，管理者需要有一种适应和变通的能力，能够根据不同的情境和阶段，调整管理者的领导风格，平衡指挥型和服务型的领导方式，适应组织和员工的需求。管理者也需要有一种学习和改进的能力，能够从管理者的领导经验中汲取教训，不断完善管理者的领导方法，提高管理者的领导效果。管理者还需要有一种倾听和反馈的能力，能够有效地与管理者的团队和利益相关者沟通，了解他们的想法和感受，获取他们的意见和建议，可以通过以下方式来培养和提高管理者灵活的领导力。

（1）分析管理者所处的情境和阶段，如组织的发展阶段、员工的成熟度、任务的复杂度、环境的稳定性等，确定管理者需要采取的领导风格，如指挥型、教练型、支持型、授权型等。

（2）调整管理者的领导方式，根据管理者选择的领导风格，确定管理者需要做的事情，如制订目标、提供指导、给予支持、授予自主等，以及管理者需要避免的事情，如过度干预、缺乏关注、过度放任等。

（3）评估管理者的领导效果，根据管理者的领导目标，收集和分析管理者的领导表现，如员工的满意度、团队的凝聚力、任务的完成度、组织的绩效等，找出管理者的领导优势和不足，制订改进计划。

（4）总结管理者的领导经验，从管理者的领导实践中总结和反思管理者的领导经验，如管理者遇到的问题和挑战、管理者采取的措施和方法、管理者取得的成果和收获、管理者犯的错误和教训等，提升管理者的领导能力和水平。

（5）倾听管理者团队和利益相关者的心声，主动和有效地与管理者的团队和利益相关者沟通，了解他们的想法和感受，获取他们的意见和建议，尊重和考虑他们的需求和期望，增强管理者的领导影响力和信任度。

第五，危机管理的领导力。要提高这种领导力，管理者需要有一种冷静和果断的品格，能够在面临危机时，迅速做出决策和行动，保护企业的利益和声誉，寻找转机和机遇，避免次生危机。管理者也需要有一种预防和应对的能力，能够在危机发生前，制订和实施有效的危机预防和应对计划，减少危机的可能性和影响。管理者还需要有一种沟通和协调的能力，能够在危机发生时，及时和透明地与管理者的团队和利益相关者沟通，协调各方的资源和行动，形成统一的危机处理方案，可以通过以下方式来培养和提高管理者危机管理的领导力。

（1）分析管理者所面临的危机类型，如自然灾害、人为事故、产品缺陷、公关危机等，确定危机的严重程度、紧急程度、影响范围等，制定相应的危机应对策略，如避免、减轻、转移、接受等。

（2）制订管理者的危机应对计划，明确管理者的危机应对目标、责任、流程、资源、时间等，分配管理者的危机应对团队、角色、任务等，准备管理者的危机应对工具、设备、资料等。

（3）实施管理者的危机应对计划，根据管理者的危机应对策略和计划，迅速和果断地采取必要的措施和行动，如撤离、救援、修复、道歉、赔偿等，保护管理者企业的利益和声誉，寻找危机中的机会和转机。

（4）沟通管理者的危机应对情况，及时和透明地与管理者的团队和利益相关者沟通，如员工、客户、供应商、媒体、政府等，告知他们危机的原因、影响、处理方法、结果等，回应他们的疑问、担忧、建议等，协调他们的资源和行动，形成统一的危机处理方案。

（5）评估管理者的危机应对效果，根据管理者的危机应对目标，收集和分析管理者的危机应对表现，如危机的损失和收益、危机的影响和后果、危机的教训和启示等，找出管理者的危机应对优势和不足，制订改进计划。

三、提升领导力的注意事项

第一，要根据自己的实际情况和目标，选择适合自己的领导力提升方法和建议，不要盲目地模仿或套用他人的经验和案例，要有自己的创新和特色。

第二，要持续地学习和实践，不断地检验和改进自己的领导力，不要满足于现状或停滞不前，要有自我反思和自我超越的意识和能力。

第三，要注重与他人的沟通和协作，不要孤立或封闭自己，要倾听和尊重他人的想法和感受，要寻求和接受他人的意见和建议，要建立和维护良好的人际关系和团队氛围。

第四，要有责任和担当，不要逃避或推卸自己的领导责任，要为自己的领导行为和结果负责，要为自己的团队和组织负责，要为自己的价值观和信念负责。

第五，要有风险和危机意识，不要忽视或低估自己所面临的风险和危机，要及时发现和预防风险和危机，要有效应对和解决风险和危机，要从风险和危机中学习和成长。

第六，要有道德和法律意识，不要违背或破坏自己的道德和法律原则，要遵守和维护自己的道德和法律规范，要以道德和法律为底线，不要为了短期的利益或压力而牺牲自己的道德和法律。

人效管理

人效，即人力资源的效能和效率，是衡量一个企业绩效的重要指标，它关注的是企业在相同或有限的人力资源条件下所能达到的最佳工作成果。人效立足于人力资源的使用效率，更贴近组织能力的评价，能够综合反映设备、技术等硬性投入以及企业管理水平等软性能力对组织能力的影响。相比于竞争对手，人效高的企业一定能够将同等的资源投入转化为更高的绩效产出，而组织能力的强弱本质上也决定了这种投入产出效率的高低。[①]

人效管理，是以人效为核心来诊断组织与人力资源状态，制定人力资源战略，落地人力资源配置（规划），优化人力资源职能，通过极度数据化的循环式管理来获得企业的整体人效，并推动经营业绩提升。不抓人均效益增长，管理就不会进步。因此一个组织最重要、最核心的就是追求长远地、持续地实现人均效益增长。人效管理不仅有利于提高企业的竞争力和盈利能力，还可以提高员工的工作满意度和忠诚度，而且还能提高企业的社会责任和品牌形象，实现企业的可持续发展和价值创造。

一、人效管理的难点

人效管理的难点主要有以下几个方面。

第一，理解业务之难。人效管理需要基于企业的业务模式、战略方向和市场竞争，设计合理的组织结构、岗位系统和人才激励机制。这就要求人力资源专业人员

---

① 薛文静. 激活人效，推动企业持续变革 [J]. 人力资源，2024（1）：96-97.

能够深入了解业务的特点、规律和需求，能够与业务部门进行有效的沟通和协作，能够评估不同业务的利润池和增长引擎，能够预测业务的发展趋势和变化。然而，很多人力资源专业人员缺乏对业务的理解和敏感度，难以把握业务的核心指标和关键活动，难以为业务提供有价值的人效管理方案。

第二，理解队伍之难。人效管理需要基于企业的人才分布、人才特质和人才需求，制定合理的人才规划、人才培养和人才激励策略。这就要求人力资源专业人员能够全面分析企业的人才队伍，能够识别人才的长板和短板，能够区分人才的强势和弱势，能够确定人才的核心和边缘，能够制定人才的建队思路和田忌赛马策略。然而，很多人力资源专业人员缺乏对人才的洞察和判断，难以把握人才的价值和潜力，难以为人才提供有针对性的人效管理服务。

第三，利用工具之难。人效管理需要借助先进的技术和数字化工具，提高人效管理的效率和效果，实现人效管理的可视化、量化和智能化。这就要求人力资源专业人员能够掌握和运用各种人效管理工具，能够收集和分析各种人效管理数据，能够利用人工智能和机器学习等技术，提升人效管理的精准度和预测性。然而，很多人力资源专业人员缺乏对工具的熟练和创新使用，难以利用工具提升人效管理的质量和水平，难以利用工具实现人效管理的持续改进和优化。

第四，衡量人效之难。人效管理需要建立和完善人效管理的衡量体系，通过设定和跟踪人效管理的目标和指标，评估和反馈人效管理的成果和问题，持续提升人效管理的绩效和价值。这就要求人力资源专业人员能够制定和执行人效管理的衡量方案，能够选择和应用人效管理的衡量方法，能够收集和汇报人效管理的衡量结果，能够根据人效管理的衡量反馈进行人效管理的调整和改进。然而，很多人力资源专业人员缺乏对人效管理的衡量意识和能力，难以制定合理的人效管理衡量标准和指标，难以收集有效的人效管理衡量数据，难以提供有说服力的人效管理衡量报告。

第五，保持人效之难。人效管理需要建立和落实人效管理的持续机制，通过制度化、流程化和文化化的方式，保证人效管理的稳定性和持续性，防止人效管理的反弹和衰退。这就要求人力资源专业人员能够建立和推动人效管理的持续体系，能够制订和实施人效管理的持续计划，能够监督和检查人效管理的持续执行，能够激励和奖励人效管理的持续贡献，能够形成和传承人效管理的持续文化。然而，很多人力资源专业人员缺乏对人效管理的持续关注和投入，难以建立有效的人效管理持续机制，难以实现人效管理的持续提升和优化。

二、人效管理的步骤

一般来说，企业人效管理可以分为以下几个步骤。

第一，进行组织与人力资源数据诊断。这是人效管理的基础，需要通过岗位分析、人才盘点、人效指标等方法，收集和分析组织与人力资源的现状，找出人效的优势和问题，形成人效提升的方向性建议。人效常见测评指标如表1所示。

表1 人效常见测评指标

维度	指标名称	指标公式	指标内涵
盈利能力	人工成本利润率	（利润总额 ÷ 人工成本总额）× 100%	反映企业利润总额与员工直接及间接报酬总额的关系
	人均利润	利润总额 ÷ 平均人数	反映企业每个职工平均获利水平
资源投入	人均人工成本	人工成本费用 ÷ 平均人数	反映企业人工成本投入水平，该指标受到行业、地域等因素影响
	人均管理成本	管理成本 ÷ 平均人数	反映企业为保障员工正常开展工作所直接发生的成本支出
	人工成本占营业总成本比重	（人工成本 ÷ 营业总成本）× 100%	反映企业成本费用结构、人工成本投入情况，适用于行业对标收入水平
经营产出	人均营业收入	营业总收入 ÷ 平均人数	反映企业人均工作效率及工作产出，营业收入与劳动总量关系
	人工成本营收比	（人工成本 ÷ 营业收入）× 100%	反映一定时期内企业人工成本投入带来的生产和销售的价值

第二，制订人力资源战略规划。这是人效管理的核心，需要根据企业的业务驱动力和人力资源战略方向制定人效规划、队伍规划和职能规划，明确人力资源的目标、路径和措施，为人效管理提供指导。

第三，实施人力资源效能管控方案。这是人效管理的关键，需要根据不同的业务部门和组织模块，确定不同的人力资源配置思路和人效标准，通过"选、用、育、留"等职能，进行定向干预，确保人力资源精准注入业务，成为推动业务的强劲动力。

第四，优化人力资源的职能方案。这是人效管理的保障，需要根据人力资源规划和管控的结果对人力资源的组织构架、人员汰换、薪酬考核、人才培养等方面进行优化，消除人效管理的障碍，提升人力资源的效能。

三、提升人效的常见对策

第一，精简组织机构。分析现有的组织结构，找出存在的问题和改进的空间。比如，是否有重复的职能部门，是否有过多的管理层级，是否有不清晰的职责划分，是否有低效的流程和沟通等。根据企业的战略目标和业务需求，重新设计组织结构，合理划分部门和岗位，明确各部门和岗位的职责和权力，简化管理层级和流程，提高组织的灵活性和协调性。可以参考一些组织结构的设计原则和模式，如职能型、产品型、地域型、客户型、矩阵型、网络型等。同时，避免过度细分和专业化，保持一定的弹性和多元化，增加部门和员工的适应能力和创新能力。在新的组织结构中，鼓励员工参与决策和管理，增强员工的主动性和责任感。定期评估组织结构的效果，收集反馈和建议，及时调整和改进，持续提升组织的效率和效果。可以参考一些组织效能的衡量和提升的方法和工具，如平衡计分卡、组织诊断、组织变革、组织学习等。

第二，汰换低效人员。通过淘汰工作效率低下、业绩不达标、价值观不匹配的人员，补充工作效率高、业绩优秀、价值观契合的人员，来提高整体的人效。这是一种常见的人效提升方法，但也需要注意以下几点：首先，汰换低效人员的前提是有明确的人效标准和评估体系，能够客观地区分高效和低效的人员，避免主观偏见和误判。其次，汰换低效人员的过程要遵循法律法规和企业规章制度，尊重员工的合法权益，合理安排离职补偿和交接事宜，避免引起纠纷和负面影响。再次，汰换低效人员的目的是提高人效，而不是简单地降低成本。因此，要考虑汰换的成本和效益，以及对业务和组织的影响，合理制定汰换的比例和节奏，避免过度汰换导致人才流失和组织动荡。最后，汰换低效人员的效果要持续跟踪和评估，检查汰换的结果是否符合预期，是否提高了人效，是否有其他问题出现，及时调整和优化汰换的策略和措施，确保汰换的效果和价值。

第三，调整刚性薪酬结构。首先，调整工资包，提升奖金包在总额中的比例。收缩期可适当提升奖金包占比和额度，缓解固定工资带来的经营现金流压力，把预发变成事后兑现，激励业绩达成，特别是针对高弹性、业绩更易量化的部门和岗位。其次，在奖金包中设计精准人效激励和高杠杆性业绩激励方案，定向拉动人效和业绩。不同的奖金激励方案设计对于人效的提升和业绩拉动的效果可能会大相径庭。围绕收缩期的关键业绩举措、需突破瓶颈、人效改善、降本重点匹配相应的激励方案，体现不同业务、条线的差异性和重点。再次，打破职能壁垒，面向业务共同体设计薪酬分配主体，横向联动激励。一方面，主体利益联动，驱动提效。面向产品、区域或客户等业务划分，打通业务链，构建薪酬包主体，共享收益、共担分配，形成虚拟利益共同体；有利于更敏捷地面向同一业务（市场）提出人效和业绩改善举措，并沿同一业务价值链快速落实。另一方面，激励方案设计，指引提效。设计指向协同或外部联动改善具体行为和目标的激励方案，告诉提效怎么做，重点在哪里。最后，调薪资源与业绩和人效联动，"好钢用在刀刃上"。调薪冻结是应急之举，不宜长期实施，紧缩期一般仍需开放调薪政策，但更强调：管理调薪额度，控制调薪频率，提升调薪门槛，联动业绩人效。调薪资源（包括组织调薪和晋级调薪）应"好钢用在刀刃"上，缺业绩不调薪，出业绩再调薪，极优秀才调薪，提人效可调薪；周期延长适当，在员工薪酬成长需要与整体紧缩之间做好兼顾、平衡。

第四，提高人才培养效率。提高人才培养效率需要从人才需求、培养方案、培养效果和培养激励四个方面进行全面优化，从而提高人效，实现企业的可持续发展。首先，精准识别人才需求和差距。根据企业的战略目标和业务发展，分析关键岗位和人才的能力要求，通过人才盘点、绩效评估、能力测评等方式，识别人才的现状和潜力，找出人才的优势和不足，制订个性化的培养计划。其次，多元化设计人才培养方案。根据人才的不同类型和阶段，采用多种培养方式和方法，如内部培训、外部培训、专业认证、师徒制、轮岗交流、项目参与等，提供系统的学习机会和实践平台，帮助人才提升专业技能和综合素质。再次，关注人才培养的效果和反馈。建立有效的培养效果评估机制，通过考试、考核、问卷、访谈等方式，收集人才培养的数据和信息，分析人才培养的成本和收益，评估人才培养的质量和满意度，及时调整培养方案和内容，提高培养效率和效果。最后，激励人才培养的积极性和主动性。建立与人才培养相匹配的激励机制，如薪酬激励、晋升通道、职业发展、员工认可等，让人才感受到培养的价值和意义，激发人才的学习动力和工作热情，促进人才的成长和发展。

核心人才管理

一、核心人才界定

核心人才可以从客户价值主张支撑程度与人才稀缺性两个维度来界定。第一，需要明确公司实现差异化竞争的客户价值主张；第二，对实现差异化竞争价值主张的支撑能力进行分解；第三，将分解的能力对应岗位；第四，结合市场稀缺性（招聘难易程度）确定最终的核心岗位；第五，构建核心岗位能力模型；第六，依据能力模型明确核心人才。

二、核心人才选聘

企业的核心人才来源应建立内选与外聘并重的招聘选拔机制。针对外部招聘，企业可绘制全球范围内的顶级专业人才图谱，并根据市场发展现状对人才图谱进行实时更新，为公司建立外部的顶级专业人才储备库。在企业战略转型与业务升级的中短时期内，对于中高层管理干部，企业可坚持外部招聘与内部发展兼顾的方式。但长期来看，企业可考虑以内部培养为主。

三、核心人才使用

第一，建立战略导向型绩效考核机制。

企业可设计"重担重酬、多维激励"的人才激励理念，以愿景为导向，将战略目标分解至人才绩效考核目标，并加强目标挑战性，形成基于战略的适度压力。同时，根据目标考核，建立目标引领的可变薪酬，对重担目标的达成给予足够的激励。

第二，设计更具激励性的薪酬体系。

首先，在薪酬制定上，针对核心人才可采取市场领先策略，向75分位甚至90分位看齐。同时，根据市场变化及业务状态及时调整薪酬水平，确保薪酬的市场竞争力与内部公平性。其次，在薪酬结构上，构建以岗位价值为基础的宽带薪酬体系。弱化等级观念，形成以岗位价值为基础，绩效考核结果为直接导向的差异化薪酬分配制度，打造内外公平、突出能力和绩效、充分激励的薪酬管理体系。最后，在激励方式上，建立以物质激励与精神激励相结合的激励结构，以整体统筹与个性化激励相结合的激励方式，以薪酬福利与尊重关爱相结合的激励形式，以即时激励、短期激励、长期股权激励相结合的激励手段。

第三，给予充分的尊重、关爱和自由度。

企业可建立员工关怀体系，提高员工对公司的认同感与归属感。同时，为提高员工的被重视感与被尊重感，企业可建立荣誉殿堂，将对企业具有长期贡献的核心人才纳入其中，从而为公司营造一种积极向上的工作氛围，以达到人才保留与激励的目的。此外，企业应该根据核心人才的工作特点，建立灵活的管理模式，赋予他们更多的工作自由度、决策权和创新空间，以激发他们的工作热情、创造力和主动性。此外，企业也应该对他们的工作过程和工作成果进行有效的监督和评估，以确保他们的工作质量、效率和目标的达成情况。

第四，构建多通道人才发展体系。

企业可优化层级设计、构建通道转换机制，采取"纵向畅通，横向互通"的人才发展模式。纵向畅通上，建立能上能下的激励约束机制。例如，可建立考核评价机制，明确各职级、各类别员工逐级晋升条件。对各项条件进行合理量化，每年在特定时间内组织开展评定会，对合格员工予以晋升，对不合格员工则进行降级或岗位调整。营造公开透明的晋升氛围，真正实现员工能上能下，有力激发队伍活力。横向互通上，则可建立双通道之间、各体系和各部门之间的横向转换机制。例如，可建立轮岗机制与竞聘机制，在满足岗位任职资格条件的前提下，专业发展通道员工可根据自身需求转换至同职级的管理类通道，管理类通道员工按照相关性原则也可转换至同职级的相关专业发展通道。①

第五，完善导师制。

企业可加强导师制建设，形成以提高员工综合素质为目标的全面导师制。导师制具体可从以下两个方面展开：一方面，完善导师制考核评价体系，从技能提升、价值观执行等方面对导师或学员进行考核，并将考核结果与员工薪酬绩效、发展晋升紧密结合，确保导师制的有效性。另一方面，坚持"一对一"和"下沉一级"的工作原则，让企业中经验丰富的管理干部或技术专家担任导师，有潜力的员工做

---

① 武凤新. 加强人才队伍建设畅通员工职业生涯发展通道 [J]. 人才资源开发，2019（16）：63-64.

学生，在日常的工作中对学生进行在职知识指导和提出职业发展规划建议。其中，"一对一"主要指一个导师培养一个学生；"下沉一级"则主要指高层干部带中层干部，中层干部带员工，在业务上"传、帮、带"，在思想上引导的导师制。

第六，构建个性化人才培训体系。

建立个性化的人才培训体系，应以战略为导向，以满足员工需求为基准，通过制定合理的培训规划，运用多种培训方式，以达到提升员工个人能力，满足公司战略发展的最终目的。在培训规划制定上，需要以战略转型和现状问题为导向，以绩效改进和绩效提升为目的，以能力素质模型为基础，分层级进行统筹规划。在此过程中，应注重培训需求分析，明确业务部门在培训上的主导地位，及时提出培训需求。

第七，建立规范的组织能力优化机制。

企业可基于"知识智库化、管理流程化、流程工具化、民主集中制"的人才贡献理念，在发挥人才集体智慧、提升人才贡献方面建立规范的人才贡献保障机制。

首先是知识智库建设。知识智库的建设是员工快速学习，提高工作效率的重要手段之一。在建设知识智库的过程中，企业应注意：一是普及知识传播理念。企业需要向内部员工进行关于知识管理的优势讲解，传达知识对其发展的有利影响。二是激励员工分享知识。为了让员工能对知识库抱有更大的热情与积极性，企业可以把员工分享的知识多少与激励挂钩。三是知识分类、标签管理。企业可聘请专门的人对知识智库进行管理与维护。

其次是管理流程化、流程工具化的建设。企业应在健全管理制度与优化流程上加大投入力度，比如可将核心人才的过往工作经验和智慧进行标准化处理，从而形成规范化的流程，并将其总结提炼成具有可操作性的表单和工具。在此过程中，应注意：一是针对流程运作中出现的问题要进行及时的复盘，找出问题出现的根本原因并及时改进，确保流程的持续优化；二是为确保流程的规范化，可在流程运行的关键节点，建立明确的规范制度，并依据制度采取相应的节点考核。

最后是建立民主集中制。企业应基于信任和胸怀，建立民主集中机制。具体可从建立民主决策制与意见采纳制两个方面进行。其中，民主决策制主要指公司内凡是关系到生产、经营和发展的大事，必须事先征求各方意见，然后提交高管团队进行讨论，集体决策。向外传达的信息，应来源于公司及高管团队的集体意志，只要是集体形成的决议，就应积极支持，坚决贯彻。意见采纳制则主要指企业应落实现有的"金点子""员工心声平台"等意见反馈平台，鼓励员工提出建设性意见，并对其行为进行宣传奖励。

四、核心人才梯队

第一，定期开展人才盘点。

企业应基于战略规划，建立人才盘点机制，开展年度人才盘点。在人才盘点过程中，应明确以下几点：首先，明确目标导向。在指导思想上，应明确企业人才盘点与规划是为了传递公司核心价值观、匹配公司业务战略、树立正确的价值导向、提升企业员工效率以及梳理员工发展体系的目标导向。其次，建设人才盘点流程制度。在盘点过程中，应注意盘点过程的规范性与科学性，形成明确的人才盘点流程，确保盘点结果的真实可靠。最后，依据盘点结果，建设人才梯队。将盘点结果与人才培养、人才晋升等人才管理模块紧密结合，并以此制定相应的人才开发规划与人才管理规划，为人才梯队的建设提供基础保障。

第二，构建核心人才培养考核制度。

企业应建立核心人才培养考核制度，确保核心人才梯队的储备建设。具体可从以下两个方面进行：一方面，建立对核心人才培养技能的培训制度。企业可通过采用外部资源工具，对部门负责人或相关核心人才进行绩效沟通、绩效面谈等技能培训，提升其对储备核心人才的培养能力，确保储备核心人才能力与未来岗位的匹配性。另一方面，将后备人才培养纳入核心人才考核体系。企业可将后备人才培养作为对部门负责人考核评价的重要维度，将考核结果与个人薪酬、职业发展相结合，确保核心人才梯队的储备建设。

第三，构建职业生涯规划体系。

企业应构建员工职业生涯规划体系，建立人才信息系统，依托信息系统构建人才发展档案，实现人才能力数据化与学习地图化。职业生涯规划体系构建过程中，需注意以下几点：首先，完善任职资格体系。企业应在原有的任职资格体系上，加强对公司战略与业务布局的思考，系统化建设与人才发展通道相匹配的、各级各类岗位的任职资格体系。其次，匹配公司发展需要与员工诉求。企业应定期对现有员工的人岗匹配度进行评估，并以核心人才为起点，开展员工对话和调研，真正了解员工的职业诉求，统筹制订员工个人职业目标与公司战略发展相匹配的职业生涯规划。再次，界定部门职责。职业生涯规划过程中，公司、个人以及直线经理都扮演着重要的角色，分别承担不同的职责，明确这一职责对后期规划的制定具有重要意义。最后，建立人才信息系统。企业应建立人才信息系统，并依托信息系统形成人才发展档案。同时，充分利用人才数据，将人才数据作为人才培养、发展的重要依据，形成人才学习地图。

雇主品牌建设

现代社会网络和新媒体加速了信息的传播流动，使得雇主品牌声誉高速传播，从而导致雇主品牌在企业招聘吸引人才方面占有重要地位，带给企业的作用和影响越来越大。

一、雇主品牌建设的意义

第一，雇主品牌建设其首要作用就是提升企业对人才的吸引力。拥有较高知名度和美誉度的雇主品牌在人才市场上往往能以相对较低的成本吸引到更为优秀的人才，被吸纳的这些优秀人才成为企业的人才积累，在企业今后的雇主品牌建设中也会发挥积极作用，这就形成了一个良性循环，最终使得企业的雇主品牌在人才市场上插上了一面独有的旗帜，成为市场中炙手可热的雇主。[①]

第二，雇主品牌可以帮助企业找到与其相匹配的人才。企业在招聘人才时并非只考虑人才本身的优异度就可以，还要充分考虑适配度。如若个人的价值观、职业生涯规划与企业的文化、核心观念相适应，那么个人的职业发展会事半功倍，且个人为企业所创造的价值也是不可估量的。相反的，如果个人和企业在观念方面存在一定的壁垒，对于双方来说都是得不偿失的。雇主品牌可以传递给应聘者有关企业文化、企业战略目标、人才需求等方面的信息，使得应聘者可以仔细甄选，充分考虑，以减少个人与企业间的信息交流时间，降低不适配风险。

除了以上两点对于外在人才的作用以外，雇主品牌还可以提高内部员工的忠诚度，降低员工的流失率。良好的雇主品牌可以帮助员工挖掘其工作的意义，提升其工作成就感，也能够帮助员工不断更新自己的职业发展规划，进一步与企业的战略

---

① 张涵. 人力资源管理新战略之雇主品牌 [J]. 黑龙江人力资源和社会保障，2022（6）：61-63.

相匹配，在为实现企业战略目标努力的同时也实现自身的价值，这样员工的忠诚度得到提升，离职率也相应降低。

二、雇主品牌建设的趋势

第一，强化雇主品牌工作体验项目的内容建设。雇主品牌的核心是提供给目标人才优质的工作体验，包括招聘、入职、培训、发展、福利、文化等各个环节。优秀的雇主品牌不仅要做好传播推广，更要注重提高工作体验的实质含金量，持续强化工作体验与品牌形象之间的契合，满足人才的需求和期待。

第二，雇主品牌价值主张与企业文化的深度融合。雇主品牌价值主张是吸引人才的关键，只有使价值主张与企业文化深度融合，才能确保人才对价值感知的一致性。否则，一旦雇主品牌的价值主张偏离了企业文化的核心价值观，不仅会严重破坏外部人才入职后的体验感，就连企业内部的老员工也将难以认可和接受。

第三，全员共同打造雇主品牌的美誉度。雇主品牌建设需要全体员工共同努力。雇主品牌的内部员工代言人机制将进一步深化，包括员工对新入职人才传帮带在内的各类举措，不仅会使外部人才获得良好感知，同时也会触动内部员工提升雇主品牌的自豪感，即使员工离职也会对雇主品牌怀有高度认可和美誉度。

第四，构建人才体验地图。越来越多的企业通过识别和界定雇主品牌与目标人才在人才全职业生涯周期的接触点，构建人才体验地图（Talent Experience Map），针对性改善目标人才对雇主品牌价值承诺的感知，强化价值认同，提高企业对人才的影响力和吸引力，从而影响和引导目标人才的职业决策。

第五，以短时沉浸式体验创造对雇主品牌的第一印象。一些企业在招聘过程中会安排一次候选人与在职员工的交流会，或者邀请候选人参与一些实际的项目或活动，使目标人才能够深入了解企业的真实工作体验情况，改变其对雇主品牌的浅层次认知，深入理解雇主品牌价值，助力达成价值认同，同时也使目标人才切身体会到雇主品牌的真诚与行动。

第六，构建数字时代雇主品牌的主动快速响应服务。在数字时代，企业与目标人才之间的信息交互方式正经历着深刻变革。企业需要基于人才画像数模、人才大数据分析、品牌整合传播等构建雇主品牌主动快速响应服务，以及缩小信息不对称、精准定位目标人才、改善体验感知、影响求职决策，有效提升人才精准引进效率。

三、雇主品牌建设的要点

多年来,"雇主品牌"评选如火如荼,如"最佳雇主""十大雇主""非凡雇主""卓越健康雇主"等,标准不一。显然,真正的雇主品牌不是评选出来的,而是做出来的,企业要想赢得人才的认同、尊重与向往,下述"六点"值得关注。

第一,品牌主张价值化。

品牌价值主张是品牌的核心诉求,解决的是一个品牌如何与各种社会及市场力量沟通的问题,雇主品牌应有独特的价值主张,这是雇主品牌建设的顶层设计,在雇主品牌建设中起到提纲挈领的作用,是雇主品牌建设的第一步。雇主价值主张表达的是雇主对价值的一种确认与传达,借此建立人才的认知。

每个人才也都有其价值主张——人才价值主张,无论他是否为品牌员工、明星员工与专家员工。越是具有深厚资历与专业性的员工,其价值观就越成熟,对雇主价值主张的要求就越明确。只有当雇主价值主张与人才价值主张合拍时,才能形成合作关系。调研发现,针对雇主选择,71%的"千禧一代"受访者会考虑减薪到一家使命和价值观与自己一致的公司工作。而大学生群体在选择雇主时,"价值观实现"亦位列其中。同时,雇主价值主张还有利于降低用人成本,并提升员工忠诚度。

第二,品牌建设全员化。

打造雇主品牌需要内部共识,引导全员共创共建。企业可与员工双向合作,员工帮助企业成就雇主品牌,而企业可为打造员工品牌不遗余力。员工可通过抖音、钉钉、脉脉等社交媒体打造个人品牌,并有效增值雇主品牌资产。在美国HubSpot、领英两大平台上,很多企业利用员工来拉抬雇主品牌,每名员工都可以建立很多关系人。

比如,雀巢始终倡导"人才是业务的核心"与"创造共享价值",在推进雇主品牌建设时,让现有员工成为雀巢雇主品牌的代言人。同时,凭借雀巢强大的包容性文化和对员工成长的关爱,雀巢员工也积极主动地承担起责任,成为雀巢雇主品牌的大使。在全球,雀巢有超过10万名的员工在领英上拥有自己的个人账号,这形成了一个无形的雇主品牌网络,正在吸引更多的人了解并愿意加入雀巢,开启在雀巢的成长之旅。

再如,宝岛眼镜鼓励并支持8000多名员工到不同的流量平台开设个人账户,传递宝岛眼镜的品牌声量，对平台上用户进行种草、拉新，吸引用户加入企业微信。在产生营销效应的同时，这对雇主品牌亦是一种拉升。

第三，人才体验地图化。

员工体验地图可用于评估企业人才管理的当前状态与实际水平，挖掘人才体验不足、过度体验及体验缺失，以创建并提供更好的人才体验，并服务于企业引才、用才与留才。在个体价值崛起、个性化需求凸显的时代，人才体验成为影响招聘结果的不确定性因素，迫使企业关注与员工的每一次触碰。企业立足人才全职业生涯周期（从看到招聘信息到办完离职手续）的全渠道、全过程、全环节的接触点，构建人才体验地图，可有针对性地改善与增强人才对雇主品牌价值承诺的感知，强化价值认同，提高雇主品牌对人才的影响力和吸引力，并影响和引导目标人才的职业决策。

员工体验地图又称员工体验旅程图，它会把员工在工作过程中的所有接触点予以有效展示，明确在该触点上的员工体验目标、可能结果及不良体验解决方案。接触点体验的结果体现为"五感"体验，即触觉、味觉、嗅觉、听觉与视觉，以及对"五感"体验的情感思考，这会让员工对接触点体验形成一个确定性的结果，包括不满、愤怒或愉悦。如果员工体验在情绪上的反应是积极的，员工就会更敬业、更高效、更尽责，富有归属感和主人翁的意识，并乐于长期留在企业，从而提升整体绩效。据高德纳公司的调查数据显示，接触点体验总体感到满意的员工留在当前企业的可能性增加60%，成为高绩效员工的可能性也提高69%。

第四，人才管理透明化。

研究显示，最佳雇主的成功管理经验可归纳为六项：设定高绩效目标；进行有效绩效辅导；合理的评估和奖励机制；保持信息的透明度；引导员工了解未来发展所需的关键技能；为每个岗位提供成长机会。[1]

其中，保持信息透明度至关重要，其本质是公平、公正与公开，其核心是雇主品牌的第一责任——诚信。然而，绝大多数企业的员工或人才储备库中的人才，从应聘开始到离开企业，始终都被蒙在鼓里。人才管理信息残缺甚至偏颇、虚假，这增加了求职者难度，甚至会影响人才决策。企业还好，除了应聘简历外，还可以通过社交媒体和后续的面试、笔试了解求职者，而求职者面对招聘广告、面试通知却

---

[1] 郑海谊. 经济园区人才引进存在的问题及其对策研究 [J]. 老字号品牌营销，2023（20）：178-180.

要去企业官网、社交媒体进一步了解企业的实力、信誉与声望，并做出是否去面试及被录用后是否到岗的抉择。当员工进入企业后，又面临着成长与发展机会的选择，自然希望机会公开、流程透明。员工希望了解自身的岗位，以及企业对该岗位的绩效和期望、发展机会和企业内部的晋升流程，以及他们可以如何实现目标。流程透明可建立员工信任和敬业度，塑造更快乐的员工，进而提高生产力和企业整体绩效。另外，管理者必须就必要的工作计划、工作节点与重大行动做出合理解释与说明，而不是让员工自己去理解。诸如绩效考核与奖金分配方案，以及裁员行动，都需要透明化操作。有些雇主采取"闪电裁员"，没有进行必要的裁员前"预热"，突然下手，会使雇主品牌受到伤害。曾发誓打造地球上最好雇主的零售巨头亚马逊公司，2022年11月，开始执行裁员1万人的庞大计划。由于缺少高管与员工的沟通，许多员工非常愤怒，谴责该公司缺少人情味与透明度。如此局面，被裁者落魄，留下者亦彷徨。

第五，办公模式弹性化。

在"十四五"规划纲要中，提出了"新就业形态"，即新一轮信息技术革命带来的就业新模式，体现为劳动关系灵活化、工作内容多样化、工作方式弹性化、工作安排去组织化、创业机会互联网化。其中，工作方式弹性化、工作安排去组织化是指混合办公与自主工作。[①]

智联招聘的《中国远程居家办公发展报告》显示，80%的求职者在新冠疫情后更倾向于寻找可以远程居家办公的职位，90%的求职者更希望应聘的企业允许远程办公。在"液态职场"格局下，办公场所失去了唯一性，从办公室到第三空间，乃至居家办公，企业接受员工离开管理者的视线而远程办公，这体现了对员工的信任。员工也因被信任而更加努力工作，实现了在尊重基础上的双向良性互动，有助于工作效率提升。尽管在办公室工作充满友爱并可获得同事指导，但线上办公的诱惑力依然很大。

科技不断进步，混合办公趋势更不可逆且具有国际化色彩，这体现了新时代员工对工作自主、自由的时代需求。另外，数智化技术还是推动职场雇用关系变革的重要推动力，灵活的混合办公模式成为提升组织韧性并应对不确定性的重要举措。在不确定性出现时，能以最短的时间做出办公模式上的应对甚至直接过关。

---

① 谭子. 聚焦新就业形态劳动者权益保障（之二）[J]. 工友，2021（11）：10.

第六，离职员工满意化。

员工离职率是检验雇主品牌的重要量化指标之一，已被企业所重视。读者可能认为，员工被动离职难有满意度，未必如此！聪明的企业，即便是主动裁员，也会想办法获得员工的理解与微笑，并友好分手。离职不算什么，离职过程却尤为关键。有的企业撕破脸皮，有的企业选择静默，有的企业选择好聚好散。然而，最好的选择是"离职不离心，离岗不失联"，与离职员工建立终身合作机制，始终保持合作关系。

管理专家罗格·赫曼指出：你对员工离开时所做的反应将筑成你跟他们永远的关系，针对离职的员工，明智的态度应该是人走茶不凉。可见，最明智的做法是以"互联网+"思维，将离职员工由"负资产"转变成企业"跨界资源"，作为无边界合作的"战略性协作资产"，使人才流而不失，保留仍可合作的空间。

雇主品牌会告诉你一个道理，人才不是招来的，而是吸引来的；员工不是被迫留下来的，而是主动留下来的；离职员工未必会成为"敌人"，也可以是朋友。雇主常在，而雇主品牌不常有，雇主品牌的魅力非常深厚。

雇主品牌服务于企业经营大局，可增强企业竞争力与营利能力。打造雇主品牌不是一件容易的事情，成就雇主品牌可能需要 3 年、5 年甚至 10 年时间，但毁掉雇主品牌却可能只需要一刹那。

四、雇主品牌建设的步骤

雇主品牌建设是指企业通过一系列的策略和行动，塑造自己在人才市场上的形象和声誉，从而吸引和留住优秀的员工，提升企业的竞争力和发展潜力。雇主品牌建设的过程大致可以分为以下几个步骤。

第一，确定目标和定位。明确企业想要通过雇主品牌战略实现的目标，如增加求职者、提高求职者质量、促进求职者与品牌的互动、建立雇主知名度或提高雇主声誉等。同时，明确企业的目标人才群体，了解他们的需求、期望和偏好，以及与竞争对手的差异化优势，从而确定企业的雇主品牌定位。

第二，提炼价值主张。根据目标和定位，提炼出企业作为雇主的核心价值主张，即 EVP（Employer Value Proposition），是企业传达给内外部人才的核心印象，也就是传达如果成为企业一员，会得到怎样的利益和价值的信息。EVP 应该包括企业的薪酬、福利、奖励、补贴、职业发展、工作环境、企业文化等方面的内容，要求真实、具体、有吸引力、有差异化。

第三，优化体验流程。根据 EVP，优化企业的人力资源管理流程，从招聘、入职、培训、发展、福利、文化等各个环节提供给目标人才优质的工作体验，包括招聘流程的简化、入职流程的规范、培训流程的有效、发展流程的透明、福利流程的人性化、文化流程的融合等，持续强化工作体验与品牌形象之间的契合，满足人才的需求和期待。

第四，制定传播策略。根据 EVP 和体验流程，制定雇主品牌的传播策略，包括传播内容、传播渠道、传播形式、传播时机等，选择适合目标人才的传播方式，如求职网站、社交媒体、视频平台、活动、邮件、广告等，利用文字、图片、视频、音频等多种形式，展示企业的雇主品牌故事、价值观、文化氛围、员工评价等，增强企业的知名度、美誉度和影响力。

第五，评估和改进。根据雇主品牌的目标，选择适当的指标，以监控和衡量雇主品牌的效果，如求职者数量、质量、转化率、满意度、忠诚度、推荐率等，利用数据分析和反馈收集，评估雇主品牌的优势和不足，及时调整和改进雇主品牌的策略和执行，持续提升雇主品牌的水平和价值。

第六，持续更新和创新。企业需要根据市场变化、人才需求、竞争态势等，及时调整和更新自己的价值主张和内部体验，保持雇主品牌的活力和魅力，同时寻求新的创意和突破，增强雇主品牌的差异化和竞争力。

员工体验管理

企业不仅应该关注企业为员工提供的福利水平，还应该关注给员工带来的感受。过去认为，公司为员工提供有竞争力的福利是必不可少的。而新的研究发现，这种观点已经过时，敬业度、留存率与福利奖励无关。因为员工已经开始追求物质以外的东西，也就是开始评估他们对所在公司的感受。[①]

员工体验管理是指企业通过一系列的策略和行动，关注和满足员工的需求和期望，创造一个有益的工作环境和文化，提升员工的满意度和工作效能，从而推动企

---

① 李婷. 您需要重新思考员工的体验 [J]. 商学院，2022（4）：9+8.

业的发展和竞争力。

一、员工体验管理的背景

员工体验管理的背景主要有以下几个方面。

第一，员工的期望和诉求发生变化。随着社会的发展和科技的进步，员工不再只满足于基本的薪酬和福利，而是更加关注自己的职业发展、个人成长、工作平衡和企业文化等方面。员工希望在工作中获得更多的尊重、认可和支持，以及更多的自主性和创造性。因此，企业需要从员工的角度出发，了解和满足员工的多元化和个性化的需求，提升员工的幸福感和归属感。

第二，市场的竞争和变化加剧。在全球化和数字化的背景下，企业面临着激烈的市场竞争和快速的行业变革。为了适应和引领市场的变化，企业需要不断创新和优化自己的产品和服务，提高自己的效率和质量。而这些都离不开员工的创造力和执行力。因此，企业需要通过员工体验管理，激发和培养员工的创新意识和能力，提高员工的工作效率和质量，增强员工的竞争力和适应力。

第三，人才的稀缺和流失加剧。在知识经济和人力资本的时代，人才是企业的核心资产和竞争优势。然而，随着人口结构的变化和人才市场的活跃，优秀的人才越来越稀缺和抢手，员工的流动性和跳槽率也越来越高。因此，企业需要通过员工体验管理，吸引和留住优秀的人才，降低员工的流失率和招聘成本，提高员工的稳定性和忠诚度。

综上所述，员工体验管理是企业在当前的背景下，应对内外部的挑战和变化，提升自身的竞争力和绩效的一种必要和有效的管理模式。企业应该重视和投入员工体验管理，不断优化员工的工作环境和体验，为企业的长期发展奠定坚实的基础。

二、员工体验管理的优势

员工体验管理的目的是为员工创造一个有利于工作、学习、成长和发展的环境，让员工感受到企业的关怀和尊重，激发员工的创造力和潜能，促进员工与企业的共赢。

员工体验管理的优势有以下几点。

第一，提高员工的工作效能和创造力。员工体验管理可以通过提供符合员工需求和期望的产品、服务、流程和策略来提高员工的工作质量和效率，减少员工的工作压力和痛点，激发员工的主动性和积极性，增强员工的自信和自豪感，从而提高员工的工作效能和创造力。

第二，提升员工的忠诚度和归属感。员工体验管理可以通过建立公平、包容、多样化的企业价值观，清晰、透明的工作目标和持续的辅导支持，以员工为中心的思维方式和对员工价值诉求的洞察，让员工感受到企业的认同和信任，增强员工的忠诚度和归属感。

第三，降低员工的离职率和流失成本。员工体验管理可以通过提供安全、顺畅的网络环境，自动化办公和协作软件，界面友好、操作便捷的移动端应用，快速、高效、敏捷的工作流程，减少员工的工作障碍和沟通成本，提高员工的工作便利性和满意度，降低员工的离职率和流失成本。

第四，增强企业的品牌形象和声誉。员工体验管理可以通过合理的、多功能的办公场所布局，搭配合理、使用便捷的工作设施，便于沟通协作的工作环境，与企业文化相匹配的办公场所风格和氛围，打造一个积极向上、充满活力的工作环境，展现企业的专业性和人性化，增强企业的品牌形象和声誉。

第五，吸引更多优秀的人才加入。员工体验管理可以通过提供有竞争力的薪酬和福利，丰富的培训和发展机会，以及灵活的工作安排和平衡的工作生活，让员工感受到企业的关注和投资，吸引更多优秀的人才加入，提高企业的人才储备和人才质量。

综上所述，员工体验管理不仅能提升员工的工作满意度和幸福感，还能带来以上几方面的效益，对于提高企业的绩效和竞争力，打造共荣共赢的工作环境，具有重要的意义和价值。

三、员工体验管理的步骤

有调查显示，80%的企业高管认为员工体验对公司至关重要，但只有20%的高管认为公司的员工体验很棒。从员工角度亦如此，鹰山咨询公司调查发现，只有38%的员工认为他们的组织非常重视员工体验。可见，企业在员工体验方面做得远远不够，理念与现实相距甚远。最好的员工体验管理应是系统制胜、关键点突破。任何企业都做不到面面俱到，也不宜如此，立足于现实最好的解决方案是打造员工体验型组织，建立组织战略愿景，制定员工体验战术路线并予以践行。[①]

第一，打造员工体验型组织。

埃森哲公司指出，只有触点驱动的体验还不够，还必须围绕卓越体验来规划整个企业，这就是价值引领企业。很多企业倡导打造价值型组织，但价值锁定的是客户体验，员工体验并不在视野之内。基于此，员工体验型组织呼之欲出。顶层设计很重要，没有企业高层的认同，就可能会产生"涓滴效应"，也难以得到其他下属团队领导及相对弱势的基层员工认同。为此，员工体验型组织必须实施企业级专业化管理，首席体验官须"横空出世"。巴克莱银行客户体验总监克莱夫·格里耶认为，设置首席体验官优势很多，可激发整个组织的服务热情，并能为组织设定客户体验的指标。民宿行业共享经济的楷模爱彼迎（Airbnb）公司任命了一位高管担任员工体验全球负责人；耐克设置了首席员工体验官，以推动员工体验工作开展。

第二，建设员工中心型文化。

企业创始人、CEO常以"非我莫属"心态自居，甚至认为没有"我"就没有企业。一切以"我"为中心，企业文化成了老板文化，即"太阳式企业文化"，老板就如"太阳"。特斯拉品牌创始人马斯克就曾表示"企业不能没有我"。美国媒体及企业界也证实他就是这样的人：工作事无巨细且不愿意承认个人错误，认为自己一切都是对的，结果导致高管人员离职率超高。马斯克式文化饱受争议，必须赋予员工地位。员工体验至上体现了对员工的最大尊重，中国企业需要来个"脑筋急转弯"，建立以员工体验为中心的企业文化。另外，人力资源管理也要转换思维，视员工为内部客户，并转换人力资源管理对象，从关注人才的进、管、出转向进、管、出过程中的员工体验。

第三，战略性规划设计员工体验。

企业应按战略思维来全视角、全过程、全方位、多环节打造"客户体验链"，由员工延伸至外部客户。

要按照产品思维、用户思维来设计体验接触点，围绕每一个体验接触点打造标准化体验产品，以适用于全体员工或者职能、职责、岗位相近的业务单位（BU）员工。同时，还可针对特岗员工规划设计个性化员工体验包。例如，字节跳动为加班员工提供工作餐、水果、加班费等一揽子待遇，这就是个性化员工体验包。管理专

[①] 贾昌荣. 巅峰管理：极致员工体验创佳绩 [J]. 清华管理评论，2021（10）：14-23.

家约翰·普拉斯科夫认为，员工体验产品规划设计应立足于工作场景，让员工感受到来自组织的关心。员工体验设计场景化思维，要洞察员工、理解员工、贴近员工，针对员工体验关键要素，以及员工画像的"需求特征"（需求、期望、顾虑、痛点、经历等）来展开，并提供体验解决方案。这是一个平衡三方利益的工作，满足员工情感目标、企业经营目标与客户价值目标，实现内外"三赢"。[1]

第四，建立员工体验测试机制。

员工体验全员化并不是要把顶层设计者排除在外，高管也位列其中。管理团队必须统一观念，凝心聚力，把员工体验的理论认知与实践经验聚拢到一起。员工体验规划与设计也要像产品研发一样，在正式投入员工体验环境之前，进行必要的体验测试、改进与提升，以实现员工体验最优化。在实践中，两项测试至关重要。一是面向管理人员开展员工体验认知调查，即员工体验指数调查，用于摸底中高层管理人员对员工体验的认知情况。通过查缺补漏，有的放矢地培训充电，补上员工体验原理这堂必修课，指导员工体验落地并提升组织绩效。二是员工体验产品落地测试。可优选相对忠诚的核心骨干员工先行测试，根据测试结果对不良体验改进提升，然后再在员工中大范围推行。

第五，代入式员工体验交付。

管理者或以身作则，示范并带领员工一起干，或立足于组织协调，进行工作方式方法引导。这对员工来说都是鞭策，身先士卒是榜样式激励。然而，员工自动自发也是一种境界。打造员工体验型组织，为员工提供代入式体验，即通过引导体验、示范体验、模拟体验、激励体验等措施让员工主动体验，接受体验产品或个性化体验包，提高工作效率并愉悦身心。2021年6月，格力电器员工持股计划落地。针对高管、中层管理者、业务骨干定向持股，是针对特定群体的个性化体验产品。这会让核心员工理解、接受并积极投身其中。企业要进行引导，让持股员工以股东身份、角色开展工作，从"为他人打工"转为"为自己工作"。

第六，体验反馈与再优化。

员工体验不佳，怎么办？让其做"闷葫芦"闭口不言，还是开放渠道准许其倒出来？开放渠道是唯一选择！定期询问员工体验认知和感受，对消灭员工抱怨、提升敬业度具有重要意义。员工满意度至关重要，员工预期与实际所得决定体验结

---

[1] 贾昌荣. 巅峰管理：极致员工体验创佳绩[J]. 清华管理评论，2021（10）：14-23.

果。员工不满对组织有危害。心理学家赫兹伯格指出，员工对本组织管理与政策、工作条件、人际关系、薪酬福利等方面异常关注，若体验不佳就会不满意。因此，上述因素也是组织"保健因素"。可见，员工满意度调查至关重要，其本质是员工体验满意度调查，会反馈员工体验不足之处。同样，过度体验同样有损组织健康，人的欲望是无止境的，最终会让企业无以应对。不过，员工忠诚度调查意义不大，得到的常常是虚伪且虚假的数字，会蒙蔽管理者双眼并忽略员工的真实需求。

第七，数智化武装员工体验。

生于1980—1995年的"千禧一代"被称为"网络原住民"，而生于1995—2010年的"Z世代"被称为"互联网世代"。这两大群体伴随着互联网长大成才，教育程度良好，对工作数字化、自动化、智能化要求较高。"千禧一代"具有不同于上一代人的个性化、多样化、高品质生活与工作方式，对数字世界洞察度高且应用能力强。"Z世代"以社交、悦己、人设为导向，热衷于社交、娱乐与购物，工作时间如果严苛到不能做购物、社交、聊天等"课外作业"，恐将无"Z世代"存在。因此，与科技相关的数字应用、智能应用与IT服务平台是员工体验的重点。市场研究公司弗雷斯特（Forrester）研究证实，科技要素是日常工作中对员工体验影响最大的要素，而自动化流程、手机端应用及协同办公软件是提高员工体验的最佳着手点。目前，中国企业数字化率还不够高，更不用说智能化。做得好的企业也大都停留在信息化基础应用阶段，诸如CRM（客户关系管理）、e-HR（电子化人力资源管理）、ERP（企业资源计划）、SaaS（软件即服务）等工具及平台。因此，通过数智化改造与武装，建立PC、WAP、App、小程序、微信等多端工作平台，并广泛采用企业微信、钉钉、飞书等协同办公软件，提升员工科技体验。

员工体验至上体现了对员工的最大尊重，人力资源管理也要转换思维，视员工为内部客户，并转换人力资源管理对象，从关注人才的进、管、出转向进、管、出过程中的员工体验。[①]

四、员工体验管理的挑战

员工体验管理的挑战主要有以下几个方面。

第一，如何了解和满足员工多元化和个性化的需求。员工是企业的内部客户，

---

① 贾昌荣. 巅峰管理：极致员工体验创佳绩[J]. 清华管理评论，2021（10）：14-23.

他们的需求和期望也会随着社会的变化和个人的差异而不断变化。企业需要建立有效的沟通机制，定期收集和分析员工的反馈和建议，了解员工的痛点和潜在的需求，设计和提供符合员工需求的服务和支持。同时，企业也需要考虑员工的个性化和差异化，尊重员工的选择和偏好，提供灵活和多样的服务和支持方式，让员工感受到企业的关注和尊重。

第二，如何整合和优化员工的工作流程和体验。员工的工作流程和体验不仅受到人力资源部门的影响，还受到其他部门和系统的影响。企业需要打破部门和系统的壁垒，实现跨职能和跨部门的协作和整合，优化员工的工作流程和体验。例如，企业可以利用数字化技术，建立员工体验平台，提供一站式、全方位的服务和支持，简化员工的操作和交互，提高员工的工作效率和便利性。

第三，如何培养和提升员工的创新意识和能力。员工的创新意识和能力是企业应对市场变化和竞争挑战的重要资源和优势。企业需要培养和提升员工的创新意识和能力，激发员工的工作激情和创造力。企业可以通过建立创新文化，鼓励员工提出创意和建议，给予员工创新的空间和机会，为员工提供创新的资源和支持，表彰和奖励员工的创新成果，营造良好的创新氛围和环境。

第四，如何评估和改进员工的体验效果和价值。员工体验管理是一个持续的过程，需要不断地评估和改进，以适应员工和企业的变化。企业需要建立有效的评估机制，定期收集和分析员工的体验数据和反馈，评估员工体验管理的效果和价值，找出存在的问题和不足，制定和实施改进措施，持续提升员工体验管理的水平和质量。

五、员工体验管理的未来趋势

员工体验管理的未来趋势主要有以下几个方面。

第一，人文化的员工体验。员工体验不仅仅是满足员工的物质和技术需求，更是关注员工的心理和情感需求，包括员工的价值观、目标、意义、成长、幸福等方面。企业需要从员工的个性化和差异化出发，打造符合员工心理特征和期望的体验，激发员工的内在动力和潜能。

第二，数字化的员工体验。数字化技术为员工体验的提升提供了新的可能性和手段，包括人工智能、大数据、云计算、物联网等。企业需要利用数字化技术，优化员工的工作流程和体验，提供个性化和智能化的服务和支持，增强员工的效率和便利性。

第三，混合化的员工体验。混合化是指员工可以在不同的时间和地点进行工作，享受灵活和多样的工作方式。企业需要适应和支持员工的混合化工作，提供合适的设备、工具和环境，平衡员工的工作和生活，促进员工的协作和沟通。

第四，开放化的员工体验。开放化是指员工可以与企业外部的各种利益相关者进行交流和互动，包括客户、合作伙伴、社会等。企业需要鼓励和支持员工的开放化体验，拓展员工的视野和资源，增强员工的创新意识和能力，提升员工的竞争力和适应力。

裁员管理

从广义上而言，裁员是指企业在较短的一段时间内与一定数量的员工解除劳动合同的行为。当前出现规模性裁员的原因主要有四点：一是由于订单减少、成本上升和效益下滑等因素，企业用工需求有所减少，为了降低用工成本，采取措施与员工解除劳动合同；二是企业为转型升级，主动淘汰附加值不高的产业，或以机械化、自动化取代人工，继而与不适应产业发展需求的员工解除劳动合同；三是政策变化，如淘汰落后产能、节能减排、产业规划调整等，企业采取搬迁、兼并、转让等举措，导致员工被解除劳动合同；四是在企业的经营活动变更过程中，一部分员工为获取即期利益（如经济补偿等）而主动要求解除劳动合同。[①]

裁员是一种市场和社会的自我调节，也是一种企业和个人的自我选择。对于企业来说，裁员是一种成本控制和效率提升的手段，也是一种战略调整和转型升级的机会。对于个人来说，裁员是一种职业风险和挑战，也是一种学习成长和创新创业的契机。

近两年由于产业周期、市场竞争、技术变革等因素，导致一些互联网、制造、金融等行业的企业进行了一定程度的裁员。总的来看，表现出以下特征。第一，裁员策略的选择以"人员削减"为主导，短期化目标显著，缺乏具有战略前瞻性的"系统简化"策略。第二，裁员方式多样化，存在一定程度的违规现象。少数企业

---

① 刘瑛. 浅析企业裁员管理 [J]. 天津市工会管理干部学院学报，2015, 23（1）: 20-23.

为了降低裁员成本、规避裁员赔偿，纷纷采取一些"逼走人"的裁员方式迫使员工"自愿离职"。第三，裁员补偿成为劳资矛盾的焦点。第四，裁员沟通信息公开程度较低，解释口径不统一。第五，裁员标准的制定具有任意性，少数企业无裁员标准或裁优留劣。第六，裁员程序缺乏员工参与，规避行政监管。第七，人际对待缺乏平等尊重，失德失信行为比较突出。

一、裁员管理的误区

企业的裁员中会存在以下几个误区。

首先，多数的企业认为裁员是企业降低成本的"万金油"，其实并不然，企业裁员只是一种手段，并不是目的，增效即提高企业的绩效才是真正的目的。裁员并不是简单地将员工从名单中除去，它必须合乎法律的规定，同时它也是有成本的，包括对员工的补偿成本、重新招聘的成本、企业短期调节成本，以及对留任员工的心理影响、对企业信誉和形象的影响等。因而企业对于裁员需要进行谨慎的选择，要将企业的裁员成本以及由此造成的影响与其他的替代方案如员工减薪、限制加班等进行对比，看是不是非裁不可，在此基础上再决定裁掉谁。[①]

其次，对于被裁者往往就是一裁了之，不少企业对于被裁员工以一笔遣散费来打发，裁了就裁了对于被裁员工抱得都是这样的心态，这样的做法不能体现企业的人性管理，同时对于本企业的形象和文化都会产生不同程度的影响。

最后，对于裁员后的留任人员不闻不问，企业裁员对于留任员工会在人心上造成不同程度的动荡，使员工的工作安全感和归属感降低，对组织承诺产生怀疑，心理压力和工作压力的不断增长会使一部分员工产生离职倾向。有部分企业不能认识到企业裁员后对留任者的影响，不及时有效地采取措施来提高留任员工的积极性和恢复留任员工对企业的信心，则会出现在裁员的同时也裁掉了员工的"心"的后果。

二、裁员的负面影响

裁员后所产生的影响从微观方面来说无非是对于三个方面的影响即企业、被裁者、留任者。

---

① 陶李艳，白洁. 企业裁员管理存在的问题及对策 [J]. 知识经济，2011（23）：136+172.

对于企业来说，裁员过后首先可能会造成人力资本的流失，尤其是在由于外部市场的影响或经营不善引起的被迫性裁员造成的优秀人才及核心人员的流失，这是相当严重的，许多公司就是因为优秀人才及核心人员的大量流失而直接削弱企业的运作效率和企业的核心竞争能力，在裁员之后依然无法解决企业的困境，最终走上了破产的道路。人力资本的理论表明人力资本的获得是需要企业进行大量的投资的如人员培训费用等，而企业裁员就导致企业的投资"打水漂"。其次是裁员成本的影响，企业的裁员行为虽然可以长期地减少人工支出，但是在短时期内却需要支出大量的裁员成本。有的企业还会提供培训等支持服务，这些活动都需要相应的资金投入。在一些特殊的情况下产生的纠纷，又会造成律师费、诉讼费等支出。最后裁员对企业的影响是会造成企业公众形象的损失。企业裁员会引起社会广泛关注，当企业发布裁员信息时，很容易引起人们对企业的经营能力的质疑和降低对企业的信任感，投资者、客户、消费者都会产生不同程度的心理变化进而影响企业在社会公众心中的形象，会降低企业的品牌价值。

对于被裁者的影响主要是员工将会失去工作。失去工作会影响员工的收入，还会影响被裁员工的心理，被解雇对于员工来说是对其工作的一种否定，员工就会以此而否定自己或对自己失去信心，对自己过于悲观，进而影响之后的职业生涯。因此，对于被裁者而言，裁员所造成的生活压力、心理压力都陡然增加，那么对于这些员工的心理疏导以及再就业培训就会显得相当的重要了。

对于留任者来说，能留下来就说明了自己的工作价值对于企业是有用的或者说自己的工作对于企业的发展是必要的，这是一件值得庆幸的事情！但是与此同时，留任者会在心里产生疑问：公司的裁员就此结束了吗？会不会下一次就是我？假如公司没有特别明显的特征来表明该公司的人事变动就此结束，或者像有些公司会有习惯性的裁员，那么留任者即使留了下来，也会终日抱着忐忑不安的心情来工作，这种担忧会让员工感到朝不保夕，没有安全感，这将直接影响到员工的积极性。

三、正确的裁员程序

企业一般的裁员程序有以下四个阶段。

（1）计划阶段。

这个阶段的主要工作是评估裁员是否必要，然后再制定裁员的总体规划。

第一，明确企业战略及目标，具体包括以下几点。

①明确企业的战略与愿景目标，要充分考虑企业的现状和未来。

②确定新组织高层构架，评论和评估裁员的商业价值。

③列出具体岗位裁员的数目和依据。

第二，设计、制定过程，包括以下几点。

①确定筛选被裁员工的依据，即将被裁员的条件明确地表示出来，使员工知道在何种情况下会被裁员。这不仅有预警作用，使员工减少犯错误的可能，也可以使得裁员有据可依，减少员工的恐慌情绪。

②确定遣散费、补偿费数量及法律依据。

③制定保留、重新雇用战略，重新雇用主要是针对优化性和结构性裁员而言的，这是人力资源的另一个重要内容，即招聘，在此不多做阐述。

第三，制定沟通策略，内容包括以下几点。

①公司战略、裁员原因介绍、裁员标准和裁员过程说明等。

②沟通方式包括员工会议、通知、信函和内部刊物等。

第四，建立裁员管理小组，这里的主要问题是裁员管理小组人员的选择。在确定裁员名单时，需要有直接管理者的参与以正确评估员工的工作，避免优秀的人才被错误的裁掉。

第五，制定裁员时间表，由于裁员程序多，工作细而烦琐，尤其是经济性裁员时还有时间方面的紧迫性，因而一个严谨的裁员时间计划表就会显得非常的重要了。有了时间表后就要按照时间表做，否则就没有意义了。

（2）选择保留阶段：对裁员对象进行筛选确认。

在裁员筛选方面，主要有以下四个步骤。

①确定保留、裁减及评估过程，包括制定筛选标准和确定裁员对象。

②确定管理层中的可能被裁名单。

③评估候选者。

④确定最优裁员名单和保留员工名单，并对最优裁员名单和保留员工名单进行评估。

（3）实施阶段即解雇费计划和再招聘计划。

在这个阶段要做的工作主要有以下几个方面。

①确定遣散费用的整套方案，主要是遣散费用的计算依据、计算方式以及审定福利授予方案。

②为解雇员工提供建议和咨询服务，提高他们对市场的了解，在面试时提供尽可能的帮助，如果条件允许的话可以给解聘员工提供相应的再就业培训，从而实现员工价值。

（4）沟通阶段。

沟通的主要任务是进行解雇面谈，就是让员工知道自己被解雇这一事实的谈话，这是一项具有很高难度的工作。因而对于解雇面谈需要注意的事项就很多，任何小细节都不能放过。主要的注意事项有以下几点。

①时间的安排最好在周五下班之前，给对方在后面的双休日中一个充分心理缓冲时间，并避免在组织中产生不必要的负面影响。

②通知员工进行面谈时一定要简短，尽量当面通知，重要的是不要事先告知该员工将要被解雇的消息。

③事前要做好准备工作，比如员工协议、人力资源档案和发布的通知或补偿金额领取办法等相关文件的准备，以及对文件内容的了解等。

④面谈时要抓住要点。不要通过寒暄或者其他无关紧要的事情来旁敲侧击，在员工已进入办公室时，给他放松的时间，然后就将决定告诉他，不要拖泥带水。

⑤说明情况时，管理者要用简短的语言说明该员工被解雇的原因，不要对员工提出过多的批评，必须要强调这是最后的、不可改变的决定。谈话的时间不要超过15分钟。

⑥要倾听员工的发泄，给予员工这样的机会使之能比较心平气和地接受自己被解雇的事实，能够接受将要得到的有关费用。不要与被解雇的员工起争执，比较积极的方式是倾听、重复员工的看法、不时点头等。

⑦在讨论解雇费用时，管理者要细致地检查解雇费用的所有项目，说明补贴、福利等，以及如何领取这些费用的方式，注意不要也不应该做出任何其他的承诺，否则只会使问题更加的复杂化。

四、裁员管理的注意事项

虽然裁员在某种程度上可以降低用工成本，有利于企业在激烈的市场竞争中保持优势轻装上阵，但裁员同时也是一把双刃剑，会给企业的长远发展带来一些风险。因此，企业裁员应注意如下事项。[1]

---

[1] 刘瑛. 浅析企业裁员管理 [J]. 天津市工会管理干部学院学报，2015，23（1）：20-23.

（1）必要性考虑，要充分评估裁员可能给企业带来的负面效应。

①这些负面效应首先是因裁员行为而带来的直接成本。比如必须支付给被裁员工的经济补偿，在"协商性裁员"中可能会远超法定的标准；又如为了顺利裁员而支付的管理费用，裁员往往牵涉多个部门大量人力，有时还需要聘请专业人士甚至专业机构来承办这项工作，支出费用绝对不菲；再如裁员受阻遭遇法律纠纷甚至与员工对簿公堂时，企业不得不承受的律师费、诉讼费乃至败诉后的赔偿金等。

②因裁员所带来的人力资本损失。新员工进入企业成为创造财富的劳动者，企业必须支付培训成本，一旦被裁，不仅这些投入化为乌有，还可能削弱企业的运作效率，波及企业核心竞争力。特别是在结构性裁员和经济性裁员中，往往会裁掉一批技能纯熟的工人和训练有素的管理人员，一旦这些人才进入竞争企业，势必成为原企业的心腹大患。另外，很多时候裁员是为了渡过危机，而一旦渡过危机进入发展期时，企业又可能进入缺工状态，面临新的招聘和培训费用的支出。

③因裁员对留任员工产生的消极影响。企业裁员将对留任员工造成不小的心理伤害，一方面他会庆幸自己躲过一劫，但强烈的不安感会影响他的工作积极性；另一方面他会对失业的同事产生内疚感，这种负面情绪会降低工作效率。更糟糕的是裁员会使员工对企业的未来失去信心，从而降低对企业的忠诚度。这也是为什么在企业规模性裁员后会出现员工大量辞职的现象，而这些员工往往是企业的精英。

④因裁员给企业造成的社会形象损失。裁员给公众的直观印象就是企业效益不佳，运营出了问题，从而降低社会对企业的评价，不仅削弱品牌价值和公众形象，更可能给资本市场带来不小的冲击。裁员还会使公众对企业产生不信任感，从而影响其产品的市场份额。如果在裁员中出现了劳资纠纷，不仅会引发媒体关注和舆论批评，还会增加政府的维稳风险，这将对企业未来的生产经营活动产生负面影响。

（2）合法性考虑，要从实体和程序上严格遵循法律的规定。

①从实体上而言，第一，企业不能对一部分特殊员工实施优化性裁员、结构性裁员和经济性裁员，比如处于医疗期内的职工和孕期、产期、哺乳期的女职工等（见《中华人民共和国劳动合同法》第四十二条）。第二，要向员工支付与其实际工作年限相当的经济补偿、因劳动用工不规范而导致的赔偿（比如未签订书面劳动合同的双倍工资、未及时足额支付工资的赔偿金等）以及其他的相关补偿（比如未

休年假的折算工资、代通知金等）。第三，要遵守社会福利原则，即保障一部分员工的优先留用权。第四，要告知被裁员工有六个月内的优先录用权，留下其联系方式。第五，要注意证据保全（比如劳动合同文本、员工考勤考核等书面记录、解除劳动合同协议书等），以备将来发生劳动争议时的举证责任承担。[①]

②从程序上而言，企业要特别关注两个方面的强制性规定。一是要保证裁员完全遵守法定程序。比如，在协商性裁员中要履行与劳动者协商达成一致，并签署解除劳动合同协议的程序；在优化性裁员和结构性裁员中，要提前三十日以书面形式通知劳动者本人或者额外支付劳动者一个月工资后，与劳动者解除劳动合同；在经济性裁员中则要履行"提前三十日向工会或者全体职工说明情况，听取工会或者职工的意见后，裁减人员方案经向劳动行政部门报告"的法定程序。同时作为用人单位单方解除劳动合同的优化性裁员，结构性裁员和经济性裁员，"应当事先将理由通知工会。用人单位违反法律、行政法规规定或者劳动合同约定的，工会有权要求用人单位纠正。用人单位应当研究工会的意见，并将处理结果书面通知工会"。二是要尽职履行相应的解除后义务。法律规定在解除劳动合同后要向劳动者出具解除劳动合同的证明，在十五日内为劳动者办理档案和社会保险关系转移手续，并及时向劳动者支付经济补偿。

（3）人性化考虑，要尽量减轻裁员对员工造成的物质与精神伤害。

第一，裁员势必对被裁员工及其家庭是一个巨大的打击，为尽可能减少伤害，企业要及时足额支付经济补偿及相关费用，并保证劳动者能依法享受失业保险。第二，裁员过程要信息透明、公平公正，减轻被裁员工的不公平感和被剥夺感。第三，可以为被裁员工提供必要的就业指导，增强其再就业的能力与机会，比如安排职业咨询和安置公司进驻企业为员工提供专业服务，或组织有用工需求的企业举行现场招聘，或根据员工择业意愿为其提供推荐信。第四，要做好离职沟通，相关责任人应认真做好谈话准备，以同理心处理被裁员工的各种情绪反应（如愤怒、争辩、沉默、悲伤等），并向被裁员工承诺企业在其离职后的一段时间内仍会为其提供力所能及的帮助。

裁员影响的不仅仅是被裁员工，同样会使留任员工深受打击，企业同样要做好安抚工作。第一，要充分理解并耐心处理留任员工的不良情绪，比如担心同样的不

[①] 刘瑛. 浅析企业裁员管理 [J]. 天津市工会管理干部学院学报，2015，23（1）：20-23.

幸降临到自己头上的焦虑情绪、增加工作量或变更工作内容后的不满情绪等。必要时可以聘请第三方机构进行心理咨询和辅导，提高他们对环境的适应能力。第二，要让留任员工清楚企业裁员的理由及甄选的标准，消除其不安全感以及对被裁同事的歉疚感，可有效提高工作积极性。第三，要向留任员工传达企业发展战略，为其做好职业生涯规划，明确企业对其的信任和期待，以尽快恢复高昂的组织士气。[①]

---

① 刘瑛. 浅析企业裁员管理 [J]. 天津市工会管理干部学院学报，2015, 23（1）: 20-23.

第三章

营销管理热点综述

白牌崛起

一、白牌崛起的原因

白牌是指一些没有知名度的品牌，它们通过抖音上的达人带货和直播间销售，实现了快速的爆红和出货。白牌在抖音上卖得很好的原因有以下几点：首先，抖音平台的流量优势。抖音是一个拥有近 7 亿日活用户的短视频社交平台，它的推荐算法能够让用户看到自己感兴趣的内容，从而提高了用户的停留时间和购买意愿。其次，白牌的产品差异化。白牌的产品往往有着独特的卖点，比如成分、功效、价格等，能够吸引用户的注意力和好奇心。白牌的产品也能够快速迭代，根据市场反馈和用户需求进行调整。最后，白牌的营销策略。白牌的营销主要依靠达人的种草和带货，通过打造爆款的"大单品"，提高用户的复购率和口碑。白牌的营销话术也往往针对特定的人群，比如"妈妈们""姑姑们"等，契合了下沉市场的消费诉求。

白牌崛起是指由中小厂商生产的无品牌产品或消费者对其品牌认知度较低的产品，在市场上获得了更多的消费者青睐和销售额。白牌崛起的背景有以下几个方面。

第一，经济放缓和消费降级。在经济增长放缓的情况下，消费者更加注重产品的性价比，不愿意为品牌溢价买单，而白牌产品可以提供更低的价格和相当的品质，满足了消费者的需求。

第二，中国制造业优势。中国拥有遍布全国的产业带和集群，涵盖了各个品类的产品，很多白牌产品的质量和品牌产品相差无几，甚至是大牌的代工厂或同源厂家。这些白牌厂商通过电商平台或社交媒体等渠道直接触达消费者，降低了中间环节的成本和信息差。

第三，消费者心理变化。随着市场的成熟和法律制度的完善，消费者对白牌产品的信任度提高，不再只依赖品牌的背书，而是更加关注产品的功能和实用性。同时，消费者的个性化和多元化需求也促使白牌产品提供更多的选择和创新。

第四，渠道商的觉醒和转型。在存量市场的竞争下，渠道商为了提高利润率和溢价能力，开始转变角色，从价值转移者变为价值创造者，承担起白牌产品的需求洞察、产品设计、品牌营销、产品交付等一系列工作，利用自身的渠道优势和消费者信任，打造自有品牌。

综上所述，白牌崛起的原因是多方面的，既有宏观的经济和市场因素，也有微观的制造业和渠道商因素，还有消费者的心理和行为因素。白牌崛起反映了当前消费变化的趋势和特点，也为传统的品牌和渠道模式带来了挑战和机遇。

二、白牌崛起的影响

一般来说，白牌崛起对企业的影响可以从以下几个方面考虑。

第一，品牌竞争力。白牌崛起对品牌企业最直接的影响是品牌竞争力的下降。品牌企业需要面对白牌产品的价格优势和质量挑战，以及消费者的认知转变。品牌企业要想保持或提升自己的品牌竞争力，就需要加强品牌的差异化和价值创造，通过产品创新、品牌故事、社会责任等方式提升品牌的影响力和忠诚度。

第二，渠道合作。白牌崛起对渠道商的影响是双面的。一方面，渠道商可以利用白牌产品的低成本和高利润提高自己的收入和市场份额；另一方面，渠道商也面临着品牌企业的压力和竞争，以及白牌产品的质量风险和信誉损失。渠道商需要在品牌和白牌之间找到一个平衡点，或者转型为自有品牌的创造者和运营者。品牌企业则需要与渠道商建立更紧密的合作关系，通过共享数据、资源和利益，提升渠道商的忠诚度和满意度。

第三，市场拓展。白牌崛起对市场的影响是多元的。一方面，白牌产品的出现扩大了市场的规模和需求，为消费者提供了更多的选择和可能性；另一方面，白牌产品的增长，也加剧了市场的竞争和分化，为企业带来了更多的挑战和机遇。企业需要根据自己的定位和目标选择合适的市场细分和拓展策略，通过产品、渠道、服务等方面满足不同消费者的需求和期待。

总之，白牌崛起，对企业意味着更多的变化和适应，也意味着更多的机会和创新。企业需要根据自身的优势和劣势，以及市场的动态和趋势，制订合理的应对方案，提升自身的核心竞争力，实现可持续的发展。

治愈营销

一、治愈营销的背景

治愈营销是指品牌通过提供温暖、舒适、安慰、陪伴等情感元素，来抚慰消费者的心灵，满足他们的情感需求，从而增强品牌的亲和力和忠诚度的一种营销方式。治愈营销的兴起主要源于以下几个方面。

首先，当代社会的快节奏、高压力、高竞争等因素导致很多人产生焦虑、孤独、抑郁等负面情绪，需要寻求精神上的慰藉和支持。

其次，情感消费的时代，消费者消费内容与产品时，除了在意本身的功能价值以外，也更加在意消费过程中收获的情绪和情感。

最后，网络社交的普及，消费者更容易受到他人的影响和推荐，也更愿意分享自己的感受和体验，形成了口碑和社区的效应。

二、治愈营销的特点

一是关注消费者的内心世界，以情感为核心，以共鸣为目标，以陪伴为手段，以治愈为结果。

二是回归消费者的真实生活，以日常化的场景和内容创造沉浸式的体验，激发消费者的情感联想和价值认同。

三是聆听消费者的声音，以用户为中心，以内容为载体，以互动为桥梁，以仪式感为催化剂，建立品牌与消费者的情感连接。

三、如何操作治愈营销

一是回归生活场景营销，促成营销生活化。品牌要深入了解消费者的真实生活，找到与产品相关的生活场景，通过原生化的内容和体验，让消费者感受到品牌的贴心和实用。

二是营造仪式感，重塑消费者与品牌关系。品牌要与消费者建立长期的情感关系，而不是一次性的交易关系。品牌可以通过创造可视化、可参与的仪式感让消费者感受到品牌的价值和意义，增强品牌的认同感和归属感。

三是深层次的品牌建设，使情怀能带来治愈。品牌要有自己的品牌故事和价值观，与消费者产生情感和价值上的共鸣，让品牌在消费者心中占据不可替代的地位。品牌要用真实、陪伴、信任的方式，触动消费者的心灵，带来治愈的力量。

四、治愈营销的注意事项

治愈营销在当前的社会环境中具有很大的市场潜力和社会意义，但也需要企业注意以下几点。

（1）了解消费者的心理状态和需求，提供符合消费者期待的产品和服务，不要过度营销或误导消费者，避免造成反效果。

（2）选择合适的营销渠道和形式，利用视频、直播、音乐、游戏等多媒体手段，打造富有情感的营销内容，吸引消费者的注意力并增加参与度。

（3）建立与消费者的情感连接和信任，通过故事、案例、评论等方式，展示品牌的人文关怀和社会责任，增加品牌的好感度和口碑。

（4）营造积极健康的品牌形象和价值观，传递正能量和希望，激发消费者的自我认同和归属感，促进消费者的忠诚度和复购率。

例如，花间集是国内最大的鲜花电商平台，它通过打造一系列的治愈系活动，如"花间集音乐节""花间集阅读会""花间集花艺课"等，为消费者提供了美好、浪漫、治愈的生活方式。花间集的治愈系活动不仅展示了鲜花的魅力和多样性，也营造了品牌的社区和氛围，让消费者感受到品牌的温度和情感。

以下是花间集的一些治愈营销的案例。

一是花间集音乐节。花间集音乐节是一场结合了鲜花和音乐的主题活动，邀请了一些知名的音乐人和乐队，为消费者带来了精彩的现场演出。活动现场还布置了各种鲜花装饰，营造了浪漫和唯美的氛围。消费者可以在欣赏音乐的同时，感受鲜花的芬芳和美丽。

二是花间集阅读会。花间集阅读会是一场结合了鲜花和阅读的主题活动，邀请了一些知名的作家和读者，为消费者带来了有趣的阅读分享和交流。活动现场还提供了各种鲜花和茶点，营造了温馨和舒适的氛围。消费者可以在享受阅读的同时，感受鲜花的清新和优雅。

三是花间集花艺课。花间集花艺课是一场结合了鲜花和花艺的主题活动，邀请了一些专业的花艺师，为消费者带来了实用的花艺教学和指导。活动现场还提供了各种鲜花和工具，营造了轻松和快乐的氛围。消费者可以在学习花艺的同时，感受鲜花的艺术和魅力。

以下是花间集治愈营销的特点和效果。

一是关注消费者的情感需求，以温暖、舒适、安慰、陪伴等情感元素来抚慰消费者的心灵，满足他们的情感需求，从而增强品牌的亲和力与忠诚度。

二是回归消费者的真实生活，以日常化的场景和内容，创造沉浸式的体验，激发消费者的情感联想和价值认同。

三是聆听消费者的声音，以用户为中心，以内容为载体，以互动为桥梁，以仪式感为催化剂，建立品牌与消费者的情感连接。

四是利用鲜花的美感和寓意，为消费者提供美好、浪漫、治愈的生活方式，提升品牌的形象和美誉度。

五是结合音乐、阅读、花艺等多元化的主题和形式，为消费者提供丰富、有趣、有料的内容体验，提高品牌的影响力和话题度。

元宇宙营销

元宇宙（Metaverse）的概念源自科幻文学和电影作品，但如今已成为现实世界中的一个新兴概念。元宇宙是一个与现实世界平行存在的虚拟世界，由数字化的空间和虚拟现实技术构建而成，用户可以在其中进行交互、创造和体验。随着元宇宙的兴起，企业的营销管理也面临着全新的挑战和机遇。[1] 元宇宙营销不再局限于传统的广告和推广手段，而是通过创造沉浸式的用户体验、增加用户参与度和建立社群来实现企业价值的传递和增强。元宇宙营销的范畴可以包括虚拟广告、虚拟产品和服务、虚拟体验和活动、社交媒体和社区营销、数据分析和个性化营销、合作和赞助等方面。元宇宙营销可通过在虚拟空间中与用户进行互动和体验，建立品牌价值和用户忠诚度，以实现增加销售和推动业务增长的目的。

---

[1] 贺嘉琳. Web3.0时代下元宇宙营销对品牌建设的影响与应用研究[J]. 中小企业管理与科技，2023（17）：154-156.

一、元宇宙营销特点

元宇宙营销是指品牌利用元宇宙平台，通过创造、传播和交换价值，来实现品牌目标的过程。简单来说，就是在虚拟世界中做生意。元宇宙营销有以下几个特点。

第一，跨界融合。元宇宙不受地域、时间、空间的限制，可以将不同的行业、领域、文化进行混搭和碰撞，形成新的价值观和消费场景。

第二，用户参与。用户在元宇宙中不仅是被动的接收者，也是主动的创造者。用户可以通过自己的虚拟化身，在元宇宙中体验、交流、分享、购买品牌的产品和服务，甚至参与品牌的内容创作和价值共创。

第三，数据驱动。元宇宙中的一切行为都可以被记录和分析，为品牌提供了更多的数据支持和洞察。品牌可以根据用户的偏好、行为、反馈等数据，进行更精准的营销策略和个性化定制。

第四，创新突破。元宇宙为品牌提供了一个无限可能的创意空间，品牌可以利用元宇宙中的各种技术工具，打造更具吸引力和影响力的营销内容和形式，突破传统营销的局限。

二、元宇宙营销操作

元宇宙为企业创造了一个全新的增量空间，把握元宇宙的特性，合理运用"人""货""场"的运行逻辑，将成为品牌元宇宙营销操作成功与否的关键。

（1）人：面向数字替身的元宇宙营销。[①]

元宇宙的热潮加速推动数字人产业的发展，品牌除了在持续构建多样性的数字人 IP 矩阵外，还推动数字人智能化、场景化发展。在元宇宙这一虚实结合的数字世界中，将会建立起两类数字替身：一类是现实世界中的人在虚拟世界中的映射，属于用户数字替身；另一类则是品牌 IP 的数字化表达，是品牌的数字替身，意在与用户建立连接，打破沟通隔阂。

在元宇宙中，用户数字替身可以承载虚拟世界中形成的一切社交关系和资产归属。相比于品牌数字替身，用户数字替身更加具备社交性、娱乐性及内容性。对于

---

① 贺嘉琳. Web3.0 时代下元宇宙营销对品牌建设的影响与应用研究 [J]. 中小企业管理与科技，2023（17）：154-156.

用户来说，他们重视元宇宙中的游戏体验，会在里面创建小型社群或选择在品牌专属社区中活跃、创作，通过与他人互动收获价值认同感，而品牌则会利用用户生成的内容（UGC）完成社区活跃度的提升，并进一步激励用户创作，形成正向循环。

品牌数字替身主要分为虚拟偶像、虚拟品牌 IP 和智能数字人。对于暂时没有技术和资源打造成熟数字替身的品牌，想要在元宇宙中推广产品，与虚拟偶像合作是最常见的选择。相比于真人偶像，虚拟偶像更加"完美"，可塑性极高，还能通过故事和脚本设计来强化形象，品牌可以让虚拟偶像担任品牌体验官、直播联动、推出联名产品等，应用场景广泛。

如果综合考量虚拟偶像的合作成本和品牌营销的持续性，打造品牌专属的数字替身即虚拟品牌 IP 是更加经济的做法。在人物造型和角色设定上，虚拟品牌 IP 可以按照品牌的理想型人设进行打造，比如花西子的数字替身"花西子"、肯德基的数字替身"山德士上校"等。对于品牌而言，虚拟品牌 IP 更像是品牌"人格化"的形象，集品牌的智能化技术、个性、情感于一身，不仅有利于说服用户购买，还能够提升用户支付品牌溢价的意愿，实现降本增效。[①]

智能数字人则是品牌数字替身的进化，它具有超写实人类外貌，可以借助自然语言处理算法与用户交流，同时可利用深度学习、机器学习等技术实现实时反馈和真人互动。随着智能数字人智能化和自动化水平的提升，它们被赋予的角色和任务也在加强，不仅能够担任品牌产品体验官，搜集用户和市场的反馈，还能参与到产品工业设计等工作中来。

（2）货：虚实融合的元宇宙产品营销策略。

在新兴智能化设备的推动下，品牌的产品营销在元宇宙领域有极大的想象空间。一方面，品牌通过推出 AR 试穿、打造虚拟空间、将数字人作为代言人等方式，在虚拟空间提升消费者的购物体验，推广产品，为品牌引流，即"以虚助实"；另一方面，品牌沿用现实品牌价值的赋能，在虚拟世界中全方位打造品牌数字资产，包括虚拟产品线、定制游戏道具、NFT（非同质化代币）等，拓宽市场，即"以实助虚"。未来，品牌将具有"虚"和"实"两条产品线，实现虚实结合。

在当下，品牌利用元宇宙来拉动实体商品的销量，主要有以下三个场景：其一，推出 AR 试穿、AR 试妆等，改善消费者购物体验，同时借助穿搭分享功能，

---

① 林宇航，朱丽萍. 元宇宙背景下的品牌场景营销传播策略研究 [J]. 全国流通经济，2022（5）：40-42.

通过社交平台为品牌引流；其二，通过创建虚拟数字人或选择与虚拟偶像合作，打造虚拟代言人，革新与消费者的沟通方式，以满足各种场景传播需求；其三，借助游戏等新型元宇宙平台，开拓更时尚、更智能的营销场景，开启全新数字虚拟营销策略。可口可乐就在虚拟岛屿 Pixel Point 中首先打造"像素味"可乐，吸引玩家眼球，继而推出了现实版的"乐创无界"，限量发售。

若想要推出虚拟产品线或子品牌，探索品牌在数字世界的新价值增长，利用好品牌赋能异常重要。随着消费市场的中坚力量（年轻一代）逐渐由现实交流转向虚拟世界互动，以奢侈品、时尚鞋服为代表的品牌争先谋求年轻化、数字化发展，抢占元宇宙试穿。例如，奢侈品现实中所奉行的"稀缺性"品牌价值与 NFT 的"独一无二"数字经济有天然的共生条件，企业在复制实体商品（数字孪生）之外，还可以创造现实生活中不存在的、元宇宙原生的虚拟品牌，超越实体（数字原生）。

随着元宇宙建设得更加完善，虚实交互的产品营销方式将成为主要趋势。所谓虚实交互，即借助智能化平台，真正做到线上、线下结合共生。品牌的实体商品都有属于它们的"虚拟分身"，用户既可以通过购买虚拟产品来进行线下门店的核销，获得实体产品的折扣，甚至直接使用数字资产购买实体商品，也可以通过购买实体产品获得元宇宙中的产品增值服务，如获得相应的数字藏品、成为品牌虚拟专区会员等。在虚实交融的营销体系中，现实与虚拟的界限将被打破，营销的边界也将得到极大的拓展。

（3）场：元宇宙中品牌的场景营销。

元宇宙概念为场景沉浸化、场景现实化、场景交互化带来了巨大机遇。所以在元宇宙背景下场景营销传播的概念也在发生变化，即旨在通过搭建用户生活中或想象中的场景，影响用户的需求或想法，从而传播信息。随着元宇宙概念的融入，"场景"平台也势必将作为全新的传播媒介进入公众的视野，为消费者提供交互化、沉浸式的全新体验。

元宇宙场景具有个性化、真实性、精准性、代入感四个特点。第一，个性化。场景营销传播能够精确瞄准用户群体，通过用户消费数据，为消费者提供个性化的信息推送服务。第二，真实性。人工智能、扩展现实及可穿戴式装备技术的逐渐完善使得各种各样的场景更加真实化与个性化，促使消费者能够产生横跨时空的体验。第三，精准性。元宇宙与场景的结合通过大数据和云计算技术、客户的浏览记录及消费情况等行为偏好，描绘出消费者的精确画像，准确地与客户需求对接，让目标客户争相参与其中。第四，代入感。元宇宙下的场景营销更具有代入感，能够准确触发用户痛点和情绪，引发用户共鸣，最终对产品和品牌产生认可。①

目前，场景营销传播的表现主要有AR、内容生态及IP实景化三种形式。AR技术的日趋成熟，为品牌的新型场景营销提供了机会。品牌能够利用趋近于现实的场景，为用户带来更加沉浸式的体验，比如服装试穿试戴、VR看房等。内容生态主要表现在私域流量之中。众多品牌都通过扩充私域流量，构建出专属于品牌的生态环境：从用户需求出发，重构场景，为用户带来更多归属感与参与感，从而提高用户黏性，达到营销目的。GUCCI就建造了属于自己的品牌专区Gucci Garden来吸引对时尚感兴趣的用户。在这个充满品牌元素的庭院里，用户可以试穿该品牌的虚拟服装，并且自拍、与他人互动。品牌IP实景化指通过去中心化的内容与体验，将所有的场景与娱乐内容整合成一个整体，再将IP和故事进行交融。具体体现为虚拟场景的搭建和虚拟IP的推出，比如当前的环球影城、迪士尼乐园等都是IP实景化的具体实例。

在未来，随着元宇宙的发展，每个在元宇宙中的用户都会拥有自己的数字替身和虚拟资产。同时，品牌的数字化营销也将走向"虚实相生、虚实相长、虚实交融"的全触点营销模式，打造更加沉浸式的产品体验和虚拟场景。

海尔兄弟是一部由海尔集团出品的动画片，曾在央视播出，深受儿童和家长的喜爱，是海尔集团的品牌文化代表之一。为了迎合年轻消费者的喜好，海尔集团与世优科技合作，利用虚拟数字人技术将其经典IP形象"海尔兄弟"进行复活，并成为品牌资产一直复用。海尔兄弟的复活不仅是为了唤起消费者的回忆和情感，更是为了打造海尔集团的元宇宙营销阵地，展示海尔集团的创新能力和品牌魅力。

海尔兄弟复活的具体操作有以下几点。

第一，在海尔集团的官方网站和社交媒体上，发布海尔兄弟的复活视频，邀请消费者关注海尔兄弟的新故事和新形象，引发话题和讨论。

第二，在海尔集团的元宇宙平台上，创建海尔兄弟的虚拟世界，让消费者可以与海尔兄弟进行互动，感受海尔集团的产品和服务，还可以收集海尔兄弟的NFT和其他奖励。

第三，在海尔集团的线下活动和展览上，利用全息投影和AR技术，让海尔兄

---

① 林宇航，朱丽萍. 元宇宙背景下的品牌场景营销传播策略研究[J]. 全国流通经济，2022（5）：40-42.

弟现身现场，与消费者进行互动，增强品牌的亲和力与影响力。

海尔兄弟的成功复活，不仅提升了海尔集团的品牌知名度和美誉度，也吸引了大量的年轻消费者，为海尔集团的业绩增长和市场拓展带来了积极的效果。

私域运营

一、私域运营的优势

私域运营是指品牌通过建立和管理自己的私域流量和用户关系，实现精细化运营和精准营销的一种策略。私域运营的优势有以下几点。

一是私域流量的获取成本低，可以通过公域流量的引流、口碑传播、社交分享等方式获得用户关注和参与。

二是私域流量的触达效率高，可以在任意时间、任意频次，直接与用户沟通和互动，提高用户黏性和忠诚度。

三是私域流量的数据资产化，可以通过用户行为分析、用户画像、CRM（客户关系管理）系统等方式，进行用户分类、标签化、个性化的运营和营销。

二、私域运营的步骤

私域运营的实施步骤大致如下。

第一，确定私域流量的获得渠道，如自有网站、微信公众号、小程序、社群等，根据品牌的定位和目标用户选择合适的载体。

第二，建立用户画像和精细化运营，通过用户注册、问卷调查、数据分析等方式获取用户信息并进行分类，根据用户需求和偏好制定精准的产品推荐和营销策略。

第三，创作优质内容和社群运营，通过原创内容或与KOL（关键意见领袖）合作的方式，提供有价值的内容，建立用户社群，通过线上、线下互动，增加用户黏性和互动性，监测用户反馈和口碑传播，及时调整运营策略。

第四，数据分析和营销优化，建立用户行为分析的数据平台，追踪用户的浏览和购买行为，通过数据分析，找出用户的需求和痛点，制定个性化的营销策略，不断进行 A/B 测试，优化产品推荐和营销活动。

2023 年，有许多企业通过私域运营实现了品牌提升和业绩增长。喜茶私域运营的具体操作如下。

第一，线上、线下多触点引流。喜茶的私域流量主要来自两个方面：线下门店和线上自有流量。

在线下门店引流方面，喜茶拥有近一千家线下门店，是其重要的流量来源之一。喜茶推出了小程序喜茶 GO，用于解决排队问题，也为后期的私域流量积累打下了基础。喜茶还推出了专门为小程序服务的 GO 快销店，这些店往往面积不大，门口的玻璃上和店内到处都是小程序的二维码。每当用户进店，店员就会在旁边提醒，本店只能通过小程序下单。这样一来，通过大量的快销店，喜茶就能够将自己庞大的线下用户群转移到小程序上。此外，在喜茶的体验店里，店员还会对用户进行话术引导，比如排队点单的时候，店员会在一旁提醒用户，如果介意排队，可以使用小程序下单，方便又快捷。

在线上自有流量方面，喜茶利用微信公众号、视频号、抖音、快手等平台发布优质的内容，吸引用户关注和点击，通过二维码、链接等方式，将用户引导至喜茶的私域空间，如微信群、小程序等。喜茶的公众号预估有 185 万人关注，每篇推文阅读量最高达 99 万次。喜茶的视频号有近 300 万人关注，每条视频播放量最高超过 1000 万次。喜茶在抖音的账号有近 500 万人关注，每条视频播放量最高超过 2000 万次。喜茶在快手的账号有近 100 万人关注，每条视频播放量最高超过 100 万次。喜茶的内容主要围绕产品介绍、品牌故事、用户评价、活动推广等主题，展现喜茶的品牌形象和产品特色，吸引用户的兴趣和好奇，引导用户扫码进入小程序，完成转化。

第二，内容运营和用户运营。喜茶在私域空间内，根据用户的需求和兴趣，提供有价值的内容，如产品介绍、案例分享、专家访谈、用户评价等，提升用户的认知和信任，激发用户的购买欲望。

在产品介绍方面，喜茶通过精美的图片、视频、海报等方式，展示自己的产品特点和优势，如新鲜的原料、独特的口味、精致的包装等，让用户对产品有更深的了解和认同。喜茶还会定期推出新品和限定品，增加用户的新鲜感和期待感，吸引用户尝试和购买。

在案例分享方面，喜茶通过分享自己的品牌故事、创始人访谈、成功案例等内容，展现自己的品牌理念和价值观，如创新、品质、服务等，让用户对品牌有更深的感情和信赖。喜茶还会分享一些用户的真实故事，如喜茶如何陪伴用户渡过难关，喜茶如何帮助用户实现梦想等，让用户对品牌有更强的归属感和认同感。

在专家访谈方面，喜茶通过邀请一些行业专家、知名人士、意见领袖等，进行专业的访谈和分享，从不同的角度和层面解读喜茶的产品和品牌，增加用户的知识和见识，提升用户的信心和认同感。喜茶还会邀请一些明星、网红、KOL等，进行互动和推荐，借助他们的影响力和人气，扩大品牌的知名度和口碑，吸引更多的用户和粉丝。

在用户评价方面，喜茶通过收集和展示用户的真实评价和反馈，展现自己产品和服务的优质和受欢迎，增加用户的信任和满意度，促进用户的复购和推荐。喜茶还会及时回复和处理用户的问题和建议，进一步提升转化率。

第三，营销转化和用户裂变。喜茶通过设置多种营销方式，如限时优惠、团购、抽奖、赠送、邀请好友、发展和管理分销商等，促进用户从私域空间转化至喜茶的交易平台，完成购买行为。同时，喜茶还通过社交分享、口碑传播、联名合作等方式实现用户的裂变和增长。

在限时优惠方面，喜茶会定期推出一些限时优惠活动，如新品打折、满减优惠、会员日等，吸引用户在规定的时间内进行消费，提升用户的购买频次和金额。

在团购方面，喜茶会在小程序上开设"一起喝"功能，让用户可以和附近的其他用户拼单，享受更低的价格和更快的配送。这样既降低了喜茶的配送成本，又让用户感受到社交的乐趣和实惠。

在抽奖方面，喜茶会在小程序上开设"阿喜团餐"功能，让用户可以和好友一起参与抽奖，赢取免费的茶饮或者其他礼品。这样既增加了用户的参与度和互动度，又提高了用户的忠诚度和满意度。

在赠送方面，喜茶会在小程序上开设"赠送好友"功能，让用户可以将自己购买的茶饮或者优惠券赠送给好友，让好友也能体验喜茶的产品和服务。这样既增加了用户的分享意愿和好感，又扩大了喜茶的用户群和口碑。

在邀请好友方面，喜茶会在小程序上开设"邀请好友"功能，让用户可以邀请好友注册成为喜茶会员，双方都能获得一定的积分或者优惠券。这样既激励了用户进行社交分享，又增加了喜茶的新用户和老用户的活跃度。

在发展和管理分销商方面，喜茶会在小程序上开设"邀请有礼"功能，让用户可以成为喜茶的分销商，通过分享喜茶的产品和服务，获得一定的佣金和奖励。这样既给用户提供了一个赚钱的机会，又增加了喜茶的销售额和品牌影响力。

在激发社交分享方面，喜茶会在小程序上开设"喜茶百货"功能，让用户可以购买喜茶的周边产品，如杯子、衣服、包等，展现自己的品位和个性。喜茶还会鼓励用户在微信、抖音、小红书等平台上分享自己的喜茶体验，晒出自己的喜茶照片或者视频，增加喜茶的社交话题度和曝光度。

在口碑传播方面，喜茶会在小程序上开设"喜茶评价"功能，让用户可以对自己购买的茶饮或者周边产品进行评价和反馈，展现自己的真实感受和建议。喜茶还会及时回复和处理用户的问题和建议，提升用户的信任和满意度，促进用户的复购和推荐。

在联名合作方面，喜茶会与一些知名的品牌或者人物进行跨界联名合作，打造出一些独特的产品和活动，提升喜茶的高端形象和社交话题度，吸引更多的用户和粉丝。

第四，数据分析和营销优化。喜茶通过建立用户行为分析的数据平台，追踪用户的浏览和购买行为，通过数据分析，找出用户的需求和痛点，制定个性化的营销策略，不断进行 A/B 测试，优化产品推荐和营销活动。

在数据分析方面，喜茶通过 SCRM（社会关系管理）系统，对用户进行数据采集和标签化，根据用户的基本信息、消费记录、行为轨迹、偏好特征等进行用户分类和画像，形成用户的全景视图。喜茶还通过数据挖掘和分析找出用户的需求和痛点，如用户最喜欢的产品、最关注的问题、最容易流失的原因等，为用户提供更精准的产品和服务。

在优化产品推荐和营销活动方面，喜茶根据数据分析的结果制定个性化的营销策略，如针对不同的用户群体，提供不同的产品推荐、优惠券、活动等，提升用户的购买转化率。[1] 喜茶还通过不断进行 A/B 测试，比较不同营销方案的效果，如不同的产品组合、价格策略、文案设计等，优化产品推荐和营销活动，提高用户的满意度和忠诚度。

---

① 郝大钦. 数字化背景下 A 羽绒服装公司的私域流量运营策略研究 [D]. 杭州：浙江工商大学，2023.

新型直播电商

新型直播电商主要针对消费者的非确定性需求和半确定性需求，通过内容驱动、社群互动、媒体效应等方式提高用户的购物体验和转化率。

一、新型直播电商的特点

第一，品类更加多元和专业。不仅有美妆、服饰、食品等传统领域，还有教育、旅游、文化等新兴领域，涵盖了用户的各种生活场景和兴趣爱好。

第二，平台更加开放和竞争。不仅有淘宝、抖音、快手等专业电商平台，还有微信、微博、B站等社交媒体平台，以及各种垂直领域的平台，形成了一个多元化的生态系统。

第三，主播更加多样和个性化。不仅有职业主播、网红、明星等，还有商家、专家、普通人等，他们可以利用自身的资源和影响力为用户提供更高质量和更有价值的直播内容。

第四，用户更加成熟和理性。他们不仅是为了满足娱乐、好奇、社交等需求，还是为了获取信息、学习知识、享受服务等目的，他们对直播内容的要求和期待也更高。

第五，市场更加规范。随着市场乱象的出现，政府相继出台了多项管理办法和监管措施，打击虚假营销、刷单、售假等行为，保护消费者权益，促进行业健康发展。

第六，头部主播马太效应持续加强。头部主播由于拥有巨大的流量和影响力，所以能够为品牌带来高额的销售额和曝光度，处于强者恒强的地位。腰部主播则需要接受品牌的 ROI（投资回报率）考验，市场竞争激烈。尾部主播则进入标准化作业阶段，依靠直播基地和 MCN（多频道网络）机构提供的一站式服务。

第七，为用户提供高质量的内容。直播内容的质量和创新性将成为吸引用户和提升转化的关键因素。直播的内容可以丰富多彩，比如涵盖了英语、文学、历史、心理等知识，以及诗歌、故事、歌曲等形式，满足了用户的多样化和个性化的需求。

第八，"播品牌"层出不穷。越来越多的品牌和主播意识到直播可以打造自己的品牌，从简单的带货到带品牌，不仅考验主播的营销能力和粉丝运营能力，更需要从供应链、品牌建设、生产制造等方面进行整合，解决消费者的需求。

第九，直播电商与虚拟技术的结合。随着虚拟技术的不断创新，直播电商将能够提供更加沉浸式的体验，让消费者能够在线上试装、虚拟逛街等，增加消费者的信任度和购买意愿。

第十，直播电商与社交电商的结合。随着社交电商的兴起，直播电商也将更加注重社群的建设，利用社交平台和工具来增强与消费者的互动和黏性，形成口碑传播和裂变效应。

二、新型直播电商的挑战

第一，技术挑战。直播电商依赖于强大的技术支持。企业需要投资高质量的直播设备和稳定的网络环境，以确保直播过程中的流畅体验。此外，随着技术的不断进步，企业还需要不断更新其技术设备和软件，以跟上行业的发展。

第二，监管挑战。随着直播电商的兴起，政府对这一领域的监管也日益严格。企业需要遵守相关法律法规，防止出现违规操作，如虚假宣传、价格欺诈等。同时，企业还需要关注政策的变化，以免因不了解最新规定而受到处罚。

第三，市场竞争挑战。直播电商市场的竞争日益激烈。企业不仅要与同行业的竞争者抗衡，还要面对来自不同行业的新进入者的挑战。为了在竞争中脱颖而出，企业需要创新营销策略，提供独特的用户体验，并建立自己的品牌优势。

第四，消费者行为挑战。消费者的购买行为和偏好不断变化，这对直播电商的内容制作和产品推广提出了更高要求。企业需要深入了解目标消费者，精准定位市场，同时不断创新，以吸引和保持消费者的兴趣。

第五，供应链挑战。直播电商的供应链管理是一个重要挑战。企业需要确保产品从生产到最终销售的每一个环节都能高效运作。此外，直播电商的即时性要求企业能够快速响应市场变化，及时调整供应链策略。

三、新型直播电商的对策

第一，技术革新与升级。企业应投资高清晰度摄像设备、稳定的网络传输系统以及高效的数据处理软件。同时，随着5G、AI等技术的发展，企业应积极探索如何将这些新技术应用于直播电商，提升直播体验和效率。

第二，多元化内容生产。内容是吸引观众的关键。企业应建立专业的内容团队，制作多样化的直播内容，包括产品介绍、互动游戏、用户教育等，以满足不同观众的需求。同时，企业可以利用大数据分析观众的行为和偏好，定制个性化的直播内容。

第三，主播培养与管理。主播是直播电商的灵魂。企业应建立系统的主播培养计划，提升主播的专业能力和互动技巧。同时，企业还需要对主播进行有效管理，确保其形象和言行符合品牌定位。

第四，强化用户互动。企业应在直播中设置互动环节，如问答、投票、抽奖等，增加观众的参与感和忠诚度。此外，企业还可以通过社交媒体等渠道，延伸直播前后的用户互动，形成良好的用户关系。

第五，精准营销与个性化推荐。利用用户数据进行精准营销，是提升转化率的关键。企业应收集用户的观看历史、购买记录等数据，通过算法分析用户的喜好，提供个性化的产品推荐和促销信息。

第六，供应链优化。直播电商的即时性要求企业具有快速响应市场变化的能力。企业应优化供应链管理，确保产品从生产到用户手中的每一环节都高效顺畅。同时，企业还需要建立灵活的库存管理系统，减少库存成本，提高供应链的反应速度。

第七，合规经营与风险控制。随着监管的加强，合规经营成为企业的必修课。企业应密切关注政策动态，建立合规管理体系，避免违规风险。同时，企业还需要建立风险预警和应对机制，确保直播电商活动的安全稳定。

第八，资本运作与品牌合作。资本的支持对于直播电商的发展至关重要。企业可以通过融资、上市等方式，获取资本市场的支持，加大投入，扩大规模。同时，企业还可以与其他品牌合作，共同开展直播活动，实现资源共享和品牌共赢。

第九，持续创新与市场适应。市场环境和消费者需求在不断变化，企业需要持续创新，适应市场变化，包括产品创新、营销策略创新、商业模式创新等。只有不断创新，企业才能在竞争激烈的直播电商市场中保持领先。

第十，品牌建设与形象塑造。品牌是企业的无形资产。企业应通过高质量的直播内容和服务，塑造良好的品牌形象。同时，企业还需要通过公关活动、广告宣传等方式提升品牌知名度和美誉度。[①]

---

① 王紫茜. 冲锋衣热销技术创新满足多元消费需求 [N]. 消费日报，2023-11-28（A02）.

老龄化市场

老龄化市场是指以老年人为主要消费者的市场，包括养老服务、老年用品、老年文化、老年旅游、老年教育、老年金融等多个领域。随着我国人口老龄化的加速，老龄化市场的需求和潜力不断增大，也面临着供给不足、质量不高、创新不足等挑战。国家和社会各界都在积极推动老龄化市场的发展，出台了一系列政策措施，培育了一批优秀的企业和品牌，打造了一些示范性的项目和平台。根据一些机构的预测，到 2030 年，我国老龄化市场的规模将达到 13 万亿元，成为经济社会发展的重要支撑和增长点。

一、老龄化市场的特点

第一，规模庞大，增长迅速。根据《2023 年民政事业发展统计公报》，截至 2023 年年末，我国 60 岁及以上的老龄化人口数量级为 2.97 亿人，占总人口的 21.1%。其中，65 岁及以上的老年人口数量级为 2.17 亿人，占总人口的 15.4%。根据国家卫生健康委的预测，预计到 2035 年左右，我国 60 岁及以上老年人口将破 4 亿人，在总人口中的占比将超过 30%，到 2050 年将达到 5.3 亿人，占总人口的 35.9%。这意味着未来每三个中国人中就有一个是老年人，老年人口的规模和比重将创造出巨大的市场需求。据预测，到 2025 年，我国老龄化市场的规模将达到 10.5 万亿元，到 2030 年将达到 16.8 万亿元，到 2050 年将达到 40.6 万亿元。[1]

第二，需求多样，层次提高。老年人群体的消费需求不仅包括基本的生活用品和服务，还包括更高层次的健康、教育、娱乐、旅游、社交等方面。随着老年人的文化素质、收入水平、健康意识、消费观念等的提高，他们对产品和服务的要求也越来越高，更注重品质、个性、舒适、安全等方面。同时，老年人群体的消费需求也呈现出差异化和细分化的特点，不同的年龄段、性别、地域、教育、收入等因素都会影响他们的消费偏好和行为。

第三，供给不足，创新不足。目前，我国老龄化市场的供给端还存在着不足和

---

[1] 周涵维. 当"助浴车"开进乡村 [J]. 记者观察，2024（4）：38-41.

不平衡的问题，一方面是供给总量不足，不能满足老年人的多方面需求，尤其是在养老服务、健康管理、精神文化等领域，老年人的有效供给和可选择的产品和服务还很有限；另一方面是供给质量不高，不能满足老年人的高层次需求，尤其是在产品设计、服务模式、技术应用等方面，老年人的专业化、个性化、智能化的产品和服务还很缺乏。

第四，机遇巨大，挑战严峻。老龄化市场是一个巨大的蓝海市场，具有广阔的发展空间和潜力，各个行业和领域都有机会从中受益，但也需要不断创新和改进，以适应老年人的多样化和个性化的需求，为他们提供更好的产品和服务，赢得他们的信任和满意。同时，老龄化市场也面临着一些挑战和风险，如人口老龄化对社会经济的影响，老年人的消费能力和意愿的变化，老年人的消费教育和保护的缺失，老年人的消费渠道和方式的限制等。

二、老龄化市场的机遇

第一，健康消费。老年人对健康的需求是最基本和最迫切的，他们需要更多的医疗、护理、康复、预防等服务和产品，以保障自己的身体和心理健康。根据贝恩公司的报告，中国香港的老年人每年的健康消费支出约为200亿美元，占总人口的健康消费支出的40%。在中国，老年人的健康消费支出也呈现出快速增长的趋势，预计到2025年，老年人的医疗支出将达到1.8万亿元，占总人口的医疗支出的30%。因此，医疗、护理、康复、预防等领域都有巨大的市场空间和发展潜力，需要提供更多的针对老年人的专业化、个性化、便捷化的服务和产品，如老年医学、老年护理、老年康复、老年保险、老年健康管理等。

第二，精神消费。老年人除了对健康的需求外，还有对精神层面的需求，如娱乐、教育、社交、旅游等，以丰富自己的生活，提高自己的幸福感。根据中国老龄科学研究中心的调查，老年人的精神消费支出占其总消费支出的比重已经超过了50%。在这方面，需要提供更多的符合老年人兴趣和喜好的产品和服务，如老年教育、老年娱乐、老年社交、老年旅游等。

第三，产品消费。老年人对日常生活用品的需求也不容忽视，他们需要更多的适合自己的产品，如服装、鞋帽、家居、电器、食品等，以提高自己的生活质量和舒适度。在这方面，需要提供更多的专为老年人设计的产品，如老年服装、老年鞋帽、老年家居、老年电器、老年食品等，以满足他们的功能性、舒适性、安全性等需求。

老龄化市场潜力巨大，很多行业都有机会从中受益，但也需要不断创新和改进，以适应老年人的多样化和个性化的需求，为他们提供更好的产品和服务，从而赢得他们的信任和满意。

三、老龄化市场的挑战

老龄化市场的挑战主要有以下几个方面。

第一，资源配置的不平衡。老龄化市场的需求是多元化和个性化的，涉及医疗、养老、教育、旅游、文化、金融等多个领域。然而，目前的资源配置并不能满足老年人的多样化需求，存在着供需不匹配、质量不高、价格不合理等问题。例如，老年人对于医疗和养老服务的需求远大于供给，导致了服务的不足和不便。老年人对于教育和文化活动的需求也没有得到充分的满足，导致了老年人的知识更新和精神生活的贫乏。老年人对于旅游和金融产品的需求也没有得到合理的定价和保障，导致了老年人的消费能力和财富管理的困难。

第二，创新能力的不足。老龄化市场的发展需要不断创新和改革，以适应老年人的变化和需求。然而，目前的创新能力还不够强，存在着思维定式、观念落后、技术滞后等问题。例如，老年人的消费观念和行为模式与年轻人有所不同，需要更加注重品质、安全、舒适和便利等方面。然而，很多企业和机构还没有充分了解和尊重老年人的消费心理和需求，没有提供符合老年人特点和喜好的产品和服务。老年人的学习能力和适应能力也与年轻人有所差异，需要更加注重互动、体验和实用等方面。然而，很多教育和文化机构还没有充分利用和发展老年人的学习资源和渠道，没有提供符合老年人水平和兴趣的课程和活动。老年人的健康状况和风险意识也与年轻人有所不同，需要更加注重预防、保障和管理等方面。然而，很多医疗和金融机构还没有充分运用和创新老年人的健康和财富的技术和模式，没有提供符合老年人需求和期望的服务和产品。

第三，社会环境的不友好。老龄化市场的发展需要一个包容和尊重老年人的社会环境，以保障老年人的权益和尊严。然而，目前的社会环境还存在着对老年人的歧视和冷漠，影响了老年人的社会参与和生活质量。例如，老年人在就业、消费、出行等方面经常遭遇到不公平和不便的待遇，导致了老年人的自尊和自信的受损。老年人在家庭、社区、网络等方面经常有孤独和无助的感受，导致了老年人的心理和情感的失衡。老年人在法律、政策、制度等方面经常遭遇到不完善和不适应的情况，导致了老年人的权益和利益的受损。

老龄化市场的挑战是多方面的，需要各个层面的协调和配合来解决。为了应对老龄化市场的挑战，企业、社会需要做到以下几点。

第一，加强资源配置的优化和整合。相关企业需要根据老年人的需求和特点，合理地配置和整合各种资源，提高资源的利用效率和满意度。相关企业需要建立一个以老年人为中心的服务体系，涵盖医疗、养老、教育、旅游、文化、金融等各个领域，形成一个覆盖老年人全生命周期的服务网络。相关企业需要建立一个以老年人为主体的市场机制，鼓励和引导老年人参与市场的供给和需求，形成一个充满活力和竞争力的市场环境。

第二，加强创新能力的培育和提升。相关企业需要根据老年人的变化和需求，不断地创新和改革，以提高创新的质量和效果。相关企业需要建立一个以老年人为导向的创新体系，激发和支持老年人的创新意识和创新能力，形成一个充满创造力和创造价值的创新文化。相关企业需要建立一个以老年人为对象的创新平台，利用和发展老年人的创新资源和创新渠道，形成一个充满创新机会和创新成果的创新空间。

第三，加强社会环境的改善和优化。社会需要根据老年人的权益和尊严，不断地改善和优化社会环境，以提高社会的包容度和尊重度。社会需要建立一个以老年人为重点的社会保障体系，保障和维护老年人的基本权利和合法利益，形成一个公平和正义的社会秩序。社会需要建立一个以老年人为参与者的社会治理体系，鼓励和支持老年人参与社会的建设和发展，形成一个和谐和有序的社会氛围。

例如，百度小度是一个智能屏产品，主要面向家庭用户，特别是老年人和儿童，提供语音交互、视频通话、娱乐教育等功能，满足用户的信息获取、社交沟通、生活便利等需求。百度小度的市场定位是"小度在家，陪伴在家"，强调产品的陪伴价值和人工智能的人性化。

百度小度针对老龄化市场，讲述了身在天堂的老杜为了陪伴老伴而请了一天假回到人间的感人故事。这部微电影《老杜》用幽默和温情的方式展现了老年人的陪伴需求和小度智能屏产品的功能，引发了众多的关注和共鸣，也传递其"小度在家，陪伴在家"的品牌理念。

《老杜》选择了国庆期间在 B 站首发，利用 B 站的弹幕文化和社区氛围，吸引了大量的观看和互动。同时，通过微信视频号、微博、抖音、小红书等平台进行分发和推广，形成了自然的口碑传播和破圈效应。此外，还邀请了微博CEO、各种大V，以及歌手等进行转发和点赞，提高了曝光度和影响力。

《老杜》在各个平台的播放量和评论量都非常可观。B站的播放量已经超过了1000万次，微博的播放量也达到了600万次，视频号的播放量也超过了300万次，抖音和小红书的播放量也有数百万次。评论区的反馈也非常热烈和正面，很多网友表示被感动，赞扬了百度小度的创意和品牌，甚至有人表示要购买百度小度智能屏产品。同时，《老杜》还获得了"2023金投赏商业创意奖"的多个奖项，得到了业界的认可和赞誉。

第四章

数字化转型热点综述

数字化业务增长

数字化业务是指利用数字技术和数据驱动的方法，为客户提供新的或改进的产品、服务和体验的业务。数字化业务的增长是许多企业转型和创新的重要方向，也是应对市场变化和竞争压力的有效途径。

2023—2024年，我国不同的行业和领域在数字化业务的增长上有不同的表现和特点，如制造业数字化业务的增长主要体现在网络化、数字化和智能化的特征上，通过数字化技术提升生产效率、质量和创新能力，实现产业升级和转型。零售业数字化业务的增长主要体现在营销数字化、运营数字化和互联网融通的特征上，通过数字化技术优化客户体验、提升销售效果和拓展渠道，实现业务模式的创新和变革。公共服务业数字化业务的增长主要体现在客户体验数字化、管理运营数字化和商业模式数字化的特征上，通过数字化技术提高服务质量、效率和价值，实现公共服务的普惠和可持续。

一、数字化业务增长的影响因素

数字化业务的增长主要受到以下几个因素的影响。

第一，客户需求和期望的变化。随着数字技术的普及和发展，客户对于产品和服务的质量、效率和个性化的要求越来越高，同时也希望能够随时随地、跨平台、跨渠道地享受数字化的体验。这促使企业不断创新和优化自己的数字化业务，以满足和超越客户的需求和期望。

第二，技术创新和演进的推动。数字技术如云计算、人工智能、物联网、区块链等，不断提供新的功能和能力，为数字化业务的创造和改进提供了强大的支持和保障。同时，数字技术也带来了新的商业模式和价值创造方式，为数字化业务的增长开辟了新的空间和机会。

第三，竞争环境和市场变化的激励。在数字化浪潮的冲击下，许多传统的行业和企业面临着颠覆性的挑战和威胁，必须通过数字化转型来提升自身的竞争力和适应力，否则就可能被淘汰或落后。同时，数字化也带来了新的竞争者和合作伙伴，为数字化业务的增长提供了更多的动力和资源。

二、数字化业务增长所需要的基本能力

数字化是利用数字技术和数据驱动的方法，为客户提供新的或改进的产品、服务和体验的过程。基于数字化实现业务增长，需要企业有以下几个方面的能力。

第一，数字化创新能力。这是指企业能够利用数字技术和数据分析，开发出符合客户需求和市场变化的创新产品、服务和商业模式，从而提升自身的竞争优势和盈利能力。例如，喜茶通过数字化平台和智能设备，实现了线上线下的无缝连接，提供了个性化、便捷和高品质的消费体验。

第二，数字化运营能力。这是指企业能够利用数字技术和数据分析，优化和改进自身的生产、管理和决策流程，提高效率、降低成本和风险，增强韧性和灵活性。例如，阿里巴巴通过数字化技术实现了供应链的智能化、协同化和可视化，提升了物流的速度和质量。

第三，数字化生态能力。这是指企业能够利用数字技术和数据分析构建和参与一个开放、共享和协作的数字化生态系统，拓展、深化与客户、合作伙伴和社会的互动和价值创造。例如，腾讯通过微信、QQ等数字化平台打造了一个涵盖社交、娱乐、支付、教育等多个领域的数字化生态圈，为用户提供了丰富和便利的数字化服务。

又如，企业可利用机器学习找出影响客户支付意愿的关键因素，并据此在产品层面将客户分群。对于偏交易型的小客户，全面分析历史交易数据，以更精细化和动态化的方式设计价格，实现利润最大化。对于交易价值高、产品差异大的大客户，采用价值定价策略，综合考虑速度、质量、服务水平等因素。通过将这种数字化的定价方法与其他增长杠杆和工具相结合，不仅可以直接提升企业业绩，还可以通过转型建立严格、透明且有高管参与的销售业绩评估制度。

三、数字化业务增长的注意事项

第一，明确数字化转型的目标和战略，根据企业的核心竞争力和市场需求制订合理的数字化路线图和实施方案。

第二，建设稳定、高效、安全的云计算平台，实现数据集中管理和灵活扩展。云计算平台是数字化转型的基础设施，可以为企业提供弹性的资源、灵活的服务、丰富的应用和安全的保障。

第三，采用微服务、容器化等先进技术重构 IT 架构，确保系统敏捷性和稳定性。微服务和容器化可以实现系统的解耦和快速迭代，提高开发效率和运维效率，降低系统复杂度和风险。

第四，强化网络安全防护能力，保护企业核心资产不受侵害。网络安全是数字化转型的重要保障，企业应该建立完善的安全体系，采取有效的安全措施，防范各种网络攻击和数据泄露。

第五，培养数字化人才和文化，提升数字化能力和素养。人才和文化是数字化转型的关键因素，企业应该加强数字化人才的培养和引进，提升理解业务和需求的员工的数字化技能和意识，打造数字化的组织和氛围。

第六，善用数字化工具和平台，提升业务效率和创新能力。数字化工具和平台是数字化转型的重要支撑，企业应该根据业务需求，选择合适的数字化工具和平台，实现业务流程的优化和自动化，提升业务效率和创新能力。

第七，搭建数字化生态和合作，拓展数字化价值和影响。数字化生态和合作是数字化转型的重要延伸，企业应该与上下游合作伙伴、同行竞争者、跨行业领域等构建数字化生态和合作，实现数据的共享和价值的放大，拓展数字化价值和影响。

数字化产品开发

数字化产品开发是一种利用数据和数字技术的力量为用户提供创新和优化的解决方案的设计活动。数字化产品开发涉及多个领域，如工程、软件、商业、艺术等，以及多种工具，如计算机辅助设计、云服务、人工智能、虚拟现实、机器人等。数字化产品开发的目标是创造出具有高价值、高体验、高可持续性的数字化产品和服务。

一、数字化产品开发的优点

第一，提高效率和质量。数字化产品开发可以利用各种数字工具和方法，如敏捷开发、云计算、人工智能、大数据等，实现快速的原型设计、测试、迭代和发布，缩短产品上市时间，降低开发成本，提高产品性能和用户满意度。

第二，增强创新能力和竞争力。数字化产品开发可以充分利用数据和分析，深入了解用户行为和需求，发现新的商业机会和价值点，设计出更符合市场和用户的产品或服务，打造差异化的竞争优势。

第三，适应市场和用户的变化。数字化产品开发可以实现更高的敏捷性和响应能力，通过持续的数据收集和反馈，及时调整和优化产品或服务的功能和体验，满足市场和用户的动态需求，增强用户忠诚度和品牌声誉。

第四，拓展新的业务模式和渠道。数字化产品开发可以利用数字技术和平台，构建更开放和协作的生态系统，与合作伙伴和用户共享数据和资源，实现更多元和灵活的产品或服务的交付和使用方式，创造新的收入来源和增长点。

总之，数字化产品开发是企业在数字化时代实现转型和发展的重要途径，可以带来效率、创新、适应性和拓展性等方面的好处，为企业赢得市场和用户的认可和信赖。

二、数字化产品开发的特点

第一，数字化产品的开发需要以用户和用户体验为中心，通过数字化渠道和工具，提供更便捷、更个性化、更高质量的产品和服务，提高用户满意度和忠诚度。[1]

第二，数字化产品的开发需要具备敏捷性和创新性，通过敏捷的组织和流程，以及创新的技术和工具，来快速响应和适应市场变化。

第三，数字化产品的开发需要实现组织协同，打破数据孤岛和部门壁垒，建立跨部门的协作机制，实现数据和信息的共享和流通。

第四，利用云计算、人工智能、物联网等先进技术，提高产品的性能、安全性和可扩展性，实现产品的智能化、个性化和服务化。

第五，融入数字化生态系统，与其他产品或服务形成互补和协同，打造更丰富和多元的用户价值。

三、数字化产品开发的趋势

第一，智能化。数字化产品开发应用人工智能、机器学习、大数据等技术，实现产品的智能化功能和交互，提升用户的体验和满意度。例如，智能音箱、智能手表、智能家居等产品都是智能化的典型代表。

---

[1] 肖飞. 数字化背景下市场营销模式创新研究 [J]. 质量与市场，2023（12）：37-39.

第二，个性化。数字化产品开发注重用户的个性化需求和喜好，通过数据分析、用户画像、定制化服务等方式，为用户提供个性化的产品和服务。例如，Memoji 是一种可以根据用户的脸部特征和表情创建个性化的虚拟形象的功能。

第三，可持续化。数字化产品开发关注产品的可持续性和生态友好性，通过节能、减排、循环利用等方式，降低产品的环境影响和资源消耗。例如，Tesla 是一种采用电动汽车和太阳能等可再生能源实现低碳出行的产品。

第四，跨界化。数字化产品开发打破传统的行业和领域的界限，通过跨界的合作和创新，实现产品的多元化和创新化。例如，GUCCI 与虚拟形象科技公司 Genies 合作，为用户提供虚拟的奢侈品穿搭和购买服务。

四、数字化产品开发的挑战

数字化产品开发的挑战是多方面的，需要企业有明确的产品战略，有管理能力和创新能力，有跨学科技术的支撑，有人才和安全的保障。只有克服这些挑战，才能实现数字化产品开发的成功。

第一，技术的快速变化和迭代。随着 AI、大数据、云计算等技术的不断发展和应用，数字化产品开发需要不断学习和适应新的工具和技术，保持对行业趋势的敏感性，以满足不断变化的市场需求和用户期待。

第二，用户的多样化和个性化需求。数字化产品开发需要更好地理解和满足用户的多样化和个性化需求，通过数据分析、用户画像、定制化服务等方式，为用户提供更加符合其偏好和场景的产品和服务。[1]

第三，伦理和隐私的保护和平衡。数字化产品开发需要在利用用户数据提升产品体验的同时，保护用户的隐私和数据安全，遵守相关的法律和道德规范，避免造成用户的不信任和反感。

第四，跨学科和跨界的融合和协作。数字化产品开发需要跨学科和跨界的知识和技能，除了传统的编程和设计技能外，还需要对 AI、数据科学、心理学、用户体验（UX）等领域的了解和运用，以及与其他行业和领域的融合和协作。

第五，既懂产品又懂数字化的复合型人才。数字化产品开发需要具备拥有数字化技能和思维的产品人才，这类懂业务、懂需求、懂产品、懂数字化的复合型人才

---

[1] 张倩萌. AOS 烟台公司服务营销策略提升研究 [D]. 济南：山东大学，2023.

供需不平衡，培养和成长周期较长，且容易被同行高薪挖走。

五、数字化产品开发的注意事项

第一，明确目标和用户需求。在开始设计和开发数字化产品之前，要清楚地定义产品的目标、价值、受众和竞争优势。要通过调研、访谈、问卷等方式，深入了解用户的痛点、需求、偏好和行为，以便为他们提供合适的解决方案。

第二，保持沟通和协作。数字化产品开发需要多个团队和角色的参与和配合，如客户、利益相关者、产品经理、设计师、开发者、测试者等。要建立有效的沟通和协作机制，及时分享信息、反馈意见，避免出现误解、冲突和延误。

第三，采用敏捷和迭代的方法。数字化产品开发不是一次性的项目，而是一个持续的过程，需要不断地测试、评估、改进和优化。要采用敏捷和迭代的方法，将产品分解为可交付的小模块，快速地实现原型和最小可行产品，然后根据用户的反馈和数据进行调整和完善。

第四，注重用户体验和交互设计。数字化产品的成功不仅取决于其功能和性能，还取决于其用户体验和交互设计。要从用户的角度出发，设计易用、美观、符合直觉的界面和流程，提高用户的满意度和忠诚度。要遵循一些设计原则和规范，如一致性、简洁性、可用性、可访问性等。

第五，关注稳定性、安全性和性能。数字化产品的质量和可靠性是其核心竞争力之一，要在开发过程中注重稳定性、安全性和性能的保障。要采用合理的技术架构和开发工具，避免出现故障、漏洞、延迟等问题。要进行充分的测试和验证，确保产品在不同的环境和场景下都能正常运行。

第六，适应市场和用户的变化。数字化产品开发是一个动态的过程，要随时关注市场和用户的变化，以及竞争对手的动向，以便及时调整和更新产品的功能和策略。要保持创新和学习的精神，不断地探索新的技术和方法，提升产品的价值和竞争力。

数字化采购

数字化采购是指利用大数据、云计算、人工智能、物联网及区块链等数字技术，改善企业的采购功能，实现采购过程的自动化和智能化，提高采购效率和质量，降低采购成本和风险，创造新的价值和竞争优势。2023—2024年从企业界的实践来看，数字化采购可以实现以下应用场景。①

第一，可预测战略寻源。通过分析历史支出数据，预测采购需求和供应商信息，优化寻源策略和决策，节约采购成本。

第二，自动化采购执行。通过目录化采购，自动化采购订单、发票和付款等流程，提高采购效率，降低管理成本，确保合规性。

第三，前瞻性供应商管理。通过协作网络，发现和评估供应商的可靠性和创新能力，预测供应商风险，实现供应链质量和弹性。

一、数字化采购的特征

数字化采购是一种符合时代发展趋势的采购模式，它可以帮助企业提升采购和供应链管理的水平，实现企业的数字化转型和创新发展。数字化采购的特点体现了采购业务的高效性、数据化、透明性和智能性等。②

第一，高效性。数字化采购可以通过数字化工具和系统，自动化处理采购流程中的各个环节，如需求预测、寻源策略、供应商选择、合同签订、订单执行、发票付款等，大大提高了采购效率和处理速度。数字化采购还可以实现系统集成，从而确保供应商的项目可用性，简化企业和供应商之间的沟通，缩短沟通时间。

第二，数据化。数字化采购将采购业务信息化，将采购过程中产生的大量数据进行采集、分析和挖掘，为企业决策提供数据支持。数字化采购可以建立实时支出管理体系和支出知识库，应用预测分析技术，帮助企业预测采购需求和支出结构，进而定位关键支出，实现可持续降本战略。数字化采购还可以通过可视化管理仪表盘，直观展现采购洞察和建议，简化领导层的决策制定过程。

第三，透明性。数字化采购可以实现采购流程的透明化，包括供应商的信息公开、采购流程的公开和可追溯等，提高采购的公正性和透明度。数字化采购还可以通过区块链技术，实现供应链的全程可视化和溯源，有效管理风险和确保合规性。

第四，智能性。数字化采购可以通过应用人工智能、物联网、机器人流程自动化和协作网络等技术，打造可预测战略寻源、自动化采购执行和前瞻性供应商管理。数字化采购可以应用认知计算和人工智能技术，评估和预测供应商的可靠性和

---

① 陈琦，漆丽. 智能化技术在机电设备采购中的应用研究 [J]. 中国招标，2023（10）：116-118.
② 采购的未来——数字化颠覆传统采购模式 [J]. 经理人，2017（12）：16-17.

创新能力，预测供应商谈判的场景和结果，分析并推荐最优供应商和签约价格，自动识别合规且适用的合同条款，实现智能和高效的供应商协作。数字化采购还可以应用智能合约和供应链金融技术，自动执行合同条款和触发付款，实现按需融资，提高资金利用率。

二、数字化采购的好处

第一，提高采购的透明度和可控性，通过数据分析和可视化工具，实时监控采购支出、供应商绩效和市场动态，优化采购决策和策略，提升供应链的整体性能和弹性。

第二，提高采购的协作性和创新性，通过云端协作平台和供应商网络，与供应商建立更紧密和持久的合作关系，共享信息和资源，发现和解决问题，共同创造新的价值和机会。

第三，提高采购的效率和质量，通过流程自动化和智能化，简化和标准化采购流程，减少人工干预和错误，缩短采购周期和交货时间，提升采购员的工作满意度和能力。

第四，降低采购的成本和风险，通过智能合约和区块链技术，实现安全和高效的采购交易和付款，降低合同违约和欺诈的风险，同时利用供应链金融和动态定价等手段实现按需融资和成本节省。

三、数字化采购的趋势

第一，数字化技术的广泛应用。数字化采购将综合利用AI、RPA（机器人流程自动化）、iPaaS（集成平台即服务）、低代码/零代码、物联网等技术，打通系统间壁垒，在促进业务流程优化的基础上，进一步实现采购及供应链流程的自动化与智能化，满足企业在降本增效、服务拓展、数据赋能三方面的需求。数字化技术将帮助企业预测采购需求和支出结构，优化寻源战略和供应商管理，自动执行采购任务和合同条款，提供可视化的洞察和建议，提升供应链的透明度和敏捷度。

第二，采购服务内容的多元化。越来越多的企业对于采购管理的范围越来越广泛，从传统的原材料采购，拓展到服务类产品、MRO（设备管理与维护）工业品、行政办公用品、后勤类物品的采购，甚至酒店、机票的预定。企业对于全支出管理，全成本分析，全品类规划的要求越来越高。数字化采购将通过目录化采购、品类管理、供应商协作网络等方式，实现差异化的采购服务，满足企业不同品类的采购需求，发现可持续的成本节省。

第三，采购电商的快速发展。新冠疫情以来，线下采购渠道受阻，无接触式采购盛行，供需双方对采购电商的接受程度都有了明显提升。[①]采购电商平台的应用让越来越多的传统企业、中小企业开始意识到数字化采购的价值，将有望推动企业从寻源伊始实施全流程的数字化采购。采购电商将通过提供丰富的商品和服务资源，便捷的交易和支付方式，高效的物流和售后服务，为企业提供一站式的采购解决方案。

第四，供应链金融的创新。数字化采购将通过应用区块链、智能合约等技术，实现供应链金融的安全、高效和透明，为企业提供按需的融资服务，促进资金的高效利用，提高客户对管理工具的黏性。数字化采购将通过构建商业协同网络，聚集海量采购方与供应商，通过供需双方的高效连接形成网络效应，为企业提供更多的金融机会和价值。

第五，数字化采购的标准化和规范化。随着数字化采购的普及和深入，企业对于数字化采购的标准和规范的需求也将不断提升，以保证采购的合规性、安全性和可持续性。数字化采购将通过建立统一的数据标准、流程标准、合同标准、评估标准等，实现采购的标准化和规范化，提高采购的质量和效果，降低采购的风险和成本。

四、数字化采购的实施

企业在实施数字化采购的过程中，需要有计划、有策略、有步骤地进行，充分评估数字化采购的价值和风险，选择合适的数字化采购工具或平台，制订科学的实施方案，落地实施，监督评估，持续优化和升级。

第一步，制定数字化采购的战略规划。企业需要根据自身的采购需求和目标分析自身的采购现状和问题，确定数字化采购的愿景和目标，制定数字化采购的战略规划，包括数字化采购的范围、内容、时间、预算、风险等方面，明确数字化采购的价值主张和关键成功因素。

第二步，选择数字化采购的解决方案。企业需要根据自身的采购特点和业务需

---

① 艾瑞咨询. 中国数字化采购行业研究报告[J]. 艾瑞咨询系列研究报告，2022（6）：36.

求,选择合适的数字化采购解决方案,包括数字化采购的平台、系统、工具、技术等方面,评估数字化采购解决方案的可行性、可靠性、兼容性、安全性等方面,选择最优的数字化采购解决方案的供应商和合作伙伴。

第三步,部署和优化数字化采购的平台和系统。企业需要根据数字化采购的解决方案,部署和优化数字化采购的平台和系统,包括数字化采购的硬件、软件、网络、数据等方面,确保数字化采购的平台和系统的稳定性、可用性、易用性等方面,不断调试和优化数字化采购的平台和系统的功能和性能。

第四步,培训和激励数字化采购的人员。企业需要培训和激励数字化采购的人员,包括采购人员、供应商人员和其他相关人员,提高他们数字化采购的意识和能力,改变他们传统的采购理念和习惯,让他们熟练地掌握和使用数字化采购的平台和系统,提升他们的数字化采购的效率和质量。

第五步,监督和评估数字化采购的效果。企业需要监督和评估数字化采购的效果,包括数字化采购的成本、效率、质量、风险、价值等方面,收集和分析数字化采购的数据和反馈,检查和评估数字化采购的实施情况和达成情况,总结和分享数字化采购的经验和教训,持续改进和优化数字化采购的过程和结果。

五、数字化采购的注意事项

第一,培训和激励数字化采购的人员。企业需要提高采购人员的数字化素养和能力,让他们掌握必要的数字化技能和知识,如数据分析、电子商务等,同时建立激励机制,鼓励采购人员积极参与和推动数字化采购的转型。

第二,优化和标准化数字化采购的流程。企业需要对采购流程进行优化和标准化,去除冗余和无效的环节,提高采购流程的效率和透明度,同时建立规范和合规的采购政策和制度,确保数字化采购的质量和安全。

第三,加强和拓展数字化采购的协作。企业需要加强与供应商、客户、内部部门等的数字化协作,利用数字化采购平台和网络,实现信息的共享和交流,提升供应链的整体效能和竞争力,同时拓展新的采购渠道和市场,发现新的采购机会和价值。

例如,越秀食品集团是一家拥有百年历史的食品企业,面临着市场竞争、成本压力、风险管控等多重挑战。为了顺应采购业务发展趋势,解决自身业务发展中带来的管理问题,同时响应国家推进企业数字化转型的要求,越秀食品集团创新构建了越智采数字招采平台，实现了采购业务全流程线上化和业务高效协同，助力企业实现降本增效和数据赋能。具体来说，越秀食品集团的数字化采购案例主要包括以下几个方面。①

（1）平台架构。越秀食品集团通过建立四个资源库，围绕三大业务中心，打通两个核心流程循环，构建出"一个数字招采平台+N个租户模式"的越智采"4321"采购体系架构。四个资源库分别是供应商资源库、价格库、品类物料库和评审专家库，实现了数据的统一规范、信息共享和跨企业的信息数据一致性；三大业务中心分别是招采管理中心、合作伙伴中心和采购商城中心，实现了从需求到立项、寻源、合同、订单、供应商管理等环节的全流程线上闭环管理，以及高频低值易耗物资的电商化；两个核心流程循环分别是供应商全生命周期和采购业务全流程，实现了供应商资源的共享、分级应用和全生命周期管理，以及计划、寻源、合同、采购执行与对账结算的全业务流程的系统化和线上管理；一个数字招采平台+N个租户模式是指通过多租户形式实现各业务"共性业务统一管理、个性业务配置化及定制化管理"，匹配业务需要，实现高效增收。②

（2）平台功能。越秀食品集团通过创新开发了多个平台功能，实现了采购业务的流程简化、成本降低、风险合规和数据可视化。例如，通过需求计划管理功能，实现了需求计划的自动汇总、审批和下达，提升了需求计划的准确性和及时性；通过寻源管理功能，实现了寻源方案的自动匹配、评审和确定，提升了寻源效率和质量；通过合同管理功能，实现了合同的自动拟定、签署和执行，提升了合同的合规性和履约性；通过订单管理功能，实现了订单的自动下达、确认和跟踪，提升了订单的响应速度和执行力；通过供应商管理功能，实现了供应商的自动招募、准入、评价和退出，提升了供应商的合作水平和服务质量；通过采购商城功能，实现了高频低值易耗物资的目录化自助下单，提升了采购的便捷性和满意度；通过数据分析功能，实现了采购数据的自动收集、分析和展示，提升了采购的决策支持和价值创造。

（3）平台效果。越秀食品集团通过实施数字化采购，取得了显著的业绩提升和价值增长。例如，通过采购商城功能，实现了高频低值易耗物资的电商化，采购商城交易额占比从2023年的10%提升到2024年的30%，采购成本降低了5%；通过

---

① 郑佳，周扬. 大型国企食品集团采购数字化转型的落地实践[J]. 现代食品，2023, 29（1）: 96-98.
② 郑佳，周扬. 大型国企食品集团采购数字化转型的落地实践[J]. 现代食品，2023, 29（1）: 96-98.

寻源管理功能，实现了寻源方案的智能匹配，寻源效率提升了50%，寻源质量提升了20%；通过数据分析功能，实现了采购数据的智能分析，采购价格波动率降低了10%，采购节约率提升了15%。

数字化供应链

数字化供应链是指利用互联网、物联网、大数据、人工智能等技术对供应链的各个环节进行数字化整合和智能优化，从而提高供应链的效率、透明度、灵活性和可持续性。数字化供应链与传统供应链的区别主要在于以下四个方面。

第一，数据的来源和使用。传统供应链依赖于人工收集和处理的数据，数据量有限，时效性差，易出错；数字化供应链利用各种传感器和设备实时收集和传输的数据，数据量大，时效性好，准确性高。

第二，信息的流动和共享。传统供应链的信息流动存在多个壁垒，信息共享不充分，导致信息孤岛和信息不对称；数字化供应链的信息流动通过云计算和区块链等技术实现无缝连接，信息共享通过平台和生态等模式实现全面开放，消除信息孤岛和信息不对称。

第三，决策的依据和方式。传统供应链的决策依赖于经验和规则，决策方式单一，决策效果难以评估；数字化供应链的决策依赖于数据和算法，决策方式多样，决策效果可量化评估。

第四，运作的模式和效果。传统供应链的运作模式是线性的、静态的、封闭的，运作效果是低效的、不透明的、不灵活的；数字化供应链的运作模式是网状的、动态的、开放的，运作效果是高效的、透明的、灵活的。

一、数字化供应链的特征

数字化供应链的特征包括以下四点。

第一，以客户为中心，以需求为驱动，实现个性化定制和按需供应。

第二，通过平台化、网络化、生态化的模式，实现供应链的横向延伸和纵向互动。

第三，通过数据采集、分析、挖掘和应用，实现供应链的可视化、可预测、可控制和可优化。

第四，通过智能化、自动化、柔性化的手段，实现供应链的快速响应、动态调整和持续改进。

二、数字化供应链的优点

数字化供应链是供应链管理的新趋势和新方向，它可以帮助企业提升供应链的效率、质量和可持续性，实现供应链的数字化转型和升级。数字化供应链对企业有很多好处，主要包括以下三点。

第一，提高供应链的响应能力和灵活性。数字化供应链可以实时收集和分析市场需求、库存状况、生产进度、物流状态等数据，从而快速地调整供应链计划和执行方式，以应对不确定性和变化性的环境。

第二，降低供应链的运营成本和风险。数字化供应链可以通过自动化、智能化和网络化的方式，减少人工干预和错误，提高供应链的效率和准确性，节省人力、物力和时间成本。同时，数字化供应链也可以通过数据分析和预测，识别和规避供应链中的潜在风险，保障供应链的稳定和安全。

第三，增强供应链的协作和创新能力。数字化供应链可以通过建立数字化平台，实现供应链上下游的信息透明化和资源共享，促进供应链各方的沟通和协作，提升供应链的整体价值。同时，数字化供应链也可以通过利用大数据、云计算、人工智能等技术，创造新的供应链模式和业务模式，提升供应链的竞争力和创新力。

三、数字化供应链的注意事项

第一，以客户为中心，关注客户需求和体验。数字化供应链应该以客户为导向，实时感知和响应客户的需求变化，提供个性化和差异化的产品和服务，提升客户忠诚度和满意度。

第二，建立跨部门和跨企业的协作机制。数字化供应链涉及多个部门和多个企业的协作，需要打破信息孤岛，实现数据的共享和流动，提高供应链的协同效率和协调能力。

第三，选择合适的数字化技术和平台。数字化供应链需要借助先进的数字化技术和平台，如物联网、云计算、人工智能、区块链等，来实现供应链的自动化、智能化和可视化。

第四，注重数据的质量和安全。数据是数字化供应链的核心资产，需要保证数据的准确性、完整性和时效性，同时需要防止数据的泄露、篡改和滥用，保护企业和客户的隐私和利益。

第五，增强风险管理和应对能力。数字化供应链面临着市场的不确定性、供应链的中断和网络的攻击等风险，需要建立有效的风险识别、评估和控制机制，以及快速的应急响应和恢复方案。

第六，注重资源投入与投资回报的平衡。数字化供应链的建设和运营需要投入大量的资金和资源，包括技术设备、人才培养、系统维护等。如果成本过高或投资回报不明显，可能导致供应链的负担和浪费。因此，数字化供应链需要进行成本效益分析，合理控制成本和风险，提高投资回报和利润率。

例如，西贝餐饮的数字化供应链案例是一个典型的传统餐饮企业在新冠疫情危机下进行自救和转型的示范，它涉及西贝餐饮在食材采购、中央工厂、分仓配送、门店要货等环节的数字化和智能化改造，以提升供应链的效率、效果和竞争力。以下是这个案例的详细介绍。

（1）食材采购。西贝餐饮利用无代码开发平台，搭建了供应商管理和对账结算系统，实现了供应商信息的自动更新维护、合同审批、发票审核、付款申请等环节的自动化处理，形成了对账结算系统，大大减少了人工操作错误率。西贝餐饮还将无代码开发平台与业务数据库、应用系统和财务系统等进行数据打通，确保数据的准确性和一致性，并通过数据分析功能，对供应商数据进行统计分析，并生成相应的报表。

（2）中央工厂。西贝餐饮利用工业互联网平台，实现了从用户需求到产品设计、生产、物流、服务的全流程数字化管理，打造了一个以用户为中心的智能制造生态系统。西贝餐饮通过智能化的生产线、仓储系统、物流系统、质量检测系统等实现了生产过程的可视化、可控制、可优化，提升了生产效率和质量。西贝餐饮还通过智能化的产品设计、定制、配置等实现了产品的个性化、差异化、多样化，满足了用户的多元化需求。

（3）分仓配送。西贝餐饮利用物联网技术，实现了对分仓的实时监控和管理，通过智能化的温度、湿度、库存等数据采集和分析，保证了食材的新鲜度和安全性。西贝餐饮还利用大数据和人工智能技术，实现了对门店的精准要货和智能配送，通过预测门店的销售和库存情况，动态调整分仓的出库和配送计划，减少了食材的浪费和损耗。

（4）门店要货。西贝餐饮利用移动互联网技术，实现了对门店的线上要货和订单管理，通过智能化的要货系统，实现了门店的一键要货、一键确认、一键收货等功能，提升了门店的要货效率和准确性。西贝餐饮还利用云计算技术，实现了对门店的线上数据汇总和分析，通过数据可视化的报表和图表，实时反馈门店的销售和库存情况，为门店的经营决策提供数据支持。

人机协作

人机协作，或称为人机合作，是指人类与计算机或机器人之间的合作关系。这种合作关系的目的是结合人类的创造力和决策能力与机器的精确性和效率，以实现更高效、更准确的任务完成。人机协作通常涉及数据交换、任务分配、决策制定和协同工作等方面。

在人机协作中，人类和机器各自承担不同的任务。例如，人类负责高级思考和决策制定，而机器负责执行具体的计算和重复性任务。这种合作可以提高生产效率和质量，降低劳动强度和错误率，同时促进智能化生产和创新能力的发挥。人机协作的应用领域非常广泛，包括制造业、医疗保健、农业、交通运输、教育和金融等。

一、人机协作的特征

人机协作的特征主要体现在以下几个方面。

第一，在任务分配方面，任务通常根据人和机器各自的能力和优势来分配，以确保任务能够高效完成。

第二，在数据交换方面，人类和机器之间需要进行数据交换，将各自的信息整合起来，支持决策制定和任务执行。

第三，在协同工作方面，人类和机器之间需要进行协同工作，以便在任务执行过程中相互支持和帮助。

第四，在决策制定方面，人类和机器之间需要进行决策制定，以便在任务执行过程中快速做出决策。

第五，在互补性方面，人机协作强调人的创造力、团队合作、社交技能与机器的速度、精度、可伸缩性和量化能力的互补。

第六，在交互性方面，人机协作中，交互方式趋向自然化，如电子触摸屏、语音识别控制界面等，以促进人机自主交互。

第七，在混合系统方面，人机协作的混合系统整合生物智能与机器智能的优势，创造出更强大的智能形态。

第八，在多人多机协同方面，在多人多机协同工作的环境下，任务会被参与者拆分，需要协调方法和目标函数来调节优化协作者之间存在的冲突。

二、人机协作的优势

人机协作的优势主要包括以下几点。

第一，提高生产效率和质量。机器可以帮助人类完成重复性、高强度、高风险的工作，减少工人的劳动强度和错误率，提高生产效率和产品质量。

第二，减少劳动成本和人力资源。机器可以完成一些简单、重复、低价值的工作，减少人力资源的浪费，降低劳动成本。

第三，提高工作安全性和稳定性。机器可以承担一些高风险、高危险的工作，减少工作场所的事故和伤亡，提高工作的安全性和稳定性。

第四，实现智能化生产。通过人机协作，可以实现智能化生产，使生产过程更加自动化、智能化、数字化，提高生产效率和质量。

第五，促进人类创造力和创新能力的发挥。人类可以通过与机器协作，发挥自己的创造力和创新能力，创造出更多更好的产品和服务，推动社会进步和经济发展。

第六，提高用户体验和服务质量。通过人机协作，可以提高用户体验和服务质量，满足用户的需求和期望，提高用户的满意度和忠诚度。

第七，实现人机共生。人机协作的最终目标是实现人机共生，让机器成为人类的良师益友，为人类带来更多的便利和福利。

三、人机协作的挑战

人机协作虽然带来了许多优势，但也存在一些劣势和挑战，主要包括以下几点。

第一，沟通障碍。人与机器之间的语言和交流方式存在差异，可能导致沟通不畅和误解。

第二，知识和技能不匹配。在某些情况下，机器的能力可能无法完全符合任务需求，或者人类操作者可能缺乏与机器协作所需的技能。

第三，任务分配和协调。确定人和机器各自的职责和如何有效协作可能是一个挑战，需要精心设计和管理。

第四，隐私和安全问题。人机协作系统可能涉及敏感数据的处理，需要确保数据的安全和用户隐私的保护。

第五，学习和发展。随着技术的发展，人类操作者需要不断学习新技能以适应新的人机协作环境。

第六，工作岗位流失。机器替代人类工作岗位可能导致失业问题，尤其是在低技能劳动市场中。

第七，技术依赖。过度依赖机器可能削弱人类的技能和判断能力，特别是在关键决策时。

这些劣势和挑战需要通过持续的技术创新、政策制定、教育培训和伦理考量等来克服。

四、人机协作的发展趋势

人机协同的发展趋势正在向着更加智能化和自然化的方向发展，发展趋势如下。

第一，互补人机协同。随着人机交互关键技术的发展，传统的交互设备如键盘、鼠标正逐渐被更自然的交互方式如电子触摸屏、语音识别控制界面所取代。这些技术的进步促进了人类与机器智能的自然共生人机交互体系。

第二，混合人机协同。智能机器与各类智能终端已经成为人类的伴随者，未来社会的发展形态将会是人与智能机器的交互与混合。混合人机协同机制整合了生物智能与机器智能的优势，创造出更强大的智能形态。

第三，多人多机协同。在多人多机协同工作的环境下，任务会被参与者拆分，需要协调方法和目标函数来调节优化协作者之间存在的冲突，保证协作者所构成的群体行为具有一致性。这种协同方式有助于解决更加复杂的问题，并实现机器的自主调度功能。

第四，异地协同工作和实时远程控制。未来工作环境中，异地协同工作、实时远程触控机器人，虚拟教育等分布式协同将成为普遍形态，时空距离将大幅度压缩。

五、人机协作的注意事项

在实施人机协作时，需要注意以下几个方面。

第一，安全性。确保人机协作环境的安全性，避免机器操作对人员造成伤害。

第二，沟通。人与机器之间的沟通必须清晰，以确保任务的准确执行。

第三，协调。人机之间的任务分配和协调工作需要精心设计，以提高效率和减少冲突。

第四，培训。操作人员需要接受适当的培训，以熟悉机器的操作和协作流程。

第五，隐私保护。在人机协作过程中，应保护个人和企业的隐私信息，防止数据泄露。

第六，技术更新。随着技术的发展，定期更新和维护机器设备，确保协作的顺畅进行。

第七，法律法规。遵守相关法律法规，确保人机协作符合伦理和法律标准。

前中后台流程数字化

前中后台流程数字化是指将企业的业务、数据和运营等各个环节通过数字化技术和平台进行整合、优化和创新，实现业务效率、客户体验和商业价值的提升。前中后台流程数字化涉及以下几个方面。

（1）前台。其是用户与系统交互的接触点，主要面向客户和终端销售者，实现营销推广和交易转换。前台需要提供个性化、场景化和智能化的服务，满足用户的多样化需求。

（2）中台。其是连接前台和后台的桥梁，主要面向运营人员，完成运营支撑和数据智能。中台需要提供通用能力和核心能力的复用，实现业务的快速响应和创新。

（3）后台。其是支撑前台和中台的基础，主要面向后台管理人员，实现流程审核、内部管理和后勤支撑，比如采购、人力、财务和 OA（办公自动化）等系统。后台需要提供稳定、高效和安全的服务，保障业务的正常运行。

前中后台流程数字化的目标是打造一个高效、灵活和智能的企业运营体系，实现业务、数据和流程的融合，提升企业的竞争力和价值。

一、前中后台流程数字化步骤

前中后台流程数字化的实现方法可能因不同的企业和行业而有所差异，但一般来说，可以遵循以下几个步骤。

第一步，分析当前的业务流程，找出痛点和改进空间，明确数字化的目标和需求。

第二步，设计数字化的解决方案，选择合适的技术和平台，构建前中后台的架构和接口，规划数据的采集、存储、分析和应用。

第三步，实施数字化的项目，按照敏捷的方法，分阶段、分模块地开发、测试和部署数字化的功能和服务，确保质量和效率。

第四步，评估数字化的效果，收集用户和业务的反馈，监控数字化的运行状况，持续优化和迭代数字化的方案。

二、前中后台流程数字化评估

评估前中后台流程数字化的效果是一个复杂而重要的问题，需要从多个维度和指标来进行分析和衡量。一般来说，可以从以下几个方面来评估。

第一，业务效率。通过比较数字化前后的业务流程的时间、成本、人力、资源等消耗，来衡量数字化是否提高了业务的执行效率和响应速度。

第二，客户体验。通过收集和分析客户的反馈、满意度、忠诚度、转化率等数据，来衡量数字化是否提升了客户的体验和价值感知。

第三，商业价值。通过计算数字化的收入、利润、市场份额、竞争优势等指标，来衡量数字化是否增加了企业的商业价值和盈利能力。

第四，数据智能。通过评估数据的质量、完整性、安全性、可用性、可视化等方面，来衡量数字化是否提高了数据的管理和分析能力，以及是否支持了数据驱动的决策和创新。

第五，组织能力。通过考察组织的文化、结构、流程、人才、技术等方面来衡量数字化是否促进了组织的变革和协同，以及是否提高了组织的敏捷性和适应性。

三、前中后台流程数字化的注意事项

在进行前中后台流程数字化时，需要注意如下事项。

第一，需要明确前中后台的职责划分和协作机制，避免业务重复、冲突或缺失，实现前中后台的协同作战。

第二，需要选择合适的数字化技术和平台，根据不同的业务场景和需求，采用微服务、数据中台、云计算、人工智能等技术，构建灵活、高效、智能的数字化解决方案。

第三，需要关注用户体验和数据价值，通过前台的数字化设计，提升用户的满意度和忠诚度，通过中台的数据智能化，实现数据的融合、分析和应用，通过后台的数字化管理，提升内部的效率和质量。

第四，需要持续的创新和迭代，根据市场变化和用户反馈，不断优化和更新数字化流程，实现数字化转型的持续发展。

例如，富滇银行是一家拥有百年历史的地方城市商业银行，面临着区域竞争、息差收窄、风险抵御、产品同质化、人才匮乏等多重挑战。为了实现业务发展的突破和转型，富滇银行制定了"一体两翼"的金融科技战略，即通过对银行核心系统的重建，提升"稳态 IT"能力，同时通过中台建设，打造"敏态 IT"能力，形成了"薄前台、厚中台、敏后台"的技术架构体系。具体来说，富滇银行的前中后台流程数字化主要包括以下几个方面。

（1）前台业务。富滇银行通过构建数字化金融＋数字化生活服务平台，推动"人、货、场"关系的重构，实现业务经营的在线化、客户价值的重构、组织架构的变革等目标。富滇银行基于"App 主阵地＋小程序矩阵＋开放银行生态"的平台模式，提供了一站式的金融服务和生活服务，以满足客户的多元化需求。

（2）中台能力。富滇银行通过整合业务中台，对银行金融能力进行融合，实现了业务能力的复用和标准化，提升了业务创新的效率和质量。富滇银行的业务中台包括了客户中台、产品中台、风控中台、运营中台、数据中台等，为前台业务提供了强大的支撑。

（3）后台运营。富滇银行通过重建核心系统，提升了"稳态 IT"能力，实现了业务流程的自动化和智能化，提高了运营效率和风险管控能力。富滇银行的核心系

统项目群包括了核心业务系统、核心支付系统、核心账务系统、核心清算系统等，为传统金融业务提供了稳定的基础设施。

大模型驱动数字化转型升级

大模型是指具有海量参数和强大智能能力的人工智能模型，它们可以从大数据中学习和生成各种类型的内容，如文本、图像、音频、视频等。大模型的出现，是由于大数据、大算力和人工智能算法的进步共同推动的，它们代表了人工智能的最新发展趋势和水平。

一、大模型驱动数字化转型升级的好处

大模型对于数字化转型升级有着重要的意义和影响，它们可以赋能各行各业，提升生产效率、创新能力和竞争力，推动数字经济和实体经济的深度融合。

首先，大模型可以提高企业的数据利用效率和价值。大模型可以从海量的数据中学习和提取有用的知识和规律，为企业的决策、创新、优化提供支持和依据。大模型也可以生成高质量的数据，为企业的产品、服务、营销、培训等提供内容和素材。

其次，大模型可以提升企业的竞争力和核心能力。大模型可以帮助企业在各个环节和层面实现智能化、自动化、个性化、协同化，提高企业的效率、质量、客户满意度、员工满意度等。大模型也可以帮助企业探索新的商业模式、价值主张、增长点，拓展新的市场、客户、渠道等。

最后，大模型可以促进企业的创新文化和组织变革。大模型可以激发企业的创新思维和实验精神，鼓励企业尝试新的技术、方法、场景、应用等。大模型也可以推动企业的组织结构、流程、制度、人才等进行适应性的调整和优化，形成更加灵活、敏捷、协作、学习的组织。

二、大模型驱动数字化转型升级的挑战

第一，数据挑战。大模型的训练和应用需要大量的数据，而数据的收集、清洗、标注、存储、管理、分析和应用都需要耗费大量的时间和人力，同时也要保证

数据的质量、安全和价值。企业需要构建数据战略，实现数据的统一、高效和智能，打造数据驱动的企业文化和决策机制。

第二，技术挑战。大模型的训练和应用需要高性能的计算资源，而计算资源的获取、分配、优化和管理都需要大量的投资和技术。企业需要构建技术平台，利用云计算、边缘计算、分布式计算等技术，提供大模型的训练、部署、更新和优化的能力，实现大模型的高效运行和持续迭代。

第三，业务挑战。大模型的训练和应用需要与业务场景和需求相匹配，而业务场景和需求的识别、定义、设计和验证都需要大量的创新和协作。企业需要构建业务场景，利用大模型的智能化能力，解决业务问题，提升业务效率，创造业务价值，实现业务模式的创新和变革。

第四，人才挑战。大模型的训练和应用需要具有数据、技术、业务和创新能力的人才，而这类人才的培养、引进、激励和留存都需要大量的策略和机制。企业需要构建人才队伍，培养和引进具有数据、技术、业务和创新能力的人才，搭建人才培训和激励机制，实现人才的成长和发展，实现人才和大模型的协同和共赢。

第五，文化挑战。大模型的训练和应用需要与企业的文化和价值观相契合，而文化和价值观的塑造、传承、变革和监督都需要大量的引导和管理。企业需要构建文化氛围，营造变革与创新的文化氛围，与员工沟通并给予支持，在企业内营造变革与创新的文化氛围，同时关注大模型的数据隐私、数据伦理、数据安全、数据偏见、数据泄露等问题，实现大模型的可持续发展。

三、大模型驱动数字化转型升级的典型应用

大模型的应用场景非常广泛，涵盖了自然语言处理、计算机视觉、语音识别、自动驾驶等领域，以及科技、艺术、商业、教育、医疗等行业。

以下是一些具体的大模型应用场景的例子：在制造业，搭载了大模型的机器人可以帮助工人提升效率，实现智能化、自动化和柔性化的生产；[1]在交通领域，交通管理部门可以利用大模型优化交通流量和路况，提高出行安全和便捷；在药物研发领域，大模型可以帮助企业加速新药研发进程，通过自然语言处理、知识图谱、分子建模等技术，实现高效、创新、个性化的药物设计和发现；在教育领域，大模型

---

[1] 周琳，魏冠宇，汪海月，等. 大模型领域进展不断多场景应用还有多远[N]. 新华每日电讯，2024-1-12（007）.

可以帮助教师和学生提升教学和学习效果，通过自然语言对话、知识问答、内容生成等技术，实现智能化的教学辅助和学习评估；在艺术领域，大模型可以帮助艺术家和爱好者提升创作和欣赏水平，通过图像生成、视频编辑、音频合成等技术，实现多样化的艺术表达和体验。

比如，由云知声智能科技股份有限公司、北京友谊医院共同开发的山海大模型的门诊病历生成系统，利用云知声700亿参数规模的自研"山海"大模型，结合声音信号处理、语音识别、语音合成等全栈式智能语音交互技术，联合研发门诊医患对话场景下的电子病历自动生成系统，实现了诊室复杂环境下的降噪、医患角色区分、信息摘要及病历自动生成等功能，预计可提升医生的电子病历录入效率超过400%，节约单个患者问诊时间超过40%，提升医生门诊效率超过66%。[①]

四、企业基于大模型的数字化转型的关键要素

企业应该全面考虑数据、技术、业务和人才四个方面，构建大模型的能力体系，实现企业的数字化转型和智能化升级。

第一，数据要素。数据是大模型的基础和核心，企业需要构建数据战略，实现数据的采集、存储、管理、分析和应用，提升数据的质量、安全和价值，打造数据驱动的企业文化和决策机制。

第二，技术要素。技术是大模型的支撑和保障，企业需要构建技术平台，利用云计算、边缘计算、分布式计算等技术，提供大模型的训练、部署、更新和优化的能力，实现大模型的高效运行和持续迭代。

第三，业务要素。业务是大模型的应用和创新，企业需要构建业务场景，利用大模型的智能化能力，解决业务问题，提升业务效率，创造业务价值，实现业务模式的创新和变革。

第四，人才要素。人才是大模型的推动和协作，企业需要构建人才队伍，培养和引进具有数据、技术、业务和创新能力的人才，搭建人才培训和激励机制，实现人才的成长和发展，实现人才和大模型的协同和共赢。

---

① 张伟. 场景驱动大模型迭代高速演进[N]. 中国高新技术产业导报，2023-7-3（012）.

五、企业基于大模型驱动数字化转型的步骤

企业应该全面、系统、持续地推进转型，利用大模型的智能化能力，实现企业的数字化转型和业务创新。

第一，明确转型目标和方向。企业需要根据自身的业务需求、市场竞争、客户期望等因素，确定基于大模型的数字化转型的目标和方向，如提升效率、创新产品、优化服务、拓展市场等，同时要考虑大模型的适用性、可行性、成本效益等因素，选择合适的大模型类型、规模、领域和场景。

第二，评估转型现状和能力。企业需要对自身的数字化成熟度、数据资产、技术平台、人才队伍等进行全面的评估，找出转型的优势和劣势，识别转型的机会和风险，制订转型的评估指标和方法，如使用数字化转型评估模型（DTAM）、数据管理能力成熟度评估模型（DCAM）、数字化成熟度评估架构（DMEA）等。

第三，制订转型策略和方案。企业需要根据转型目标和方向、转型现状和能力、转型机会和风险，制订基于大模型的数字化转型的策略和方案，包括转型的愿景、使命、价值、目标、路径、措施、资源、时间等，同时要考虑转型的可持续性、可扩展性、可迭代性等，形成转型的战略地图和执行计划。

第四，实施转型项目和活动。企业需要按照转型策略和方案，实施基于大模型的数字化转型的项目和活动，如数据采集、清洗、标注、存储、分析、应用等，大模型的训练、部署、更新、优化等，业务的改造、创新、拓展等，同时要建立转型的项目管理、风险管理、质量管理、变更管理等，保证转型的顺利进行和有效实施。

第五，监测转型效果和价值。企业需要通过转型的评估指标和方法监测基于大模型的数字化转型的效果和价值，如转型的进度、成本、质量、风险、收益等，同时要收集转型的反馈和建议，如客户的满意度、忠诚度、推荐度等，员工的参与度、满意度、创新度等，利用数据和算法，进行转型的分析和评价，形成转型的报告和总结。

例如，Fanbook是一个支持千万用户高效运营的社区管理平台，它集合即时沟通、语音、直播、AI、商城等功能于一体，并支持权限分组、BOT等管理工具，为品牌、创作者解决传统社区运营难、传播难、变现难的问题。Fanbook的主要特点如下。

（1）通过创建"频道"，把共同兴趣爱好的人，聚在一个安全可信赖的空间。

用户可以根据自己的喜好，选择加入或创建不同的频道，比如游戏、音乐、电影、美食等。每个频道都有一个专属的二维码，用户可以通过扫描二维码，快速邀请其他人加入频道。

（2）"频道主"可根据需要，创建多个频道房间，不仅可以图文交流，还支持多人语音视频。频道房间是频道内的子分组，可以用于不同的主题或活动，比如新闻、讨论、竞赛、直播等。频道主可以设置房间的权限，比如是否允许发言、是否需要审核、是否开启语音视频等。

（3）可以在钉钉、微信、QQ等平台上，快速邀请用户加入Fanbook社区，实现跨平台互动。频道主可以在其他平台上，分享自己的频道或房间的链接或二维码，让用户通过点击或扫描，直接进入Fanbook社区。用户也可以在Fanbook上查看其他平台的内容，比如钉钉的文档、微信的小程序、QQ的音乐等。

（4）可以在Fanbook上，轻松搭建自己的商城，通过售卖商品、服务、会员等，实现社区变现。频道主可以在Fanbook上，创建自己的商城，上传商品或服务的图片、介绍、价格等信息，设置支付方式和物流方式，管理订单和库存等。用户可以在Fanbook上，浏览和购买商品或服务，享受优惠和积分等。

（5）可以在Fanbook上，使用AI技能，比如文生文、文生图、文生表、智能摘要等，提高社区内容的质量和效率。频道主可以在Fanbook上，利用AI技能，生成各类内容，比如文章、海报、表格、摘要等，用于社区的宣传、教育、娱乐等。用户也可以在Fanbook上使用AI技能，获取各类信息，比如问答、翻译、搜索等，用于社区的学习、交流、咨询等。

有很多公司正在使用Fanbook来管理和运营它们的社区，具体如下。

（1）《地铁跑酷》：这是一款经典的跑酷游戏，通过Fanbook建立了一个活跃的游戏社区，让玩家可以在频道内交流技巧、分享创意、参与活动等，从而提高了玩家的黏性和口碑。

（2）《卡拉比丘》：这是一款创新的AI绘画游戏，通过Fanbook创建了一个充满想象力的游戏社区，让玩家可以在频道内使用AI技能生成各种图片，互相借鉴和衍生，形成了一个独特的游戏文化。

（3）6pen：这是一款领先的AI文生图工具，通过Fanbook建立了一个专业的AI艺术家社区，让用户可以在频道内使用AI技能生成各种海报、插画、表格等，互相学习和交流，提高了用户的创作能力和效率。

第五章

生产运营热点综述

未来工厂

未来工厂是一种现代化工厂，它利用数字孪生、人工智能、物联网、工业互联网等新兴技术，实现数据驱动的生产流程再造，以数字化设计、智能化生产、数字化管理、绿色化制造、安全化管控为基础，以网络化协同、个性化定制、服务化延伸等新模式为特征，以企业价值链和核心竞争力提升为目标，引领新智造发展的现代化工厂。未来工厂是智能制造的新阶段，也是制造业向数字化、智能化、绿色化转型的重要方向。[①]

一、未来工厂的特征

一是以数据驱动生产流程再造，通过数字孪生技术，将物理世界与虚拟世界相连接，实现对生产过程的实时监测、预测、优化和控制。

二是以网络化协同为新模式，通过物联网和工业互联网技术实现工厂内部和外部的信息共享和资源整合，打造灵活的生产网络，满足个性化定制和服务化延伸的需求。

三是以智能化为新能力，通过人工智能技术，实现对生产数据的深度分析和智能决策，提升生产效率和质量，降低生产成本和风险。

四是以绿色化为新要求，通过节能减排、循环利用、清洁生产等技术，实现对环境的保护和改善，提升工厂的社会责任和可持续发展。

五是以安全化为新保障，通过安全管理、风险评估、应急预案等技术，实现对工厂的安全防护和应对，保障工厂的稳定运行和人员的健康安全。

二、未来工厂的优势

未来工厂是智能制造的重要载体和创新引擎，它将为我国制造业的转型升级和高质量发展提供强大的动力和支撑。未来工厂的优势主要有以下几点。

第一，提高生产效率和质量。未来工厂利用数字孪生、人工智能、机器人等技

---

① 沈哲韬，刘扬. 未来工厂，如何引领"智造"未来？[N]. 嘉兴日报，2023-7-8（001）.

术,实现生产过程的自动化、智能化、精准化,降低人工干预和误差,提高生产速度和稳定性。

第二,降低生产成本和能耗。未来工厂利用物联网、工业互联网、大数据等技术实现生产资源的优化配置和利用,减少原材料和能源的浪费,降低生产运营和维护的成本。

第三,增强市场竞争力和创新能力。未来工厂利用网络化协同、个性化定制、服务化延伸等模式,实现生产需求的快速响应和满足,提高客户满意度和忠诚度,增加产品附加值和品牌影响力。

第四,改善环境和社会效益。未来工厂利用节能减排、循环利用、清洁生产等技术实现生产过程的绿色化和低碳化,减少对环境的污染和破坏,提高工厂的社会责任和可持续发展。

三、未来工厂的建设

建设一个未来工厂需要遵循以下几个步骤。

第一,明确未来工厂的发展目标和战略定位,根据企业的产品特点、市场需求、竞争优势等因素,确定未来工厂的规模、功能、模式、水平等。

第二,分析未来工厂的关键业务流程和核心技术需求,采用系统工程的方法,对生产设计、生产制造、生产管理、生产服务等环节进行拆解、分析和重塑,确定未来工厂的关键支撑技术和装备。

第三,设计未来工厂的数字化架构和智能化方案,利用数字孪生、人工智能、大数据等新一代信息技术,实现对未来工厂的数字化建模、智能化控制、数据化决策,构建未来工厂的数字化生态组织。

第四,实施未来工厂的建设和运营,按照规划方案,进行未来工厂的基础设施建设、智能装备安装、信息系统集成、业务流程优化等工作,实现未来工厂的高效运行和持续改进。

例如,某"未来工厂"充分利用 5G、AI、边缘计算等先进的数字化技术,结合最先进的生产运营管理实践,通过一整套的 IT 应用系统,如 ERP(企业资源计划)、MES(生产执行系统)、WMS(仓储管理系统)、TMS(运输管理系统)、WCS(仓库控制系统)、IOT(物联网)、QMS(质量管理系统)、SRM(供应商关系管理)等,实现产品和解决方案的有效结合,达到生产设备、生产产品、人员及生产信息化的全面互联互通和自动化、智能化、可视化运作，打造"精益、智能、柔性、物联、绿色"的"未来工厂"新标杆。其打造的数字智能平台承载了智慧计算、智能存储等底层功能，也包揽了智能连接和智能终端等数字化功能与设备，在生产管理、制造协同、物流管理、质量管理等方面打造了牢固的智能数字基础设施。[①]

在设计精益化方面，工厂运用行业首创的全自动服务器主板组装线，实现了从"SMT（表面组装技术）单板生产—单板组装测试—整机装配测试—包装"的自动化生产，单台设备人力消耗降低7倍，人均产出提升5倍，同比减少60%人员作业。

在作业智能化方面，从计划、生产、物流、质量、设备、园区全方位着力，5G的创新技术全方位地融入生产、控制和检测的各个环节。SPI锡膏检测设备、AOI自动光学检测机等专业设备都能通过5G专网接入边缘算力平台，在5G网络的加持之下，智能化的生产线能让几千个零部件在极短时间内快速组合，全方位的AI视觉检测保证了产品品质，为数字世界筑造起了一个坚实有力的算力中枢。单板无人化、自动化率88%，智能制造直通率96%，智能工厂的作业能力达到业界领先水平。值得一提的是，在智能工厂内，约90%的生产设备、机械手、AGV（自动导向车）等都已通过工业物联网平台实现无缝连接，"以机代人"不仅大大降低了工人的劳动强度和操作难度，通过对设备全生命周期状态数据的全面剖析，更能轻松地实现预测性维护，降低生产风险，延长设备寿命。

在制造柔性化方面，支持高度定制化的生产模式，柔性化提升20倍，最大程度地满足客户个性化需求；智能工厂的第一条全自动服务器整机组装线大量地使用"机械臂"，采取无感快速变线。通过5G网络接受着来自云端的统一指令，换线时间从20～30分钟/次降低到0～3分钟/次，换线效率提升7～12倍。

在智能物联方面，5G和AI的结合让设备实现智能感知和思考。400万像素的高清画面可以实时传递到"数字大脑"中，精准地分析出视频画面中潜在的风险，实现设备的异常主动预警、预防性维护等智能化应用，设备稼动率提升15%，实现了60类1500余台设备运行状态的智能监测和零重大设备故障停机率；配合5G巡检机器人，真正构建起全方位无死角的安全防护体系，确保工厂生产流程和资产安全的万无一失。

在绿色低碳方面，基于"1+4"的零碳园区设计理念，践行"双碳"目标。即一个零碳园区操作系统和"源""探""管""服"四大模块，构建园区"双碳"数据

---

① 新华三技术有限公司. 新华三："产业大脑+未来工厂"成就智能制造标杆[J]. 信息化建设，2023（6）：15-16.

底座，覆盖园区全链条服务，园区架设 1 万平方米光伏面板，装机容量可达 1000 千瓦，预计可实现年发电 100 万千瓦时，经济效益约 1600 万元，且年度减少二氧化碳排放量预计可达 990 吨，引领园区绿色变革。

产业大脑

产业大脑是通过加工政府、企业、行业等数据，提炼生成工艺技术、运营管理、行业知识与模型等可重复使用的数字化基本单元，进而汇聚形成的知识中心。针对不同应用场景，运用数字技术和网络，对土地、劳动力、资本、技术等要素进行跨组织、跨区域融合，构建个性化解决方案，更好地助力企业创新变革、产业生态优化、政府精准服务。[①]

产业大脑集成整合智能制造创新中心等平台资源、数据资源，提供一站式智能化转型解决方案，推动智能化改造由"点"向"线"、由企业向行业拓展延伸，构建全产业链智能制造、数字管理的新模式。

产业大脑的建设涉及政府、企业、高校、金融机构等多方主体，需要技术和模式的创新，以及政策和规则的支持。产业大脑可以根据不同的行业和领域，提供不同的应用和服务，如机床产业大脑、医疗产业大脑、数字农业大脑等。产业大脑既是数字经济时代的重要创新，也是产业数字化转型的重要驱动力。

一、产业大脑的特征

第一，以数据资源为核心，综合集成产业链、供应链、资金链、创新链等要素资源，实现资源优化配置和共享利用，促进产业的集聚和升级。

第二，融合企业侧和政府侧，贯通生产端和消费端，既能为企业提供数字化的生产经营管理，也能为政府提供数字化的经济治理手段，实现政策的精准施策和效果评估，促进产业的协同发展和创新驱动。

第三，实现政产学研的科技协同创新，搭建产业知识图谱和智库，高校和研究机构提供行业共性技术和理论指导，企业提供技术应用场景和试验田，政府发挥行

---

① 尹本臻，王宇峰，杨玉玲. 基于产业链生态的产业大脑模式研究 [J]. 信息化建设，2022（10）：22-28.

业公信力和沟通桥梁的作用。

二、产业大脑的优势

产业大脑的优势主要有以下几点。

第一，提升产业决策能力。产业大脑可以通过构建产业评价指标体系，为政府和企业提供量化的数据依据，实现对产业发展态势、趋势、风险、质量的及时分析、引导、调度、管理，帮助政府和企业制定科学合理的产业规划、政策、战略和措施。

第二，提升产业创新能力。产业大脑可以通过构建产业创新图谱，为政府和企业提供多维度的创新资源，实现对产业创新需求、供给、成果、效果的全面梳理、匹配、推荐、评估，帮助政府和企业发现创新机会、激发创新活力、促进创新合作、提高创新效率。

第三，提升产业服务能力。产业大脑可以通过构建产业服务平台，为政府和企业提供精准的服务资源，实现对产业服务需求、供给、质量、效果的动态监测、响应、优化、评价，帮助政府和企业提供更加个性化、专业化、智能化的产业服务，提高产业服务水平和满意度。

三、产业大脑的建设

建设一个产业大脑是一个复杂而系统的工程，它需要多方的参与和协作，以及技术和模式的创新。

第一，明确目标和定位。产业大脑的建设要根据不同的行业和领域，确定其目标和定位，比如要解决什么问题，要服务什么对象，要实现什么功能，要达到什么效果等。这样可以有针对性地规划产业大脑的架构和内容，避免盲目跟风或一刀切。

第二，汇聚数据和资源。产业大脑的建设要依赖大量的数据和资源，包括政府、企业、高校、金融机构等多方的数据和资源。要建立有效的数据共享和交换机制，打破数据孤岛，保障数据的安全和质量，实现数据的价值最大化。

第三，构建技术和平台。产业大脑的建设要运用云计算、大数据、人工智能等新一代信息技术，构建技术和平台，实现对产业发展的数字化分析和智能化调节，形成产业评价指标体系、产业创新图谱、产业服务平台等应用和服务，赋能政府和企业。

第四，推进模式和创新。产业大脑的建设要探索模式和创新，突破行政区域的边界，实现跨区域、跨行业、跨领域的协同和融合，促进产业链和创新链的双向融合，推动数字经济的高质量发展。

四、产业大脑的注意事项

目前各类型的产业大脑，运行中存在的如下一些典型问题。

第一，规划引导和配套支撑政策体系依然较为薄弱。一方面，各地对产业大脑的发展规划还有待完善，各相关主体的发展动能还有待进一步激活；另一方面，各地财政经费紧张，产业大脑建设普遍缺乏明确的财政政策，制约各方积极性。[①]

第二，能够引起各方同频共振的场景依然较为缺乏。各方高频使用的产业大脑应用场景依然较为缺乏，导致产业大脑各参与主体对产业大脑的积极性存在较大差异，制约产业大脑的实际影响力。

第三，企业对数据共享过程中的安全问题较为敏感。企业对未经脱敏的数据实时共享，积极性不高，甚至较为抵触。特别是上市公司的数据披露，需要遵守证券交易所的相关规章制度，产业大脑想要直接获取上市公司的实时经营数据，可行性不强。

第四，产业大脑自身的可持续发展能力仍较为不足。产业大脑后续的可持续发展，要求形成"投入—产出"的良性循环，否则只有投入、没有产出，将会成为建设方的重大负担，也不利于激发运营团队的主观能动性。

因此，建设产业大脑的注意事项具体如下。

第一，系统谋划，分步推进。首先，完善建设规划及配套政策体系。产业大脑的研究与实践总体仍处于发展初期，研究成果还比较缺乏，有效的实践路径也仍需积极探索，一步到位确定产业大脑的顶层设计难度较大。但产业大脑作为一种产业链高效协同平台，后者在数字经济时代的建设需求将长期存在，加快形成产业链高效协同平台的发展规划及配套政策具有重要意义。其次，建立产业大脑的数据标准架构。基于产业链生态的产业大脑架构下，企业大脑主要由链主企业自发建设，汇编语言、数据架构等可能由于服务商不同而存在较大差异。为实现产业大脑与企业

---

① 尹本臻，王宇峰，杨玉玲. 基于产业链生态的产业大脑模式研究[J]. 信息化建设，2022（10）：22-28.

大脑的良性互动，就必须要尽快地明确产业大脑的数据标准架构，为链主企业建设企业大脑提供参考，以便保留与产业大脑互联的数据接口。最后，建立产业大脑的分步推进计划。链主企业建设企业大脑，大都由市场驱动，以应对日趋复杂和快速变化的市场环境，决策响应快、建设周期短；而产业大脑由政府主导，政府的决策周期较长、投资较为谨慎等因素，导致产业大脑的建设周期较长。因此，在明确产业大脑数据标准架构的基础上，鼓励链主企业先行建设企业大脑，逐步接入产业大脑，最终形成基于产业链生态的产业大脑体系。

第二，链主主导，精准服务。一是提高链主企业的参与度。链主企业建设企业大脑不成问题，而在产业大脑建设过程中容易出现参与度不高的问题，甚至主观上并不愿意将自家的企业大脑与产业大脑进行互联互通。为此，要强化规划引导和精准服务，提升链主企业在产业大脑建设和运营过程中的获得感，提升产业大脑对链主企业的实际价值。二是提高链主企业的协同度。一个行业通常存在多个链主企业，链主企业之间存在或多或少的同业竞争和合作问题，推动这些链主企业强化合作，共同支持产业大脑建设，将是产业大脑建设的核心议题之一。为此，一方面要合理规划产业大脑的建设边界，明确产业大脑有所为、有所不为，尽可能地减少链主企业的后顾之忧；另一方面要以强化合作、一致对外为导向，推动链主企业强强联合，以公共的产业大脑为主要依托，协同推动行业大数据的价值化开发利用，提升对外竞争力。[1]

第三，数据脱敏，有序共享。一是加快明确产业大脑的数据边界与标准架构。数字经济时代，数据已经成为企业的核心资产与生产要素。让企业把所有的数据资源汇聚到产业大脑上，企业主观上并不愿意；即使企业愿意把海量的企业数据汇聚到产业大脑上，海量的数据资源也只是冗余在服务器上，对后续运营只是沉重的负担。给产业大脑"减负"势在必行，"减负"的关键在于明确产业大脑的数据边界与标准架构：要加快研究和编制产业大脑的数据归集清单，明确产业大脑的数据标准架构，为企业大脑能够顺利接入相关指标数据奠定基础。二是引导和支持企业建立健全数据脱敏工作体系。数据脱敏，过滤企业生产经营的敏感数据，为各链主企业保留一定的数据隐私，保留各链主企业的差异化竞争优势，是企业安心共享数据的重要基础。要积极引导和鼓励企业在合法合规的基础上，建立健全敏感数据清

---

[1] 尹本臻，王宇峰，杨玉玲. 基于产业链生态的产业大脑模式研究[J]. 信息化建设，2022（10）：22-28.

单，明确责任部门和人员，建立敏感数据的识别和脱敏操作规范，建立数据脱敏的监督机制。支持企业建立企业大脑数据输出的数据脱敏技术支撑体系，强化数据脱敏的技术保障。

第四，挖掘场景，构建生态。一是围绕行业数据价值挖掘，创新产业大脑场景应用。鼓励产业大脑的运营单位，依托产业大脑的数据资源，通过 AI 等新一代信息技术手段整合外部数据资源，开发行业的景气指数、产业链和供应链的安全指数等产品和服务，为产业大脑各相关主体提供借鉴，提高市场主体对产业大脑的吸引力，进而构建行业数据归集与开发利用的良性生态。围绕产业大脑数据资源价值化开发利用，聚焦一批服务产业链高质量发展的服务新业态，构筑协同发展的优良生态。二是围绕参与主体需求痛点，探索产业大脑赋能机制。鼓励产业大脑的运营单位深入参建单位了解需求痛点，如供应链高效对接、低成本采购、物流降本增效等，分析产业大脑的可行赋能路径，开发相关的数字化功能模块，更新到产业大脑系统架构中，并以此为基础，强化产业大脑与参建单位之间的紧密联系。鼓励链主企业把优质资源集成到产业大脑上，特别是低成本、高质量的原材料采购渠道和智慧物流服务等，辐射惠及产业链中小微企业发展。

第五，守住底线，安全运行。一是加强产业大脑网络安全体系建设。产业大脑作为典型关键信息基础设施，应当成为网络安全体系建设的重中之重。要建立健全产业大脑的网络安全审查、关键设备安全检测、网络漏洞管理等重要制度，提升针对高级持续性攻击等网络安全威胁监测、防御、溯源技术能力，全力保障产业大脑网络安全运行。加强处置应对，不断提高监测、预警能力，制订完善的应急处置预案，组织开展防范网络安全事件处置模拟演练，定期开展网络脆弱性评估，着力提升网络安全应急处置能力。二是引导企业加强数据安全体系建设。产业大脑的数据种类极其丰富，数据的采集、存储、流转及使用等已构成一个复杂的数据生态，数据安全已经不再只是网络安全的一部分。要围绕数据的采集、存储、流转及使用全流程来展开数据安全防护工作[1]，引导企业厘清数据责任主体，探索建立"牵头+认责"的数据安全管理体系：牵头者总体负责数据安全治理工作，完善数据标准化管理，实施常态化指导监督等；基于"谁生产、谁拥有、谁负责"的数据认责原则，确定数据安全保护工作的相关各方角色、责任和关系，如数据安全保护过程中的决

---

[1] 尹本臻，王宇峰，杨玉玲. 基于产业链生态的产业大脑模式研究[J]. 信息化建设，2022（10）：22-28.

策、执行、解释、汇报、协调等角色和职责。强化数据安全风险应急处置演练，不断发现、分析、研判可疑的数据安全事件，并积极响应、快速处置，推动数据安全的保护工作不断进行改进。三是大力培育网络安全和数据安全支撑力量。依托重点高校院所，大力发展应用网络安全和数据安全先进适用技术，大力培育网络安全和数据安全人才。强化网络安全和数据安全人才领域校企合作、产教融合，组织实施大学生网络空间安全和数据安全精英赛等活动，搭建大学生网安技能演练展示平台，提升网络安全和数据安全实战能力。建设网络安全和数据安全产业园区，培育具有国际竞争力的网络安全和数据安全领军企业，提升网络安全和数据安全技术水平和供给能力。

第六，营造氛围，深化影响。一是定期组织产业大脑品牌活动。依托世界互联网大会等高端会议活动，增设产业大脑专题论坛，邀请各界专家为产业大脑实践出谋划策。依托产业大脑建设和运营单位，组织实施产业大脑系列"巡演"和沙龙活动，交流产业大脑建设和运营的先进经验。组织开展产业大脑进企业系列活动，定期向行业企业展示产业大脑的建设成效、主要产品和服务，挖掘产业大脑与行业企业可能的结合点，并同步持续完善产业大脑的产品和服务。二是强化产业大脑的宣传推广。充分利用微信、微博、抖音等新媒体、新渠道、新方式，以及电视、报纸、广播等传统媒体，加强产业大脑的宣传报道，深化产业大脑在各界"朋友圈"的影响力。策划专题、深度、系列报道，定期展示产业大脑重点成就，提升在高层次主流媒体上的曝光度，进一步提升产业大脑的社会影响力。[①]

人形机器人

2023世界机器人大会期间，星动纪元、宇树科技、智元机器人等企业对外发布了人形机器人。人形机器人集成了人工智能、高端制造、新材料等先进技术，有望成为继计算机、智能手机、新能源汽车后的颠覆性产品，发展潜力大、应用前景广，是未来产业的新赛道。据国际投资银行高盛预测，到2035年，人形机器人市场规模有望达到1540亿美元。

---

① 尹本臻，王宇峰，杨玉玲. 基于产业链生态的产业大脑模式研究[J]. 信息化建设，2022（10）：22-28.

一、人形机器人的优势

一是人形机器人可以适应人类设计和使用的环境和工具，无须对现有的基础设施和设备进行改造，可以更好地与人类协作和交互。

二是人形机器人可以执行一些人类难以或不愿意完成的任务，如危险、重复、枯燥的工作，可以提高工作效率和安全性。

三是人形机器人可以实现更高的灵活性和机动性，可以在复杂和多变的环境中进行自主导航、避障、平衡等，可以完成一些传统机器人难以实现的动作。

四是人形机器人可以促进人工智能、机械工程、生物科技等多个领域的融合和创新，可以开拓全新的应用场景和服务模式，可以提升人类的生活质量和社会进步。

二、人形机器人的应用场景

第一，特种领域需求。加快人形机器人在特种环境应用，面向恶劣条件、危险场景作业等需求，强化复杂环境下本体控制、快速移动、精确感知等能力，打造特种应用场景下高可靠人形机器人解决方案。面向要地警戒守卫场景，强化人形机器人在复杂地形高机动鲁棒行走能力、态势感知与智能决策能力。面向救援等特殊环境，强化人形机器人本体安全防护能力、复杂任务智慧生成与高精度操作能力，降低作业人员危险性。

第二，制造业典型场景。聚焦3C、汽车等制造业重点领域，提升人形机器人工具操作与任务执行能力，打造人形机器人示范产线和工厂，在典型制造场景实现深度应用。面向结构化生产制造环节，推动人形机器人在装配、转运、检测、维护等工序的应用和推广。面向非结构化生产制造环节，加强人形机器人与设备、人员、环境协作交互能力，支撑柔性化、定制化生产制造。

第三，民生及重点行业。拓展人形机器人在医疗、家政等民生领域服务应用，重点提升人机交互可靠性和安全性，开发具有复杂区域引导、灵活操作、鲁棒行走、多模态人机交互的解决方案，满足生命健康、陪伴护理等高品质生活需求。推动人形机器人在农业、物流等重点行业应用落地，提升人机交互、灵巧抓取、分拣搬运、智能配送等作业能力。[①]

---

① 工业和信息化部. 人形机器人创新发展指导意见[J]. 中小企业管理与科技，2023（21）：10-14.

三、人形机器人的发展

当前，影响我国人形机器人发展的因素包含四大方面——政策助力、资本热捧、产品涌现、技术领跑。

一是政策助力。2023年，工业和信息化部印发《人形机器人创新发展指导意见》，明确了到2027年人形机器人技术创新能力显著提升，形成安全可靠的产业链供应链体系，构建具有国际竞争力的产业生态。除此之外，在《"机器人+"应用行动实施方案》等国家政策，以及《北京市机器人产业创新发展行动方案（2023—2025年）》等地方措施中，亦有明确促进人形机器人发展的规划。①

二是资本热捧。一方面，2023年年末，深圳优必选登陆香港联交所主板，成为"人形机器人第一股"，截至2024年1月5日，股价表现坚挺；另一方面，研究数据显示，截至2023年年末，全国共出现52起面向人形机器人的"风投事件"，其中仅2023年就出现15起，表明该"赛道"得到资本关注。

三是产品涌现。目前在全球共出现三类厂商，即智能网联车企业（智能、导航等技术优势）、机器人企业（专业领域积淀）、互联网企业（资金及算法优势），并已经出现了优必选、达闼科技、小鹏、特斯拉等厂商。在2023年世界机器人大会上，共有超过20款人形机器人产品参展。

四是技术领跑。人形机器人的发展不仅强调最终产品落地，同时各类技术突破亦具有重要价值。《人形机器人技术专利分析报告》显示，截至2023年5月末，我国人形机器人专利的申请量和有效量均位列全球第一，为未来发展奠定了坚实的基础。

虽然人形机器人行业还处于比较早期的发展阶段，但可以非常确定的是，人形机器人的未来要看中国。首先，中国企业持续积累人形机器人的全栈核心技术，是全球为数不多已生产出人形机器人成品的国家之一，在人形机器人市场已经占据了与发达国家基本一致的先发优势。其次，中国的人工智能研究世界第二，STEM（科学、技术、工程和数学）高端人才数量等于发达国家总和。再次，中国拥有世界上规模最大、门类最全、配套最完备的产业链体系，这种优势不仅没有国家能够替代，还会伴随着产业更替日益完善。最后，中国是人形机器人最大的潜在市场之

---

① 唐维."人形机器人的未来要看中国"[N].证券时报，2022-8-23（A08）.

一，中国的年轻一代在技术革新中不断受益，更愿意接受和拥抱前沿技术，拥抱新技术的文化氛围也在无形中减弱人形机器人的商业化阻力，有助于加速迭代优化，形成强大的顶端优势。①

当前，人形机器人技术加速演进，已成为科技竞争的新高地、未来产业的新赛道、经济发展的新引擎。近年来，国内人形机器人技术成果层出不穷，应用场景不断扩展，核心零部件国产化进程不断加快，逐步向更先进、更智能的方向迈进。达闼科技机器人是国产人形机器人云端大脑解决方案先行者，创新性提出"云端机器人"架构（"云脑＋安全网＋机器人"）并成功实现了云端机器人的商业化。软件端，云端大脑通过人工增强、多模态融合 AI 和数字孪生等先进技术，实现智能机器人的自我学习、不断进化与成长。硬件端研发集通信、计算、传感于一体的机器人智能柔性关节。目前达闼科技智能服务机器人已迭代到第二代，具备 41 个柔性执行器且在 Robot GPT 赋能下，在灌篮、跳舞等多个场景展示运用。2023 年 8 月，达闼科技正式发布双足人形机器人"七仙女"，拥有 60 多个智能柔性关节，采用并联驱动结构和高扭矩密度电机爆发力强且接入云端大脑、Robot GPT 等工具，初步实现具身智能。

黑灯工厂

黑灯工厂，也叫智能工厂，因车间内的机器可以自动运作，不需要灯光照明而得名。黑灯工厂是在原有自动化工厂基础上，进一步融入了智能制造技术，对原本繁重、高危、具有一定职业危害的岗位进行机器换人，将生产设备、生产线、车间、物流、仓储等一系列生产有关单元与技术进行有机融合，通过泛在技术把各单元、设备、物料等连接起来，以数据为纽带，形成一个高度协同、数据驱动、自主决策、可靠安全的智能工厂，实现了柔性化、数字化、智能化、安全化生产的目标。②

黑灯工厂的典型特征：产品生产的高度标准化，实现产品质量的稳定性和一致性；产品流程的高度自动化，实现产品生产的连续性和高速性；产品监控的高度智能化，实现产品生产的可视化和可控制性；产品创新的高度模块化，实现产品生产

---

① 工业和信息化部. 人形机器人创新发展指导意见 [J]. 中小企业管理与科技，2023（21）：10-14.
② 李轩，郑练，李济龙，等. 黑灯工厂发展路径探究 [J]. 新技术新工艺，2022（12）：7-17.

的灵活性和多样性。

可以说，黑灯工厂是未来工厂的一种形式，但并不是未来工厂的全部。未来工厂还包括其他类型的工厂，如灯塔工厂、绿色工厂、智慧工厂等，它们都有各自的特点和优势，但都是基于第四次工业革命的技术和理念，追求制造业的高质量发展。

一、黑灯工厂的优势

黑灯工厂的优势主要有以下几点。

一是降低人力成本。黑灯工厂可以实现高度自动化和智能化的生产，减少对人工的依赖，节省人力资源和培训费用。

二是提高生产效率和质量。黑灯工厂可以利用物联网、大数据、人工智能等技术，实现生产过程的实时监控、优化和调整，提高生产速度和精度，降低缺陷率和废品率。

三是实现柔性定制和绿色发展。黑灯工厂可以根据市场需求和客户需求快速调整生产计划和产品设计，实现个性化和定制化的生产，满足多样化和差异化的需求。同时，黑灯工厂也可以减少能源消耗和环境污染，实现节能减排和可持续发展。

二、黑灯工厂的挑战

黑灯工厂虽然有很多优势，但也存在一些缺点和挑战，主要有以下几点。

一是高昂的投入成本。黑灯工厂需要大量的智能机器人、自动化设备、物联网、人工智能等技术，这些技术的研发、采购、维护和更新都需要巨额的资金投入，对于中小企业来说，可能难以承受。

二是技术的不成熟和不稳定。黑灯工厂对技术的依赖程度很高，但技术本身还不够成熟和稳定，可能出现故障、错误、漏洞等问题，影响生产的正常运行和安全。此外，技术的更新换代也很快，需要不断跟进和适应，否则可能面临落后和淘汰的风险。

三是人力资源的流失和培养。黑灯工厂的实施可能导致大量的人力资源流失，尤其是一线的操作工人，这可能引发社会和道德的问题。同时，黑灯工厂也需要一批高素质的技术人才来管理和维护智能系统，这些人才的培养和留用也是一个难题。

四是产品的同质化和创新。黑灯工厂虽然可以实现柔性定制，但也可能导致产品的同质化，缺乏个性和创新。黑灯工厂的生产过程是由机器人按照程序执行的，很难体现人的主观创造性和灵感。而市场和消费者的需求是多样化和变化的，需要不断创新和突破，这是黑灯工厂可能难以满足的。

三、黑灯工厂的建设

黑灯工厂是在自动化工厂的基础上融合应用智能制造技术，将智能装备、智能车间、智能产线等一系列生产单元进行信息感知，对照物理实体构建虚拟数字模型，利用机器人、大数据、云计算、人工智能等技术，实现柔性化、数字化、智能化生产的目标。下面将对黑灯工厂建设提出针对性发展建议。[①]

第一步，系统推进，统筹实施。

一是整体策划，系统实施。

黑灯工厂构建可以分为两种实现路径，一种为先总后分，在工厂设计规划之初就明确建设目标、实现路径与节点建设任务，适用于从零开始在规划阶段的工厂建设；此种建设模式对建设方案有较高的要求，要求着眼于技术迭代、产品提升与市场需求，预期达到高质量、高效益、高柔性、低成本、可持续的生产组织与运营管理目标，此种路径不仅要充分考虑管理优化，更要立足需求进行系统部署，并且需要大量的资金支持，如实践对象属于特殊行业则会缺少借鉴案例，具有一定的挑战性。

二是局部实施，整体改造。

黑灯工厂的另一种实现路径是先分后总，即先对单台设备进行智能化改造，逐步拓展到单个加工单元，延伸到生产线，由生产线过渡到生产车间智能化改造与实施，结合数字化中心建设与工厂层面的信息化集成，逐步实现智能工厂。此种建设模式相对而言更为简单，按照由小到大的建设思路进行建设，后期建设改造多数需要在现有的厂区基础上进行，但在技术实现、整体布局优化等方面存在一定制约，在实践过程中可能会遭遇到管理或组织模式的变更，整体建设周期偏长，投入产出比与预期存在一定差距。

第二步，统标统型，经验固化。

---

① 李轩，郑练，李济龙，等. 黑灯工厂发展路径探究 [J]. 新技术新工艺，2022（12）：7-17.

一是打通壁垒，系统集成。

在黑灯工厂建设过程中，要充分考虑MES（生产执行系统）、ERP（企业资源计划）、CRM（客户关系管理）、PDM（产品数据管理）、WMS（仓储管理系统）、DCS（分布式控制系统）、CAM（计算机辅助制造）等系统间的集成问题，尽量选择高兼容性的系统与底层设备，以便于在建设过程中高效打通数据壁垒，进行数据集成，利于在建设物理实体的同时构建数据模型，实现精准的虚实映射与全面的数据感知，为实现数字孪生奠定数据基础。

二是对标一流，经验固化。

无论是灯塔工厂还是国家部委遴选的智能制造试点示范项目，均可作为高水平的制造业典范进行对标学习，此类企业在数字化建设、模拟仿真、智慧决策、数据互联等方面均有值得借鉴之处，各企业应当系统分析其体系架构、实施路径与核心技术，将其成功经验进行固化，邀请行业专家对经验进一步规范、分析、研判，形成智能制造建设标准，为系统性地开展黑灯工厂建设提供实践指南。

第三步，优化管理，技术赋能。

一是系统梳理，厘清短板。

黑灯工厂的建设与实施作为一个系统工程，是一个反复优化迭代、技术改进提升的过程，在实践过程中，应秉承"不在落后的工艺上搞自动化，不在落后的管理上搞信息化，不在不具备数字化、网络化的基础上搞智能化"的原则，对制约产量、质量、安全等方面的关键要素进行分析，梳理形成瓶颈短板清单，随后将瓶颈短板进一步分解细化为技术，把技术突破作为主要突破口，将技术分类应用到具体场景，逐步强短板补弱项，以技术提升牵引整体制造水平提升。

二是降本增效，机器换人。

随着人工成本的不断提升，企业运营成本也在持续增长，机器换人可以从根本上解决人工成本高、职业危害性、生产效率、质量一致性等问题，已成为企业降本增效的不二法门。同理，在黑灯工厂建设实践中，要真正实现无人化、黑灯化就必须实现机器换人，只有机器人才能做到强连续性、高可靠性、低成本运作，为工厂的产品质量、产量、效益提供长期有效保障。

三是优化管理，技术赋能。

黑灯工厂作为智能制造技术的高度集成体，必须具备高效的组织管理模式，其实践过程就是将生产组织、运营管理、服务保障等流程进行数字映射，通过泛在技术感知底层数据，利用人工智能辅助决策，是一个多学科、跨专业的集成过程，在此过程中，必须有先进的技术作为保障方可实施，只有真正将工作交给机器、感知交给泛在、状态呈现交给数字孪生、运营交给人工智能，黑灯工厂建设方能见成效、出实效。

工业互联网

中国工业互联网是指以工业领域的数据为核心，利用互联网、物联网、云计算、人工智能等技术，实现工业设备、生产过程、产品服务的智能化、网络化、数字化的新型工业模式。中国工业互联网是推动制造业高质量发展的重要引擎，也是实现数字中国建设的重要支撑。

一、工业互联网最新趋势

第一，进化感知。工业互联网将通过边缘计算、计算机视觉、拓展现实交互等技术，实现对工业生产的全方位感知、监控和优化，提高生产效率和质量，降低成本和风险。

第二，高维度认知。工业互联网将通过工业知识图谱、工业机理模型、绿色制造、工业大数据等技术，实现对工业领域的深度认知、分析和决策，提升工业创新能力和竞争力，推动工业绿色发展和转型升级。

第三，智能基础。工业互联网将通过新一代人工智能、工业数字孪生、工业操作系统等技术，实现对工业资源的智能管理和调度，提供工业智能化的基础设施和平台，促进工业生态的协同和共赢。

二、工业互联网应用场景

工业互联网的应用场景是指利用工业互联网的技术和平台，实现工业领域的数字化、网络化、智能化的具体应用。工业互联网的应用场景主要有以下几类。

第一，协同研发设计。利用工业互联网平台，实现产品的数字化设计、仿真分析、远程协作等功能，提高研发效率和质量，缩短研发周期，降低研发成本。例如，华为与宝马合作，利用5G技术，实现了汽车的远程设计和测试。

第二，远程设备操控。利用工业互联网平台，实现对远程或危险区域的设备的实时监控、控制和维护等功能，提高设备的可用性和安全性，降低人力风险和成本。例如，中石油与华为合作，利用5G技术，实现了油田的无人巡检和远程控制。

第三，设备协同作业。利用工业互联网平台，实现对多台设备的协调调度、任务分配、状态同步等功能，提高设备的协作能力和生产效率，降低能耗和排放。例如，三一重工与华为合作，利用5G技术，实现了多台挖掘机的智能协同作业。

第四，柔性生产制造。利用工业互联网平台，实现对生产过程的实时监测、优化和调整等功能，提高生产的灵活性和适应性，满足多样化和个性化的市场需求。例如，海尔与华为合作，利用5G技术，实现了柔性化的定制化生产。

第五，现场辅助装配。利用工业互联网平台，实现对现场装配工作的辅助指导、质量检测、问题反馈等功能，提高装配的准确性和效率，降低人工误差和质量问题。例如，航天科工与华为合作，利用5G技术，实现了火箭的现场辅助装配。

第六，机器视觉质检。利用工业互联网平台，实现对产品的图像采集、识别、分析等功能，提高产品质量检测的速度和精度，降低人工质检的工作量和成本。例如，中兴与华为合作，利用5G技术，实现了手机的机器视觉质检。

第七，设备故障诊断。利用工业互联网平台，实现对设备的状态监测、故障预警、故障定位、故障解决等功能，提高设备的可靠性和维修效率，降低设备的停机损失和维修成本。例如，中车与华为合作，利用5G技术，实现了高铁的设备故障诊断。

第八，厂区智能物流。利用工业互联网平台，实现对厂区内的物料、仓储、运输等环节的智能管理和调度，提高物流的效率和准确性，降低物流的成本和风险。例如，京东与华为合作，利用5G技术，实现了无人仓库和无人配送。

第九，无人智能巡检。利用工业互联网平台，实现对厂区内的设施、环境、安全等方面的无人巡检，提高巡检的覆盖率和频率，降低巡检的人力和成本。例如，国网与华为合作，利用5G技术，实现了变电站的无人智能巡检。

第十，生产智能监测。利用工业互联网平台，实现对生产过程的全面监测、分析和优化，提高生产的效率和质量，降低生产的能耗和排放。例如，宝钢与华为合作，利用5G技术，实现了炼钢的生产智能监测。

三、工业互联网的建设

中国制造业企业拥抱工业互联网，主要有以下几个方面。

一是提高数字化转型的意识和决心。制造业企业要认识到工业互联网的重要性和必要性，将其作为提升竞争力和创新能力的战略选择，将其纳入企业的发展规划和目标，制订明确的数字化转型路线图和实施方案，加大投入和推进力度。

二是加强设备的数字化改造和互联互通。制造业企业要利用工业互联网平台，实现对生产设备的智能化升级和网络化接入，打通企业内部、上下游企业之间、跨领域的数据通道，实现数据的采集、传输、存储、分析和应用，提高数据的价值和效率。

三是开展智能化生产和管理的应用创新。制造业企业要利用工业互联网平台，实现对生产过程的实时监控、预测分析和优化调整，提高生产的灵活性和适应性，满足多样化和个性化的市场需求。同时，要利用工业互联网平台，实现对生产资源的智能管理和调度，提高生产的效率和质量，降低生产的成本和风险。

四是培养数字化转型的人才和团队。制造业企业要加强对员工的数字化培训和教育，提高员工的数字化素养和能力，培养数字化转型的领导者和骨干。同时，要加强与高校、科研机构、平台企业等的合作和交流，引进和培养工业互联网的专业人才和团队，提升企业的数字化创新能力。

第六章

科技创新管理热点综述

科技协同创新

科技协同创新是一种创新模式，它指的是多个创新主体（如企业、政府、大学、研究机构、中介机构和用户等）为了实现重大科技创新而开展的大跨度整合的创新组织模式。科技协同创新的目的是通过知识增值、资源优化、知识融合等方式，提高创新效率和创造新的商业价值。科技协同创新可以帮助企业优化资源配置，融合知识技能，碰撞创意思维，分担创新风险，促进产业发展。

科技协同创新是推动企业发展的重要组织方式，也是提高国家创新能力的重要范式。科技协同创新组织通过互补的知识或资源匹配，选择具有同一创新策略的合作伙伴，进行知识分享和交换，知识共享、学习、吸收、创造和商业化运用，进而达到企业科技协同创新目标。科技协同创新通过多个主体的创造性互补、知识共享、资源的优化配置，行动最优同步，使得企业之间的知识协同和组织协同产生非线性的溢价效应。这种溢价不仅在价值上大于个体资源的独立运用，而且在时效上缩短了创新时间。

一、科技协同创新模式

科技协同创新模式可以分为以下几种。

第一，开放式科技协同创新。这种模式强调创新主体之间的开放性和互动性，通过共享知识、资源和利益，实现创新的协作和共创。开放式科技协同创新可以提高创新的效率和质量，拓展创新的范围和领域，促进创新的扩散和转化。

第二，网络式科技协同创新。这种模式强调创新主体之间的网络化和平台化，通过构建创新网络和平台，实现创新的协调和整合。网络式科技协同创新可以提高创新的灵活性和适应性，增强创新的协同效应和系统效应，促进创新的集成和创新。

第三，模块化科技协同创新。这种模式强调创新主体之间的模块化和标准化，通过划分创新模块、制定创新标准实现创新的分工和协作。模块化科技协同创新可以提高创新的专业性和专注性，降低创新的复杂度和成本，促进创新的优化。例如，中国航空工业集团利用模块化创新构建高效科技协同创新体系就是一个模块化科技协同创新的范例。

选择适合自己企业的科技协同创新模式，需要考虑以下几个方面。

一是企业的创新目标和战略。不同的创新目标和战略需要不同的科技协同创新模式。例如，如果企业的创新目标是突破某个重大技术难题，那么可能需要与政府、高校、科研机构等合作，形成一个以项目为导向的科技协同创新平台。如果企业的创新目标是拓展新的市场和领域，那么可能需要与其他行业或领域的企业或组织合作，形成一个以市场为导向的科技协同创新网络。

二是企业的创新能力和资源。不同的创新能力和资源需要不同的科技协同创新模式。例如，如果企业的创新能力和资源较强，那么可能需要采取一种主导或主动的科技协同创新模式，如开放式科技协同创新。如果企业的创新能力和资源较弱，那么可能需要采取一种参与或被动的科技协同创新模式，如模块化科技协同创新。

三是企业的创新环境和机制。不同的创新环境和机制需要不同的科技协同创新模式。例如，如果企业的创新环境是开放的、竞争的、多变的，那么可能需要采取一种灵活的、适应的、网络化的科技协同创新模式，如网络式科技协同创新。如果企业的创新环境是封闭的、合作的、稳定的，那么可能需要采取一种固定的、协调的、平台化的科技协同创新模式，如平台式科技协同创新。

因此，选择适合自己企业的科技协同创新模式，需要根据企业的创新目标和战略、创新能力和资源、创新环境和机制等因素进行综合分析，找到最适合自己的科技协同创新伙伴、方式和路径。

二、科技协同创新的操作

要开展科技协同创新，企业需要做到以下几点。

一是建立开放平台，与不同的个体和组织进行自由交流、分享知识和资源。

二是基于互信的合作，相互尊重和理解，共同追求创新目标。

三是形成共同的愿景和目标，保持合作的动力。

四是实现多元的参与，涵盖不同领域的专业知识和技能。

五是保证沟通的有效性，及时分享信息、反馈意见。

六是聚焦重点产业关键技术科技协同创新，推动政产学研用合作创新网络建设。

七是打造从基础研究、技术研发、工程化研究到产业化的全链条、贯通式创新平台。

八是开展广泛的国际国内交流与合作，吸引和聚集优秀的创新人才。[1]

科技融通创新

科技融通创新是指以社会需求和价值创造为导向，通过合伙或协议等方式建立起各多元主体间通过资源融合互补、知识协同共享、价值共创共享，实现价值提升，促进共赢发展的一种新型科技协同创新模式。科技融通创新是推动经济高质量发展、促进大企业创新转型、提升中小企业专业化能力的重要手段。

科技融通创新与科技协同创新的区别主要体现在以下几个方面。

一是实现目标。科技协同创新是为了解决国家战略层面的技术攻关和重大科学难题，而科技融通创新是为了构建多元主体之间的资源共享、价值共创的创新生态体系。

二是创新主体。科技协同创新强调产业、大学、科研机构的合作，政府和中介机构起辅助作用，而科技融通创新包括不同规模、不同所有制的企业，以及政产学研的深度融合。

三是知识管理。科技协同创新注重组织间的知识协同，而科技融通创新更加注重动态的知识协同和实时共享。[2]

四是组织模式。科技协同创新基于产学研合作，而科技融通创新基于平台战略，形成创新生态的系统性。

五是价值分配。科技协同创新通过专利许可和协议进行价值分配，而科技融通创新通过合伙制度和知识共享协议实现价值共创和共赢。

一、科技融通创新的特点

科技融通创新的特点有以下几点。

一是更强调创新链条的系统性，实现基础研究、应用研究和产业化研究的深度

---

[1] 钱勇. 强化企业科技创新能力 [J]. 中国中小企业，2021（4）：72-73.
[2] 刘众. 融通创新中更好发挥政府作用的内在要求探析 [J]. 科技管理研究，2022，42（4）：29-35.

融合，加强创新链条前后端的紧密联系。

二是更强调知识分享的动态性，利用大数据、人工智能、区块链等新兴技术，加快信息产生和交换的速度，促进知识在不同行业、产业链上下游之间的流动。

三是更强调风险共担的多元性，面对市场与技术之间的关系变化，增加了创新环境的不确定性，需要多元主体的风险共担。

二、科技融通创新的关键点

企业要开展科技融通创新，需要抓住以下几个关键点。

一是聚焦"融合"，构建"点—链—网"互动的创新生态系统。强调企业引领创新的主体地位，加强集群凝聚和互动，建立专业化决策机制，注重产业链补链和服务链升级，构建产业主体与服务机构的网络连接。

二是着力"畅通"，更好促进多元主体之间的知识流动。畅通企业与政府、企业与高校、企业之间的知识流动，构建公平竞争的市场环境，激励企业投入创新竞赛，建设网络平台加强企业集群线上的交流沟通和知识流动。

三是深化"合作"，促进大中小企业科技融通创新。着重依托大型企业、龙头企业、链主企业、头部企业、骨干企业等建立和完善融通合作机制与政策，创建共享实验室和服务平台，联合一大批"小兄弟"企业、"友商"企业，以及高校、科研院所等机构，建立创新联合体，发挥各自比较优势，开放实验能力，联合开展关键技术攻关。

三、科技融通创新的注意事项

一是发挥大企业在技术创新中的引领支撑作用。大企业有能力进行高强度的技术创新投资，可以通过对中小微企业技术赋能提升所在产业链的竞争力，也可以为中小微企业的发展提供稳定的市场环境。大企业应主动帮助供应商和合作伙伴提升技术水平和管理能力，开放高水平的科研与创新资源，共享科研与创新能力，构建开放式创新体系。

二是支持创新型中小微企业成长为创新的重要发源地。中小微企业在探索新的技术方向和商业模式方面具有成本优势，也有更丰富的创新成果和潜力。中小微企业应通过主动融入大企业所主导的全球产业链来扩大市场规模和提升专业化的能力，从而发展成为"专精特新"的企业。同时，中小微企业也应加强与高校、科研究院所等机构的合作，利用共性技术平台和服务平台，解决技术难题和转型升级的问题。[1]

三是加强共性技术平台建设促进科技融通创新。共性技术是指那些跨行业、跨地区，能够为不同行业和企业所使用的技术，发展共性技术有助于提高产业链的技术水平和创新能力。共性技术平台是提供共性技术开发、转移等服务的专业化平台，是连接上游基础技术研发部门与下游企业用户的重要关节点。建立共性技术平台，需要完善共性技术平台的供给体系，更多关注中小微企业的共性技术需求，有效发挥市场和政府的作用，为大中小企业的科技融通创新提供及时、高质、高效、专业、便利的服务支撑。

绿色创新

绿色创新是指在创新过程中，充分考虑环境保护和资源节约的要求，以减少对自然环境的负面影响和资源消耗为目的，开发和应用新的产品、工艺、服务和管理模式的活动。绿色创新是实现绿色发展、应对气候变化、促进可持续发展的重要手段。[2]

绿色创新与传统创新的区别主要体现在以下方面。

一是目标不同。传统创新以经济效益为主要目标，绿色创新以环境效益为主要目标，同时兼顾经济效益和社会效益。

二是内容不同。传统创新主要涉及产品和工艺的创新，绿色创新涵盖产品、工艺、服务和管理等多方面的创新。

三是范围不同。传统创新主要集中在一些高技术领域，绿色创新涉及各个行业和领域，包括传统产业和新兴产业。

四是影响不同。传统创新的影响主要局限在创新主体和相关利益相关者，绿色创新的影响涉及全社会和全球，具有更广泛的外部性和公共性。

---

[1] 刘众. 融通创新中更好发挥政府作用的内在要求探析 [J]. 科技管理研究，2022，42（4）：29-35.
[2] 本刊编辑部. 碳中和背景下企业关键能力建设的重塑 [J]. 中国包装，2021，41（5）：25-26.

一、绿色创新的特征

一是以环境效益为导向,注重生命周期的环境影响,不仅关注创新的直接效果,也关注创新的间接和潜在效果。

二是以市场需求为驱动,充分利用市场机制和政策激励,调动各方参与者的积极性,形成绿色创新的合力。

三是以技术进步为支撑,不断提高绿色技术的研发水平和推广应用能力,突破绿色技术的关键领域和核心环节。

四是以制度创新为保障,完善绿色创新的法律法规、标准规范、评价体系、监督管理等制度体系,为绿色创新提供良好的制度环境。

二、绿色创新的挑战

企业开展绿色创新主要有以下几个方面。

一是技术挑战。绿色创新需要企业掌握先进的技术,如清洁能源、循环经济、数字化、智能化等,这些技术往往需要高昂的研发投入、长期的试验验证、复杂的知识产权保护等,而且技术的更新换代速度很快,给企业带来了较大的技术风险和不确定性。

二是市场挑战。绿色创新需要企业面对不同的市场需求和竞争环境,如消费者的环保意识、政府的环境规制、国际的碳边境调节等,这些因素可能影响企业的市场定位、产品价格、销售渠道等,而且市场的变化很快,给企业带来了较大的市场风险和不稳定性。

三是管理挑战。绿色创新需要企业进行全面的管理创新,如绿色产品设计、绿色供应链管理、绿色生产方式、绿色企业文化等,这些创新需要企业调整组织结构、流程机制、激励制度等,而且需要企业与多方利益相关者进行协调和沟通,给企业带来了较大的管理难度和复杂性。

综上所述,企业开展绿色创新的挑战主要涉及技术、市场和管理三个方面,这些挑战要求企业具备强大的创新能力和适应能力,以及良好的战略规划和执行力。企业应该根据自身的特点和条件,制定合理的绿色创新战略,利用内部和外部的资源和机会,克服各种困难和阻力,实现绿色创新的目标和价值。

三、绿色创新的实践

企业开展绿色创新，可以从以下几个方面入手。

一是提高能源效率，优化能源结构，减少碳排放和污染物排放，推动能源清洁低碳高效利用。例如，采用节能增效技术、清洁煤技术、可再生能源技术等降低能源消耗强度和碳排放强度。

二是加强绿色技术创新，开发绿色产品和服务，满足市场和消费者的绿色需求，提高企业的竞争力和品牌影响力。例如，开发低碳能源、低碳产品、低碳技术、适应气候变化的前沿技术、碳排放控制管理等，实现产品和服务的绿色化、智能化、高附加值化。

三是实施绿色管理创新，建立绿色企业管理机制，制定绿色认证和标准体系，实施绿色成本管理，建立绿色营销机制，建立绿色网络化供应链，建立环境评价和管理系统，建立友好型社会责任体系。例如，通过 ISO 14000、EMAS（欧洲环境管理和审核体系）等环境管理体系认证，实现企业的绿色治理、绿色运营、绿色监管。

四是积极参与绿色合作和交流，与政府、社会、科研机构、同行业企业等建立绿色合作伙伴关系，共享绿色创新资源，共担绿色创新风险，共享绿色创新成果，共促绿色创新发展。例如，参与国家和地方的绿色发展规划和政策，参与绿色技术的研发和转化，参与绿色产业的联盟和协会，参与绿色金融的融资和投资。

四、绿色创新的操作

一是明确绿色创新的需求和方向。绿色创新的需求和方向是绿色创新的出发点和导向，需要结合市场需求、技术水平、环境规制、国际竞争等因素，综合分析和确定绿色创新的目标、重点和路径。例如，可以通过调查分析消费者的绿色偏好、行业的绿色发展趋势、政府的绿色政策导向等，确定绿色创新的市场需求；可以通过跟踪研究国内外的绿色技术发展动态、评估自身的技术优势和劣势、寻找技术创新的突破口和机会等，确定绿色创新的技术方向。

二是加强绿色创新的组织和管理。绿色创新的组织和管理是绿色创新的保障和推动力，需要建立和完善绿色创新的组织架构、流程机制、激励制度等，以提高绿色创新的效率和效果。例如，可以建立专门的绿色创新部门或团队，负责绿色创新的规划、执行、监督等工作；可以制定绿色创新的项目管理流程，明确绿色创新的目标、任务、责任、进度、预算等；可以设计绿色创新的激励制度，通过奖励、评价、培训等方式，激发绿色创新的积极性和创造性。

三是开展绿色创新的研发和应用。绿色创新的研发和应用是绿色创新的核心和关键，需要依托科技创新的平台和资源，开展绿色技术的研究、开发、试验、推广等活动，以实现绿色创新的成果和价值。例如，可以利用国家或地方的绿色技术创新平台，开展绿色技术的基础研究、应用研究、示范研究等；可以利用国家或地方的绿色技术创新项目，开发绿色技术的产品、工艺、服务等；可以利用国家或地方的绿色技术创新政策，推广绿色技术的应用和普及。

四是加强绿色创新的评价和监测。绿色创新的评价和监测是绿色创新的反馈和改进，需要建立和完善绿色创新的评价体系、指标体系、数据体系等，以评估和监测绿色创新的过程和效果，以及对环境和社会的影响。例如，可以建立绿色创新的评价体系，包括绿色创新的投入、产出、效益、风险等方面的评价指标；可以建立绿色创新的指标体系，包括绿色技术的节能、减排、循环、安全等方面的指标；可以建立绿色创新的数据体系，包括绿色技术的研发、应用、交易、评价等方面的数据。

例如，伊利是中国乳制品行业的领导者，也是全球乳业的低碳先行者。2022年4月8日，伊利率先发布了中国食品行业的"双碳"目标及路线图，表明伊利已在2012年实现碳达峰，将在2050年前实现全产业链碳中和，并制定了2030年、2040年、2050年3个阶段的具体任务。伊利的绿色创新案例涵盖了上游、中游和下游的各个环节，具体如下。①

在上游，伊利推动绿色牧场建设，提升奶源质量和安全，实施"伊利方舟"计划，为牧场提供安全评估、培训、改造等服务，提高牧场的安全管理水平和防灾减灾能力。

在中游，伊利探索建立起"双足迹"减碳路径，即碳足迹和水足迹，通过节能降耗、清洁能源、循环利用等方式，降低生产过程中的资源消耗和环境影响。伊利已建立了中国食品行业首个"零碳工厂"，并推出了首款"零碳牛奶""零碳酸奶""零碳有机奶粉"和"零碳冰激凌"等更环保、更低碳的绿色健康产品。

在下游，伊利探索更低碳、更环保的包装技术创新，引领绿色低碳消费。例

---

① 张敏，梁傲男. 伊利集团副总裁张轶鹏：全链数智化创新提效 [N]. 证券日报，2023-10-23（B02）.

如，伊利金典推出的国内首款使用甘蔗植物基盖的产品，其"无印刷无油墨环保包装"荣获世界食品创新奖——"最佳包装设计创新奖"，在可持续包装的创新研发方面再获世界肯定。

新型研发机构

新型研发机构是指那些专注于科技创新需求的独立法人机构，它们主要从事科学研究、技术创新和研发服务。新型研发机构在促进科技成果转化、推动产学研深度融合、加速区域创新体系建设等方面发挥着重要作用。它们成为连接科研与市场的桥梁，加速科技成果的商业化和产业化进程。

新型研发机构的快速发展与国家的创新驱动发展战略密切相关，旨在构建更加高效的科研组织体系，推动科技创新体制机制的优化和升级。

一、新型研发机构的分类

根据依托单位和建设主体的不同，新型研发机构可分为政府主导型、大学主导型、科研院所主导型、企业主导型、共建型等五类。

第一，政府主导型通常由政府部门参与，协调科研机构和企业，共同构建独立的新型研发机构，政府主要出资投入物流空间和研究设备，出台相关扶持政策，针对本地特色优势产业、主导产业和重点发展产业发展构建产业协同技术协同创新平台模式，促进区域的科创资源与外部资源融合，并吸纳创新资源集聚。

第二，大学主导型通常通过产教学结合形式，成立企业联合创新模式的新型研发机构。以大学的科研成果、科创人才为企业、产业服务和提供支持，其科研设备可由大学内的科学仪器开放共享实现，且大学提供高级工程技术人才培养培训功能，同时这类新型研发机构还通常具有科创项目孵化功能。

第三，科研院所主导型包括由科研骨干以股权为纽带，政府资金、投资基金和社会资本等参股共同组建的混合所有制独立机构和传统科研机构（事业单位）通过体制机制改革，转化为具有造血功能、机制灵活的新型研发机构。其优势是具有扎实的技术成果积累，能够承担国家重大科研项目，瞄准国家实验室建设，或者以合同科研模式，为精准领域的企业、产业提供技术支持和服务。

第四，企业主导型一般由企业或个人出资，或以自主创新为基础，或联动高校和科研院所、院士等著名专家，以营利性经营和支持自身产业获取技术垄断市场为目的，间接支撑地方产业发展。其功能上为企业提供技术攻关，同时也承担检测、技术咨询等市场化的研发服务，部分兼具产业链相关上下游企业孵化功能，具有高度市场化特征。

第五，共建型新型研发机构是一种多元化合作模式的研发机构，它涉及政府、高校、科研院所、企业等多种主体的共同参与和投入。这种模式的核心在于可充分共享各参与方的人才、技术、资金、设备等资源和优势，共同推进科技创新和技术研发。共建型新型研发机构可形成创新资源集聚效应，实现产学研用的无缝对接，加速科技成果转化，提升区域创新能力和核心竞争力。

二、新型研发机构的特征

当前国内各地都在积极开展新型研发机构的建设和机制创新探索工作，多数新型研发机构均具有"三无四不像"的特点，"三无"即无级别、无经费、无编制；"四不像"即不完全像大学、不完全像科研院所、不完全像企业，还不完全像事业单位。具体来说，新型研发机构的特征如下。

第一，投资主体多元化。新型研发机构的资金来源不仅限于政府资金，还包括私人和企业投资，甚至国际资本，形成了多元化的投资结构。

第二，管理制度现代化。这些机构采用现代企业管理制度，提高了运营效率和透明度，以及对外部变化的适应能力。

第三，运行机制市场化。新型研发机构以市场需求为导向，强调自我"造血"能力，即通过商业化运作实现自我资金的再生和增长。

第四，用人机制灵活化。在人才引进和使用上更加灵活，以适应快速变化的市场环境和技术进步。采用灵活的用人机制和薪酬制度，自主招聘人员，合理确定工资水平，建立与创新能力和绩效相匹配的收入分配机制。[①]

三、新型研发机构的组织运行

第一，投入主体。财政资金投入为辅，多元化、市场化资金来源为主。

---

① 孙翔宇，王赫然，张志刚，等. 新时期集聚高端创新资源的新平台——我国新型研发机构发展概况[J]. 中国人才，2023（8）：9-11.

第二，治理机制。依法制定章程，构建完善的组织体系和法人治理结构，实行理事会领导下的院（所）长负责制。这种治理机制有助于打破传统科研机构的体制机制和管理模式，提高运行效率。[①]

第三，组织机制。组织机构灵活，以市场化为导向，人才流动较大、人员晋升较快。

第四，运行机制。发起或举办单位成立理事会，组建管理团队，企业化手段管理。

第五，主管部门。一般为民政部门登记，民政、工商、海关等职能监管部门管理。

第六，单位属性。行政单位、事业单位、高校和企业的混合体，投入主体决定其是国有性质还是公助民办。

第七，创新特征。提供有偿创新服务，科技创新与产业发展紧密融合，重视企业孵化、成果转化。

四、新型研发机构的挑战

第一，定位与功能不明确。新型研发机构的定位往往不够明确，这导致它们在实验室研发、成果转化、企业孵化等多个领域之间游移不定。这种定位上的模糊不仅造成财政资源错配和浪费，还影响了机构的核心功能定位，使得机构在实验室研发、成果转化和企业孵化、市场培训、产业风投等功能之间游移。[②]

第二，成果转化率低。新型研发机构的成果转化率普遍不高，这影响了机构的运行效益。缺乏与地方企业、行业的深度融合，导致研发成果难以有效转化。此外，成果转化过程中支撑条件不足，如缺少中试生产环节的检验，未能有效吸纳风险投资基金进行产品后续开发，以及缺乏工程化开发、应用型设计、市场化推广等能力。

第三，高层次人才缺乏。新型研发机构在引进和留住战略性科学家方面普遍表现不佳，吸引人才机制不够健全。单个机构的研发人员规模有限，尤其是战略性科学家紧缺，这限制了机构竞争力的提升。同时，人才引培、激励等方面制度障碍依然存在，用人和薪酬制度上仍受到传统事业单位制度约束，人才活力释放不够。

---

① 勒川. 探索"五新"机制，建设世界一流新型研发机构 [J]. 中关村，2021（11）：46-47.
② 王璐，陈文丽. 新型研发机构的困境与对策研究 [J]. 内蒙古科技与经济，2023（7）：55-57+61.

第四，自我"造血"能力不强。新型研发机构的自我"造血"能力不强，这阻碍了机构的持续发展。机构内部协商机制和决策地位执行不到位，影响成果转化、研发服务等核心业务，造成机构收益不足。运行机制市场化程度不够，企业化运作程度低、开放创新程度不高，与市场结合不紧密，局限于机构内部研发，创新对产业引导带动和外溢作用有限。

第五，法规滞后、配套政策不健全。新型研发机构的发展受到身份难界定、法规滞后、配套政策不健全等短板的制约。例如，科研人员在高校领取工资的同时，难以在新型研发机构中取得劳务费；许多新型研发机构没有独立的研究生招生指标，人才梯队建设严重受限。

针对上述挑战，新型研发机构应优化顶层设计，明确机构定位，聚焦主责主业。加快成果转化，提升运行效益，围绕产业需求开展研发活动。大力引进和培育战略性科学家，发挥人才的核心竞争力。强化"自我造血"能力，探索多元化出资模式，企业化运营模式。建立动态监测系统，对新型研发机构的发展动态进行监测，引导内涵发展。[①]

例如，深圳医学科学院（Shenzhen Medical Academy of Research and Translation，简称 SMART）是一所新型的医学科研机构，由深圳市人民政府设立。它集合了实体研究、经费资助、教育交流、创新孵化和政策咨询五大功能于一体。

在研究方向方面，深圳医学科学院重点聚焦重大疾病防治、国际前沿医疗技术、可持续发展健康研究领域。主要开展应用基础研究、临床及转化研究、公共卫生研究，并推动研究转化、工程化及产业化全链条创新。

在发展历史方面，深圳医学科学院作为支持深圳建设中国特色社会主义先行示范区的重大项目之一，深圳医学科学院的建设思路是成为一个枢纽型的科研机构，相当于"组织科研的科研组织"，将政府战略意志与人民群众的健康需求、科学家的研究兴趣、产业界的产业需求连接起来。

在创新机制方面，深圳医学科学院探索六大创新机制，包括灵活的引才用才机制、联动的多维合作机制、多元的资金筹措机制、创新的研究资助机制、科学的评审评价机制、协同的产业转化机制。

在资金保障方面，深圳医学科学院将代表政府承担起医学科技专项资金配置职

---

① 谷业凯. 新型研发机构要有新作为 [J]. 科技传播，2020，12（14）：2.

能，并建立多元化的资金筹措机制，支撑深圳的医学研究可持续发展。

深圳医学科学院的发展目标是到 2025 年，以深圳医学科学院为中枢和桥梁的深圳医学科技协同创新共同体基本建成，部分重点领域研究取得进展，针对重点人群和重大疾病的防治技术获得阶段性突破；到 2035 年，在医学科技创新体系建设、制度安排、规则对接方面形成可复制、可推广的经验；到 21 世纪中叶，深圳医学科学院成为全球著名医学研究机构，粤港澳大湾区医学科学竞争力、创新力、影响力全球卓著。①

规范研发管理、选择合适的研发模式与科技创新体系转型

一、规范研发管理

规范的研发应根据企业的战略目标、产品特点、市场需求等因素选择合适的研发组织架构，如功能型、产品型、混合型、矩阵型等，实现研发资源的合理配置和协调。具体特征如下：一是建立以项目为中心的研发流程，明确项目的目标、范围、进度、质量、风险等要素，采用敏捷开发、持续集成、持续交付等方法，提高研发的响应速度和交付能力；二是建立以团队为核心的研发文化，培养跨职能、自组织、自驱动的研发团队，强化团队的协作、沟通、学习和创新能力，激发团队的主人翁精神和责任感；三是建立以客户为导向的研发理念，深入了解客户的需求、痛点、期望等，采用用户体验设计、最小可行产品、快速验证等方法，实现研发的价值导向和用户导向；四是建立以数据为支撑的研发管理，建立完善的研发数据平台，收集、分析、展示研发的各项数据，如代码质量、缺陷率、测试覆盖率、交付效率等，实现研发的量化评估和持续改进；五是建立以创新为动力的研发氛围，鼓励研发人员探索新技术、新方法、新思路，提供创新的时间、空间、资源和奖励，实现研发的创新驱动和创新输出。

规范研发管理是一项系统性的工作，旨在提高研发效率、确保研发质量并推动

---

① 吴吉. 瞄准制高点引进重量级 [N]. 深圳商报，2022-11-10（A03）.

创新发展。以下是一些关键步骤和要素，可以帮助组织实现规范的研发管理。

一是明确研发目标和战略。组织应该将研发目标与企业愿景和使命相结合，确保每个研发项目都能够支持长期战略目标。此外，研发目标应具体、可衡量，并与关键绩效指标（KPIs）相对应，以便跟踪进度和成果。

二是确保研发资源的合理分配。根据研发项目的需求和优先级，合理分配人力、物力和财力资源，确保资源的有效利用。

三是建立研发流程和规范。研发流程应涵盖从概念到产品发布的全过程，并且每个阶段都应有明确的交付成果。流程中应包含质量保证措施，如同行评审和代码审计，以确保产品符合最高标准。

四是强化团队协作和沟通。研发工作需要跨部门的协作和沟通，因此建立有效的团队协作机制至关重要。定期召开研发会议，分享进度、讨论问题、制订解决方案，确保信息的及时传递和问题的解决。

五是建立激励机制。通过设立奖励机制、晋升机会等，激发研发人员的积极性和创新精神，提高研发团队的整体绩效。

六是引入研发管理工具。采用专业的研发管理工具，如项目管理软件、版本控制系统等，可以帮助组织更好地管理研发过程和资源，提高研发效率。

七是重视风险管理。研发过程中可能面临各种风险，如技术风险、市场风险、人员风险等。组织需要建立风险管理机制，及时发现和应对潜在风险，确保研发项目的顺利进行。

八是持续优化和改进。研发管理是一个持续改进的过程。组织需要定期评估研发管理的效果，总结经验教训，针对存在的问题进行优化和改进。

九是加强知识产权保护。在研发过程中，要注重保护知识产权，包括专利、商标、著作权等，防止技术泄露和侵权行为的发生。

总的来说，规范研发管理是一个涉及战略规划、流程优化、团队建设、技术工具运用、风险控制和持续改进的综合性工作。通过这些措施，组织可以提高研发效率，确保产品质量，同时促进创新和竞争力的提升。

二、选择合理的研发模式

流程驱动研发、用户驱动研发和数据驱动研发是三种不同的研发模式，它们各自具有独特的特点和优势，适用于不同的研发场景和需求。

流程驱动研发的核心在于通过规范化、标准化的流程来指导研发工作。这种模式有助于确保研发工作的有序进行，减少冗余和重复的工作，提高研发效率。通过定义明确的里程碑和评审内容，流程驱动研发有助于把控研发进度和成本，从而满足业务规划的要求。这种研发模式适用于大规模商业化产品的开发和稳定版本的迭代，但可能面临流程僵化、难以适应快速变化的市场需求的挑战。

用户驱动研发则强调以用户需求为导向，从用户的角度出发来推动研发工作。这种研发模式注重与用户的互动和反馈，通过深入了解用户需求和期望来指导产品的设计和改进。用户驱动研发有助于确保产品符合市场需求，提高产品的市场接受度和竞争力。然而，这种模式需要投入大量的资源和时间来收集和分析用户反馈，同时还需要具备将用户反馈转化为具体研发需求的能力。

数据驱动研发则依赖于数据分析和挖掘技术来指导研发决策。通过对大量数据的收集、整理和分析，数据驱动研发能够揭示市场趋势、用户行为等有价值的信息，为研发工作提供有力支持。这种研发模式有助于快速识别问题和机会，提供有针对性的解决方案，从而提高研发效率和成果质量。但数据驱动研发对数据的质量和准确性要求较高，同时还需要具备专业的数据分析和挖掘能力。

选择适合自己企业的研发模式是一项重要的决策，它将影响产品的质量、效率和创新能力。在选择研发模式时，管理者需要考虑以下几个方面。

一是产品的特点。管理者的产品是什么类型的？是软件、硬件还是服务？是单一的、复杂的还是多元的？是成熟的、稳定的还是创新的？不同类型的产品可能需要不同的研发模式来适应。

二是客户的需求。管理者的客户是谁？他们的需求是什么？他们的需求是固定的、清晰的还是变化的、模糊的？管理者需要多久才能交付产品给客户？管理者需要多频繁地获取客户的反馈和满意度？不同的客户需求可能需要不同的研发模式来满足。

三是团队的能力。管理者的团队有多少人？他们的技术水平如何？他们的协作能力如何？他们的沟通方式是什么？他们有没有使用过某种研发模式的经验？不同的团队能力可能需要不同的研发模式来发挥。

四是环境的变化。管理者所处的行业环境是怎样的？管理者的竞争对手是谁？他们的研发模式是什么？管理者的市场机会是什么？管理者的风险和挑战是什么？管理者需要多快适应环境的变化？不同的环境变化可能需要不同的研发模式来应对。

根据以上几个方面，管理者可以对比分析目前市场上流行的几种研发模式，且在实际应用中，这三种研发模式并不是孤立的，而是可以相互补充和结合的。例如，流程驱动研发可以为用户驱动研发提供有序的工作框架，而数据驱动研发可以为流程驱动研发和用户驱动研发提供有力的数据支持。通过综合运用这些研发模式，企业可以更好地满足市场需求，提高研发效率和成果质量。

三、科技创新体系转型

企业科技创新体系是指以企业为主体，通过与政府、高校、科研机构、技术中介等多方协作，实现科技创新的开放式系统。企业科技创新体系转型的目标是提高企业的自主创新能力，促进科技成果的转化和产业化，支撑产业升级和经济增长。

（1）科技创新体系转型的原则。企业科技创新体系的转型，需要遵循以下原则。

一是系统思维，科学分析。要全面厘清产业技术现状，精准定位技术短板和长板，针对性开展技术攻关和推广。

二是企业主导，多方联动。要充分发挥企业的市场主体和产业主体作用，加强供需联动，深化产学研协同，促进创新资源的集聚和流动。

三是央地协同，分类实施。要面向国家战略需求，围绕重点产业，构建技术创新体系。要充分调动地方政府的积极性，因地制宜地推动优势产业的技术创新体系建设。

四是动态监测，定期更新。要适应新形势、新要求，开展技术创新体系的动态监测，及时更新技术创新体系，为动态调整技术攻关方向和制定相应措施提供支持。

（2）科技创新体系转型的步骤。企业科技创新体系转型的具体步骤可以概括为以下几点。

第一步，明确科技创新的战略目标和方向，结合企业的核心竞争力和发展需求，确定科技创新的重点领域、关键技术和项目布局。

第二步，发挥企业的市场主体和产业主体作用，加强供需联动，加强与高校、科研院所、技术中介等创新主体的合作，形成创新联合体，共享创新资源，协同攻关，实现科技成果的快速转化和产业化。

第三步，面向国家战略需求，围绕重点产业，构建技术创新体系。充分调动地方政府的积极性，因地制宜地推动优势产业的技术创新体系建设。

第四步，建立有效的创新组织保障体系，包括创新领导机构、创新推进组织、创新评审组织、创新项目小组等，形成自上而下的创新组织网络，实现创新工作的规范化、标准化和专业化管理。

第五步，建立创新管理制度与流程，形成一套科学的管理体系。按照计划、实施、检查和总结四个阶段，对创新项目实行全过程控制，实现对创新过程的闭环管理。

第六步，建立科学的科技创新价值评估体系，量化科技创新的投入产出比，评价科技创新的经济效益和社会效益，优化科技创新的决策和资源配置。

第七步，建立科技创新的动态监测机制，及时跟踪科技创新的进展和效果，发现和解决科技创新过程中的问题和风险，不断调整和完善科技创新体系。

（3）企业科技创新体系转型的成效评估。企业科技创新体系转型的成效，是指企业通过科技创新体系的转型，实现了科技创新的目标和价值，提高了企业的自主创新能力和竞争优势。评估企业科技创新体系转型的成效，需要从以下几个方面进行。

一是科技创新的投入产出比，即企业在科技创新上的投入（如研发经费、人员、设备等）与产出（如专利、论文、产品、收入等）的比值，反映了企业科技创新的效率和效益。

二是科技创新的质量水平，即企业科技创新的成果和产品的质量和水平，如科技成果的原创性、先进性、实用性等，以及产品的性能、品质、可靠性等，反映了企业科技创新的水平和贡献。

三是科技创新的市场占有率，即企业科技创新的产品或服务在市场上的份额和竞争力，如市场需求、市场满意度、市场份额、市场增长率等，反映了企业科技创新的市场适应性和影响力。

四是科技创新的社会效益，即企业科技创新对社会的正向影响，如促进社会进步、改善社会环境、提高社会福祉等，反映了企业科技创新的社会责任和价值。

五是评估企业科技创新体系的成效，需要建立科学的评价指标体系和方法，综合考虑不同类型和阶段的科技创新活动，定量和定性相结合，动态和静态相结合，内部和外部相结合，形成客观、全面、系统的评价结果，为企业科技创新的决策和管理提供参考和依据。

第七章

企业文化管理热点综述

中华优秀传统文化与管理

中华优秀传统文化被企业家应用于现代企业管理中，发扬企业家精神，已成为企业发展的强大武器。

中华传统文化是中华民族的精神财富，其中包含了许多有益于企业管理的思想和方法。将中华传统文化融入企业管理，可以提升企业的核心竞争力和社会责任感，也可以丰富企业的文化内涵和品牌形象。[1]

一、传统文化的管理理念

（1）正己安人的理念。

一般来说，企业的顺利发展需要依赖于企业的领导者和管理者，只有企业的管理人员保持清醒的头脑和理性的态度，才能够在企业的发展过程中保证企业获得更加稳定的发展。同时，也只有企业的管理者在企业发展遇到危险和困难时，才能够正确制订方案，并得到了良好的处理。企业管理人员的行为举止直接决定着一个企业的顺利发展，一个企业的发展是否能够适应如今的发展形势，是否能够在激烈的市场竞争环境中得到更加稳定的地位，则需要企业管理者加强学习，积极调整发展思路，以正己安人的思想来促进企业的管理。[2]

古往今来，儒家思想文化深深影响着我国诸多行业的进步与发展，修身、齐家、治国、平天下的思想始终影响着我国企业的管理。作为企业的管理人员，必须要先完善自己的素质，提升个人的综合能力，从而再不断地促进其他工作人员和工作团队的完善与发展，树立自己的榜样作用，进而使企业获得可持续的发展。与此同时，在中国的现代企业管理过程中，不仅仅需要企业管理者的个人素质不断提升，也需要依赖整个组织的全体人员都能够上下一心，紧紧跟随企业的管理人员。同时，管理者还需要充分运用自己的智慧和魅力，调整管理方式，不断适应新时代的管理要求。

---

[1] 张敏，梁傲男. 伊利集团副总裁张轶鹏：全链数智化创新提效 [N]. 证券日报，2023-10-23（B02）.
[2] 张晓黎. 中国传统文化及其对中国现代企业管理的启示 [J]. 企业改革与管理，2019（10）：194-195.

（2）和谐的理念。

中国文化强调以柔克刚和一种豁达与大度的处世境界，要求人与人之间应该以一种随和与谦让的心态进行相处。通过这种和谐思想的运用，能够在极大程度上促进一个企业的凝聚力得以有效提升，并且还可以有效地促进企业在发展过程中将所遇到的困难更好地进行解决，且保持豁达的心态，促进整个企业的稳定发展。一般来说，对于一个企业的管理工作来说，需要组织之间的协调发展，同时也需要管理人员和管理人员之间的相处达到和谐、管理人员与工作人员之间的相处达到和谐，从而促进企业管理工作的协调开展。在中国传统文化当中，始终强调着自然法则——柔，这不仅仅有利于一个企业管理工作的顺利进行，同时柔也是一个社会和一个国家发展过程中的大智慧的彰显，世界上的万事万物都需要遵循柔的法则。在柔这一思想的指导下凝聚企业发展的软实力，追求企业发展的人与自然和谐一致，从而使得企业管理工作更加适合社会发展的规律，更加能够迎合市场经济日益变化的新趋势和新挑战，为企业的长远发展做出贡献。除此之外，企业也可以从管理学的角度来看，中国传统的和谐思想始终代表着和谐统一，在我国现代化的企业管理工作中，亦是如此。企业若想实现更加稳定的发展，则需要注重组织的协调性和工作人员之间的和谐性，从而在有效保证企业生存的情况下，促进每一个企业员工都能够在企业中获得自己发展与成长的知识，不断积累，不断进步。以上便是中国传统文化当中的和谐思想对于现代企业管理工作的启示。[①]

（3）天人合一的理念。

在现代化企业的管理工作当中，依然需要注重天人合一的思想，尊重自然法则的特殊规律，这不仅仅是中国哲学思想的重要组成部分，同时也是有利于社会进步、有利于人与人之间实现更好发展的重要力量，不容忽视。当前，一个现代化的企业在实际的管理工作中，如果想要获得更加稳定和长远的发展前景，那么便需要充分运用中国传统文化，以及中国传统文化当中所体现出来的大智慧，使其在中国现代企业的管理过程中能够充分发挥独特性，彰显中国传统文化的重要作用。古往今来，讲求"天人合一"的思想，其中最为重要的便是"道"的精髓，如果能够在现代化的企业管理工作中进一步明确"道"的重要性，那么将会在实际的管理工作中更加明确中国哲学的思想内涵。从而将几千年的中国智慧运用其中，使得人的管

---

① 张晓黎. 中国传统文化及其对中国现代企业管理的启示 [J]. 企业改革与管理，2019（10）：194-195.

理与天的法则不谋而合，使得现代化企业的管理工作更加顺应时代，更加符合自然规律和社会发展规律。

与此同时，"天人合一"的思想也更加注重人与自然之间的和谐与统一，将整个社会看成一个有机的统一体。只有在社会发展的具体过程中，充分地将人和自然的关系弄清楚，并且使二者始终保持在统一的状态之下，那么万事万物才能够遵循自然规律，并按照一定的法则来发展。基于此，儒家思想重点关注天人合一的思想，认为世间的万事万物都需要和天地一同进行运转，并按照一定的规律发展与变化。这对于企业的管理工作带来了诸多的启迪，企业的发展需要依赖硬实力和软实力相结合的方式，因此企业的领导者要格外注意对员工软实力的培养和增强。通过招聘、培训与考核等各个环节的把关来保证企业员工的个人修养达到一定的标准，并促进管理人员可以顺应天的规律，达到天人合一的管理境界，从而促进整个管理工作的有序进行。

（4）以人为本的思想。

在任何一个企业的管理工作当中，都需要综合考量很多关键要素，而企业的正常、有序运转始终离不开一个核心要素，那便是"以人为本"的思想。近年来，随着我国经济发展水平的持续性提升，我国的综合国力得到了进一步的增强和进步。如何能够在不断变幻发展的新时代，促进我国现代化企业管理工作的日益进步，促进整个企业的稳定发展，则需要企业的相关领导者和管理人员针对目前本企业发展的实际现状，并充分结合新时期的市场经济环境的变化情况来综合进行思考，从而促进企业管理工作更上一层楼。儒家思想是我国传统文化的重要组成部分，对于整个中国社会的发展与进步来说功不可没。儒家传统的思想强调"以人为本"的重要性，注重人本身的价值，以及人对于社会发展与进步的实际意义，这是一种以人为核心的伦理思想，同时也是中国人自古以来的大智慧和大情怀。

在世间万物的发展与变化过程中，人的重要性都是需要被放在第一位的，即便是在人与自然的关系当中，人的重要性也是需要被重点思考的，不能忽视人的重要性。而中国传统文化当中的儒家思想更是将"人"的重要性放在一个十分突出的位置，认为管理工作的主要内容便是人的管理。一个企业、一个组织在具体的经营过程中，必须将人的重要性放在企业发展的核心位置，企业的管理需要以人为本，因为人是企业运行与发展的最为活跃和最有力量的要素，企业的创新、企业的进步都离不开人的主观能动性的发挥。因此，在我国现代化的企业管理工作当中，也需要注重人的管理，注重每一个员工个性的发挥，始终关注每一个员工的个人利益。使得员工可以在这个企业获得自己希望得到的成长机会，从而能够更加踏实地为这个企业投入更多的精力。在实现员工个人价值的同时，也能够进一步促进整个企业的经济收益持续提升，这对于企业管理工作来说是一个十分有效的手段。[①]

（5）中庸的思想。

伦理学当中重点强调"度"的重要性，而中国传统文化当中也十分注重其价值，注重协调权利与义务的关系，关注中庸的思想。如果从伦理学的视角来看待中国现代化的企业管理，应该在实际的管理过程中体现中庸的价值，要知道什么事情能够做，什么事情不能够做，将所有的管理工作都放在"度"的视角之下来进行，从而体现一种不偏不倚的中庸处世之道。将企业管理中的每一项工作都以比较平和的方式进行处理，体现管理的公平，也体现管理的智慧。维护更多员工的核心利益便是维护管理者的利益，也是维护企业发展的长远利益。

二、传统文化管理的注意事项

企业使用中国传统文化开展企业管理，是一种创新的管理理念，也是一种文化的传承和弘扬。但是，这也需要注意一些问题，以避免出现误解和冲突，提高管理的效果和效率。以下是一些可能的注意事项。

第一，企业应该根据自身的特点和发展目标有选择地借鉴和运用中国传统文化中的管理思想和智慧，而不是盲目地照搬和套用。中国传统文化是博大精深的，不同的流派和思想有不同的侧重和适用范围，企业应该结合实际情况，灵活地运用和创新，形成自己的管理特色和风格。

第二，企业应该注重中国传统文化的创造性转化和创新性发展，而不是停留在表面的形式和符号上。中国传统文化是一个活的文化，它不断地与时代和社会发展相适应，产生新的内涵和价值。企业应该把握中国传统文化的精神实质和核心价值，与现代管理理论和方法相结合，创造出符合时代要求和市场需求的管理模式和方法。

第三，企业应该尊重员工的多元文化背景和个性差异，而不是强制灌输和规范。中国传统文化是包容和协调的，它不排斥其他文化，而是与之交流和融合。企

---

① 张晓黎. 中国传统文化及其对中国现代企业管理的启示 [J]. 企业改革与管理，2019（10）：194-195.

业应该以中华优秀传统文化为基础，建立和谐的企业文化，培养员工的文化认同感和归属感，同时也尊重员工的个人选择和发展空间，鼓励员工的创新和创造。

第四，企业应该关注中国传统文化的社会责任和影响力，而不是仅仅为了迎合和利用。中国传统文化是中华民族的精神财富，是国家和民族的文化基因，企业作为社会的重要组成部分，应该承担起传承和弘扬中国传统文化的使命和责任，以文化兴国，以文化强民。企业应该以中国传统文化为指导，开展有益于社会和公众的活动和服务，提升企业的社会形象和信誉，为社会和国家的发展做出贡献。

员工帮助计划（EAP）管理

EAP管理是指企业对员工帮助计划（EAP）的规划、实施和评估的过程。EAP是一种为员工及其家庭提供专业咨询、培训和支持的服务，旨在帮助员工解决各种心理和行为问题，提高员工的工作绩效和生活质量。

一、EAP管理的意义

EAP管理的目的是建立一个健康、高效、和谐的工作环境，增强企业的竞争力和社会责任。EAP管理的优点主要有以下几个方面。

第一，EAP管理可以帮助员工缓解工作和生活中的各种压力和困扰，提高员工的心理健康和工作满意度，从而提升员工的工作效率和创造力。

第二，EAP管理可以帮助企业降低员工的缺勤率、离职率、医疗费用、赔偿费用等人力资源成本，增加员工的忠诚度和留职率，提高企业的竞争力和社会责任。

第三，EAP管理可以帮助企业建立一个健康、高效、和谐的工作环境，改善组织氛围和人际关系，增强组织的凝聚力和公众形象。

第四，EAP管理可以帮助企业规避员工的风险和危机，及时发现和干预员工的极端问题，防止造成严重的后果和损失。

二、EAP管理的步骤

实施EAP管理的具体步骤和方法可能因企业的规模、性质、需求和资源而有所不同，但一般来说，可以参考以下步骤。

第一步，建立 EAP 项目团队。由企业高层领导或人力资源部门牵头，组织相关的部门和人员，如公会、安健环部门、企业文化部、心理咨询师等，形成一个专业的 EAP 项目团队，负责 EAP 的规划、实施和评估等工作。

第二步，进行 EAP 需求分析。通过问卷、访谈、座谈等方式，收集和分析企业和员工的现状、问题、需求和期望，确定 EAP 的目标、范围、对象和内容，为 EAP 的方案设计提供依据。

第三步，制订 EAP 方案设计。根据需求分析的结果，制定 EAP 的服务模式、服务内容、服务方式、服务频率、服务质量和服务标准等，明确 EAP 的工作计划、预算、人员分工、责任分担等，为 EAP 的资源配置提供指导。

第四步，进行 EAP 资源配置。根据方案设计的要求，选择合适的 EAP 服务提供者，包括内部的 EAP 专业人员和外部的 EAP 机构或专家，以及配备必要的设备、场地、资料等，为 EAP 的服务实施提供保障。

第五步，开展 EAP 宣传推广。通过各种途径和形式，向企业和员工介绍 EAP 的概念、目的、内容、方式和效果，提高 EAP 的知晓度、认可度和参与度，为 EAP 的服务实施创造氛围。

第六步，执行 EAP 服务实施。按照方案设计和资源配置的安排，开展 EAP 的各项服务活动，包括个人咨询、团体辅导、培训讲座、危机干预、健康促进等，为企业和员工提供专业的心理咨询、培训和支持。

第七步，进行 EAP 效果评估。通过定期的数据收集、分析和反馈，评价 EAP 的服务质量、服务效果、服务满意度和服务改进等，为 EAP 的持续改进和优化提供依据。

三、EAP 管理的注意事项

企业开展 EAP 管理应注意以下事项。

第一，开展国际性与本土化相结合的 EAP 培训、交流与研究，借鉴国外的成功经验，同时考虑中国员工的文化背景和心理需求。

第二，争取各级组织结构的高层次管理人员与研究人员的认同、支持，并开展有效的 EAP 活动，如心理咨询、培训、沙龙等。

第三，通过各种形式的宣传与推广活动，使员工认同与接受 EAP，并参与 EAP

的服务与管理活动。宣传应强调 EAP 的作用和目的，以及员工的保密权和自主权。

第四，随着 EAP 的深入开展，应逐渐将其纳入企业的管理体系，并明确规定 EAP 在企业如何正常地运行和执行，如制定 EAP 的运行流程、评估指标和方法、监督和反馈机制等。

第五，EAP 要与企业的文化建设联系起来，提出有针对性的与有效的改进措施与手段，从而保证 EAP 健康、持续、有效的开展与发展。

职场 PUA 与积极乐观的企业文化

一、职场 PUA

职场 PUA 是指一些上司或同事利用心理学技巧来操纵、控制或剥削他人的行为，它会对受害者的自信、判断力和工作效率造成负面影响。它在一些不良的领导或老板中很常见。职场 PUA 的目的是让员工失去自信、自尊和自主，从而对管理者言听计从，成为廉价的劳动力。

二、职场 PUA 常见现象

（1）通过公开否定、贬损、嘲讽、羞辱等方式来打压员工的自信和能力，让员工觉得自己一事无成，离开现有岗位无法找到更好的工作。

（2）给你画大饼，承诺良好的待遇或晋升机会，但实际上没有兑现，反而提高你的工作压力和期望。

（3）通过灌输错误的价值观、制造心理落差、关闭信息通路等方式来抑制员工的独立思考能力，让员工只能接受管理者的观点和安排，失去自我判断和选择能力。

（4）通过美化压榨、行为要求感恩、安排不合理的工作内容等方式来剥削员工的时间和精力，让员工为了一点点好处而忍受不公平的待遇，甚至感谢管理者的"恩赐"。

（5）通过故意隐瞒、歪曲、篡改信息，或者编造谎言、流言、谣言等方式来误导、欺骗、诋毁员工，让员工对自己、对同事、对公司产生不信任和不满，从而破坏员工的团队合作和职业发展。

（6）通过设置不合理的考核标准、任务指标、奖惩制度等方式来操纵员工的行为和情绪，让员工为了达到不可能的目标而过度劳累，或者为了获得微不足道的奖励而出卖自己的原则和良知。

（7）通过利用职权、地位、关系等优势来对员工进行性骚扰、性暗示、性要挟等方式来侵犯员工的人格和尊严，让员工在恐惧和压力下屈服于管理者的私欲。

（8）持续、频繁地安排一些无关紧要或超出员工能力范围的工作给员工，让员工感到疲惫和沮丧。

（9）在工作中不明确告知员工具体的要求和标准，而是在员工完成后再提出修改意见，让员工反复修改，从而浪费员工的时间和精力。

（10）持续、频繁地在其他领导或同事面前隐晦地表达对员工的不满或敌意，影响员工的人际关系和声誉。

三、积极乐观的企业文化

（1）积极乐观的企业文化的意义。积极乐观的企业文化能够在多个层面促进企业的健康发展。

第一，提升吸引力。一个乐观积极的企业文化对于潜在员工和合作伙伴具有很大的吸引力，有助于吸引和保留人才。

第二，增强凝聚力。积极乐观的企业文化能够增强员工之间的凝聚力，使员工更加团结，共同为企业目标而努力。

第三，提高团队韧性。积极乐观的企业文化能够提升整体抗压能力，在不确定的外部环境下，提高团队韧性。

第四，激发激励作用。积极乐观的企业文化能够激发员工的积极性、主动性和创造性，提高工作效率和满意度。

第五，提升竞争力。积极的企业文化能够提高员工的工作热情，提升生产效率，从而增强企业的市场竞争力。

这种积极乐观的文化氛围，需要企业从制订明确的价值观和目标、鼓励团队合作、提供良好的工作环境、激励员工、加强沟通等多个方面入手，持续努力改进。通过这些措施，企业可以构建一个积极向上的工作环境，为员工提供一个充满活力和创造力的平台，从而推动企业的长期成功和可持续发展。

（2）如何构建积极乐观的企业文化。

第一，提供公平的薪酬和福利待遇。员工的薪酬和福利是他们对企业的基本期望，如果这一点不能满足，员工就会感到不公平和不满，从而影响他们的归属感和忠诚度。因此，企业应该根据员工的工作绩效、能力、市场水平等因素，给予员工合理的薪酬和福利待遇，同时也要注意内部和外部的公平性，避免出现薪酬差距过大或与同行不符的情况。

第二，提供挑战性的工作和发展机会。员工的工作和发展是他们对企业的进一步期望，如果这一点不能满足，员工就会感到无聊和停滞，从而影响他们的归属感和忠诚度。因此，企业应该根据员工的兴趣、特长、潜力等因素，给予员工适度的工作挑战和发展机会，同时也要提供必要的培训、指导、反馈等支持，帮助员工提升自己的能力和价值。

第三，尊重和关心员工。员工获得尊重和关心是他们对企业的基本需求，如果这一点不能满足，员工就会感到冷漠和孤独，从而影响他们的归属感和忠诚度。因此，企业应该尊重员工的人格、意见、选择和隐私，同时也要关心员工的生活、情绪、健康和家庭，让员工感受到企业的温暖、友善和支持。

第四，提供清晰的沟通和反馈机制。员工的沟通和反馈是他们对企业的重要需求，如果这一点不能满足，员工就会感到困惑和失落，从而影响他们的归属感和忠诚度。因此，企业应该提供一个清晰、及时、有效的沟通和反馈机制，让员工了解企业的愿景、目标、战略、政策和结果，同时也要听取员工的建议、意见、评价和投诉，让员工感受到企业的透明、诚信和公正。

第五，关注员工的健康和幸福。员工的健康和幸福是他们对企业的终极需求，如果这一点不能满足，员工就会感到疲惫和不快，从而影响他们的归属感和忠诚度。因此，企业应该关注员工的身心健康和幸福感，为员工提供一些有益的活动、服务、福利等，让员工感受到企业承担的责任、给予的关爱和乐趣。

第六，允许员工参与决策和建议。员工参与决策和建议是他们对企业的高级需求，如果这一点不能满足，员工就会感到无力和被动，从而影响他们的归属感和忠诚度。因此，企业应该允许员工参与一些重要的决策和建议，让员工感受到自己的价值和影响力，同时也能够增强员工的责任感和创造力。

第七，为员工提供与公司愿景和价值观相一致的工作内容。员工的工作内容是他们对企业的核心需求，如果这一点不能满足，员工就会感到无意义和无趣，从而影响他们的归属感和忠诚度。因此，企业应该为员工提供与公司愿景和价值观相一致的工作内容，让员工感受到自己的工作是有意义和有价值的，同时也能够增强员工的自豪感和归属感。

企业亚文化管理

企业主流文化通常指的是企业中普遍认同和遵循的核心价值观、信仰和行为规范。它代表了企业的官方文化，是企业对外展示的形象和内部成员共同维护的文化基础。企业主流文化在企业的长期发展中起到了稳定和引导的作用。

相对于主流文化，企业亚文化则是在企业主流文化之下形成的一系列次级文化。这些亚文化可能基于组织分层、不同部门、职能、地域或管理层级的差异而产生。它们在总体上与企业主文化保持一致，但也有自己独特的价值观和行为模式。例如，一个企业的研发部门可能会有与销售部门不同的亚文化，反映了这两个部门不同的工作重点和团队氛围。

企业亚文化有时也可能是非正式组织的文化，如俱乐部文化等。这些文化可能是为了追求思想感情的满足而形成的非制度性群体文化。它们可能具有反抗性，代表非决策层或下属的文化，有时甚至是对主流文化的一种挑战。

企业亚文化常见优点：主流文化的有效延伸、主流文化的有益补充、管理团队的重要方式、主流文化落地的着力点。

亚文化常见弊端：一是基于自我需要而提出，没有以主流文化作指引，甚至与主流文化相冲突；二是阻碍主流文化传播与渗透，造成文化机体割裂；三是未进行系统的审核与规范，滋生部分负面亚文化；四是形式大于内容，有华而不实、争宠作秀的嫌疑。

在企业文化管理实践中，理解和利用好企业亚文化是非常重要的。正确的做法是认识到亚文化的存在，尊重它们的特点，并在此基础上引导亚文化与主流文化之间的和谐共存。这样可以促进企业内部的多样性和创新，同时保持整体的一致性和团结。

一、企业主流文化与企业亚文化的关系

企业主流文化与企业亚文化是企业文化的两个重要方面，它们既相互依存又相互影响，呈现出一种辩证统一的关系。具体来说，企业主流文化与企业亚文化的关系有以下几个方面。

第一，企业主流文化是企业亚文化的基础和源泉。企业主流文化是企业的核心价值观、使命愿景、战略目标和管理理念的集中体现，它为企业亚文化提供了共同的遵循和指引，也为企业亚文化的形成和发展提供了必要的条件和环境。

第二，企业亚文化是企业主流文化的补充和延伸。企业亚文化是指在企业主流文化的框架下，由不同的部门、团队、岗位或个人所形成的具有特色和差异的文化现象，它反映了企业主流文化在不同层面和领域的具体实践和应用，也丰富了企业主流文化的内涵和外延。

第三，企业主流文化与企业亚文化相互促进和制约。企业主流文化与企业亚文化之间既存在协调和融合，也存在冲突和矛盾。一方面，企业主流文化对企业亚文化起到了规范和引导的作用，保证了企业亚文化与企业的整体目标和方向的一致性，同时企业亚文化对企业主流文化起到了创新和激励的作用，为企业主流文化的更新和完善提供了动力和灵感；另一方面，企业主流文化与企业亚文化之间也可能产生分歧和对立，导致企业亚文化与企业的整体利益和价值观的偏离，甚至形成一些消极和有害的亚文化，如官僚文化、小圈子文化、抵触变革文化等，这就需要企业及时调整和纠正，消除企业亚文化的负面影响。

企业主流文化与企业亚文化的难点在于如何平衡二者之间的共性和个性，既要保持企业主流文化的严肃性和统一性，又要充分尊重和发展企业亚文化的独特性和创造性。

二、企业亚文化的成因

企业亚文化的常见成因如下。

第一，企业主流文化不够强势，文化传导易脱节。虽然企业已经确立了使命、愿景与核心价值观，但主流文化不够强势，宣贯和落地效果不佳。企业主流文化停留在纸面，没能深深植入员工的脑海里，没能有效地指引员工日常行为，甚至可能还存在企业主流文化传导机制不完善，公司核心高管对企业主流文化的理解没能传

导到中基层。因此，员工对企业主流文化的认知程度较低。这都为企业亚文化的发展提供了空间。

第二，未依照企业主流文化设计执行层理念体系。企业虽然已建立了明确的使命、愿景、核心价值观等文化体系，但企业尚未发展出执行层的文化理念，包括经营理念、管理理念、员工行为规范等。由于企业主流文化没有对企业经营管理的具体行为及员工日常行为进行细致的规范，因此企业的各部门、各分支机构发展出企业亚文化来指导部门经营活动、管理员工日常行为。

第三，人员快速膨胀或快速变动，企业主流文化被稀释。人员的迅速膨胀或快速变动会让企业主流文化被快速稀释，而人员的快速流动让企业主流文化难以沉淀。这造成了一定程度的文化真空，给企业亚文化的发展提供了空间和机会。

第四，中高管大量涌入，带来各自的风格。当企业从外部招聘了大量具有很强专业能力与行业经验的职业经理人担任中高管时，部分空降的中高管带有原公司的管理风格和管理文化，自然地把之前已经形成的管理风格和管理文化植入其负责的部门中，逐渐形成部门亚文化。

第五，各区域负责人在所辖区域培育出亚文化。由于缺乏整体引导，不少区域负责人基于区域市场特点、自身管理风格和诉求，提炼了一些文化理念，并以这些文化理念来管理团队，形成了各区域特色鲜明的亚文化。

三、企业亚文化管理模式

第一，全盘一致。全盘一致式企业亚文化管理模式要求各下属子公司的文化体系必须与母公司完全一致，包括核心价值观一致和经营管理理念一致。这种企业亚文化管理模式适用于母、子公司的业务领域、业务特点相近的情况。全盘一致式企业亚文化管理模式的优点是能使母公司与子公司、总部与地区的文化高度统一，便于母公司对子公司、总部对区域进行文化管理，防止企业亚文化无序生长，同时增强子公司对母公司的文化认同度。其缺点是文化过度统一化，压抑了子公司的文化创造性，无法利用创新的文化元素为企业主流文化提供升级。另外，当母、子公司业务范围差异较大时，母公司的文化体系不一定完全适用于子公司。全盘一致式企业亚文化管理方式在国家电网、中国烟草等垄断性国企较为常见。

第二，核心锚定。核心锚定式企业亚文化管理模式虽不要求各下属子公司的文化体系与母公司完全一致，但要求子公司继承母公司的核心层文化，包括使命、愿景、核心价值观等。各子公司可以根据自己的业务特点，发展出自己的经营、管理理念体系。对于那些需要规范子公司的企业主流文化，但又不希望压抑子公司文化创新性的母公司，核心锚定式企业亚文化管理模式比较适用。另外，从行业的角度看，核心锚定式企业亚文化管理模式适用于母、子公司分属不同行业，或母、子公司均处于快速变化行业的情况。核心锚定式企业亚文化管理模式的优点是能在规范子公司文化主方向的情况下给予子公司一定的文化灵活度。这样能让子公司发展出与其日常经营活动更匹配的执行层文化体系。同时，各子公司的文化创造能为企业主流文化未来的发展提供元素。但这种模式为子公司发展企业亚文化提供了空间，如果不加以监督与规范，子公司的企业亚文化会偏离企业主流文化的方向。

第三，形散神聚。形散神聚式企业亚文化管理模式允许子公司根据自身业务特点发展出自己完整的文化体系，包括使命、愿景、价值观等。母公司通过对子公司的文化体系进行审核与纠偏，确保子公司的文化精神与母公司不冲突。如果母公司和子公司在业务内容、市场定位上存在较大差异，母公司核心层文化不适用于子公司时，可以采用形散神聚式企业亚文化管理模式。该模式的优点是给予子公司充分的文化自由度，让子公司自行建设最适合其发展的文化体系。其缺点是由于子公司与母公司文化体系差异较大，子公司的文化容易偏离母公司的要求，甚至与母公司的文化冲突。另外，由于母、子公司文化体系完全不同，子公司对母公司的文化认同度会较低。

四、企业亚文化管理的原则

企业亚文化管理应遵循以下原则。

第一，定期开展评估。企业总部的文化管理部门可对各条线、各职能、各分支机构的企业亚文化定期进行监控、审核、评估。评估其是否与企业主流文化一致、是否有利于工作开展、是否基于公司利益、是否能被吸收为主流文化的一部分等。

第二，符合企业主流文化。企业亚文化的发展，必须符合企业主流文化，并与企业主流文化保持一致，只允许符合企业主流文化方向的企业亚文化存在。如果企业亚文化合理，但与企业主流文化不一致，则需要升级企业主流文化。

第三，利于工作开展。企业亚文化的发展必须有利于各条线、各层级、各分支机构的具体工作开展，基于具体的职责流程、客户需要、场景导向而发展的企业亚文化才是公司需要的企业亚文化。

第四，基于公司利益。企业亚文化的建设不能基于干部个人需要、小团体需要，而要以公司利益为出发点，具备健康、阳光、积极向上的特性。

第五，适度创新发展。除少数国有垄断企业外，不建议轻易采取全盘一致式企业亚文化管理模式，不轻易抹杀一切企业亚文化，不要求所有条线、所有层级、所有区域的文化理念必须与企业主流文化的全部理念完全一致。企业亚文化应有机衔接企业主流文化，深度考虑企业亚文化应该传承什么、升级什么、改变什么、吸收什么、融合什么、创新什么，适度创新企业亚文化。

五、如何管理企业亚文化

企业如何管理企业亚文化，是一个既重要又复杂的问题。因为企业亚文化既有利于企业的多元化和创新，也可能导致企业的分裂和冲突。因此，企业管理企业亚文化的目标是要实现企业亚文化与企业主流文化的协调和融合，让企业亚文化成为企业主流文化的有益补充，而不是对立或破坏的力量。要做到这一点，企业可以采取以下几个方面的措施。

第一，尊重和包容企业亚文化的存在和发展。企业应该认识到企业亚文化是企业文化的组成部分，而不是异类或敌人。企业应该尊重企业亚文化的特点和价值，给企业亚文化一定的自主和发展空间，不要强行同化或压制企业亚文化，避免引起企业亚文化的反抗和排斥。

第二，引导和规范企业亚文化的行为和沟通。企业应该明确企业的核心价值观、使命愿景、战略目标和管理原则，让企业亚文化与企业的整体目标和方向保持一致，避免企业亚文化的偏离或背离。企业应该建立有效的沟通和协作机制，促进企业亚文化之间的交流和理解，消除企业亚文化之间的隔阂和误解。

第三，激励和利用企业亚文化的创新和贡献。企业应该充分发挥企业亚文化的优势和潜力，鼓励企业亚文化在各自的领域和层面上进行创新和改进，为企业的发展提供动力和资源。企业应该公平地评价和奖励企业亚文化的成绩和贡献，让企业亚文化感受到企业的认可和支持，增强企业亚文化的归属感和忠诚度。

第四，建立文化评价机制，通过文化评估、文化绩效考核、文化奖惩等方式，对各分支机构的企业亚文化定期进行监控、审核、评估、激励。

第五，加强企业主流文化与企业亚文化之间的文化沟通，建立有效的文化反馈机制，及时解决文化碰撞和冲突，促进文化的交流和互动。同时，对于部分优秀的企业亚文化，可吸纳为企业主流文化的一部分，在全公司范围内大力推广。

企业文化与企业战略相互促进

企业文化是企业在长期发展过程中形成的价值观念、行为准则和经营哲学的总和。企业战略是指导企业长远发展的总体规划。企业文化与企业战略管理之间存在着密切的相互作用关系。

一个明确的企业战略方向需要企业文化的支持才能得以实现，而一个健康的企业文化也需要企业战略的引领才能持续发展。管理者应确保两者之间的协调一致，共同推动企业的持续发展。

一、企业文化对企业战略的影响

第一，企业文化引导战略方向。彼得·德鲁克曾经说，任何企业的有效管理都需要回答三个问题：一是企业因什么理由而存在？二是企业要开展什么业务？三是企业应该开展什么业务？这三个问题看似十分简单，实则是企业战略管理的核心内容。在当今全球化竞争的时代，企业如何选择自身存在的基础，以及如何认识其存在的价值，并明确企业发展的信念已经成为企业战略管理必须面对的问题。但在解决这个问题的时候，企业信守的理念、追寻的目标以及价值导向将成为主导这一过程的思想基因。优秀的企业文化能够将组织内的一切正力量凝聚在一起，排除各种矛盾和干扰，提高组织运行的效能。[①]

第二，企业文化指导战略实施。一个清晰的企业文化能够帮助员工理解企业的长远目标和日常行为的期望，从而在企业战略实施过程中形成统一的行动方向。例如，如果一个企业强调创新和风险承担，那么在面对市场变化时，这种文化将激励员工寻求创新的解决方案，而不是固守传统的做法。

第三，企业文化有利于企业战略目标实现。企业文化能够增强员工的归属感和忠诚度，当员工认同企业的文化和价值观时，他们更可能全身心地投入工作中，这种高度的参与感和责任感有助于提高工作效率和质量，从而支持企业战略目标的

---

① 丁孝智. 战略管理与企业文化的互动融合及对接路径 [J]. 企业改革与管理，2017（13）：182-184.

实现。

第四，企业文化有助于吸引和保留战略型关键人才。在人才竞争激烈的今天，一个积极的企业文化能够吸引那些与企业价值观相契合的人才，同时也能够减少员工流失率，确保企业拥有执行企业战略所需的战略型关键人才。

第五，企业文化可能对企业战略实施产生阻碍。如果企业文化过于保守或者与市场环境不匹配，它可能限制企业的适应性和灵活性，导致企业战略实施困难。因此，企业在制定和调整企业战略时，需要考虑文化因素，确保两者之间的协调一致。

第六，企业文化提升企业战略管理能力。文化理念为企业制定、实施、控制企业战略管理提供科学的指导思想，并成为企业战略制定、实施和控制的关键。例如，团队精神有利于加速推进企业战略变革，而社会责任对提高企业社会声誉具有积极作用，并有利于提升企业美誉度，拓展其业务领域。

总之，企业文化对企业战略的影响是全方位的。一个积极、开放、与时俱进的企业文化能够有效地支持企业战略设计和实施，而一个负面或者陈旧的企业文化则可能成为企业战略管理的障碍。

二、企业战略对企业文化的影响

企业战略对企业文化的影响是深远且复杂的。企业战略不仅决定了企业的发展方向和目标，而且还能够塑造和重塑企业文化。一个明确的企业战略能够为企业文化提供方向，帮助企业构建一种支持其企业战略目标的行为和思维方式。

第一，企业战略可以定义企业文化的核心要素。企业战略规划中的使命、愿景和价值观是企业文化的基石，它们为员工提供了一个共同的目标和信念体系。例如，如果一个企业的战略是成为市场上的创新领导者，那么它的文化可能会鼓励创新、灵活性和风险承担。

第二，企业战略变革往往需要企业文化的支持。当企业进行战略转型时，如从传统业务转向数字化，这种转型不仅需要新的技术和流程，还需要一种文化，其中包括对变化的接受和对新方法的适应。在这种情况下，企业文化必须发展出新的行为模式和思维方式来支持企业战略的实施。

第三，企业战略的实施过程本身也会影响企业文化。企业战略规划的执行需要员工的参与和承诺，这可能会促进一种更加协作和开放的工作环境。通过共同努力实现企业战略目标，员工之间的关系和团队精神可能会得到加强。

第四，企业战略与企业文化之间的关系并非总是正面的。如果企业战略规划与现有企业文化不兼容，可能会导致冲突和抵抗。例如，如果一个注重短期利润的战略被强加于一个重视长期发展和员工福祉的文化，可能会引起员工的不满和抵制。

第五，企业文化本身也可以成为企业战略的一部分。企业文化战略作为职能战略，是企业战略的一部分，能够直接支撑业务战略的实现。许多企业将自己独特的文化作为竞争优势，通过塑造独特的品牌形象来吸引顾客和人才。同时，企业文化的传播和推广也有助于提升企业的社会影响力和市场竞争力。

总的来说，企业战略对企业文化有着重要的影响。一个明确、合理的企业战略能够促进积极的企业文化发展，而一个不明确或不合理的企业战略可能会阻碍企业文化的进步。因此，企业在制定战略时，需要考虑其对企业文化的潜在影响，并确保两者之间的一致性和协调。企业管理者应该认识到，为了实现企业战略目标，他们需要培养一种能够支持这些目标的文化，并通过各种措施来强化这种文化。这可能包括培训、沟通、激励措施以及对企业价值观的持续强调。